中华民族古籍文献研究中心馆藏

# 中华民族“共同性”“融合性”相关彝文古籍编目图录

金 骋 摩瑟磁火 编著

民族出版社

# 序

沙马拉毅

2017 年 10 月，习近平总书记在党的十九大报告中鲜明提出“铸牢中华民族共同体意识”，并将其写入党章，成为全党全国各族人民实现中国梦新征程上的共同意志和根本遵循；2019 年 9 月，习近平总书记在全国民族团结进步表彰大会上明确强调，“以铸牢中华民族共同体意识为主线做好各项工作”；党的二十大报告指出，“以铸牢中华民族共同体意识为主线，坚定不移走中国特色解决民族问题的正确道路”。中华民族共同体，是中国历史发展的产物。中华民族共同体意识，是国家统一之基、民族团结之本、精神力量之魂，把握的是几千年历史演进的客观规律，揭示的是新时代民族工作的主题主线，彰显的是团结凝聚各族人民共同实现伟大梦想的信心决心。我们要深刻全面理解这一重要思想，做好相关工作。

铸牢中华民族共同体意识既是民族工作主题主线，也是其他各项工作都需要遵循的重要原则。有人认为，铸牢中华民族共同体意识，只是民族工作的任务，具体涉及民族团结进步创建、城市民族工作等，只要完成了这些任务，就算是铸牢了中华民族共同体意识。事实上，铸牢中华民族共同体意识关系到整个国家和中华民族的未来，绝非一般意义上的民族工作所能涵盖，更不只是民族工作部门的事。如同全面依法治国是国家治理的一场深刻革命而远远不仅限于政法部门的工作一样，铸牢中华民族共同体意识也需要整个国家、整个社会共同努力，各个领域、各项工作都应围绕这一中心，而不能与此相背离。

铸牢中华民族共同体意识既要靠说，更要靠做。有人认为“铸牢中华民族共同体意识”最后落在“意识”，便觉得这完全是意识形态领域的事，只要把道理讲清楚、把宣传做到位就可以，并不需要做其他工作。事实上，存在决定意识，同时意识也反作用于存在。“中华民族共同体意识”作为一种“意识”，也实实在在影响到中华民族共同体的“存在”。中华民族共同体意识的工作涵盖巩固和发展中华民族共同体的方方面面，既应在思想上教育引导，也应在实践中步步推进，积极营造各民族相互嵌入式的社会结构和社区环境，让各民族更好地共居共学共事共乐，更好地交往交流交融。只有既说又做，既说得好又做得实，才能达到预期效果。

铸牢中华民族共同体意识既要面向少数民族，也要面向汉族。事实上，“狭隘民族主义”和“大汉族主义”都是铸牢中华民族共同体意识的大敌。少数民族如果只认同本民族而不认同中华民族是危害，汉族如果只认同汉族是中华民族而忽视其他民族也是中华民族同样是危害。因此，2014 年，习近平总书记在中央民族工作会议上强调：“要在全社会不留死角地搞好民族团结宣传教育。”这就要注重广泛性，既包括少数民族，也包括汉族，就要引导各族群众牢固树立正确的国家观、历史观、民族观、文化观、宗教观，自觉维护国家最高利益、民族团结大局。任何把本民族自外于中华民族或是将兄弟民族疏隔于中华民族之外的言行都要坚决反对。

2024 年 9 月 27 日，习近平总书记在全国民族团结进步表彰大会上强调：“中华民族是有着五千多年文明史的伟大民族。我国各民族共同开拓了祖国的辽阔疆域，共同缔造了统一的多民族国家，共同书写了辉煌的中国历史，共同创造了灿烂的中华文化，共同培育了伟大的民族精神。中华民族共同体的形成和发展是人心所向、大势所趋、历史必然。”

铸牢中华民族共同体意识要正确把握“一”和“多”，构筑中华民族共有精神家园。有人认为，讲中华民族和讲各民族是对立的，讲中华民族就不能讲各民族，讲各民族就等于否定了中华民族。这样的理解本质上是没有正确认识中华民族和各民族的关系。各民族优秀传统文化都是中华文化的重要组成部分，都可以在社会主义核心价值观引领下，实现创造性转化、创新性发展和交融互鉴。各民族同胞都是骨肉兄弟，都可以在中国式现代化的进程中，更好享有现代化的生产生活方式，进一步增强作为新时代中华儿女的自信与自豪。中华民族历来都是一个具有无穷创造力和强大包容性的民族，铸牢中华民族共同体意识不是人为取消民族特色、消除民族特点，而是要在一个更高的层次把中华各民族更好凝聚起来，在中国共产党的领导下，在中华民族大家庭中，更加团结一致地为实现伟大复兴的中国梦不懈奋斗。

正确把握中华文化和各民族文化的关系，各民族优秀文化都是中华文化的组成部分，中华文化是主干，各民族文化是枝叶，根深干壮才能枝繁叶茂；正确把握物质和精神的关系，要赋予所有改革发展以彰显中华民族共同体意识的意义，以维护统一、反对分裂的意义，以改善民生、凝聚人心的意义，让中华民族共同体牢不可破，坚不可摧。

其实，在彝族的古籍文献中蕴含着各民族共同体方面的内容。如：

1.《查姆》说，古老的时代，天神发洪水淹没大地，世间一切都被淹没了，唯独有一个葫芦漂流在水上。洪水退却后，天神在小蜜蜂的指引下，找到了葫芦。葫芦里走出一对男女，天神要他们成亲传人类。他们说是两兄妹，不能成亲。天神走后，兄妹俩在大山上，日子一久，他们有了七个姑娘。七个姑娘长大后，没有男人与他们婚配。后来，为了传人类，七个姑娘与一只老虎成了亲。七姐妹生下九个儿子和四个姑娘。过了些年，九个儿子和四个姑娘都成了亲。九个儿子东西南北到处走，后来就变成了藏、汉、彝、羌等九个民族。因为彝族最早与虎成亲，虎就成为彝族的图腾，成为虎氏族。

2. 在《勒俄特依》中，洪水泛滥后，人类只剩居木吾吾一个人了，当他和他救起来的小动物一起，折断箭杆来烧火取暖时，一缕青烟升上了天。天神派了一对野公鸡到地上来查看，又命司天神、司地神、日神、月神、云神、星神来捉他。哪知这六位神见了吾吾，明白了地上的情况，就谅解了吾吾。人世间已没人烟，无法婚配，吾吾请求天神把女儿尼托嫁与他。天神饶恕了吾吾，但不答应婚事。吾吾的伙伴乌鸦、蜜蜂、蛇、鼠愿意上天去说亲，于是蛇缠在乌鸦颈子上，老鼠坐在乌鸦肩头上，蜜蜂贴在乌鸦尾巴上，齐心飞上了天。到了天神家，乌鸦哇、哇、哇地叫着，老鼠钻到神龛上把灵牌咬来丢在一边，蛇在正堂上咬伤天神的脚，蜜蜂在房内螫伤尼托的额，一家人都惊慌不安。天神想到吾吾有能力，若能给自己和女儿治好病就愿把女儿嫁与他。吾吾请蛤蟆大哥去给他们治病。病好后天神又反悔了，不愿把他最心爱的幺女儿尼托嫁与吾吾，劝他娶大女儿或二女儿。吾吾不答应，天神无法，只好把尼托嫁与他。天神用铜铁线连接地面，吾吾竖起铜铁柱连接天上。从此天地相连，吾吾和尼托也成了婚。尼托三年中生了三个孩子，但都是哑的。吾吾请蜘蛛到天上去问原因，被天神劈成三段。吾吾又请一对野公鸡去问，被天神打红了面颊。又请兔子去问，被打缺了嘴。最后吾吾请飞鸟中最聪明的小天雀去问，天神拿大火烧它。它身子小，飞去藏在顶楼的葫芦里。天亮鸡叫时听见天神向他妻子说出治哑病的方法。小天雀一喜不禁喊道："医病的方法知道了。"天神来捉它，它从锅底逃了出来，从此这鸟就变成了黑鸟，长尾巴也变成短尾巴了。小天雀把医方告诉了吾吾，他急忙到屋后砍了三节竹，在火中烤爆，又烧了三锅水来烫三个孩子。大孩子被烫时忽然大声喊：“啊呀！”他习惯蹲着坐，这就是后来汉族的祖先。二孩子被烫时喊道：“啊孜革！”他喜欢跳上竹笆坐，这就是后来彝族的祖先。三孩子被烫时喊：“嚓萨咧！”他惯于坐门槛，这就是后来藏族的祖先。三个孩子都说出话了，但说的话彼此都不懂。他们后来分住三处。吾吾拉英是汉族，他知识广博，垒起石头作地界，住在平原，地面直到大海边。吾吾格兹是彝族，打起草结作地界，住在高山上；古侯、曲涅是亲支，阿布、阿尔是远支。吾吾斯沙是藏族，插上木牌作地界，住在高原上。这些远古的故事说明，很早以前各民族都是你中有我，我中有你，都是一个共同体。

深刻认识铸牢中华民族共同体意识的历史必然性、极端重要性和现实针对性。在中华民族大家庭中，各民族只有像石榴籽一样紧紧抱在一起，手足相亲、守望相助，民族复兴伟大梦想才能顺利实现，民族团结进步之花才能长盛不衰。

以铸牢中华民族共同体意识为主线，推动新时代党的民族工作高质量发展，我们就一定能汇聚起实现民族复兴的磅礴力量，开创中华民族更加灿烂的未来！

（沙马拉毅　西南民族大学原党委常委、副校长，教授，博士生导师，国务院学位委员会第六、七届学科评审组成员，国家民委突出贡献专家，中组部、四川省委直管专家，四川省学术技术带头人）

# 前言

彝族是我国西南地区人口较多的少数民族之一，有着悠久的历史和灿烂的文化，是中华民族共同体中的重要成员。彝族主要分布在云南、四川、贵州、广西四省区，2021年全国第七次人口普查数据显示，彝族总人口为9 830 327人。此外，还有部分彝族居住在与我国毗邻的越南、老挝、缅甸等国家。彝族支系繁多，有诺苏、聂苏、纳苏、罗婺、阿细、撒尼、罗罗泼、里泼、密撒泼等多种自称和夷、倮倮等几十种他称，中华人民共和国成立后，经过民族识别，按照广大彝族人民的共同意愿，以鼎彝之“彝”作为统一的族称。彝族先民在很早的时候就创制了被誉为当今唯一“活着的”世界六大古文字之一的古彝文，并用这种文字撰写了卷帙浩繁的古籍文献，内容涉及政治经济、社会历史、哲学思想、伦理道德、宗教信仰、天文历算、文学艺术、医药卫生、自然地理等方面。这些古籍文献是彝族人民的宝贵财富，也是中华文化的重要组成部分。

西南民族大学中华民族古籍文献研究中心云贵高原古籍学文献馆（原名：彝学文献馆）成立于2005年5月，是学校为了传承和发扬民族优秀传统文化，响应国家“救书、救人、救学科”的号召，为开展古籍文献的抢救、保护等建立的一个学习和研究西南各民族古籍文献的平台。云贵高原古籍文献馆占地面积约800平方米，目前收藏有彝文文献1000多种近6000卷（册），包括彝文古籍原件、复印件、出版物（书籍、音像制品）等，其中彝文古籍3234

卷（册）、出版物 2715 册。据悉，云贵高原古籍文献馆应该是目前国内最大的彝文古籍馆藏机构，其馆藏古籍不乏珍本、善本，其中《劝善经》《动植物谱》等 4 本彝文古籍入选第四批国家珍贵古籍名录。

彝族是我国民族大家庭中的一员，彝族先民很早就在祖国西南这片广袤的土地上繁衍生息，并与周边诸民族交往交流交融，融入“你中有我、我中有你”“谁也离不开谁”的中华民族共同体，而这一切，在彝文古籍文献之中留下了深刻而不可磨灭的历史印记。

我们在云贵高原古籍文献馆原有彝文古籍目录《彝族毕摩文献提要》的基础上，整理了部分体现中华民族“共同性”“融合性”相关的彝文古籍，并进行了重新编目和补充完善，参照国家民族事务委员会全国少数民族古籍整理研究室编《中国少数民族古籍总目提要》，并结合彝文古籍的特点，按“书名；文种；卷数（函、帙）；页数，字数；作者；版本类型，装订方式；页面，行格；残损情况；馆内编号；内容提要”的格式，以汉语译名拼音首字母为序进行编目。本书共收录 68 卷（册）彝文古籍，除明确标明版本时间外，其余古籍创作年代不详。另，由于篇幅有限，无法完整展示古籍全部内容，只挑选了最能体现本书内容和风格的 1—4 张图片以飨读者。

需要特别说明的是：在云贵高原古籍文献馆成立初期，我们曾邀请部分专家对馆藏彝文古籍进行过初步整理，形成了《彝族毕摩文献提要》。《彝族毕摩文献提要》主要参考原凉山彝族自治州语言文字工作委员会编写的《彝文古籍目录》（先后由凉山州民族研究所巴且日火，凉山州语言文字工作委员会罗洪瓦苦、阿余铁日等同志执笔撰写的手稿）及《中国少数民族古籍总目提要·四川彝族卷·书籍类》（由原凉山州语言文字工作委员会摩瑟磁火、南正才二同志执笔），本书部分古籍的内容提要是在此基础上编辑而成的。在此特别致谢。

不得不承认，任何古籍都有其特定的时代局限性，都带有时代的烙印，对待彝文古籍我们应该“弃其糟粕，取其精华”，以一种宽容且审慎的心态，从中提取有价值的成分。

本书的出版得到西南民族大学原副校长、博士生导师沙马拉毅教授的热情鼓励和有力帮助；在出版过程中，民族出版社罗焰、向征等多位编校人员悉心付出，展现了高度的敬业精神。在此，一并表示由衷的感谢！

最后，由于彝文古籍知识体系庞大，其内容古奥深邃，我等学识浅陋，再加上时间仓促，错误在所难免，某些观点和主张可能存在纰漏或不够成熟的情况，恳请专家及读者朋友不吝赐教。

编者

2023年6月30日

# 目 录

# 一、百乐经

## 百乐经

古彝文；不分卷1册；74页，24000余字；佚名撰；旧抄本，线订册页装；页面25cm×37cm，行格[①] 26行22—26字，行序从左到右，字序从上到下；有残损，部分修复；馆内编号[②]：ZG1—1。

## 内容提要

《百乐经》是彝族古籍中的名著，是彝族的签书，书中有大量彩绘，这些绘画图像配以彝文或汉文。相关图像透露出彝族宗教中含有原始宗教、佛教、道教米巫祭酒之教和端公信仰的元素，展现了多元文化交流交融的结果。

① 行格：古彝文文献为手抄本，同一卷文献中每一面的行数、字数并不完全一致，一般情况下以首页计行格数，如首页残缺就以正文中某一页来代替，因此行数只是1个数值，而每行字数可以是多个不同的数值。

② 馆内编号：西南民族大学中华民族古籍文献研究中心云贵高原古籍文献馆文献编号。

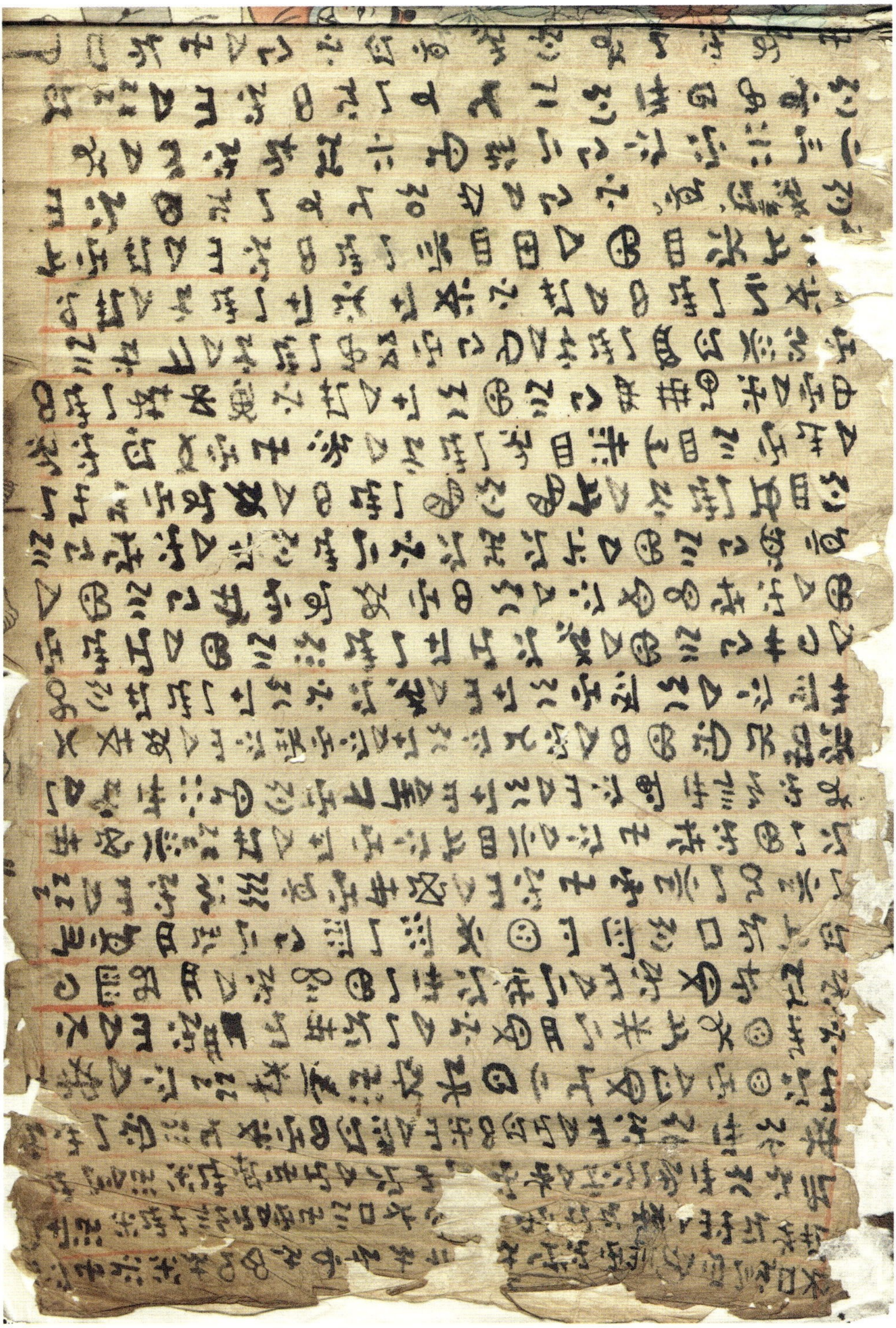

《百乐经》第 3 页

《百乐经》第 4 页

《百乐经》第 34 页

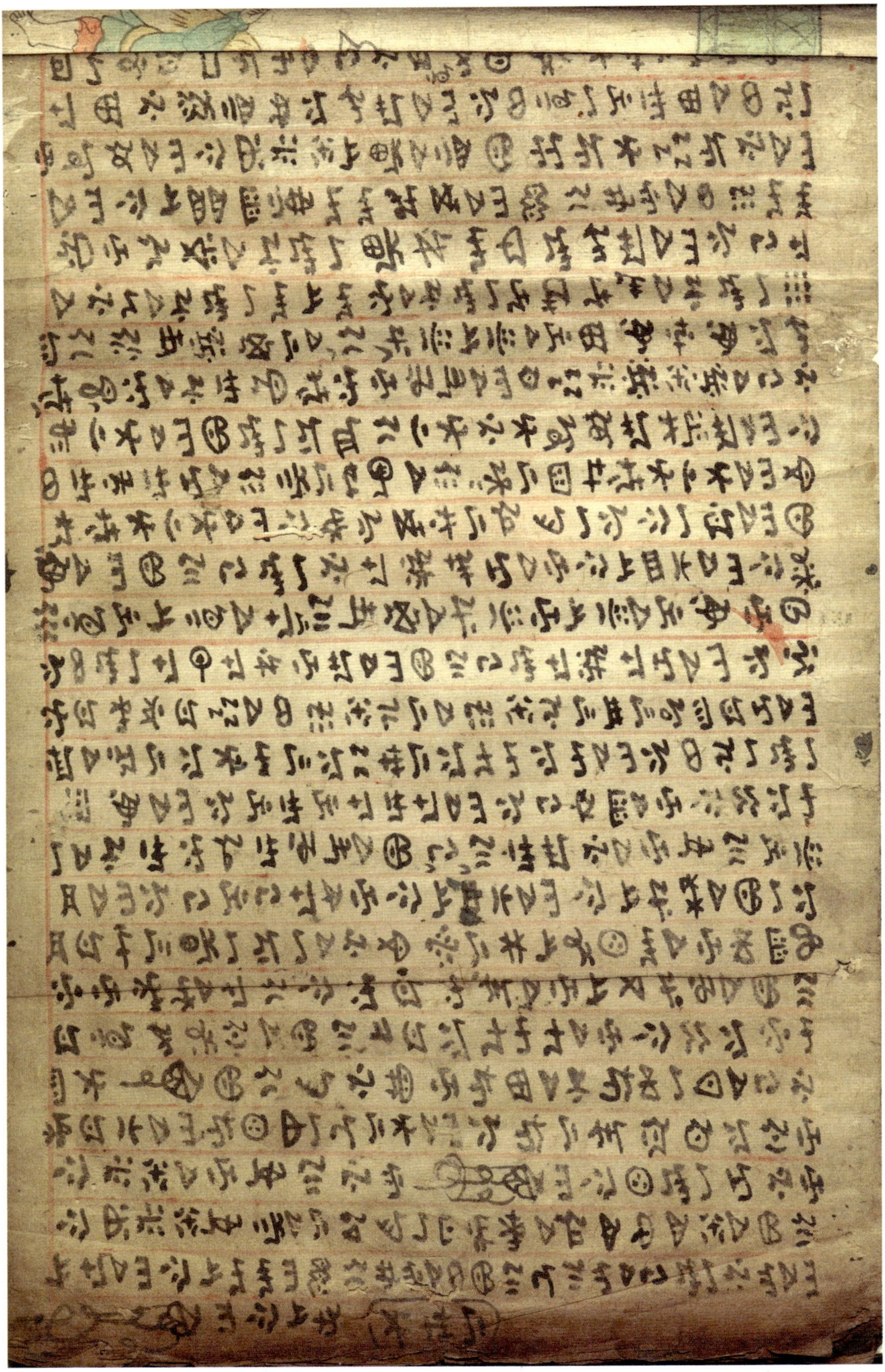

《百乐经》第 55 页

# 二、毕摩仪式经

## 毕摩仪式经

古彝文；不分卷1册；53页，约6200字；佚名撰；清光绪二十八年（1902年）抄本，线订册页装；页面20cm×21cm，行格9行15字，行序从左到右，字序从上到下；保存较好（无残损）；馆内编号：Z04—3（A11）。

## 内容提要

《毕摩仪式经》主要流传于黔西北彝族聚居区，书中具体介绍了彝族毕摩的各种仪式程序，并揭示举行这些仪式的目的和功能。

该经书使用范围广，文献价值高，具有较高的哲学思想价值。2013年入选第四批国家珍贵古籍名录（编号：11321）。

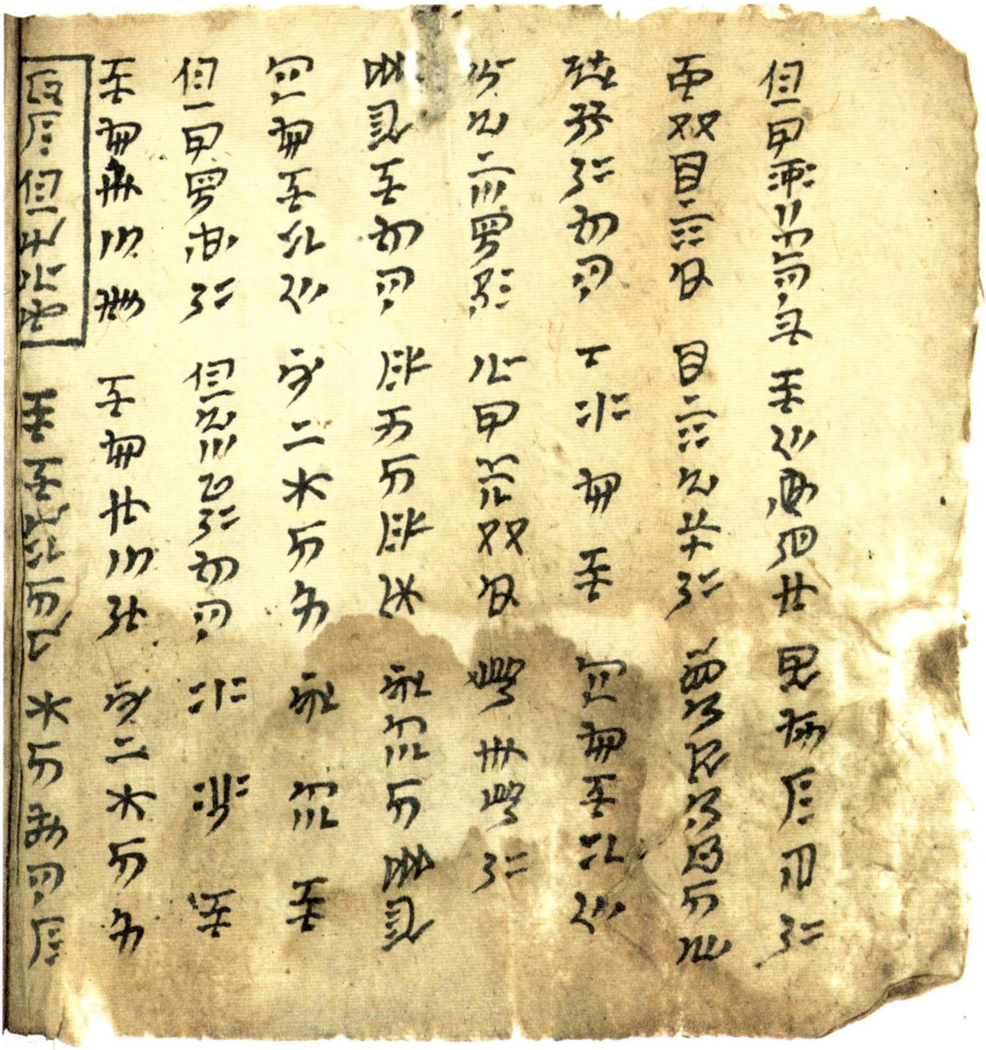

《毕摩仪式经》第 6 页

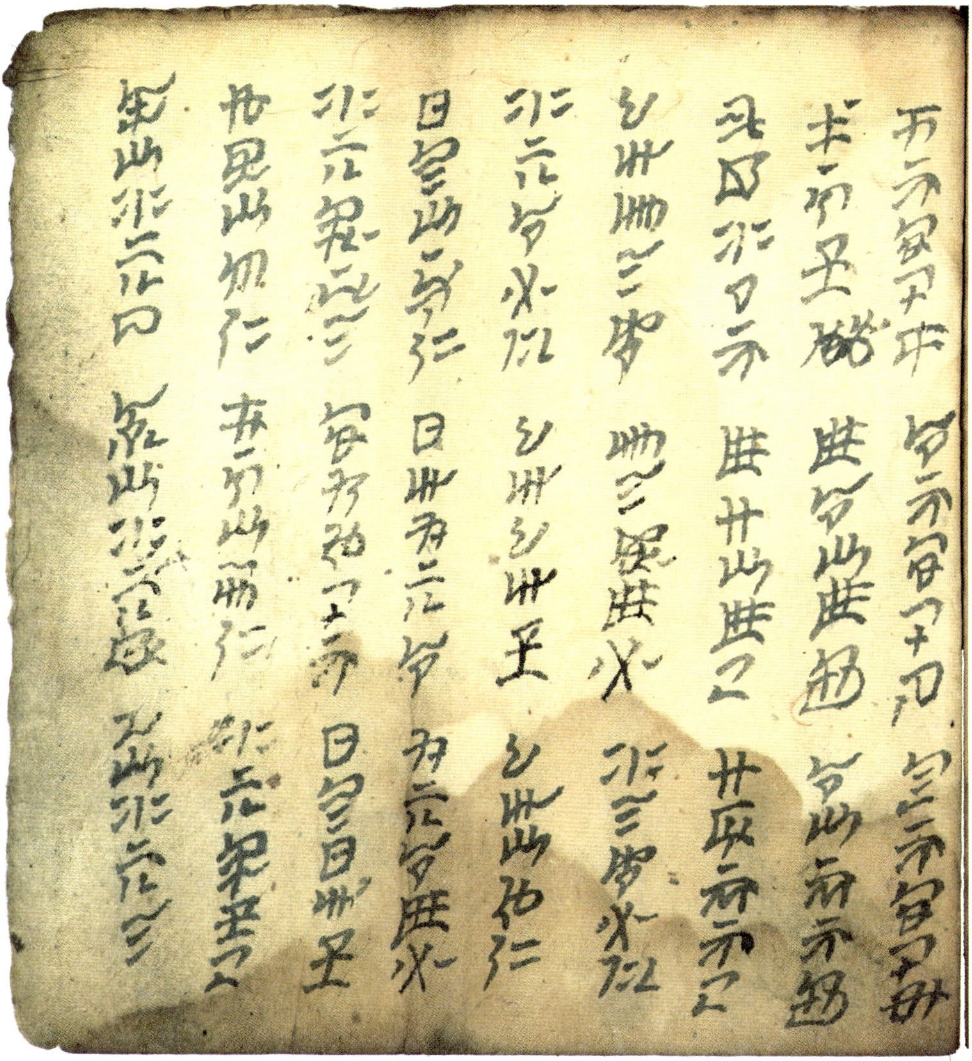

《毕摩仪式经》第 35 页

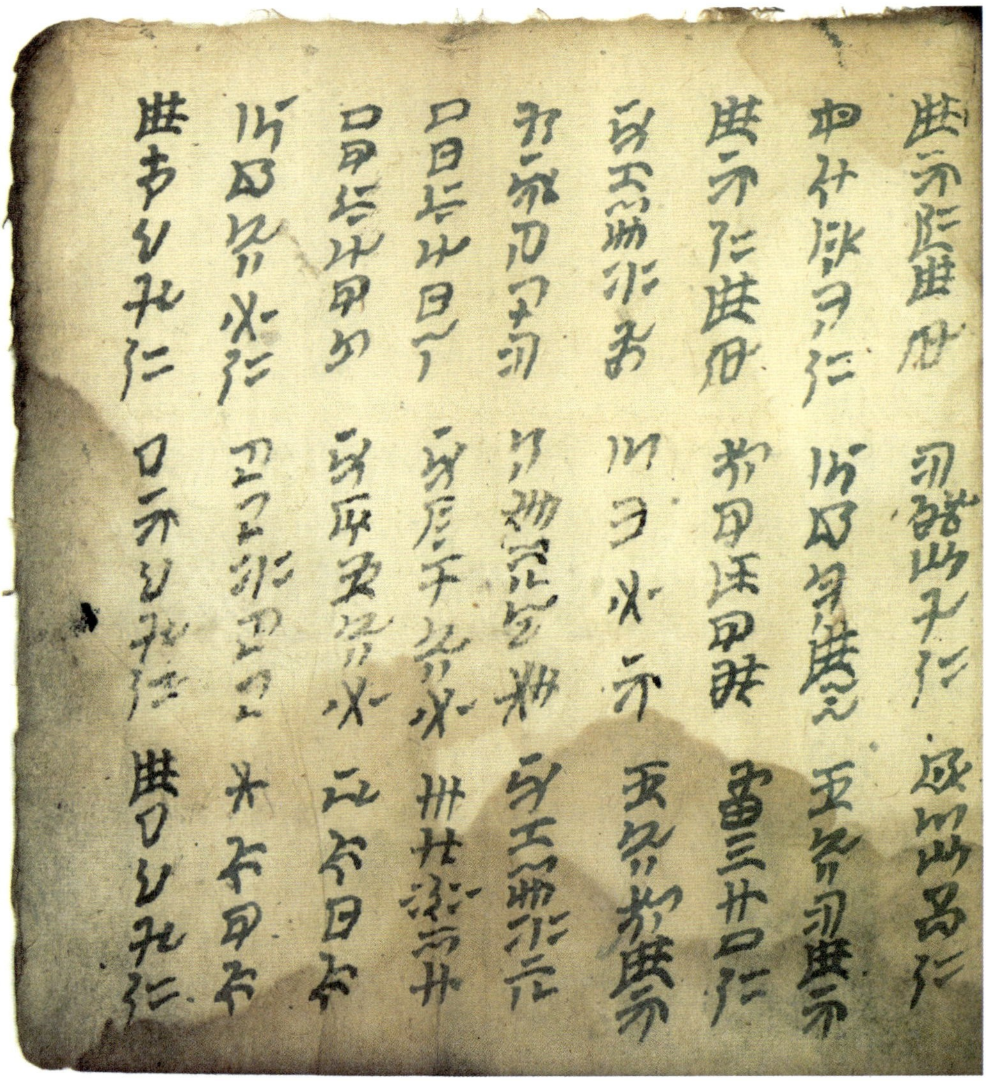

《毕摩仪式经》第 39 页

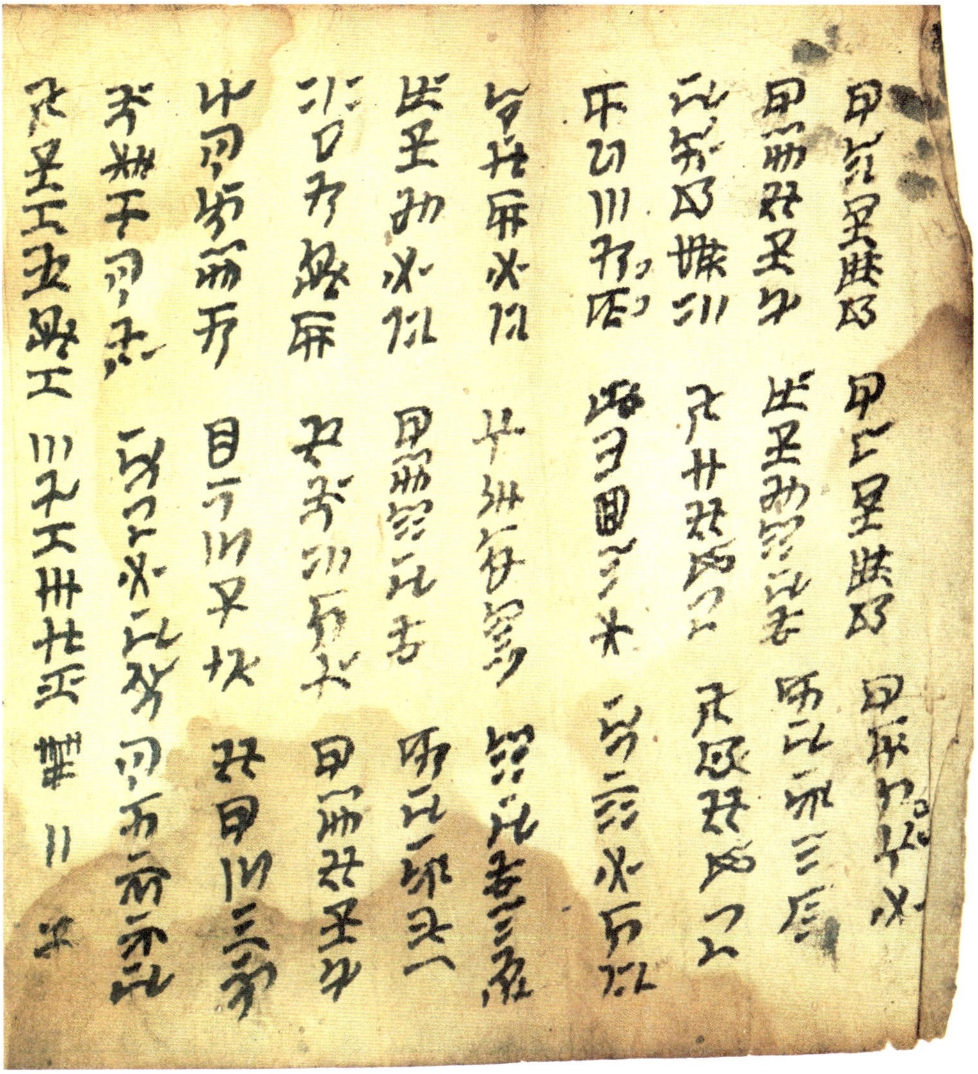

《毕摩仪式经》第 48 页

# 三、除邪兆

## 除邪兆

古彝文；不分卷1册；13页，约5000字；佚名撰；旧抄本，线订卷轴装；页面36cm×38.4cm，行格17行25—26字，行序从上到下，字序从右到左；保存较好（无残损）；馆内编号：367—7。

## 内容提要

《除邪兆》是一部用来解释各种预兆的经书。彝人认为母猪食仔、母鸡吃蛋、雕鹰饮水、乌鸦在屋顶怪叫……都是邪兆。若遇到这些邪兆，则翻经书以解之。书中记载了解除各种邪兆的方法，如："鼠日出邪兆，子孙得病。飞鸟排便，坠沾人身，疑患疾病，用黄猪袪卸。"

该书内容与道文化有共同之处，是多文化交融的产物，对研究彝族禁忌习俗有一定的参考价值。

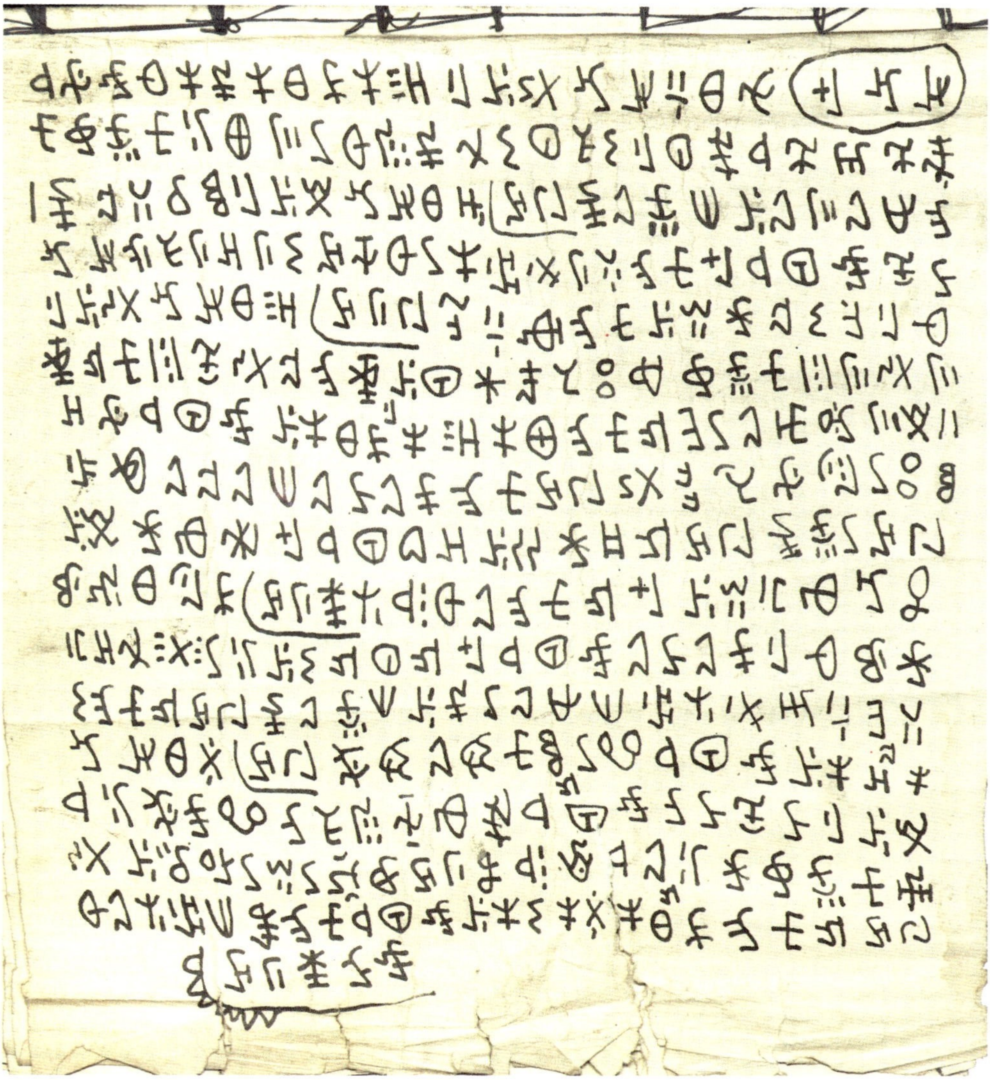

《除邪兆》第 1 页

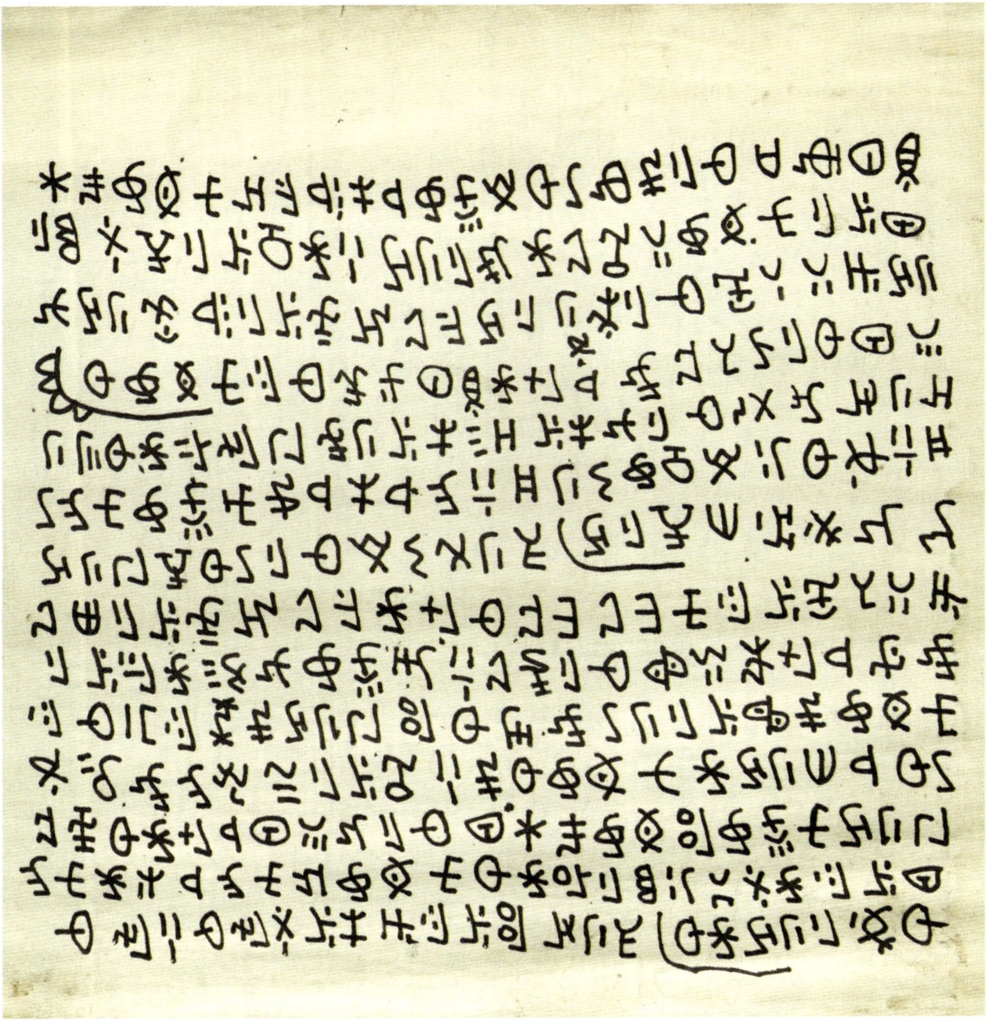

《除邪兆》第 8 页

《除邪兆》第 9 页

《除邪兆》第 11 页

# 四、创世纪

## 创世纪

古彝文；不分卷1册；57页，8400余字；佚名撰；旧抄本，线订册页装；页面14cm×26cm，行格8行18—21字，行序从左到右，字序从上到下；修复完善，保存完好；馆内编号：A19。

## 内容提要

《创世纪》流传于贵州彝族聚居区，与凉山彝族聚居区的《勒俄特依》一脉相承。主要讲述天地产生、万物由来、人类起源等内容。

该书与我国各民族人类起源史诗如纳西族《崇搬图》、拉祜族《牡帕密帕》、哈尼族《烟本霍本》、黎族《吞德剖》、壮族《布洛陀》、瑶族《密洛陀》等均有很大的相似性。

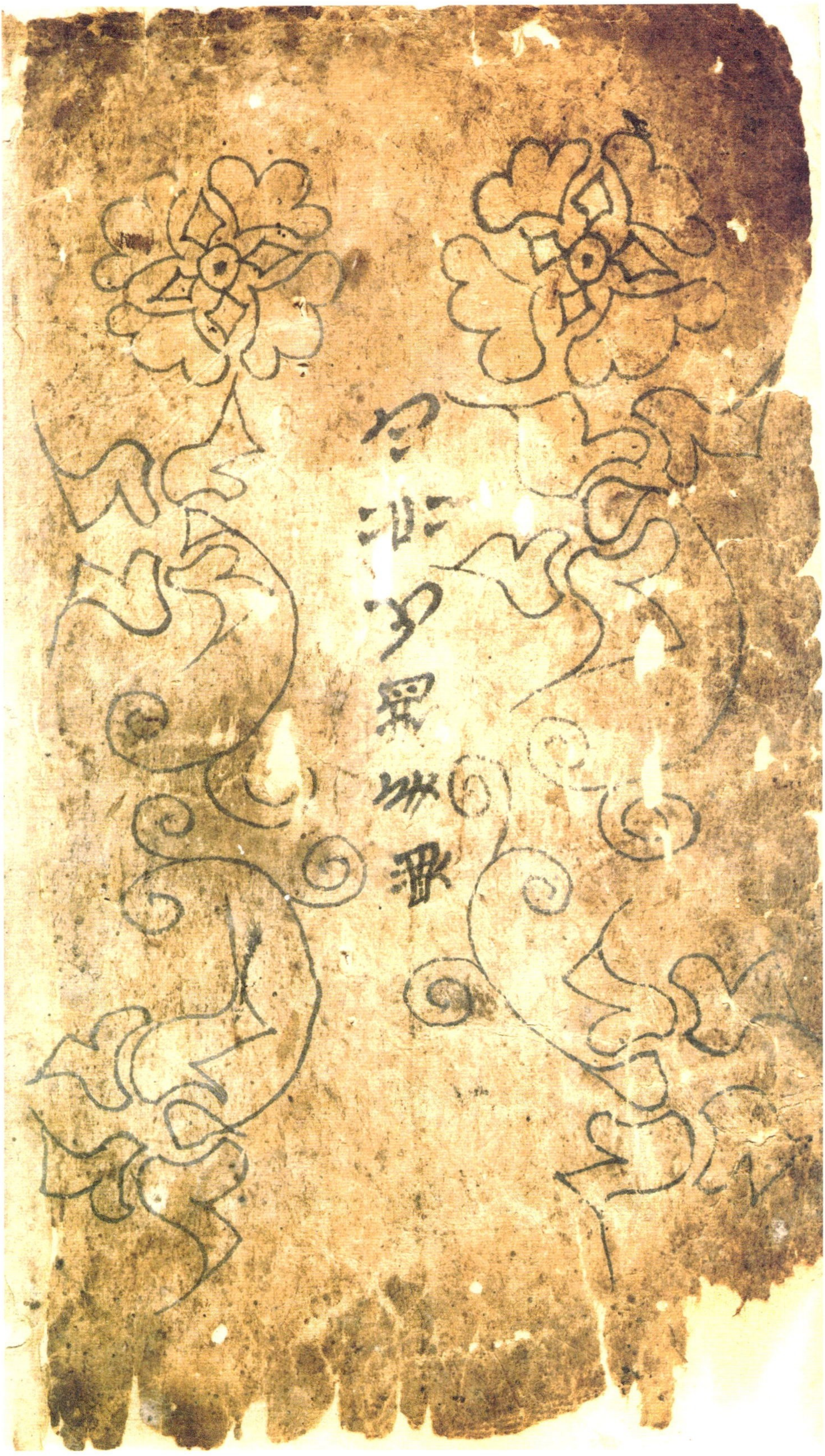

《创世纪》第 2 页

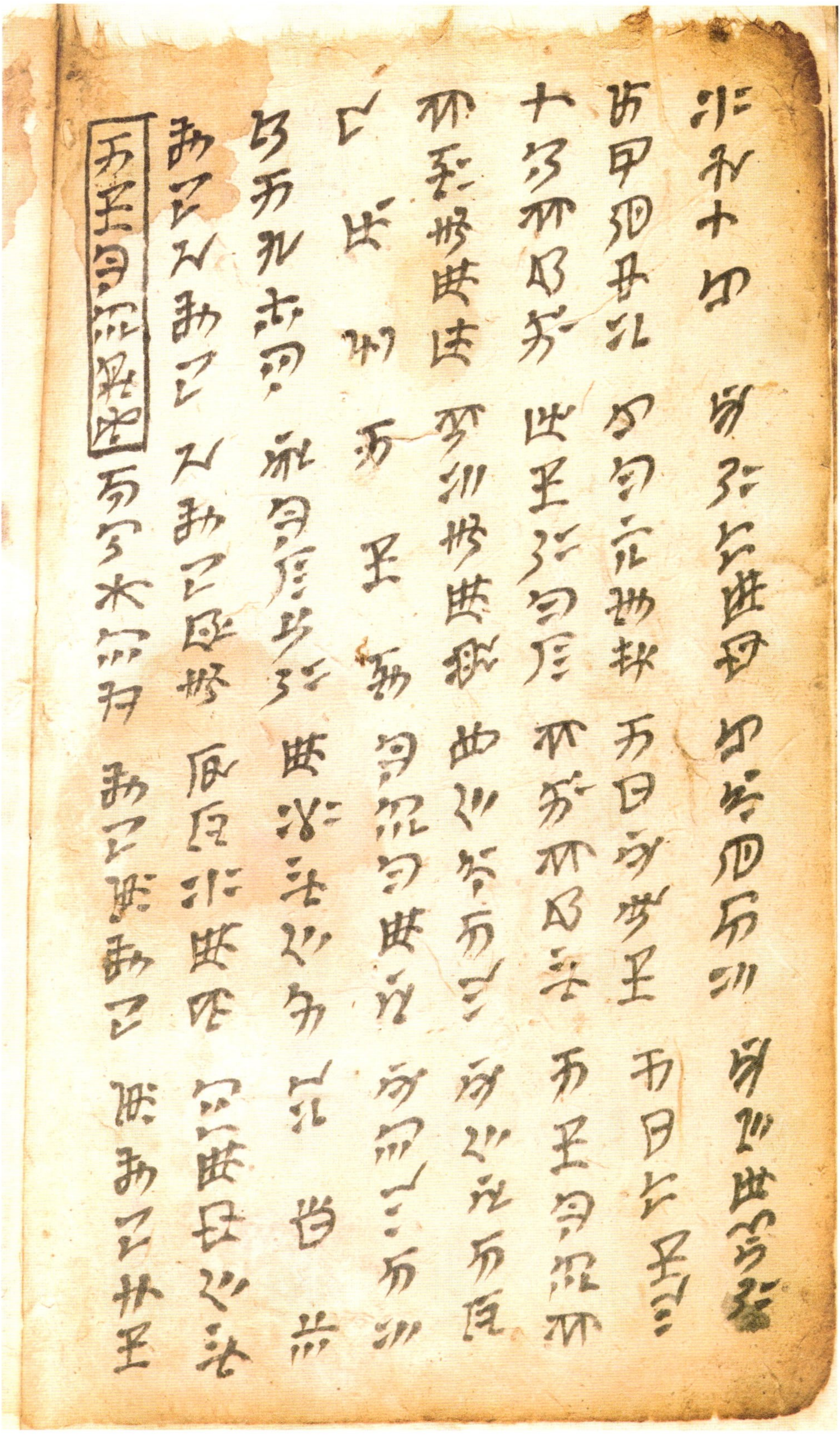

《创世纪》第 4 页

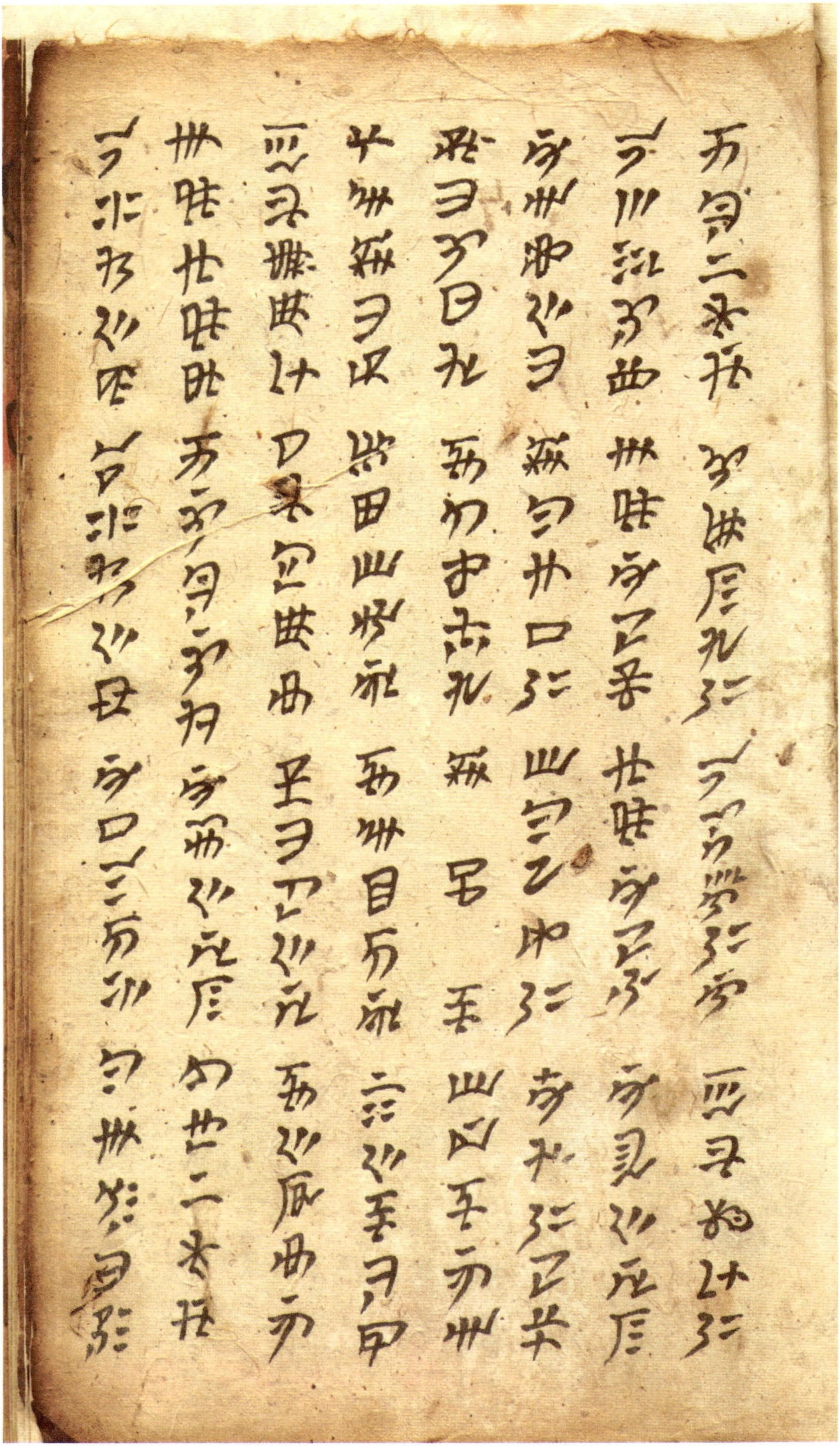

《创世纪》第 13 页

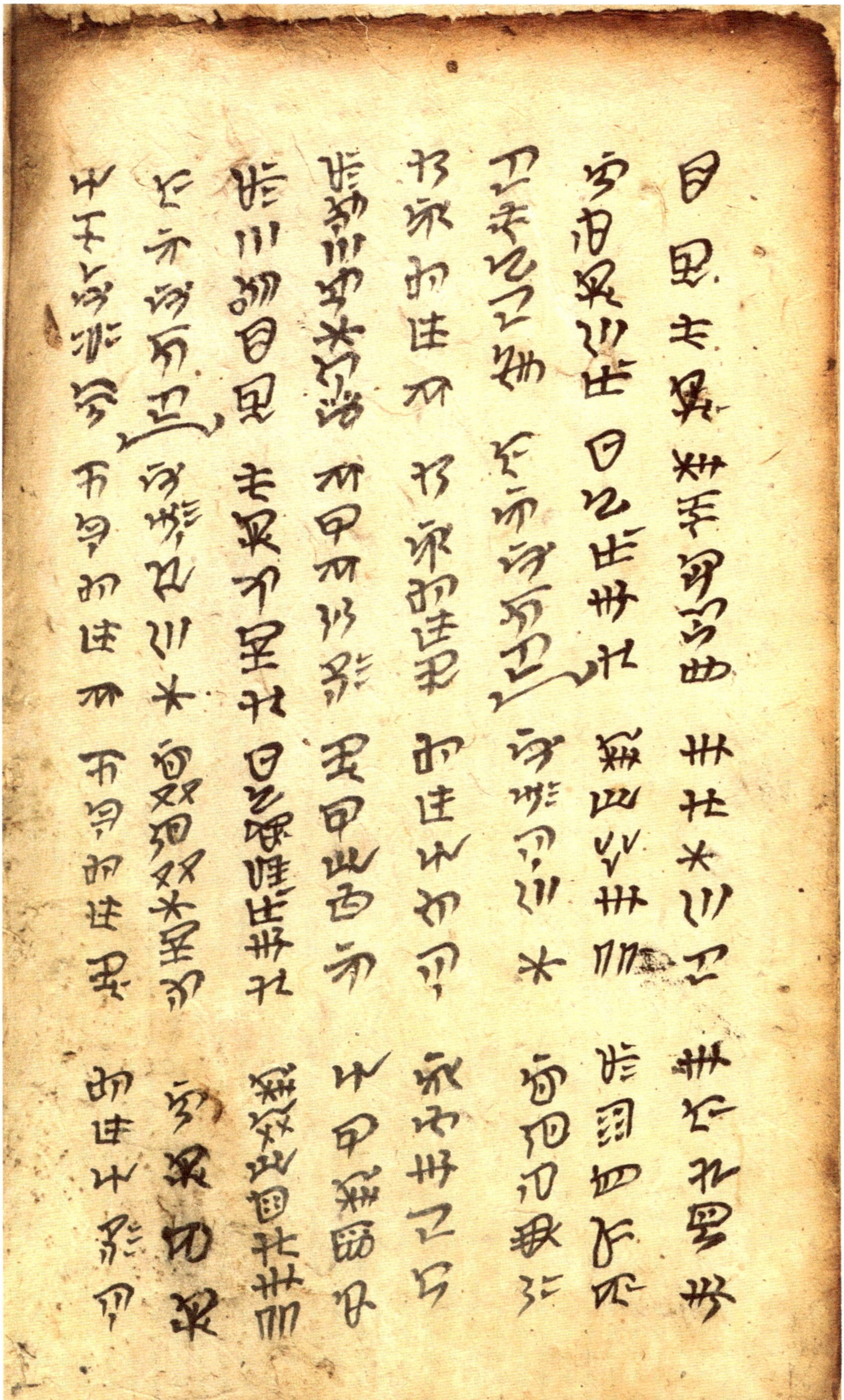

《创世纪》第 40 页

# 五、吹疗经

吹疗经

古彝文；不分卷 1 册；7 页，1700 余字；佚名撰；新抄本，线订卷轴装；页面 26.5cm×38cm，行格 21 行 17 字，行序从上到下，字序从右到左；保存较好；馆内编号：359—8。

内容提要

《吹疗经》在施行各种吹疗仪式时念诵，录各种防病、祛病、防伤、治伤之辞。彝族人受轻伤或腹痛等时可用口吹疗法治疗，如吹眼痛、吹伤寒、吹昏迷、吹沸水浴疗、吹铁伤、吹竹木戳伤、吹刀伤、吹烧伤、吹疮伤、吹急性腹痛等。

该经书对研究彝族医药具有一定的参考价值，其内容或受中医药传统的影响。

《吹疗经》第 2 页

《吹疗经》第 6 页

# 六、茨木堵其

## 茨木堵其

古彝文；不分卷 1 册；13 页，约 5300 字；佚名撰；抄本复印件，线订卷轴装；页面 21cm × 29cm，行格 18 行 22—24 字，行序从上到下，字序从右到左；保存较好；馆内编号：XB0148。

## 内容提要

《茨木堵其》（造药治病经）是一部凉山彝族用药物治疗疾病的药书，书中共记载 300 多种药物及其对应的病症。例如：“蛇咬伤用麝香、黄芩、七叶枝花能治愈；头昏眼花用首乌炖鸡肉吃能治愈；瘦弱（虚弱）无力用豹油炖鲜肉吃能治；肠胃病患者用牛羊大小胃煮食能治……”此外，书中还记载了一些防病治病的措施，其“比较系统地总结了彝族民间医药知识，并在此基础上吸收了周边汉人的医药知识。”①

该文献是彝族人民在长期的生产生活实践中形成的独特医疗知识记录，蕴含着深厚的文化底蕴和哲学思想，是中华文化的重要展现。

① 摩瑟磁火：《从神解到药解：彝文医药经籍〈此木都其〉的文本历史与凉山彝族医疗思想的变革》，载《民族学刊》，2022（10）。

《茨木堵其》第 1 页

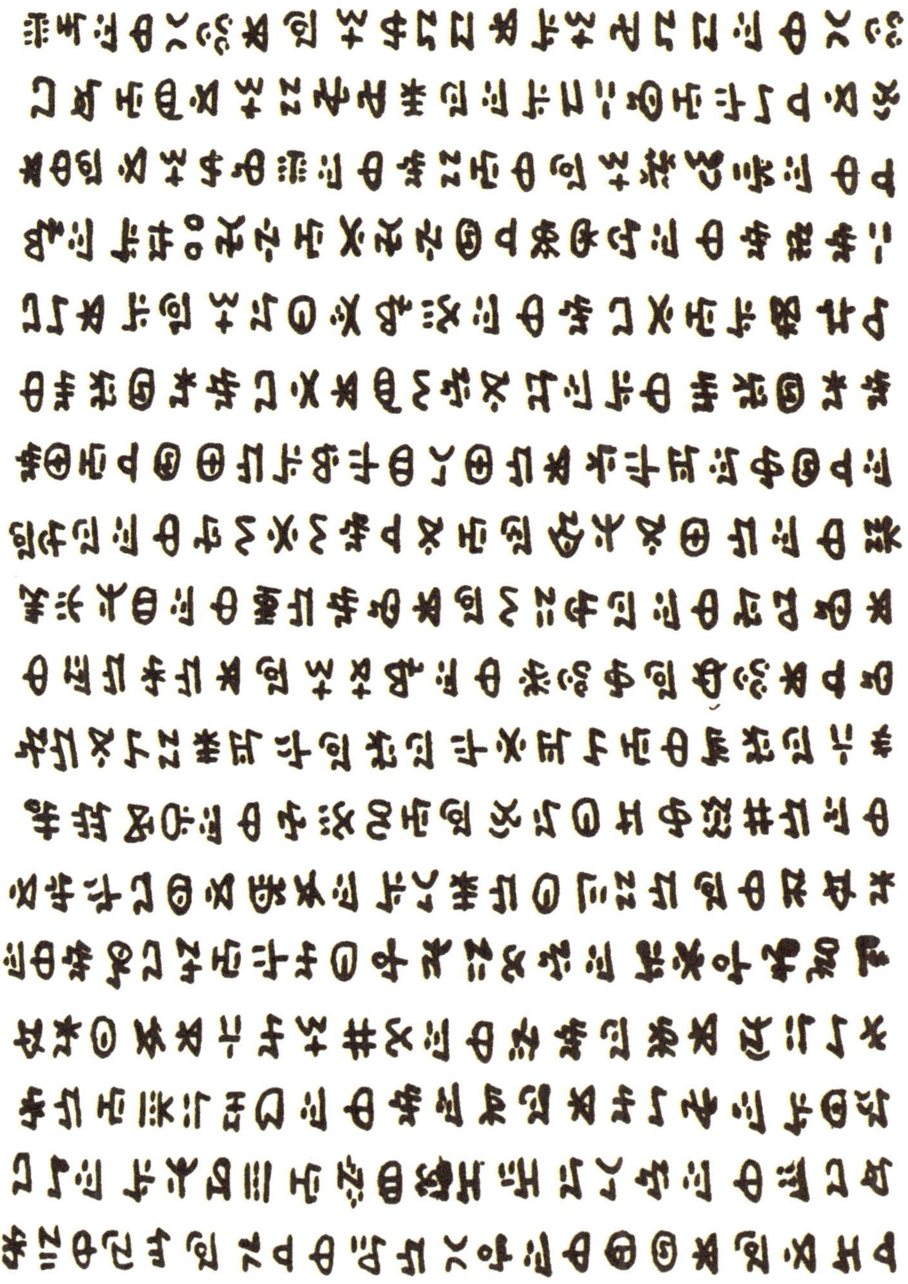

《茨木堵其》第 4 页

《茨木堵其》第 7 页

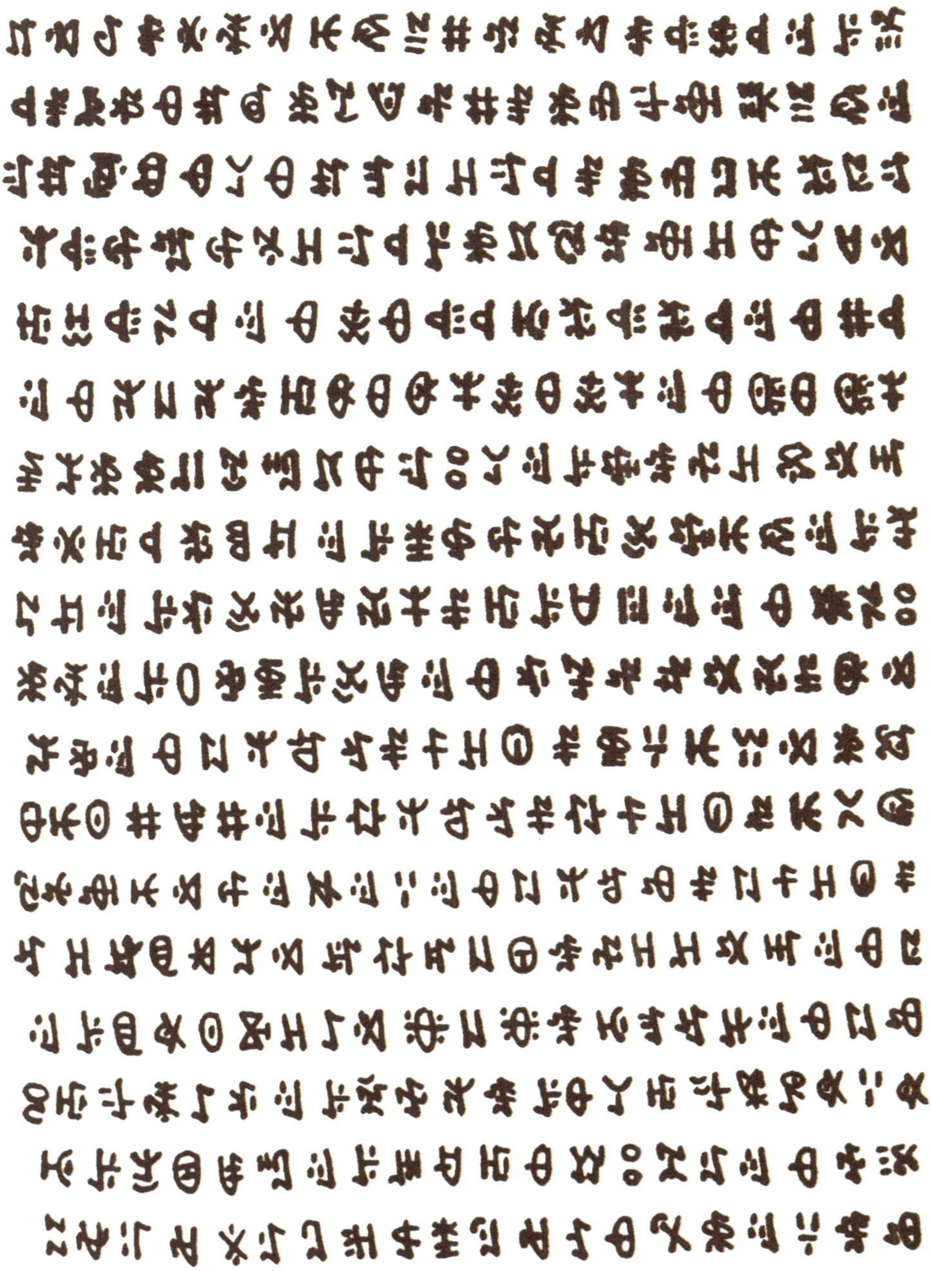

《茨木堵其》第 12 页

# 七、动植物谱

## 动植物谱

古彝文；不分卷 1 册；146 页，约 25000 字；佚名撰；清道光年间手抄本，线订册页装；页面 26cm × 15cm，墨框 24.5cm × 12.5cm，行格 9 行 20 字，行序从左到右，字序从上到下；保存较好；馆内编号：Z04—2。

## 内容提要

《动植物谱》是一部流传于贵州彝族聚居区的科普类文献，该书列举了各种动植物的起源和由来，内有少量古籍插图、绘画，体现了我国西南诸民族探索自然、征服自然的过程，具有一定的科学性和较高的实用价值。2013 年入选第四批国家珍贵古籍名录（编号：11310）。

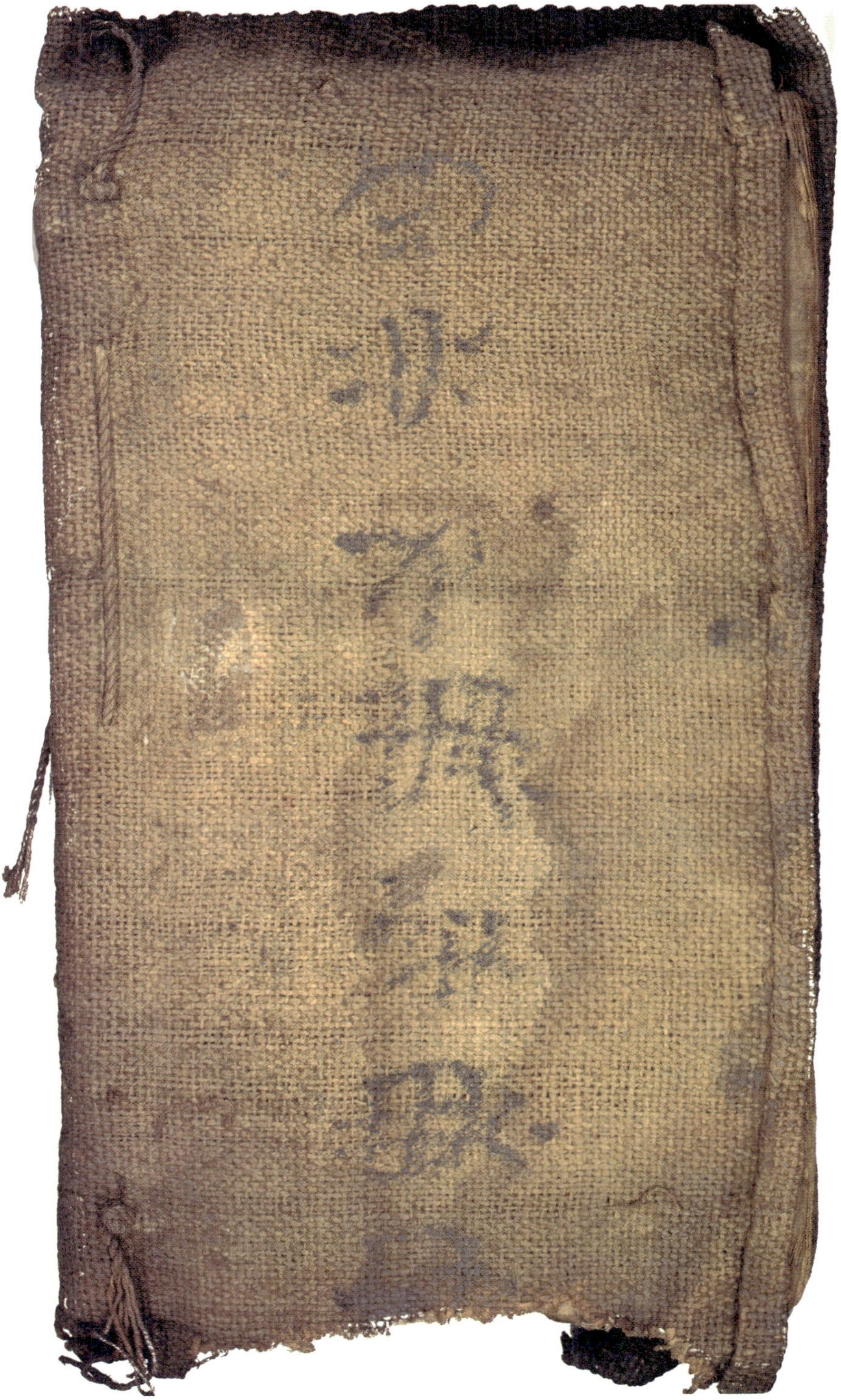

《动植物谱》封面

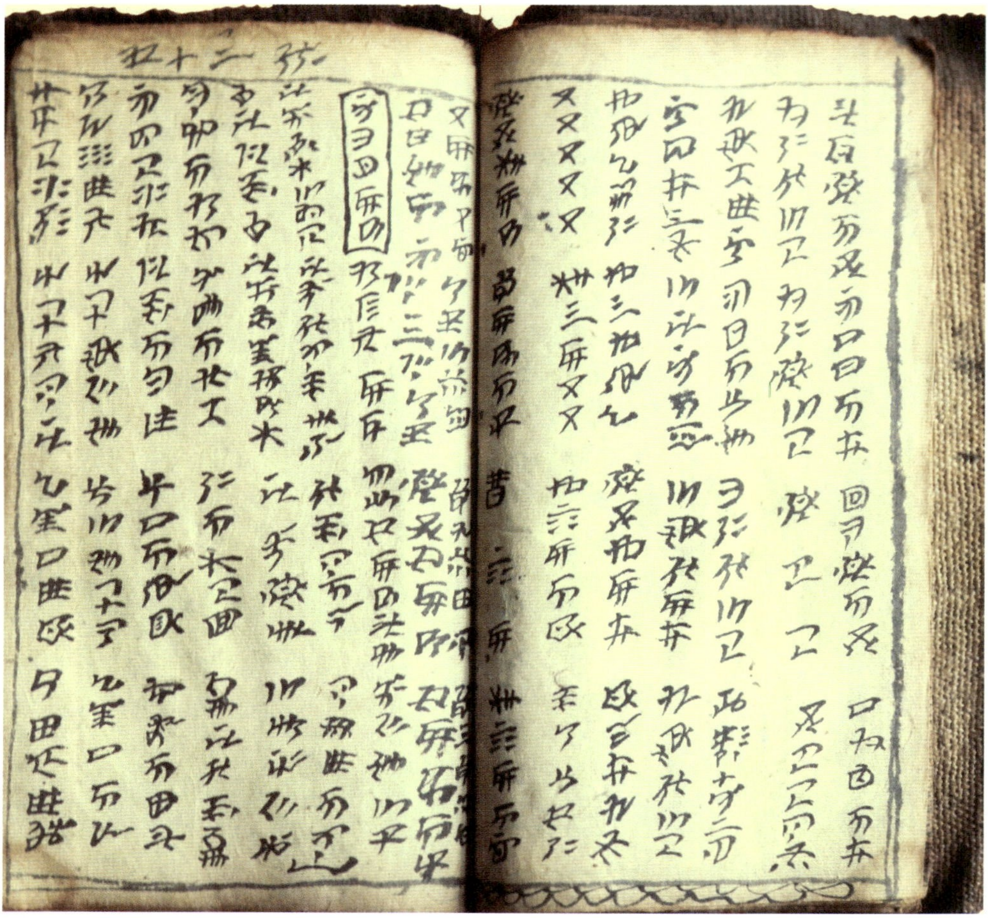

《动植物谱》内页一

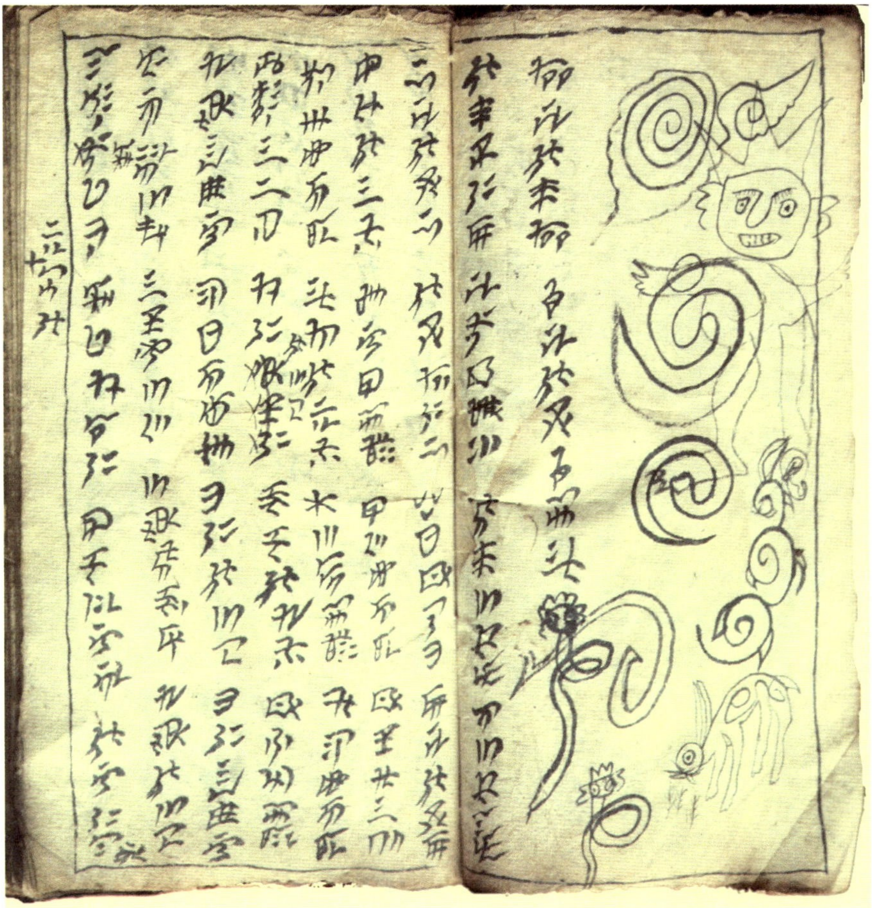

《动植物谱》内页二

# 八、笃慕世系

## 笃慕世系

古彝文；不分卷1册；37页，8500余字；佚名撰；抄本复印件，线订卷轴装；页面21cm×29.5cm，无边栏，行格10行24—28字，行序从左到右，字序从上到下；无残损；馆内编号：F161。

## 内容提要

《笃慕世系》是流传于贵州彝族聚居区的彝文古籍，主要记述彝族始祖笃慕的先祖谱系及其子孙后代的分支谱系，特别是汉藏彝等民族之间的分支血脉关系等。

在滇川黔桂各地彝族中，笃慕是公认的始祖，由于方言音译的不同，“笃慕”有多种口传和书面记载形式，如笃木、笃米、祝明、仲年由、举木、阿普笃慕、隆牧、阿卜都木等。有学者研究考证，笃慕生活于公元前545年前后，与孔子为同时代人。① 又据易谋远先生的考证，笃慕即蜀帝杜宇，其族属为昆夷，即彝人先民的父族为早期蜀人，彝族先民的母族为昆夷。② 从笃慕的先祖道慕尼“来自天上”以及笃慕“娶天女”，到“汉藏彝三兄弟分支”，体现了中华大地上各民族你中有我、我中有你、互相融合、共同繁衍的历史事实。

① 张纯德、朱琚元、白兴发：《彝文古籍与西南边疆历史》，157—159页，北京，社会科学文献出版社，2013。

② 易谋远：《彝族的民族再生始祖笃慕之族属为昆夷试析》，载《中央民族大学学报》（哲学社会科学版），1999（1）。

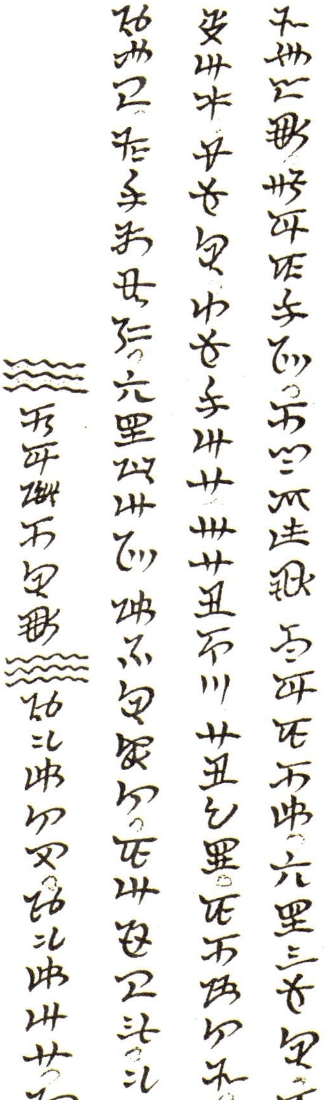

《笃慕世系》第 1 页

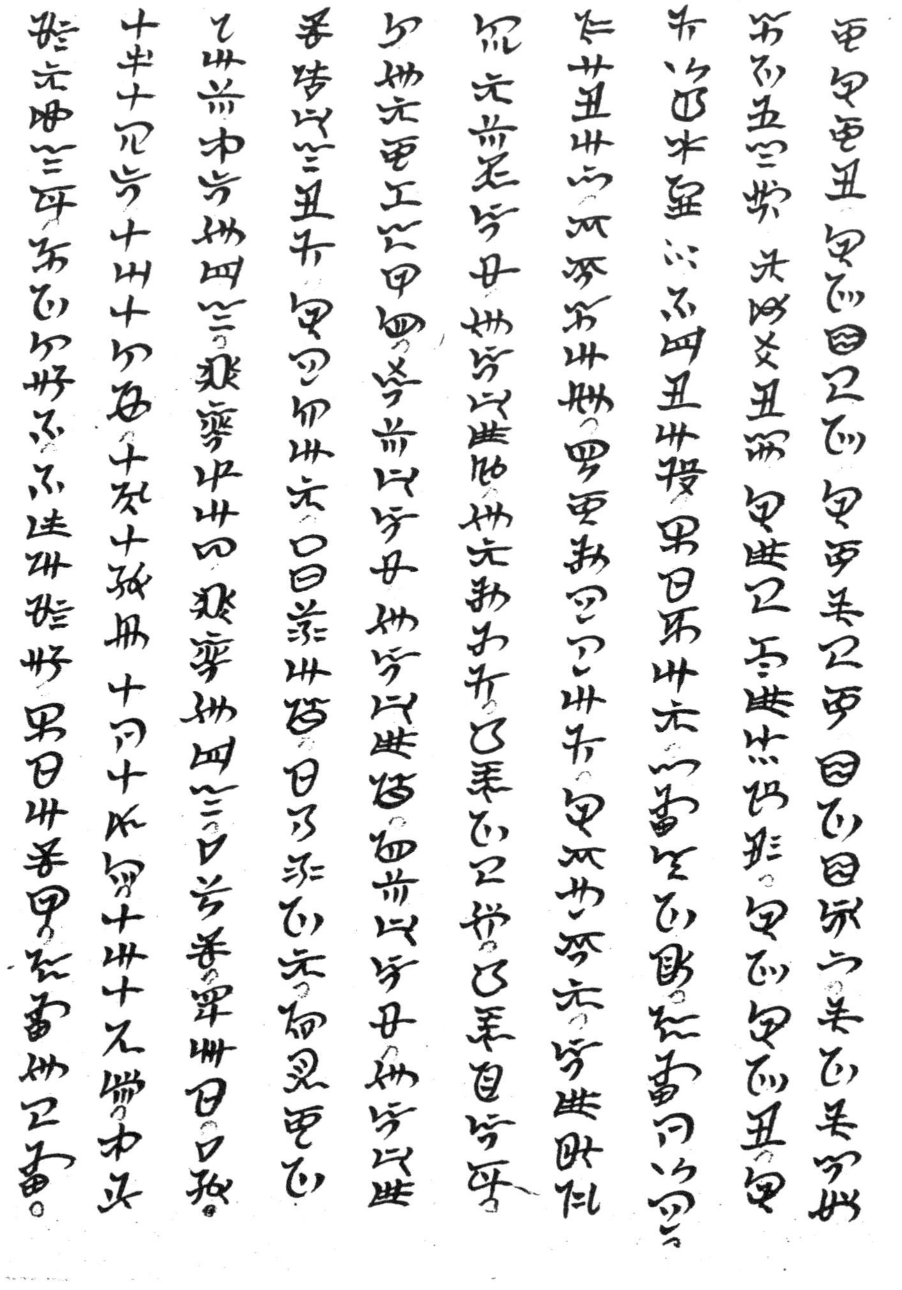

《笃慕世系》第13页

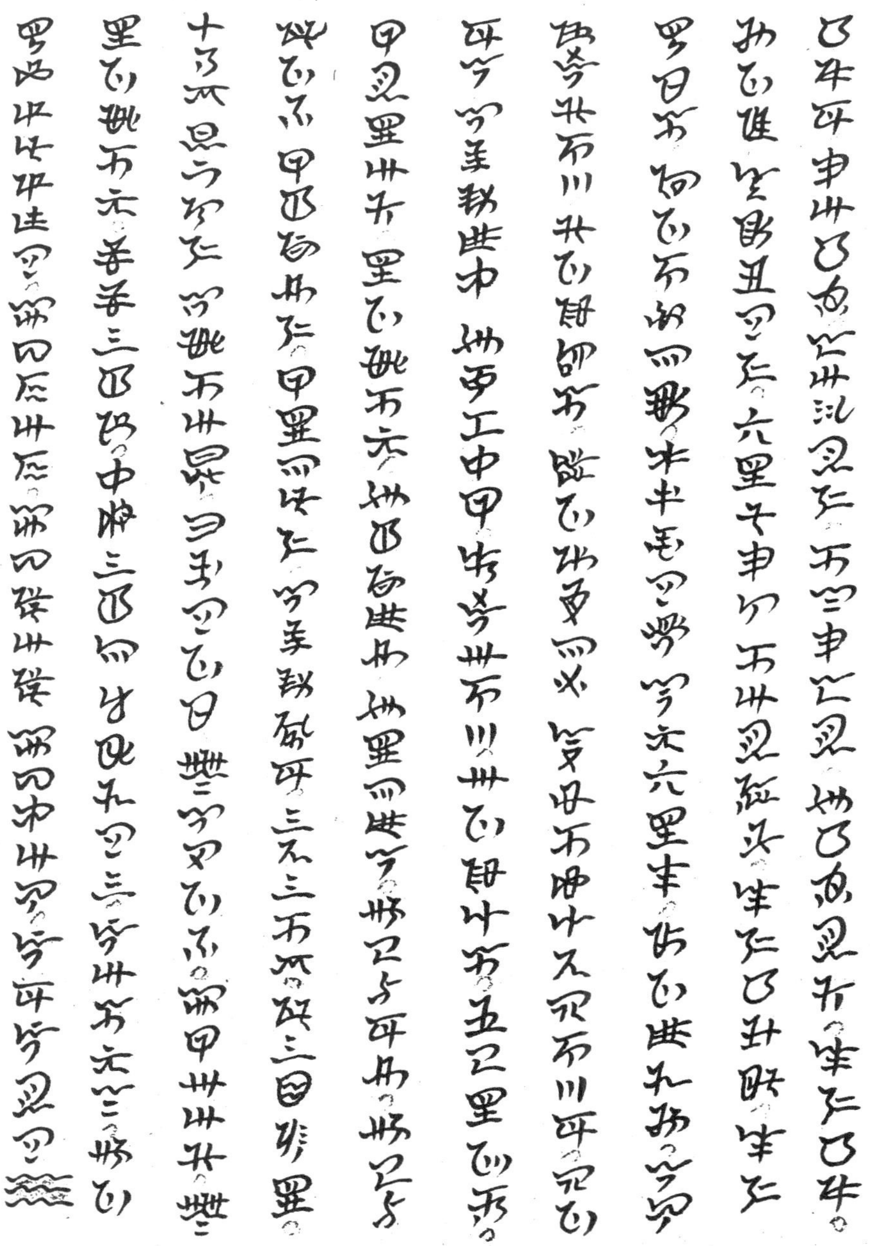

《笃慕世系》第 18 页

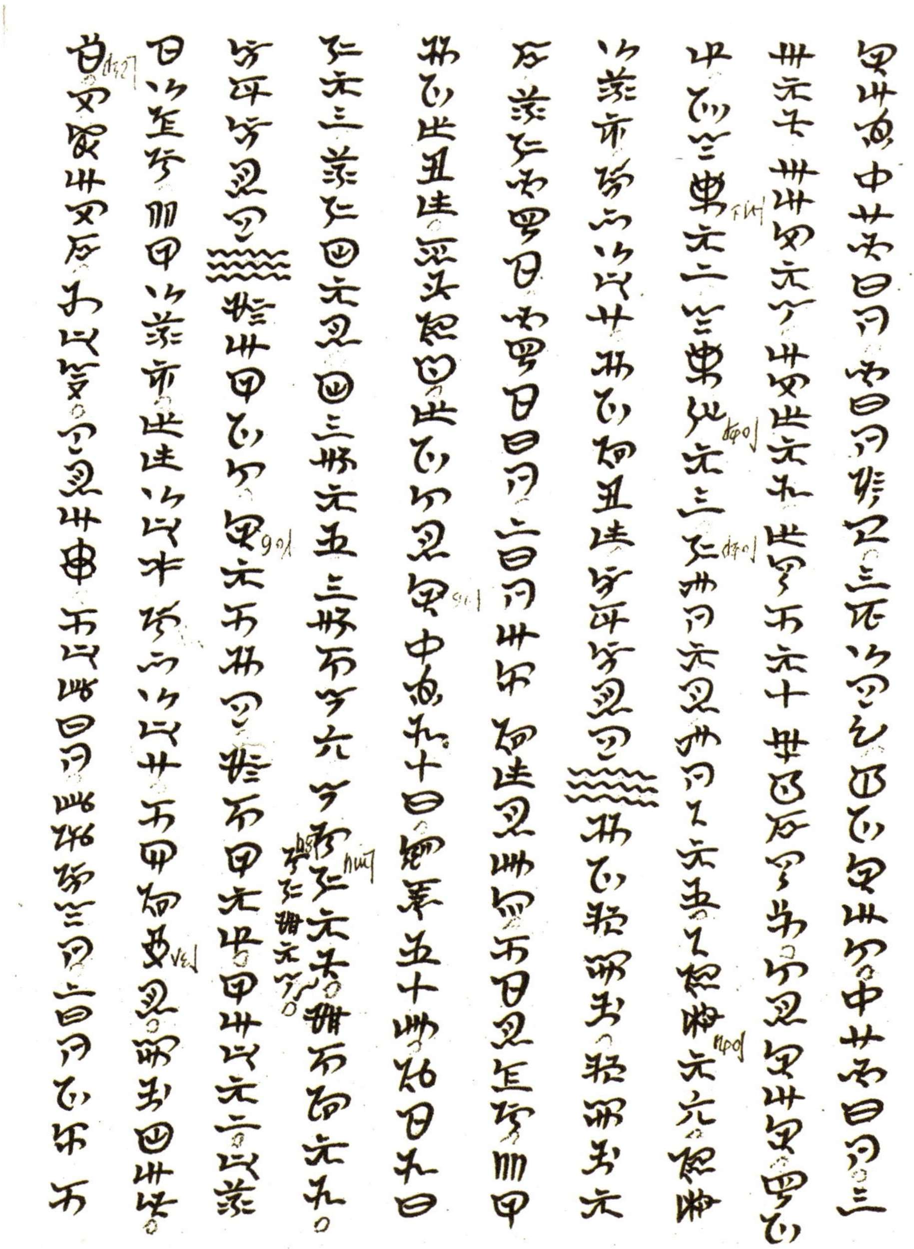

《笃慕世系》第 31 页

# 九、防雹辞

## 防雹辞

古彝文；不分卷1册；6页，600余字；佚名撰；抄本复印件，线订卷轴装；页面21cm×29cm，行格10行14—17字，行序从上到下，字序从右到左；保存较好；馆内编号：186—4。

## 内容提要

《防雹辞》是一部主要流传于大小凉山彝族聚居区的祈祷辞，主要讲述狂风、暴雨、冰雹、洪水对庄稼和人畜有很大的破坏性，祈求天雨适量、风适度，莫下冰雹。该书载："黄雪高空止，暴雨浇边际，有风力莫强，降雨珠莫大，风暴防于空。德部洛摩山，莫起狂风暴；俄木鹫堵山，莫发惊雷霆，沙马麻洪波（狮子山），雷霆防回转，索诺阿举波（龙头山），雷霆防回转。防风暴冰雹，暴雨偏边梁，雨水顺山埂，洪暴消失去，暴雨回归去，咒阿咒，咒暴风咒雨雹。"

该书反映了彝族先民征服自然、与恶劣的气候做斗争的生活情境，表达了人们对风调雨顺、五谷丰登、六畜兴旺、人丁安康的期盼。

《防雹辞》第 1 页

《防雹辞》第 2 页

# 十、防癞经

## 防癞经

古彝文；不分卷 1 册；17 页，5400 余字；佚名撰；旧抄本，线订卷轴装；页面 27cm×40cm，行格 18 行 16—22 字，行序从上到下，字序从右到左；保存较好；馆内编号：322—8。

## 内容提要

《防癞经》是一部用于防止麻风病传染的经籍。古代彝人最忌讳和嫌弃麻风病，如有此病患者或因此病去世者，就要诵此经祛除并防止麻风病传染蔓延。

书中认为，麻风有六种，即“触雷癞”“光照癞”“蛇癞”“蛤蟆癞”“猴癞”“蜂癞”。各种动物都可能染患麻风病，一旦患此病，统称为“癞”。书中载：“‘君、臣、毕、匠、民’五种不同阶层的人，谁患癞病谁就失去了根本。”认为麻风病被“家禽家畜，飞禽走兽、苍蝇蚂蚁等动物和风、雨、水等带来传染于人”。告诫人们要注意所走之地、所住之地、所作所为、所观所望、所食所饮，处处防止被传染。把麻风病鬼驱逐、遣送出所生活的区域，驱赶到无际平原之外、无法返回之路去。

书中还记载有许多预防麻风病的措施，在预防、防止麻风病传染和治疗麻风病方面具有一定的参考价值。“彝族民间对待麻风病患者所采取的各种处置措施等，从意识形态到实际操作手段等展示了凉山彝族民众对麻风病的认识。面对传统社会中无法治愈的麻风病，一方面积极治疗，另一方面，不惜一切代价，不仅从人们活动的生活空间，甚至从深层的社会文化空间进行隔离，为健康者筑起一道强大而坚实的壁垒，以达到避免相互传染的目的，这也是许多古老民族早期在缺医少药的情况下，对待疑难杂症时所共同遵循的规律。”[①]

① 蔡富莲：《凉山彝族毕摩文献〈奴图〉与彝族对麻风病的认识》，载《宗教学研究》，2015（3），157–159页。

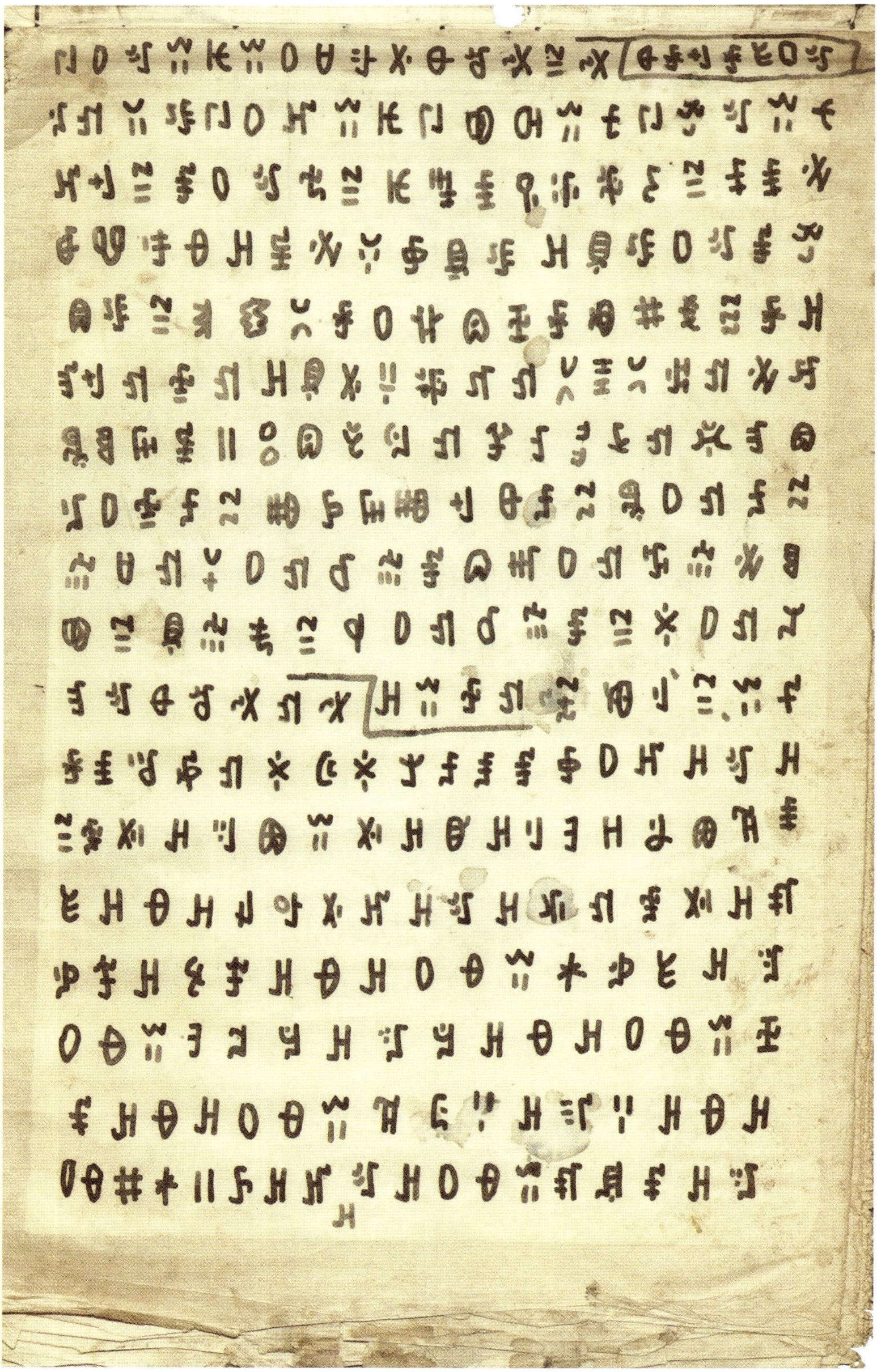

《防癞经》第 2 页

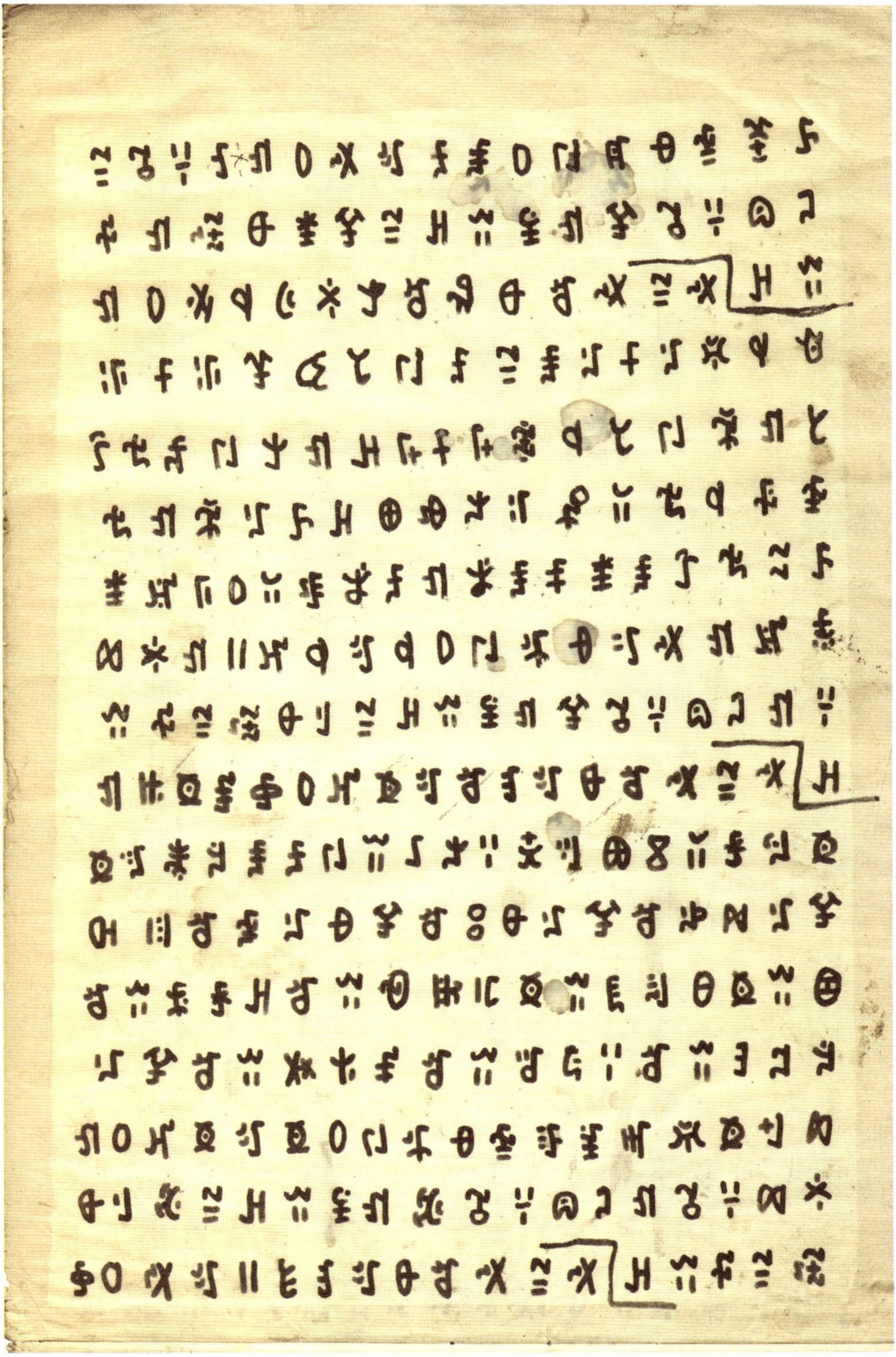

《防癞经》第 5 页

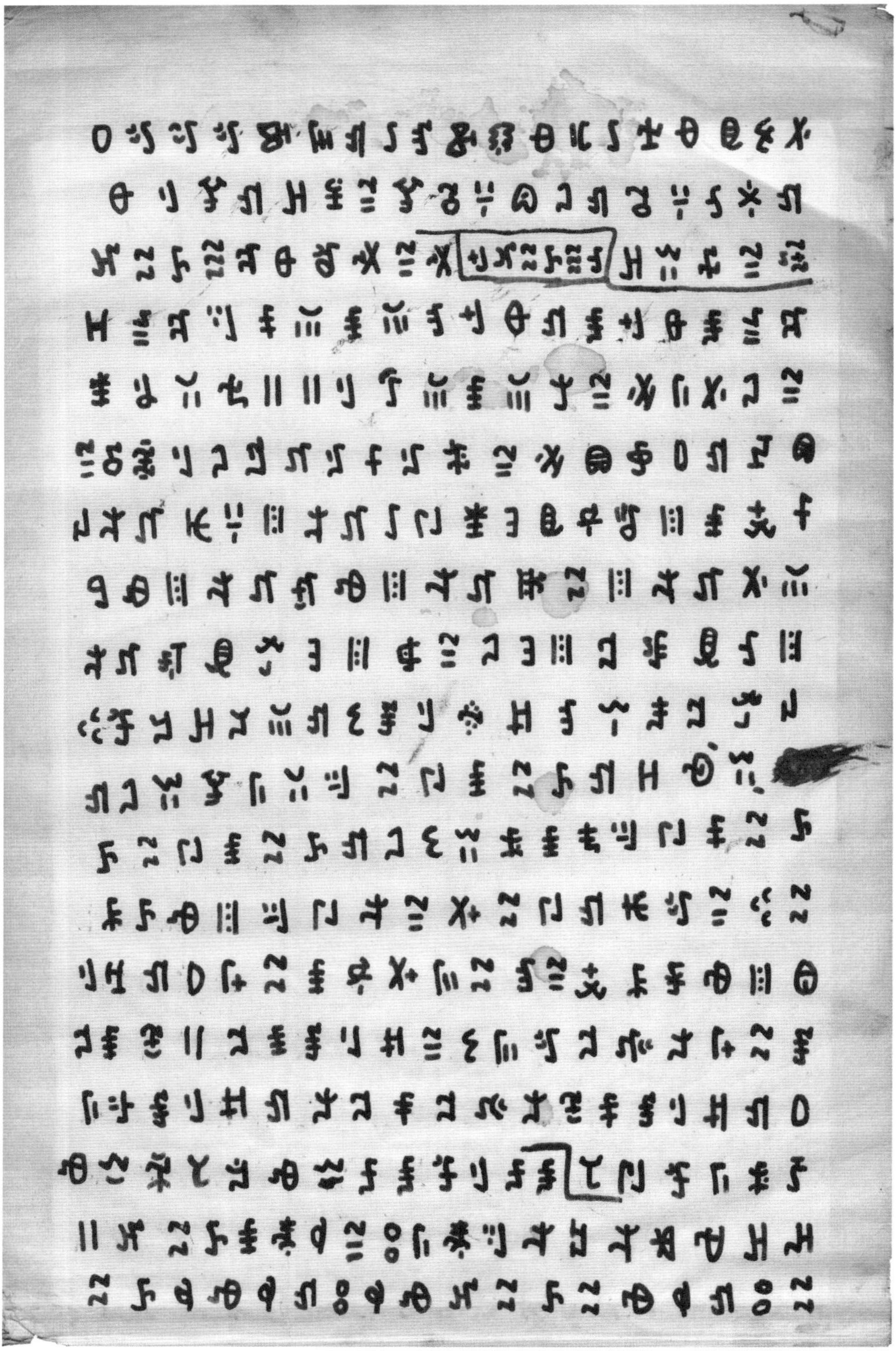

《防癞经》第 13 页

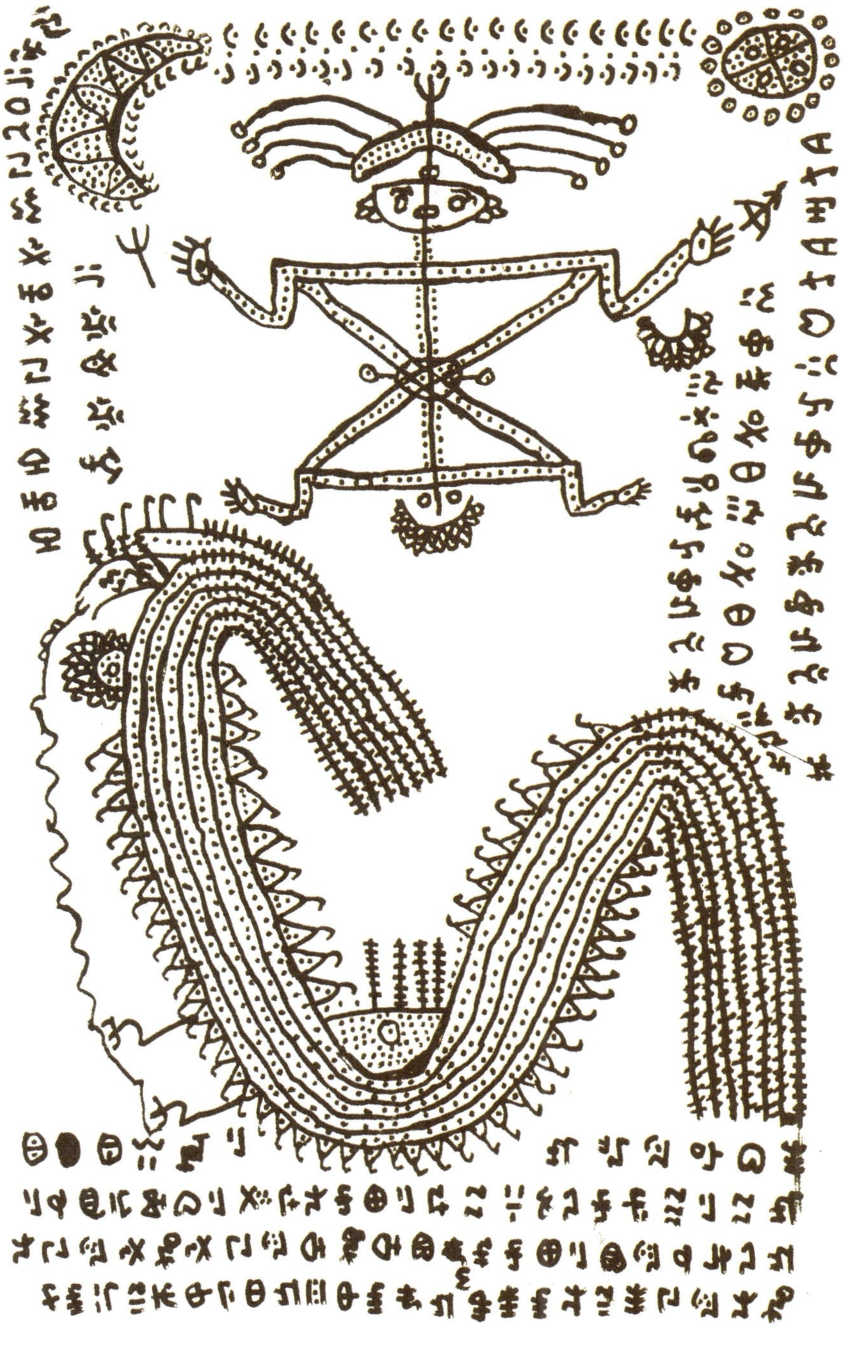

《防癞经》第 16 页

# 十一、防痢疾经

## 防痢疾经

古彝文；不分卷1册；8页，1300余字；佚名撰；抄本复印件，线订卷轴装；页面约25.5cm×36cm，行格13行14—17字，行序从上到下，字序从右到左；保存较好；馆内编号：23—2。

## 内容提要

《防痢疾经》主要流传于大小凉山彝族聚居区，为患痢疾去世的父母或前辈做灵牌超度时使用，平常有痢疾盛行或有人患痢疾时也可吟诵此经书来预防。

“防痢疾”意在祛除因患痢疾和传染病而去世的前辈灵牌上的病毒，以免传染祖界的老祖先。同时，防止子孙后代染上痢疾。

该书还认为飞禽走兽等动物会传播瘟疫，并指明传播痢疾的是一种夜游空中的鸟。书中以“驱除黄痢黄翅病，灰痢尖嘴病，黑痢尾短曲，白痢翅残斜，花痢花翅褐，红痢翅跳跛”来形容传播痢疾的禽鸟。

该书内容可能受中医药传统影响。

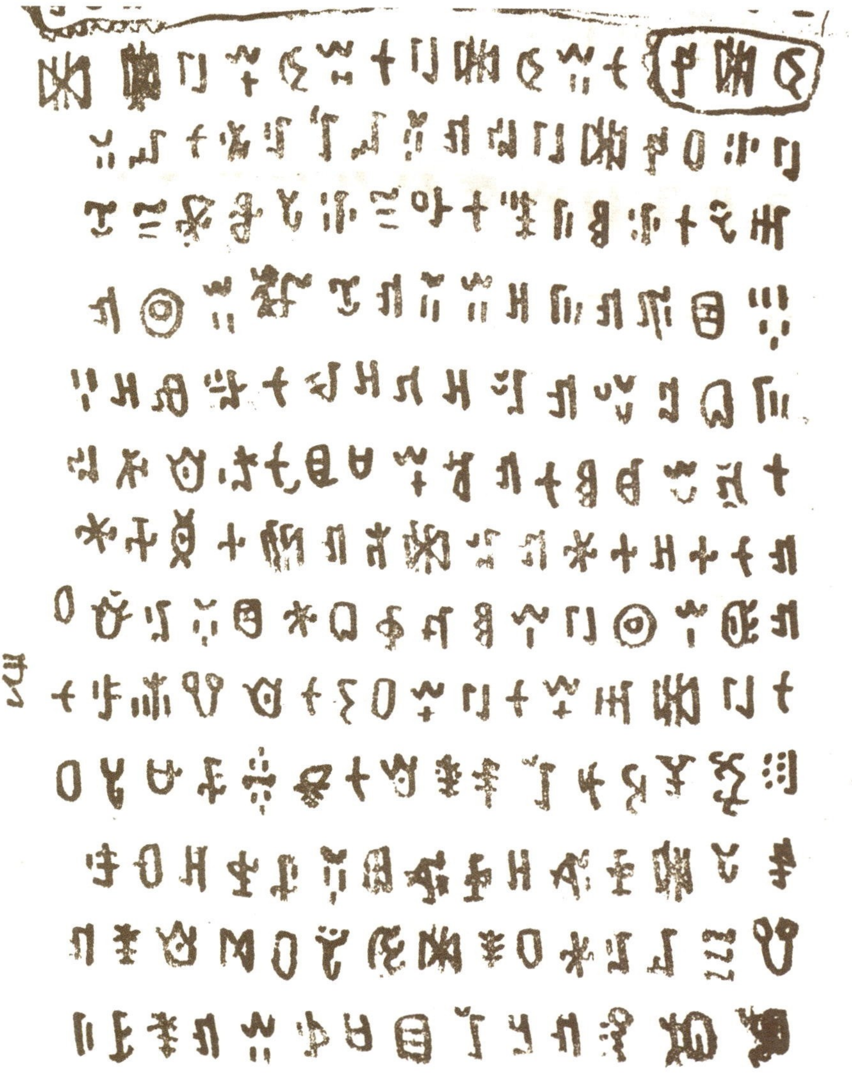

《防痢疾经》第 2 页

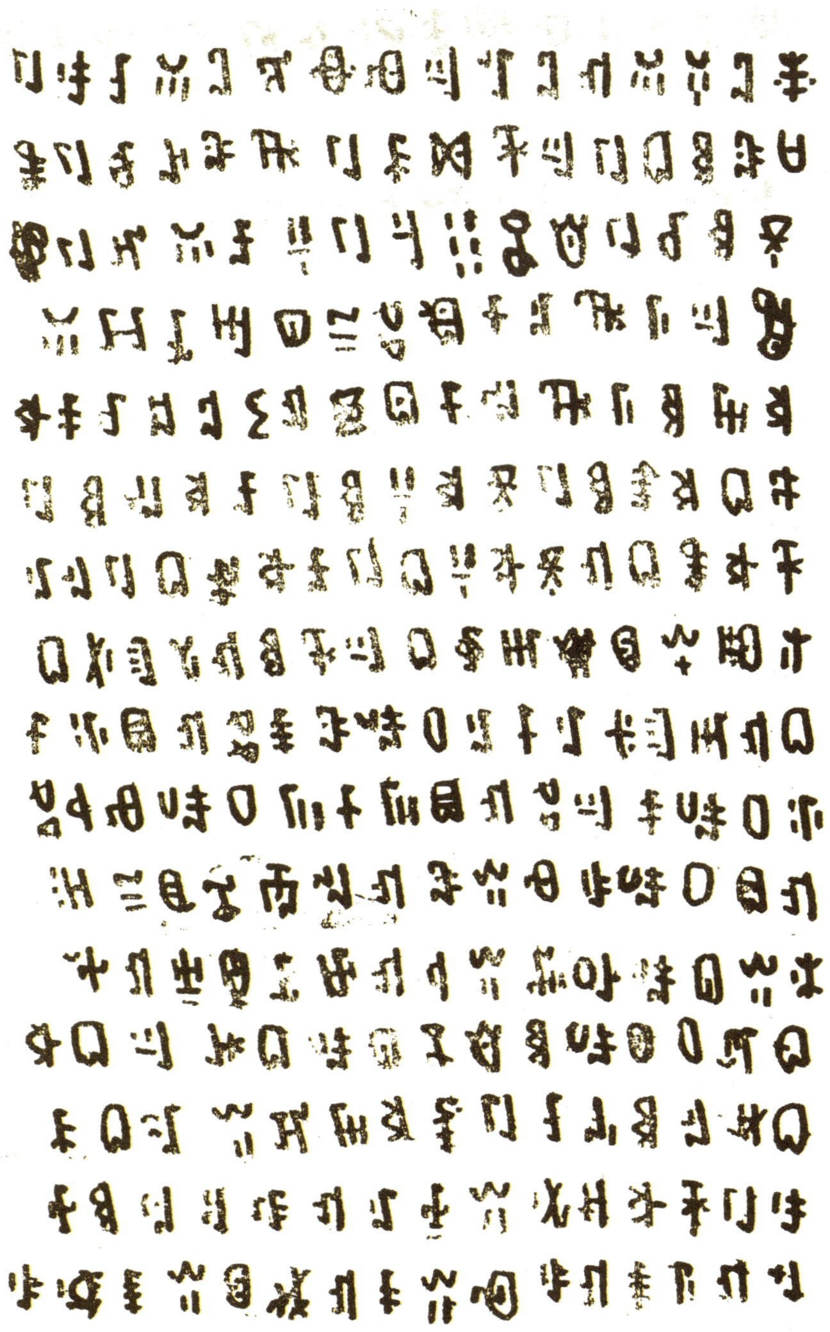

《防痢疾经》第 3 页

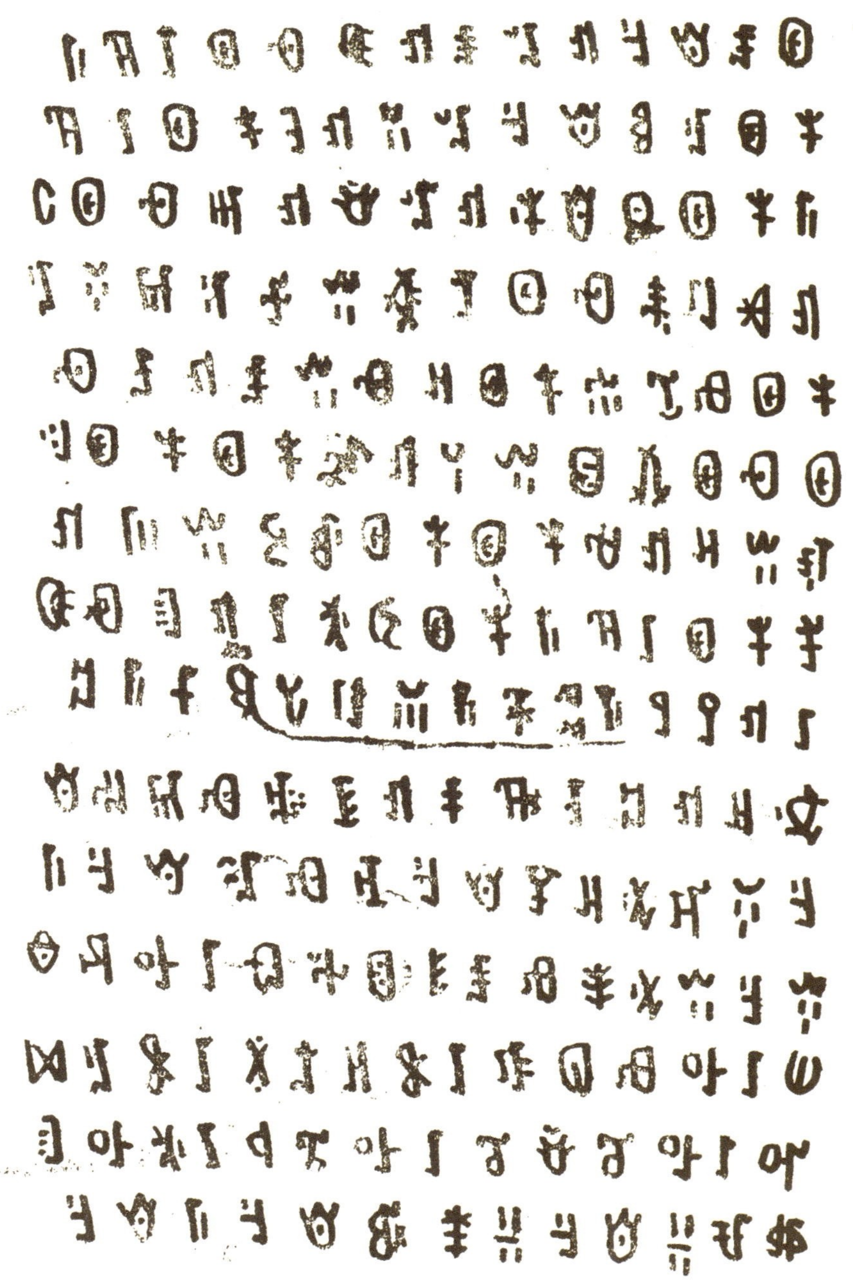

《防痢疾经》第 5 页

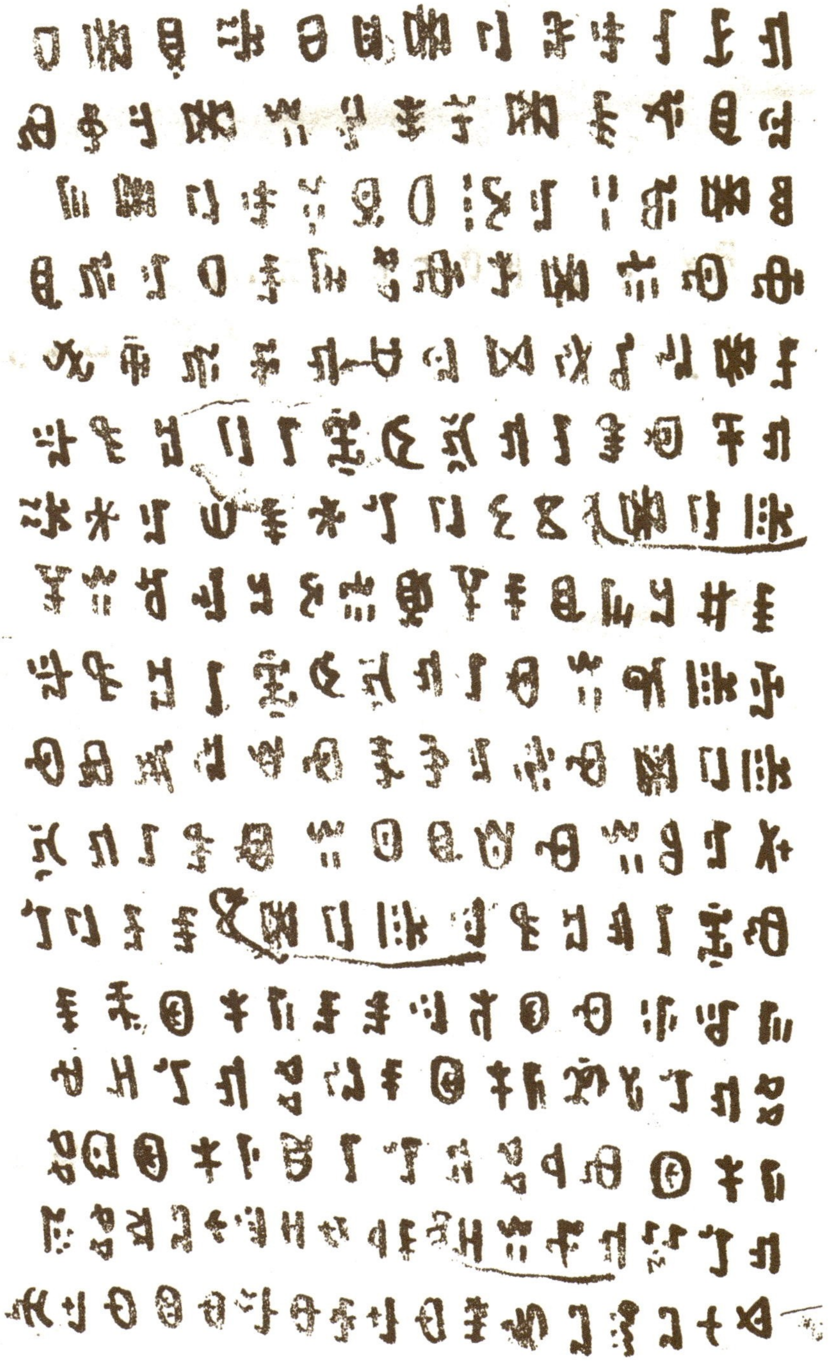

《防痢疾经》第 6 页

# 十二、防相冲经

## 防相冲经

古彝文；不分卷1册；7页，2300余字；佚名撰；抄本复印件，线订卷轴装；页面21cm×28.3cm，行格19行18—26字，行序从上到下，字序从右到左；保存完好；馆内编号：327—1。

## 内容提要

《防相冲经》是彝族毕摩在防相冲仪式上使用的经书。彝族人认为，若夫妻间“八字”不和，则家庭失和，须行法调和，方可免灾。

该经书揭示了对立面之间在特定条件下可以和谐共存的辩证哲理，与汉文献中阴阳八卦的哲学思想密切相关。

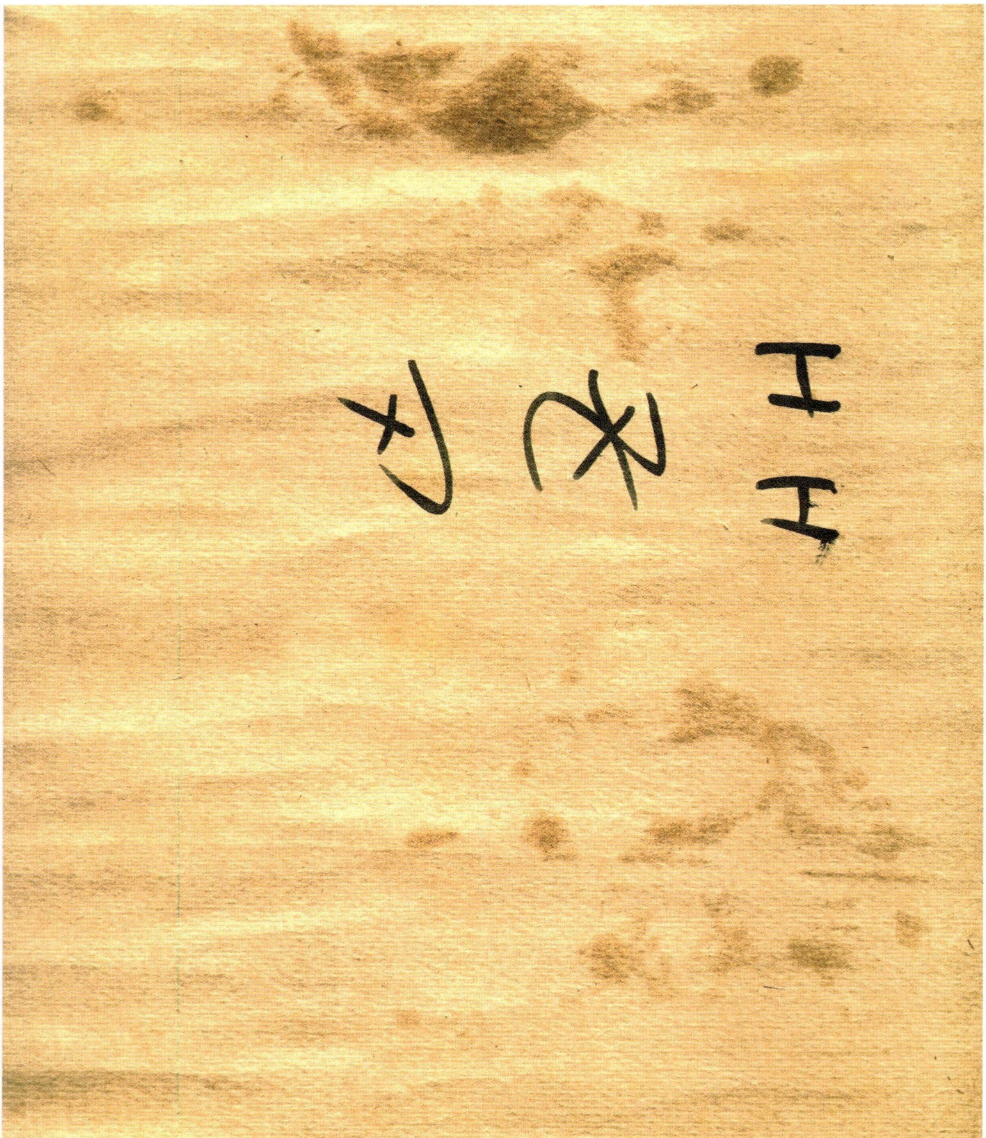

《防相冲经》文献名页

《防相冲经》第 3 页

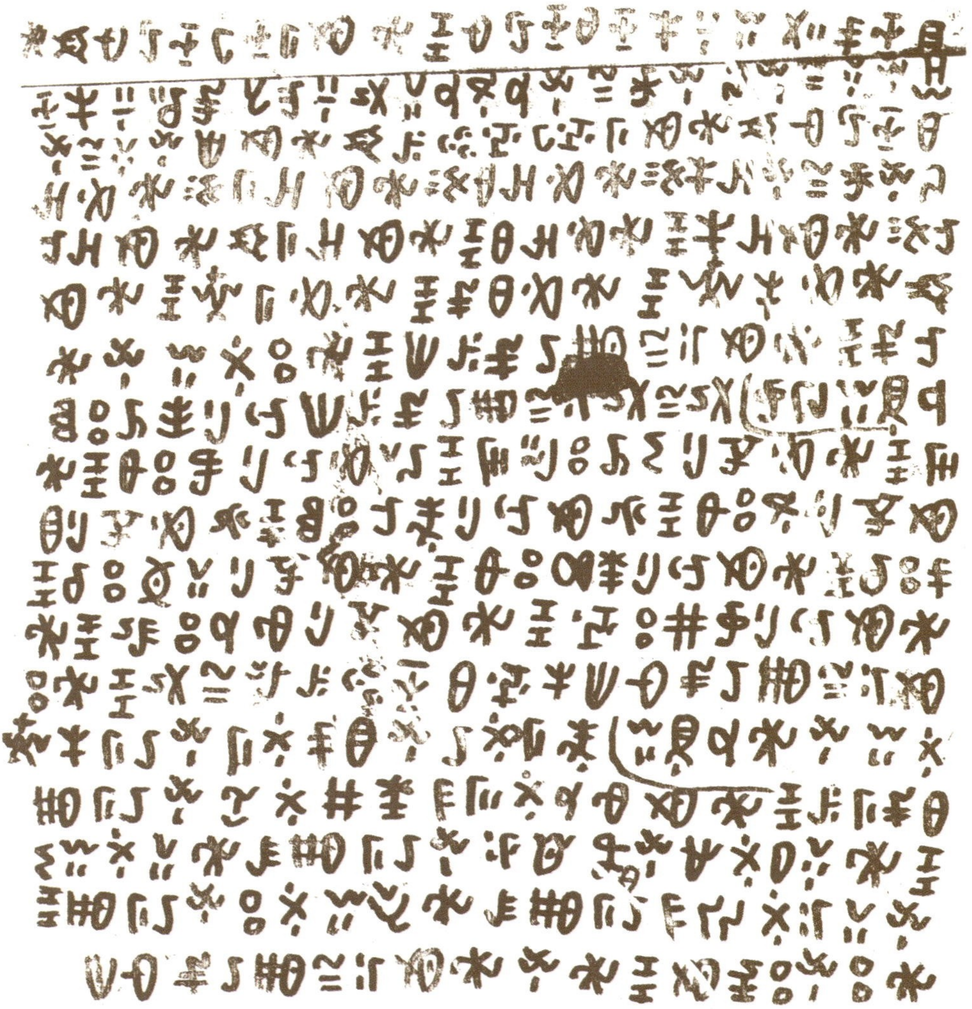

《防相冲经》第 4 页

《防相冲经》第 5 页

# 十三、格则

## 格则

古彝文；不分卷1册；16页，约1800字；佚名撰；抄本复印件，线订卷轴装；页面25.8cm×36.5cm，行格11行11—14字，行序从上到下，字序从右到左；保存较好；馆内编号：284—1。

## 内容提要

《格则》是一部凉山彝族用来指导人际关系的经书。有人认为该经书用于祭祖仪式，也有人认为其用于咒敌仪式。从内容上看，书中告诫人们在互相交往中不能贪图钱财，人与人之间不能相互算计，君子爱财，取之有道。书中记载："君王与百姓之间，宗族之间，姻亲之间，兄弟之间，父子之间，夫妻之间，莫相互算计。"

该书提倡文明相待，强调人与人之间应和谐相处。书中倡导的处世之道受到了儒家思想影响，或与之有着直接的联系。

《格则》第 2 页

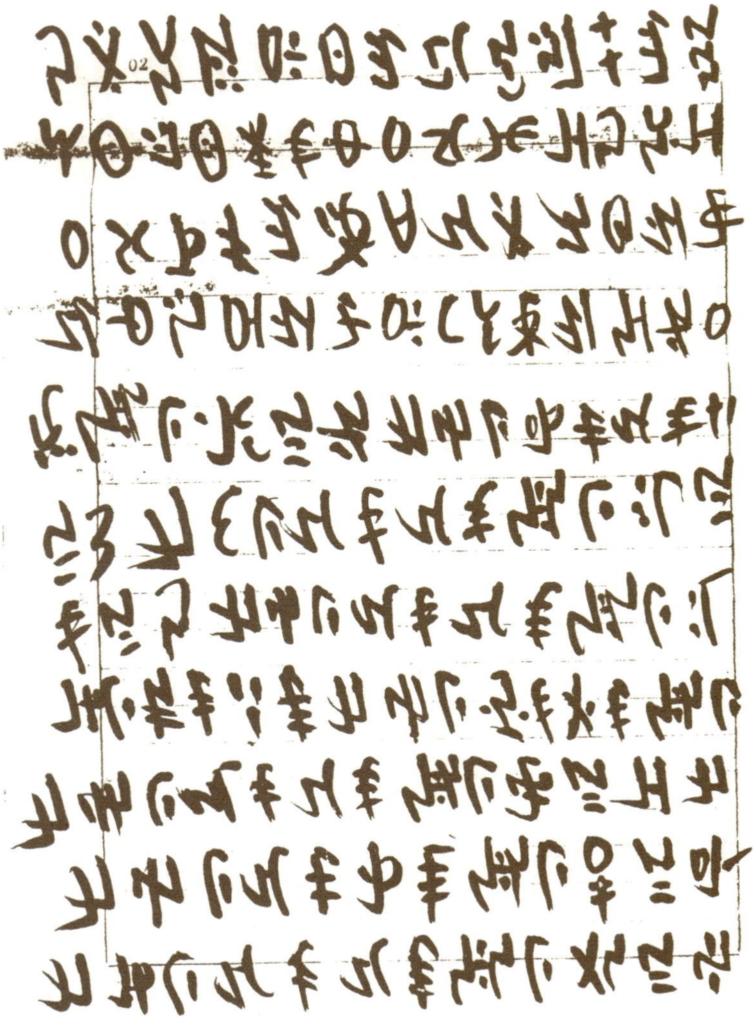

《格则》第 6 页

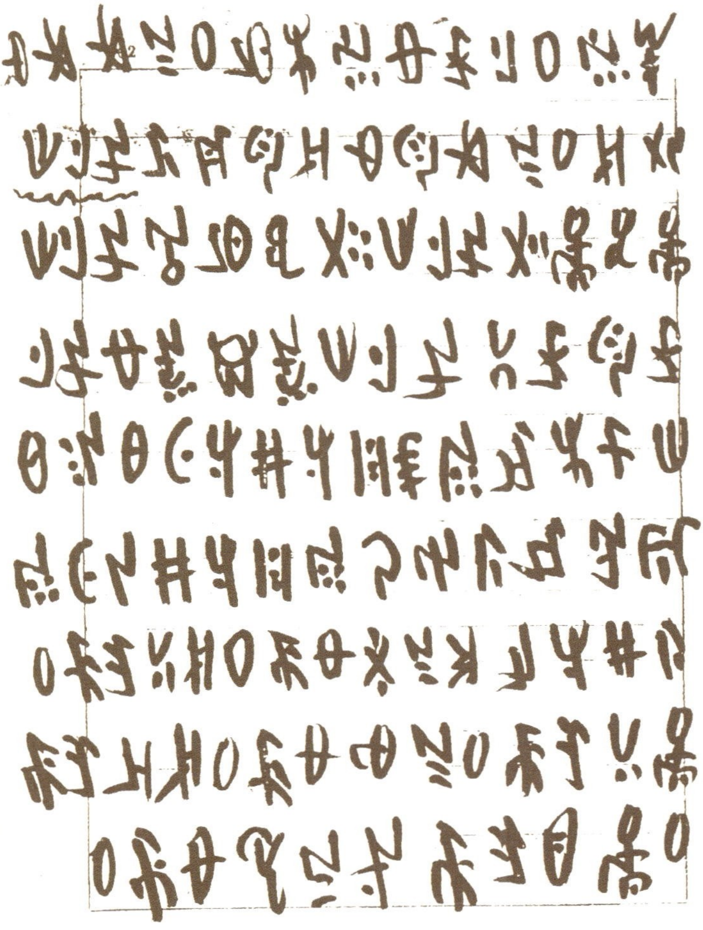

《格则》第 8 页

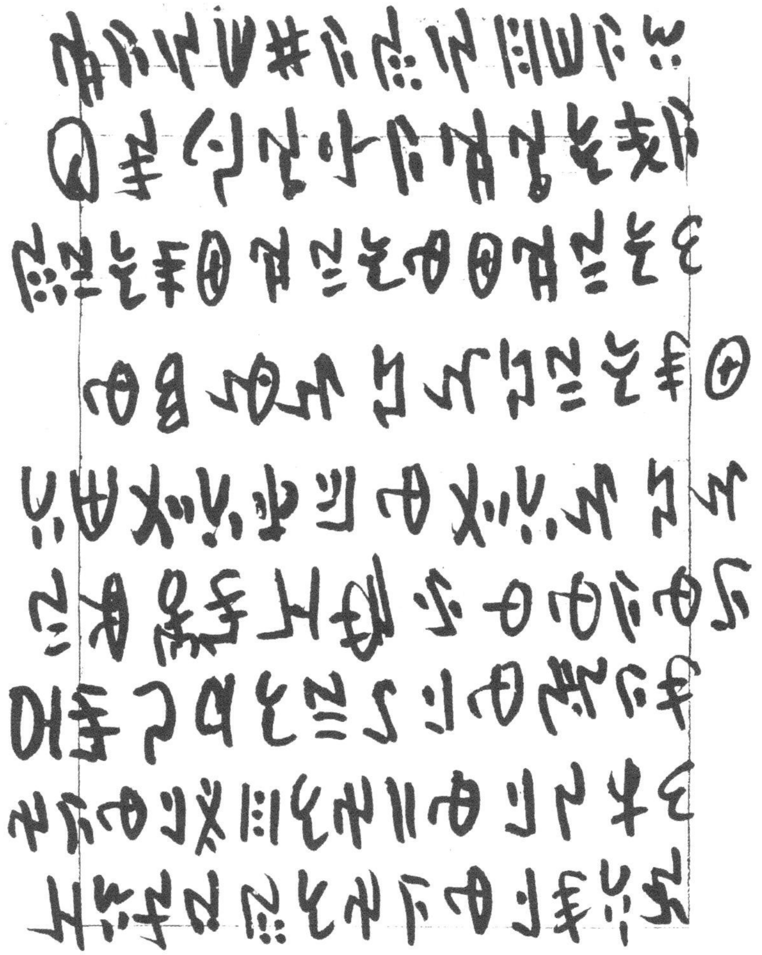

《格则》第 14 页

# 十四、古彝文骨书

古彝文骨书

古彝文；80 余字；佚名撰；复制件，麻绳串连；骨面约 31cm×3cm；保存较好；馆内编号：G7–7。

内容提要

该骨书收集于凉山彝族自治州雷波县马颈子镇牛龙村吉木毕摩世家，是吉木家支世传彝文文献中的一部分。这批文献“文字的字体、读音与现代彝文相去甚远，与现存各地的彝文经书也有许多不同之处”[①]。

该文献原件藏于凉山彝族奴隶社会博物馆，共 1 件。其用麻绳串连而成，外用自制麻布包裹，骨块大小不等，宽约 3 厘米。

该骨书中的文字可能与甲骨文、金文、石鼓文等古老文字有着同源异流或一脉相承的联系。

① 曲木铁西、吉木阿龙、杰觉伊泓等：《吉木家支世传彝文文献文字初步研究》，1 页，北京，民族出版社，2009。

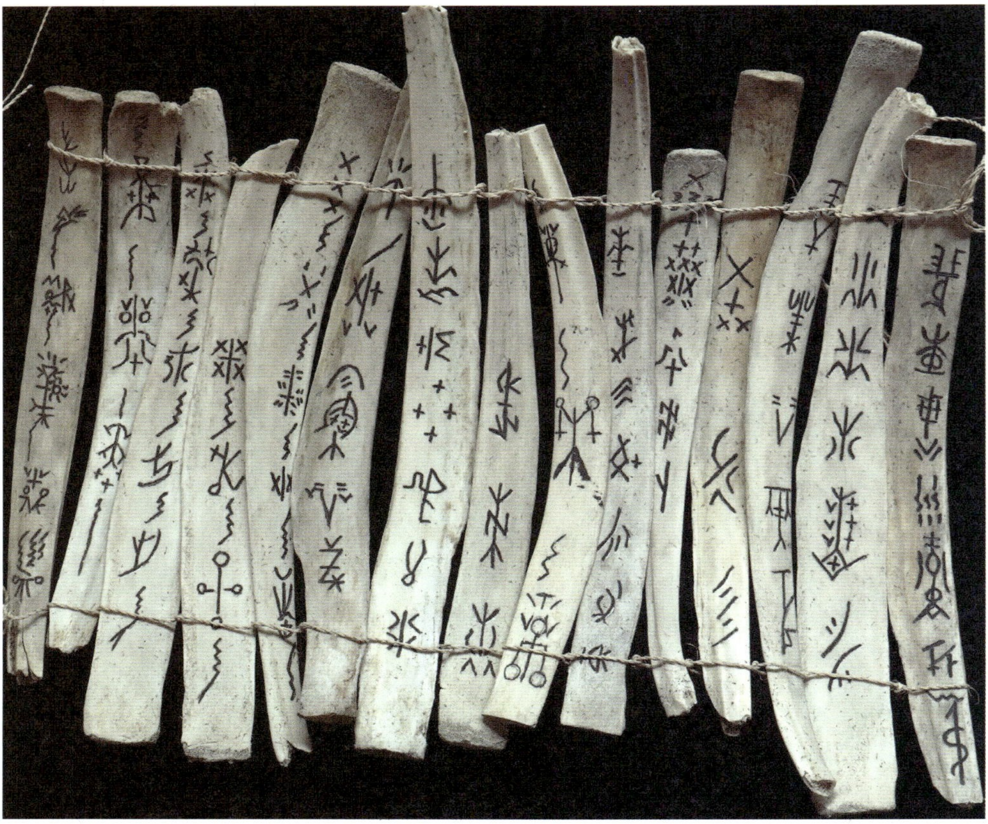

古彝文骨书

# 十五、古彝文木牍

古彝文木牍

古彝文；3 卷；500 余字；佚名撰；复制件；麻绳串连成卷，卷面约 51cm×30cm，每片约 7—13 字；保存较好；馆内编号：G7—6。

内容提要

该木牍是凉山州雷波县吉木家支世传彝文文献中的一部分。原件藏于凉山彝族奴隶社会博物馆，共 3 件。其用麻绳串连而成，外用自制麻布包裹，木片长短不一致，宽约 1.5 厘米。

木牍中的文字、读音与现在民间古籍中的彝文和现行规范彝文有很大的差别，可能与甲骨文、金文、石鼓文等古老文字有着同源异流或一脉相承的联系。

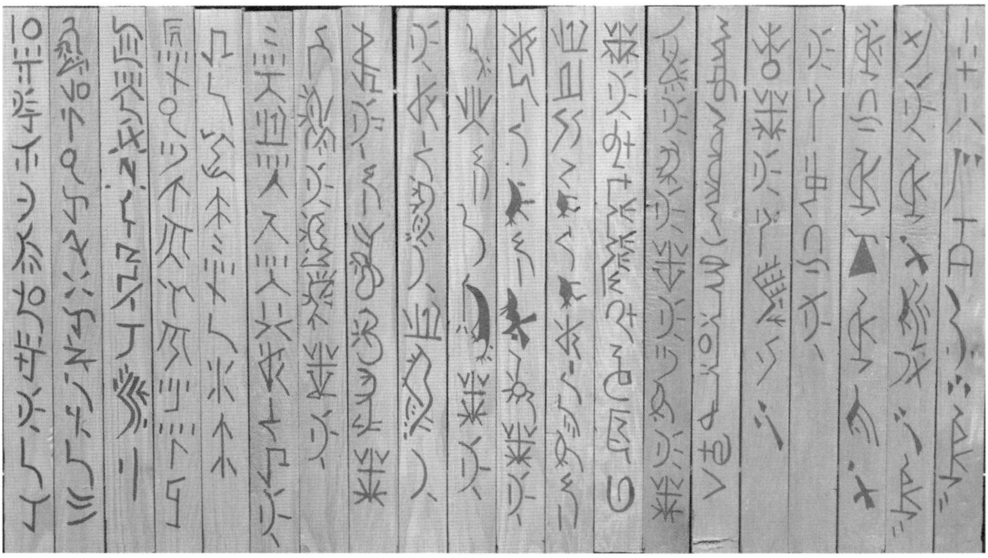

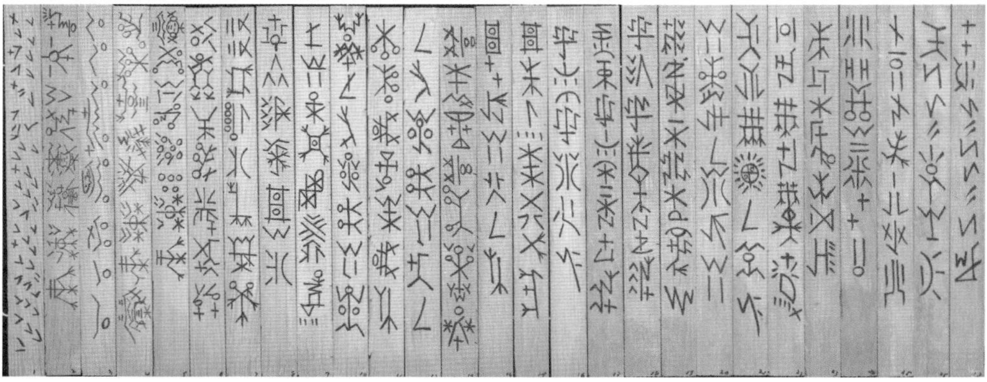

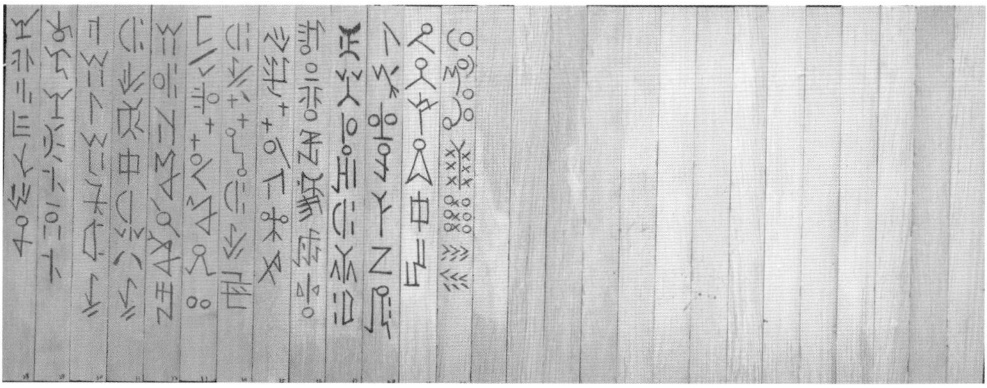

古彝文木牍 第 1 卷
古彝文木牍 第 2 卷
古彝文木牍 第 3 卷

# 十六、古彝文皮书

古彝文皮书

古彝文；不分卷1册；6页，300余字；佚名撰；旧抄本复制件，线订卷轴装；页面23cm×26cm，行格10行6—7字；保存较好；馆内编号：G7—1。

内容提要

该皮书是凉山州雷波县吉木家支世传彝文文献中的一部分，代表彝文在早期的一种载体形式，对研究彝文形体的演变规律具有一定的参考价值。

皮书中的文字可能与甲骨文、金文、石鼓文等古老文字有着同源异流或一脉相承的联系。

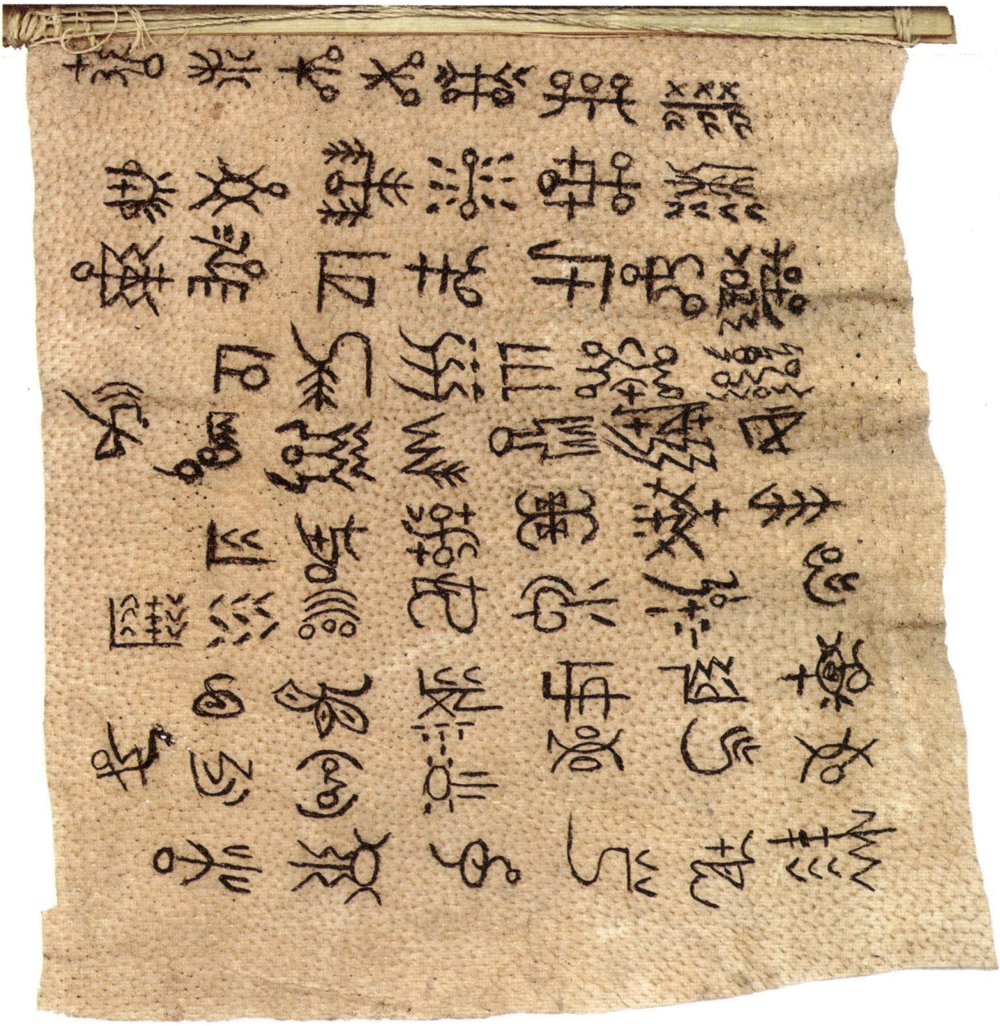

古彝文皮书 第 1 页

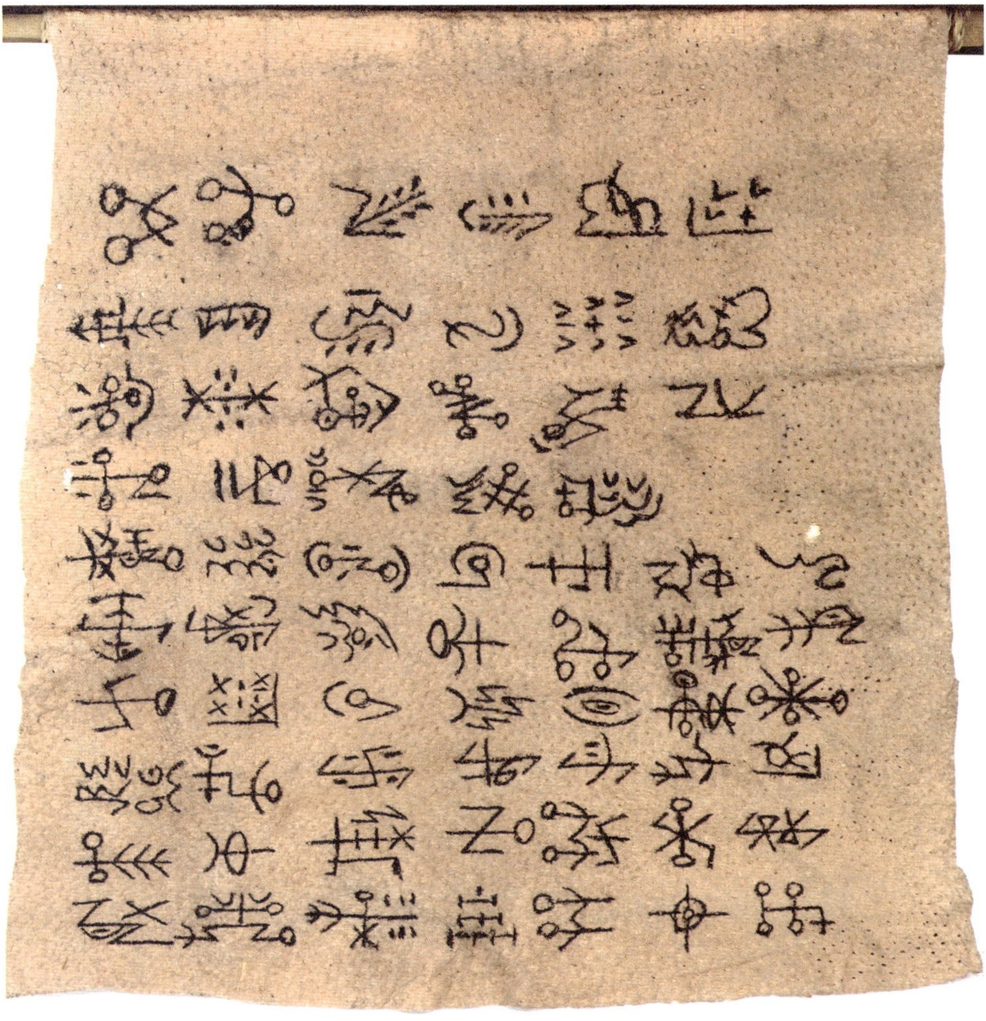

古彝文皮书 第2页

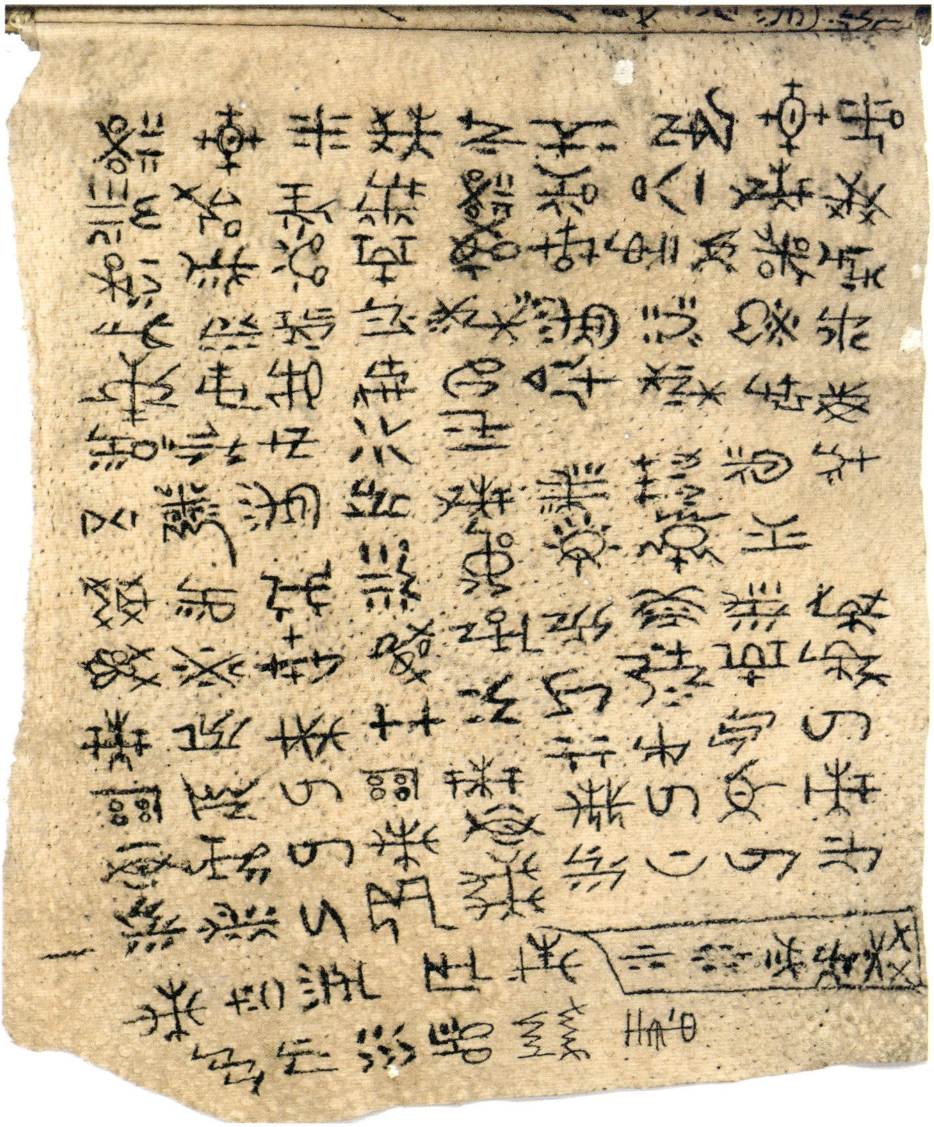

古彝文皮书 第 4 页

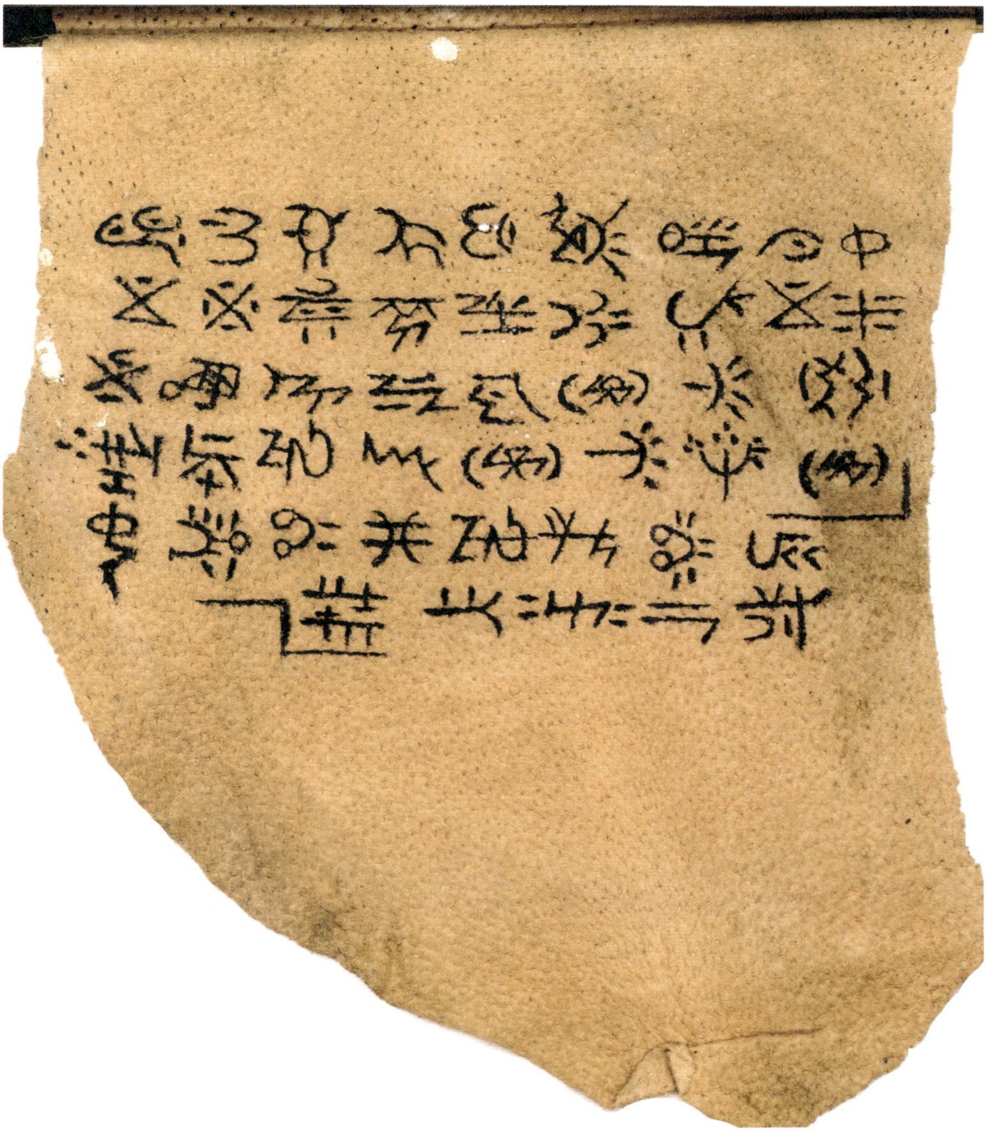

古彝文皮书 第6页

# 十七、古彝文竹简

## 古彝文竹简

古彝文；3 卷；6700 余字；佚名撰；复制件，麻绳串连成卷；竹片大小规格参差不齐，约 23.3cm×0.5cm，每片约 14—26 字；保存较好；馆内编号：G10—2。

## 内容提要

该竹简是凉山州雷波县吉木家支世传彝文文献中的一部分，为复制件，原件藏于凉山彝族奴隶社会博物馆，共 3 件。其用麻线装订，“文字一般写在连线内，文字从左上起排字，页边留 2 厘米左右”，“竹简用墨写或动物血加木炭书写”[①]。

据有关专家考证，这批吉木家支世传文献中的文字有三种类型：“一类是图画文字，文字的解释性较强，没有固定的语音，但意义基本上是确定的；二类是表意字，与现在所说的古彝文相同，每个字表示一个意义；三类是表音的音节文字。”[②]

竹简中的文字可能与甲骨文、金文、石鼓文等古老文字有着同源异流或一脉相承的联系。

① 曲木铁西、吉木阿龙、杰觉伊泓等：《吉木家支世传彝文文献文字初步研究》，20 页，北京，民族出版社，2009。
② 曲木铁西、吉木阿龙、杰觉伊泓等：《吉木家支世传彝文文献文字初步研究》，12 页，北京，民族出版社，2009。

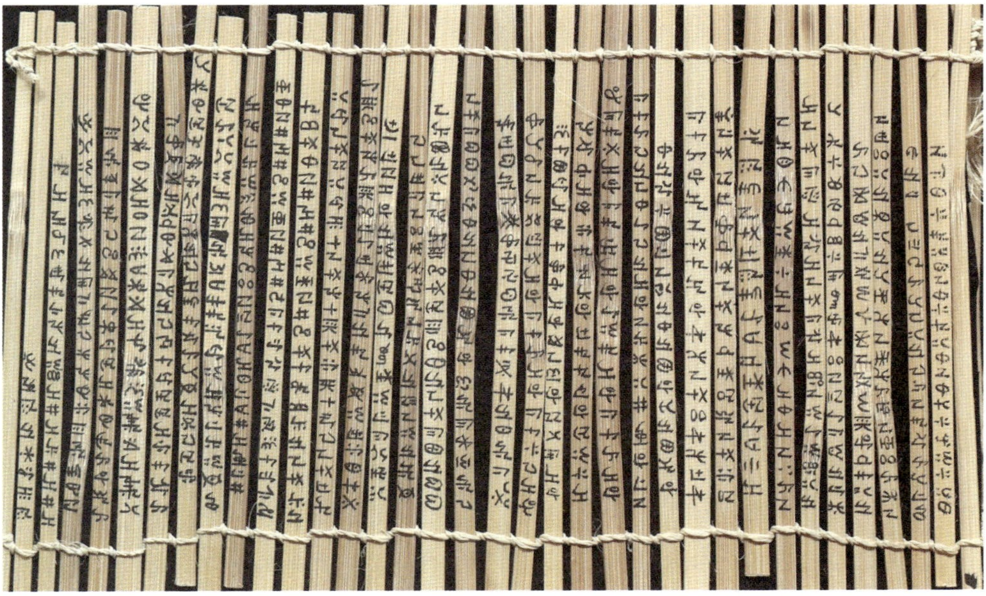

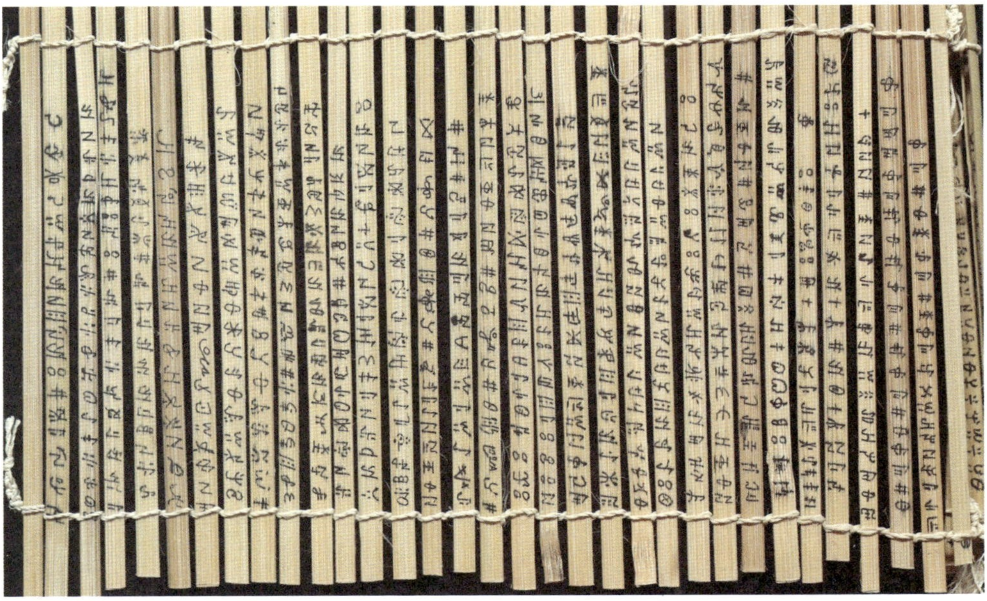

古彝文竹简 第 2 卷 第 1 页
古彝文竹简 第 2 卷 第 3 页

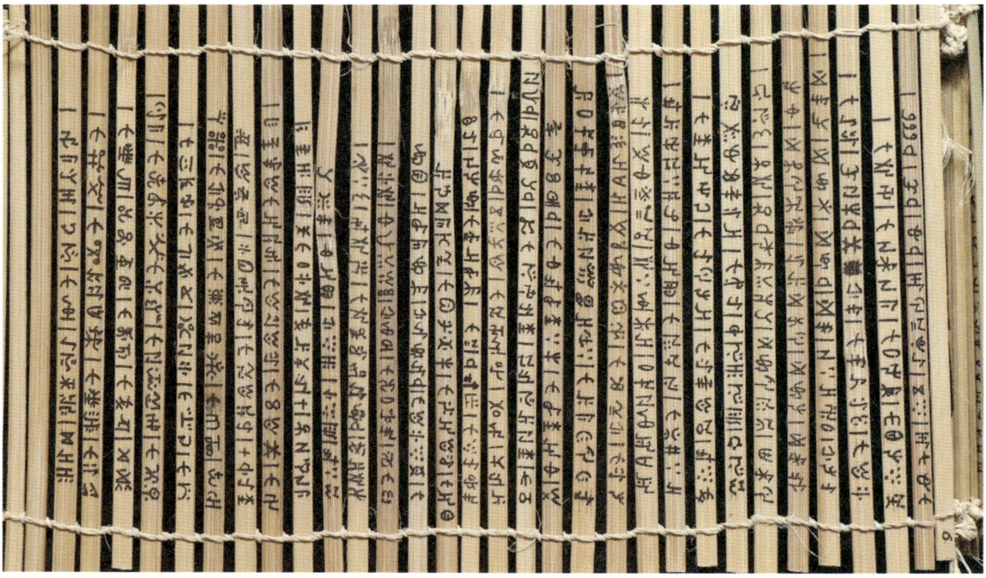

古彝文竹简 第 2 卷 第 6 页
古彝文竹简 第 2 卷 第 8 页

# 十八、狐狸咒经

## 狐狸咒经

古彝文；不分卷1册；54页，约8500字；佚名撰；旧抄本，线订卷轴装；页面26cm×44cm，行格10行16—18字，行序从上到下，字序从右到左；保存较好；馆内编号：247—3。

## 内容提要

《狐狸咒经》主要流传于大小凉山彝族聚居区，是当地在卸咒反咒仪式上使用的经书。主要内容包括：赞颂狐狸的威力，招请神兵神将随同狐狸前来享祭，并助法攻击敌人；祈愿主人家人畜安康，五谷丰登。

该书不仅在凉山彝族聚居区有较高的知名度，更因其极高的文学价值而广受赞誉。全书语言精练、衬词美妙丰富、寓意深远，字迹清晰工整，很有研究价值。传说该书最初用狐狸血书写而成，更为其增添了几分神秘色彩。此外，该书内容可能与道教经咒存在一定的关联。

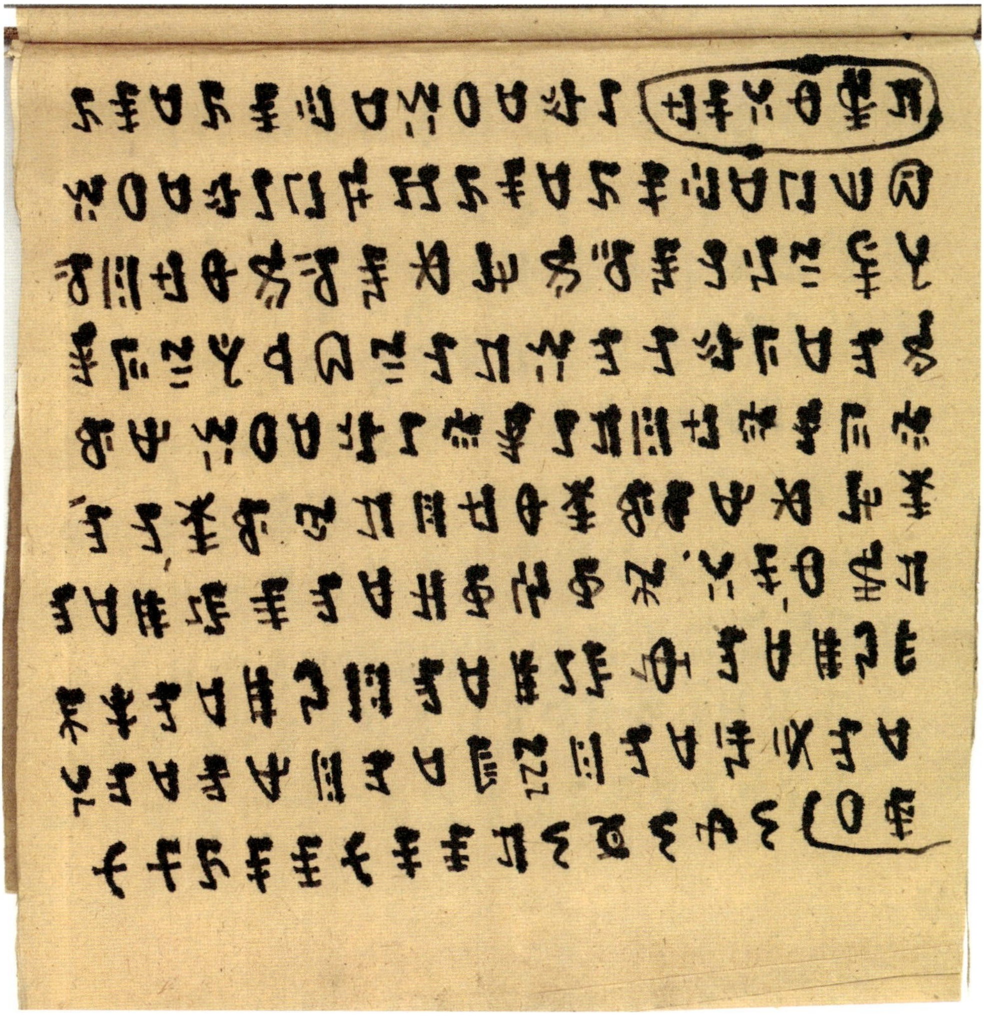

《狐狸咒经》第 1 页

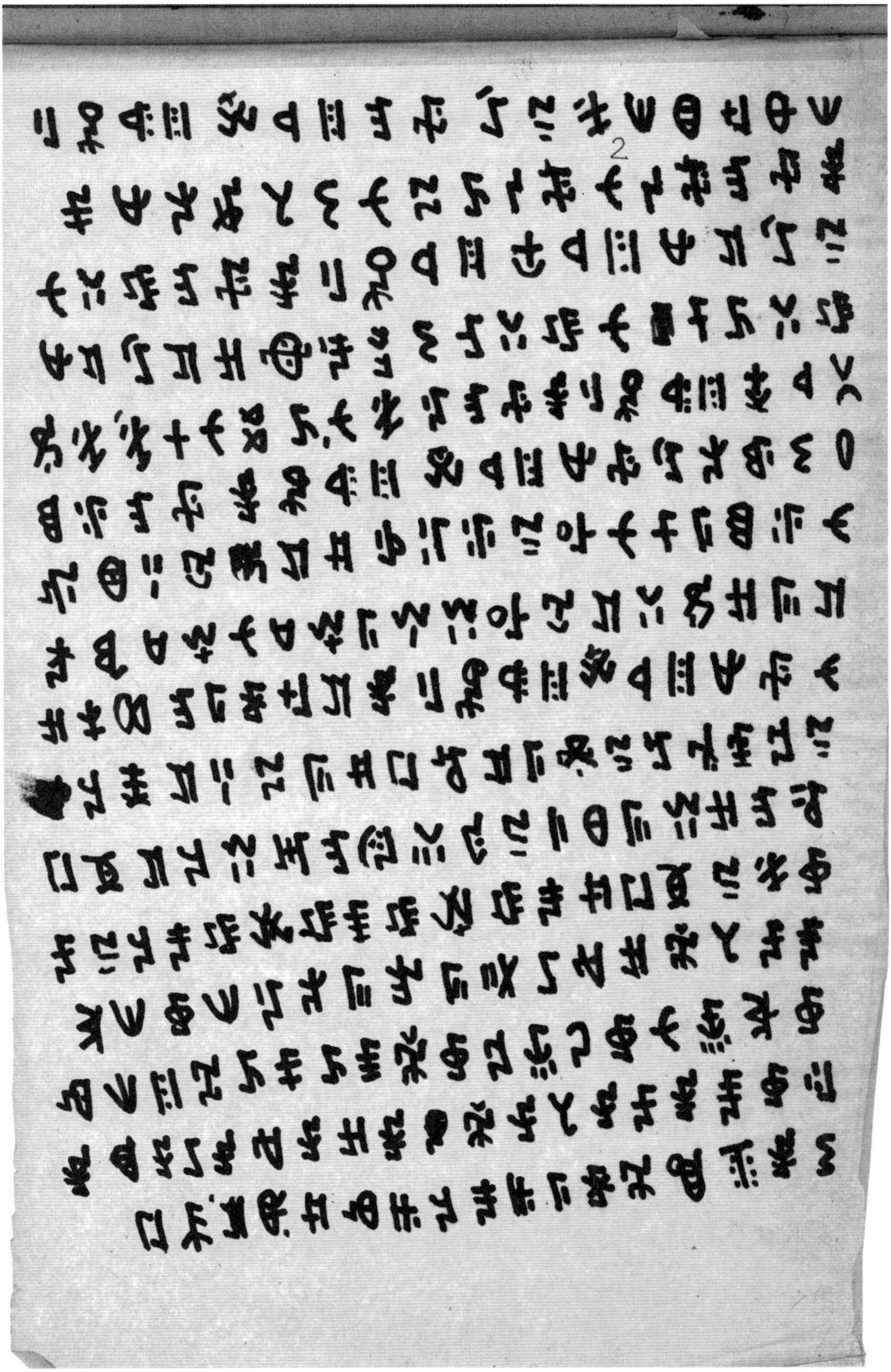

《狐狸咒经》第 2 页

《狐狸咒经》第 12 页

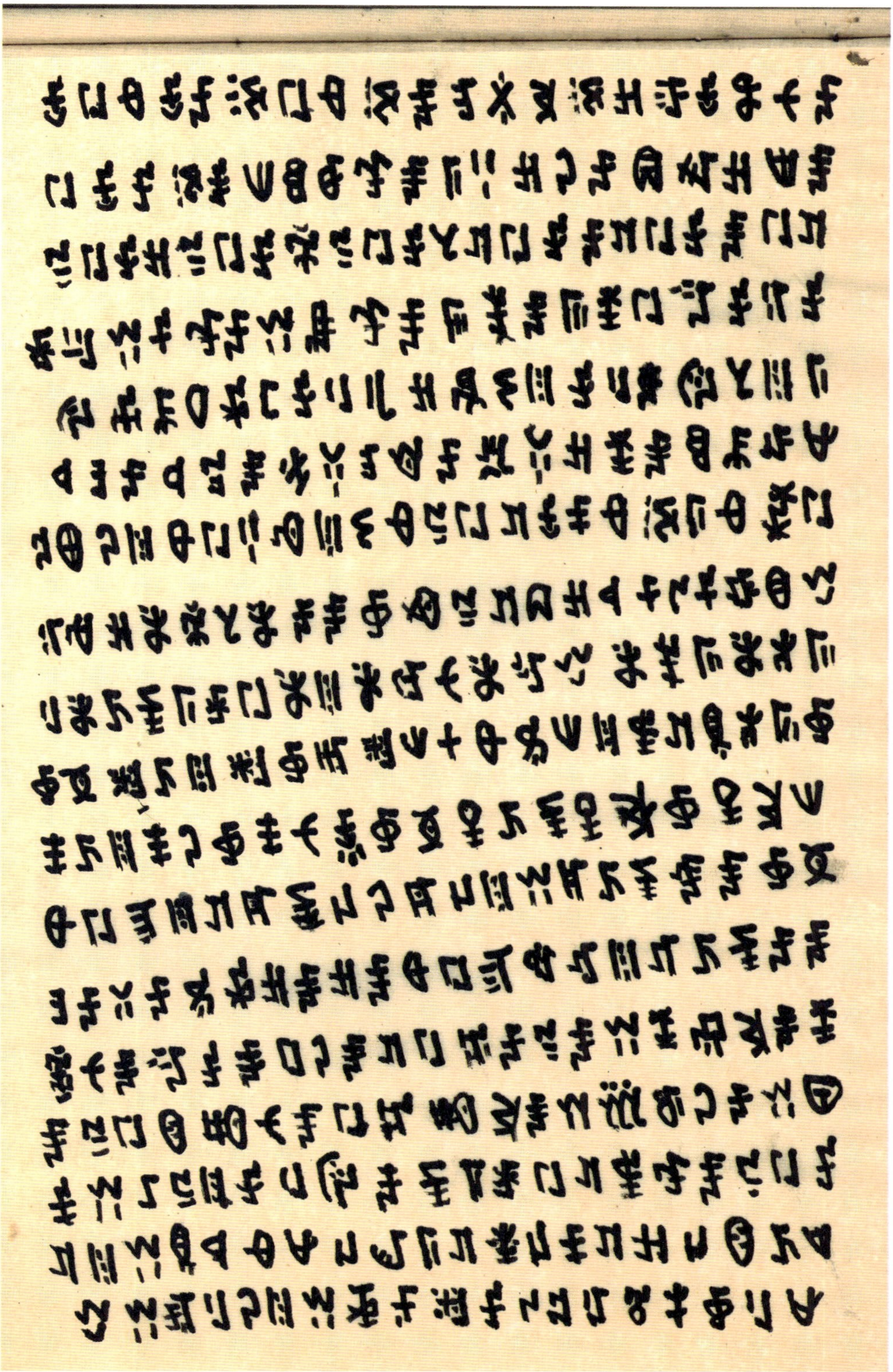

《狐狸咒经》第 38 页

# 十九、火洛朵

## 火洛朵

古彝文；不分卷1册；4页，700余字；佚名撰；新抄本，线订卷轴装；页面26cm×36.4cm，行格21行17字，行序从上到下，字序从右到左；保存较好；馆内编号：405—1。

## 内容提要

《火洛朵》是一种在老人去世时吟唱的“挽歌”。“火洛朵”是指“表达对逝者的愿望”。内容主要是追溯逝者的死因病源，劝慰死者安息，不要惦念后代子孙，并祈求逝者把吉祥幸福留给后人。此外，《火洛朵》还教导逝者如何顺利抵达冥间，告诉逝者后人只能悼念护送，不能跟随其进入冥间。

唱挽歌是我国众多民族普遍存在的丧葬习俗，表达了生者对逝者的不舍与留恋之情。

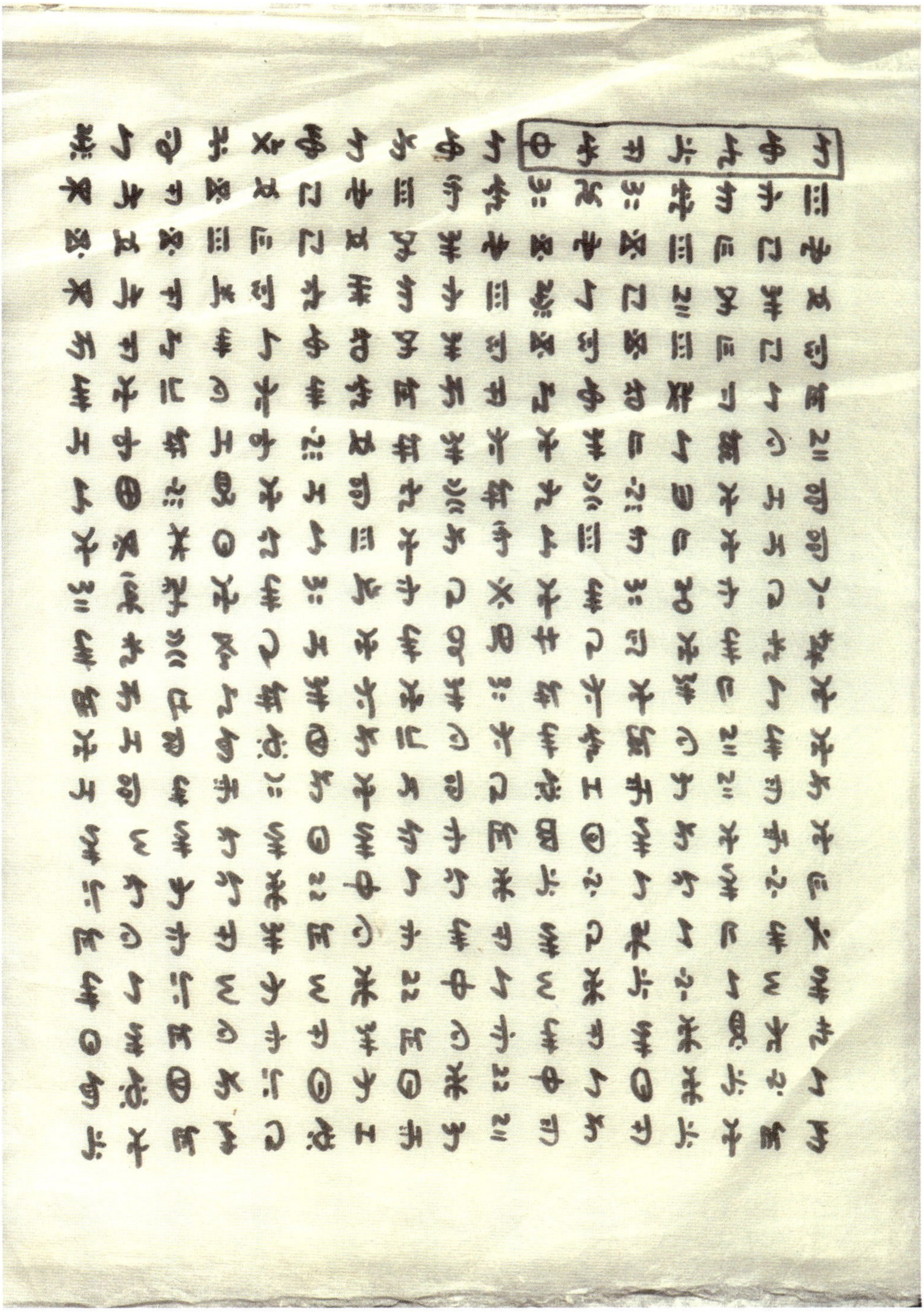

《火洛朵》第 2 页

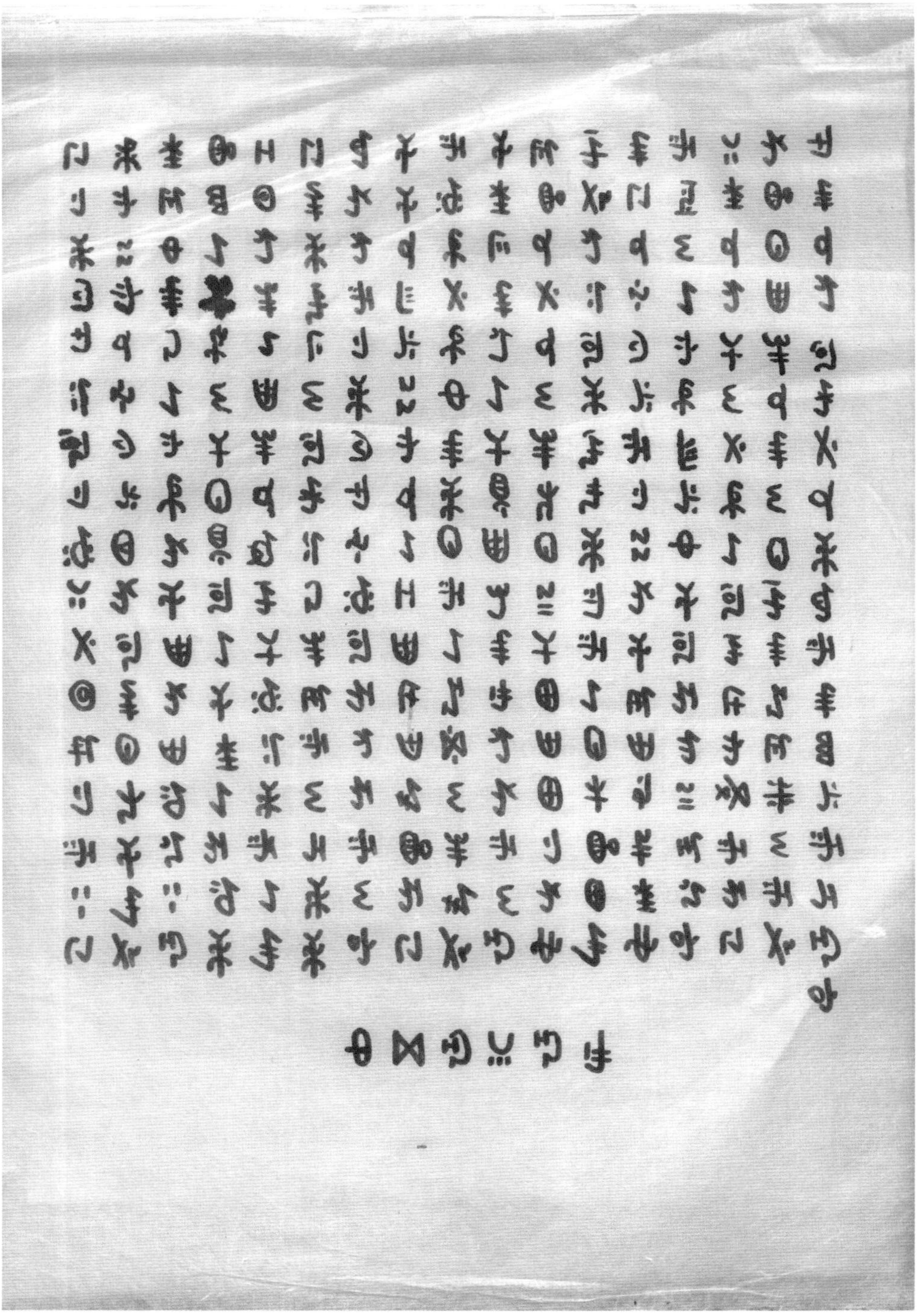

《火洛朵》第 3 页

# 二十、吉禄[①]命理大全

## 吉禄命理大全

古彝文；不分卷1册；86页，60000余字；佚名撰；清中期抄本，线订册页装；页面30cm×51cm，行格18行10—45字，行序从左到右，字序从上到下；保存完好；馆内编号：A47。

## 内容提要

《吉禄命理大全》主要流传于贵州彝族聚居区，是彝族毕摩用来占算人生命运的重要书籍，与道文化中的历算、阴阳八卦等知识密切相关。

① 吉禄：也译为“吉尔”“智禄”等，是彝人观念中的“保佑神”。

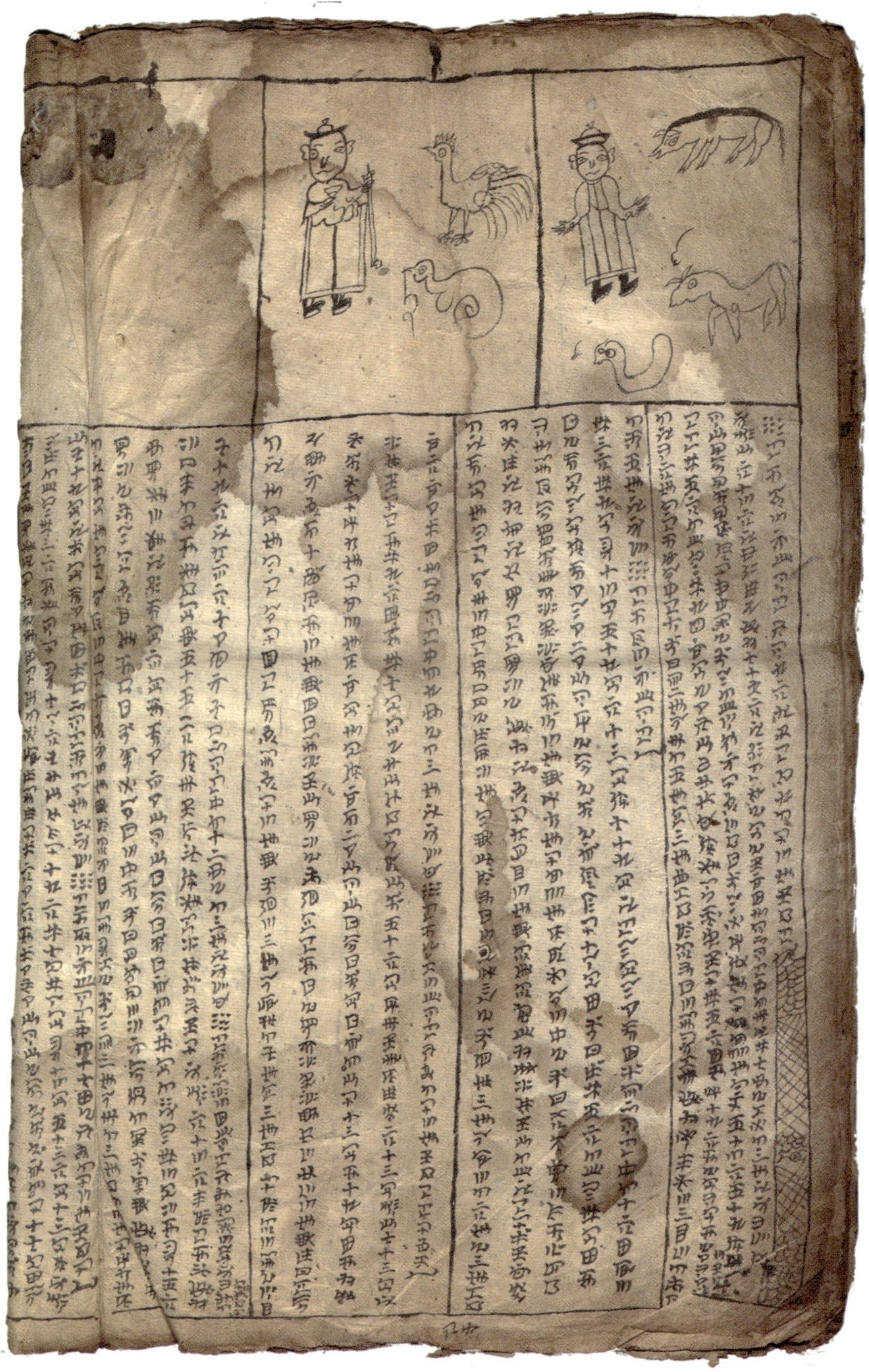

《吉禄命理大全》第 4 页

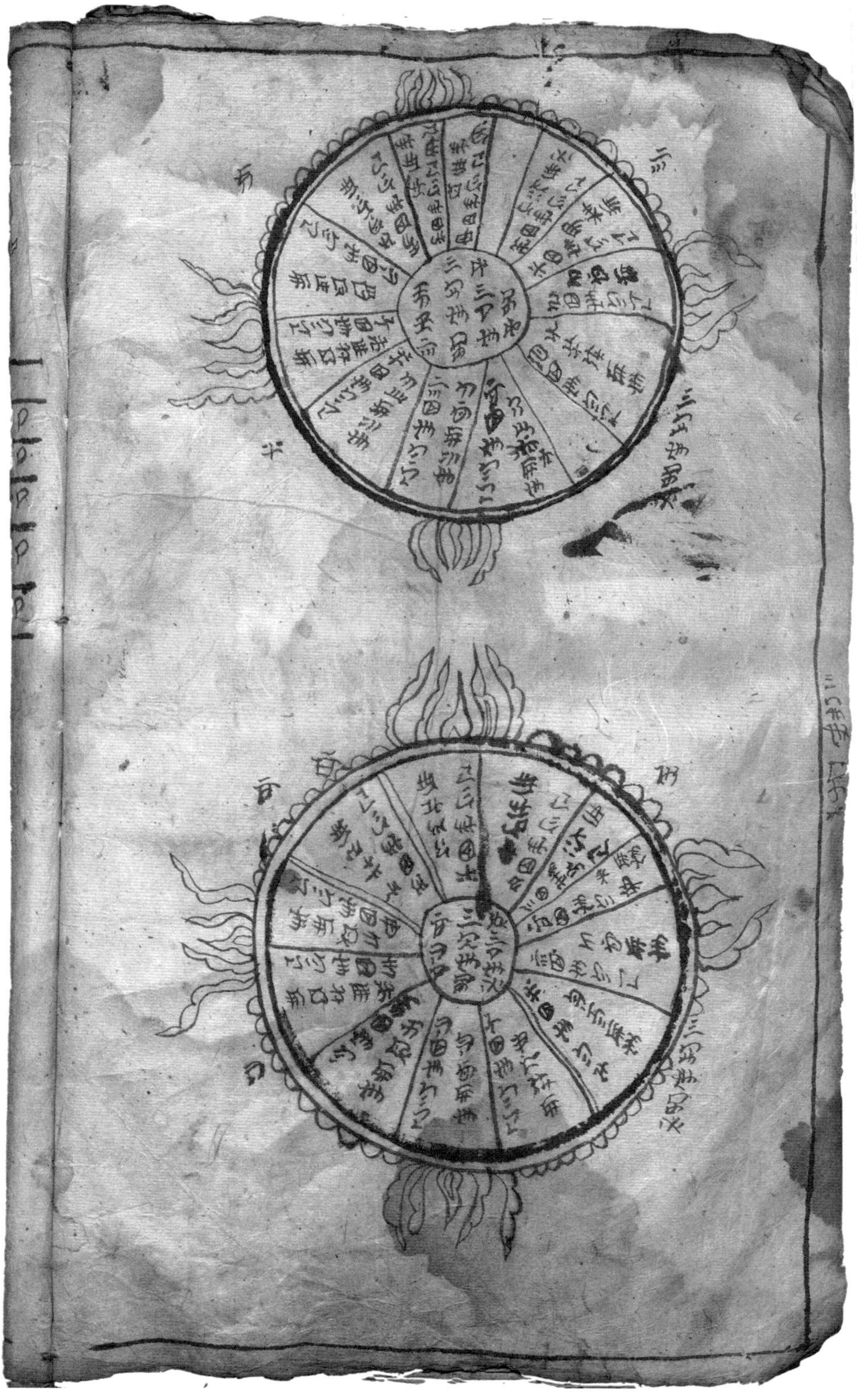

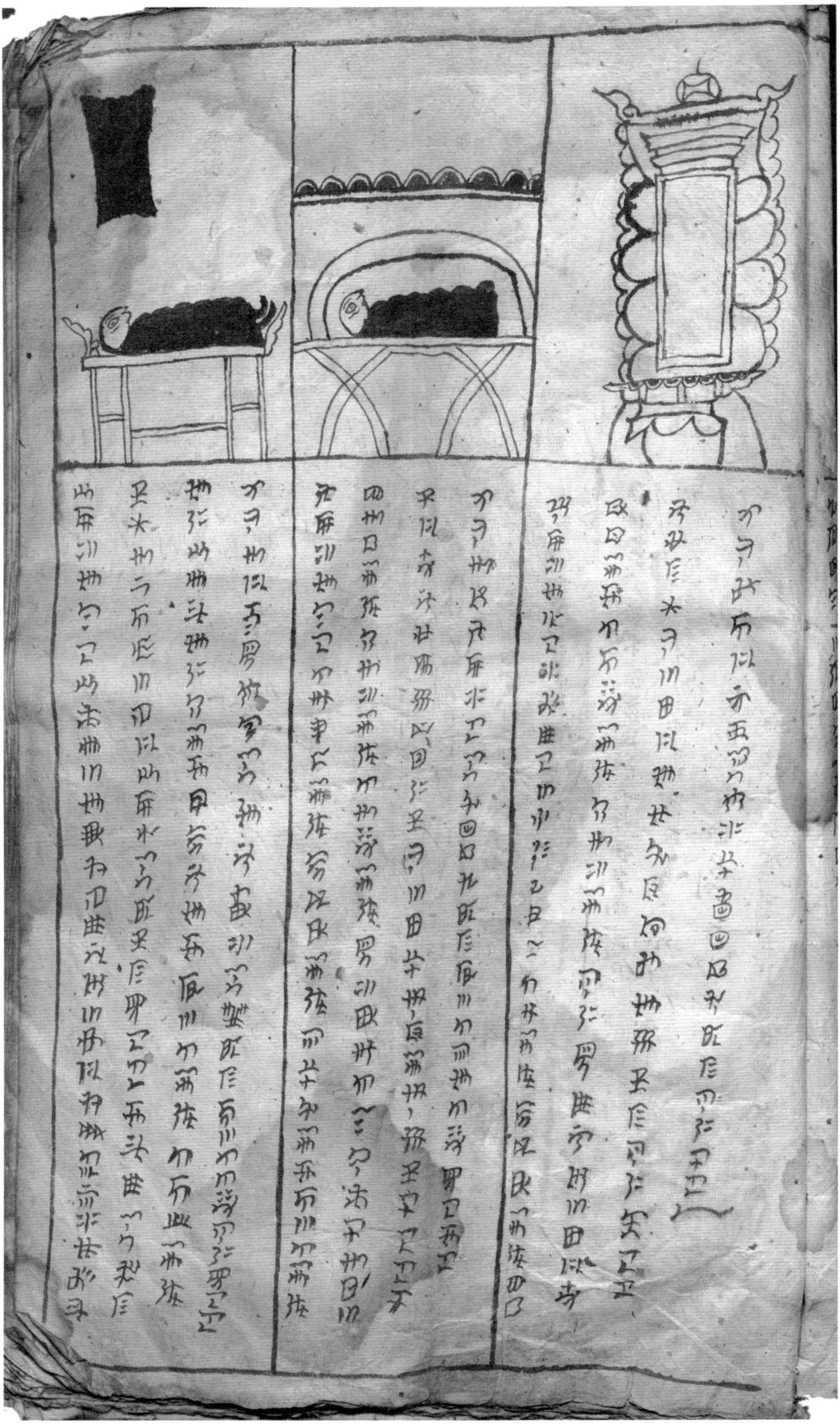

《吉禄命理大全》第 53 页

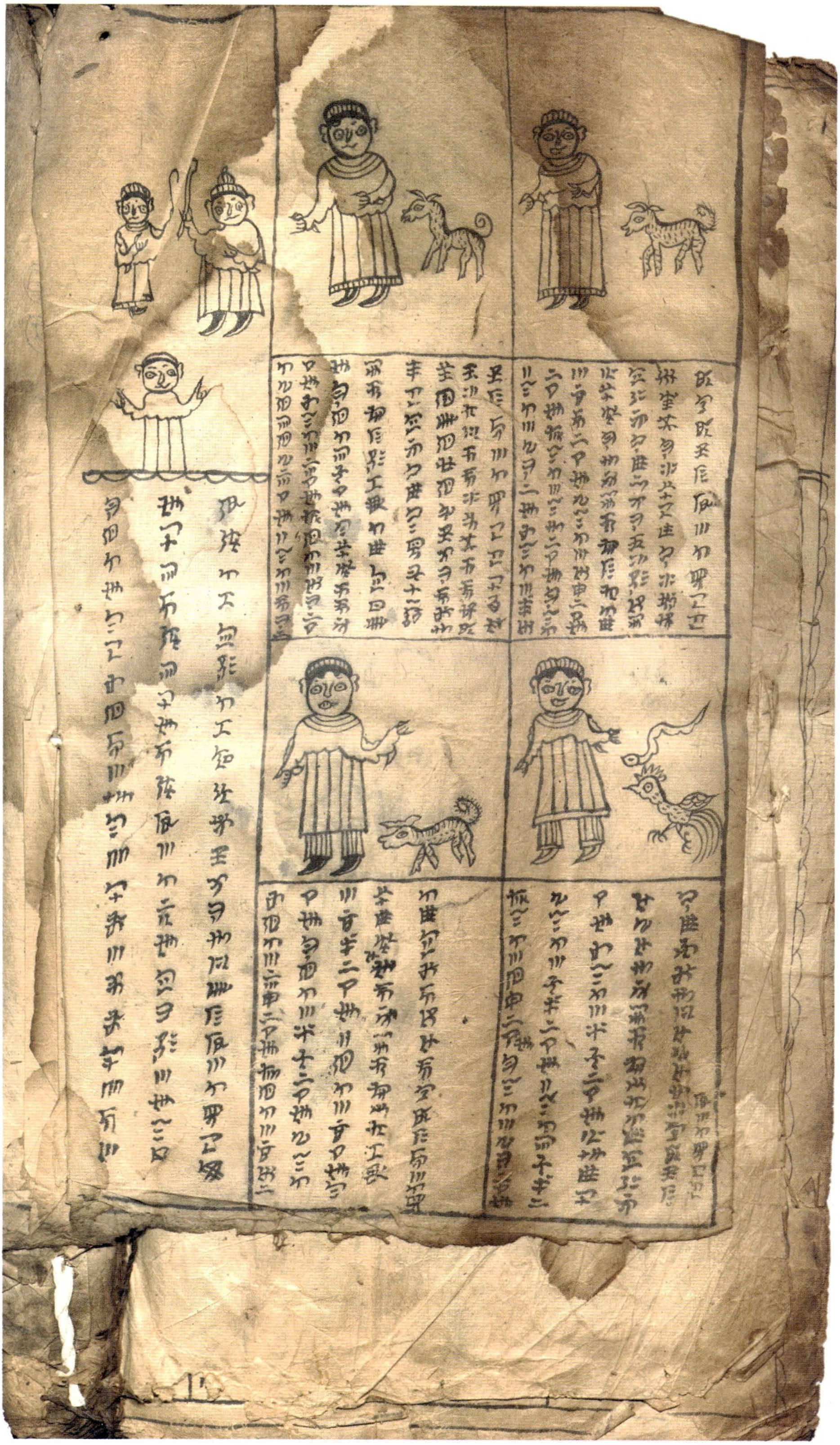

《吉禄命理大全》第 81 页

# 二十一、吉禄阴阳五行劝和经

## 吉禄阴阳五行劝和经

古彝文；不分卷1册；13页，约2500字；佚名撰；旧抄本，线订卷轴装；页面27cm×40cm，行格13行14—17字，行序从上到下，字序从右到左；保存较好；馆内编号：165—4。

## 内容提要

《吉禄阴阳五行劝和经》是一部在大小凉山彝族聚居区广泛流传的经书，主要在调和夫妻“吉禄”、五行的仪式上吟诵，目的是促进夫妻的“吉禄”、五行相合。

夫妻“吉禄”、五行既有相合的，也有相克的，如同五行中的“金克木，木克土，土克水、水克火、火克金”一般。书中讲述夫妻和睦为好，万物两性和睦为益。夫妻“吉禄”不合、阴阳不合者影响生育，或子女成活率低。认为五行相克的夫妻举行仪式吟诵此经书即可摆脱困境。书中说：“主人吉禄不合者，见杉桶樱槽则合，见黑白图簇则合，见黑盐白盐则合，见黑厩白栏则合。夫妻不合者，吃了和睦餐则合。”从而夫妻和睦、禽畜配齐、圈栏齐备、粮种皆全，从而实现人丁兴旺、六畜繁盛、五谷丰登、心想事成、安居乐业、万事如意。

该书内容与道家阴阳五行学说有共同之处。

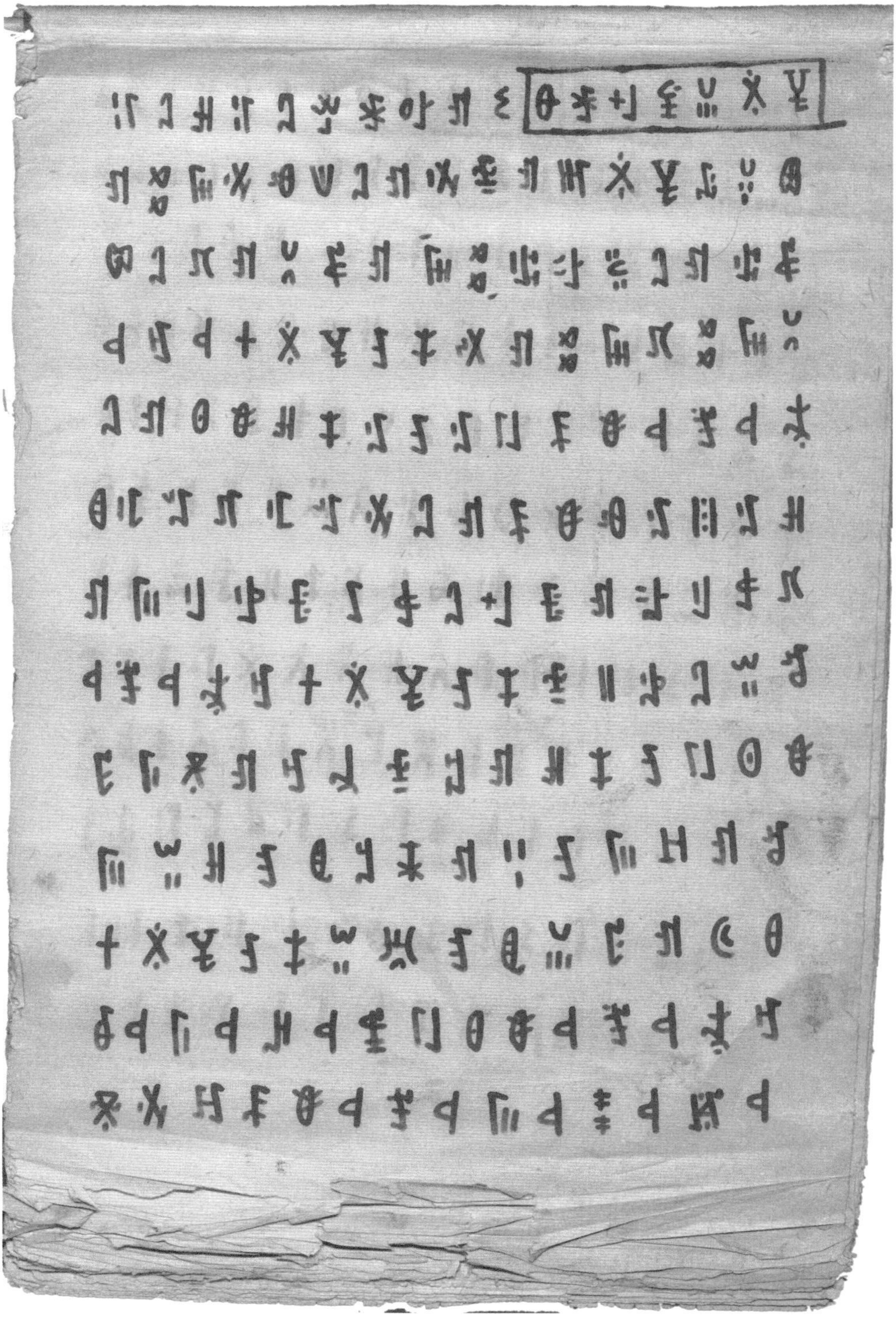

《吉禄阴阳五行劝和经》第 1 页

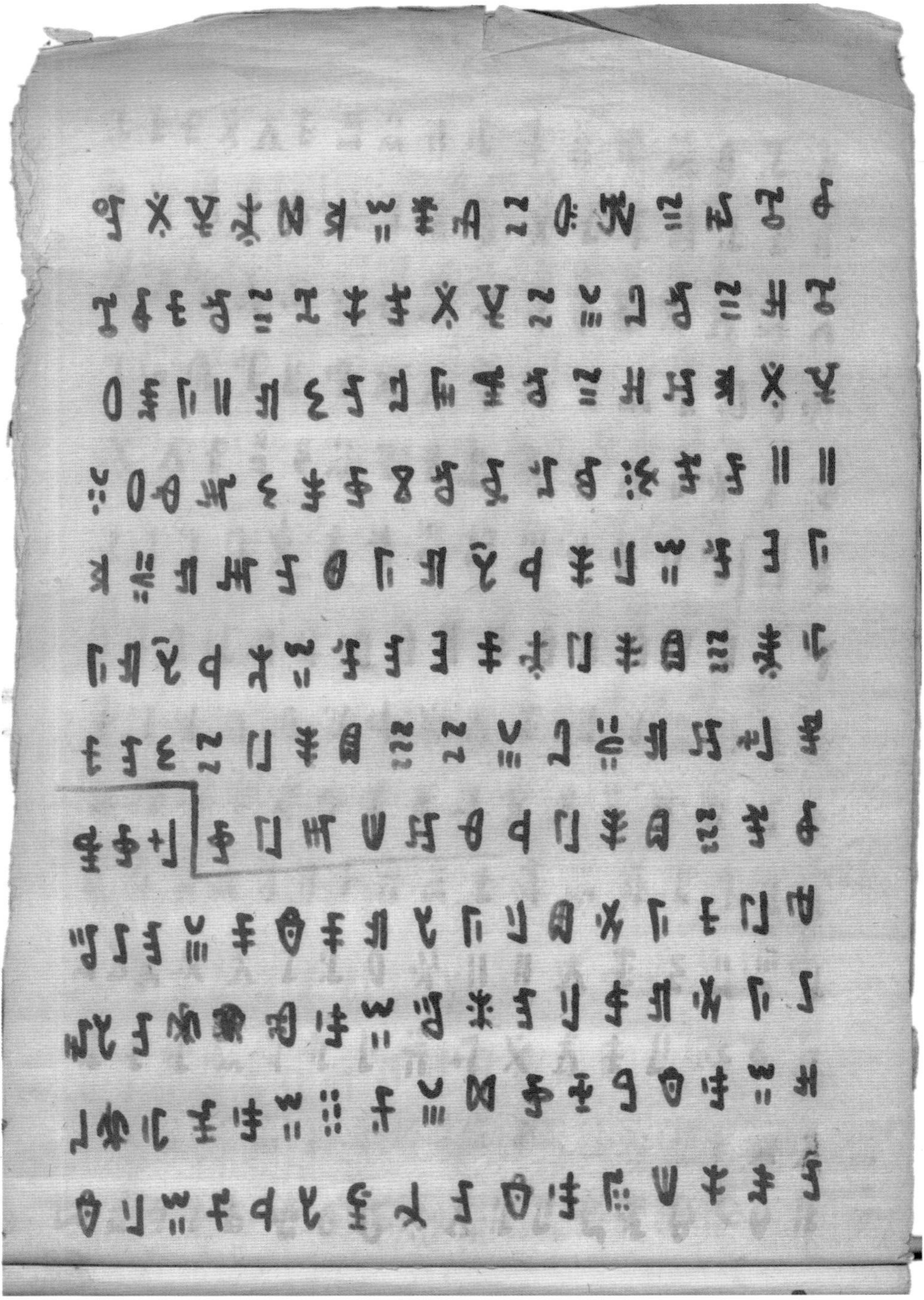

《吉禄阴阳五行劝和经》第 6 页

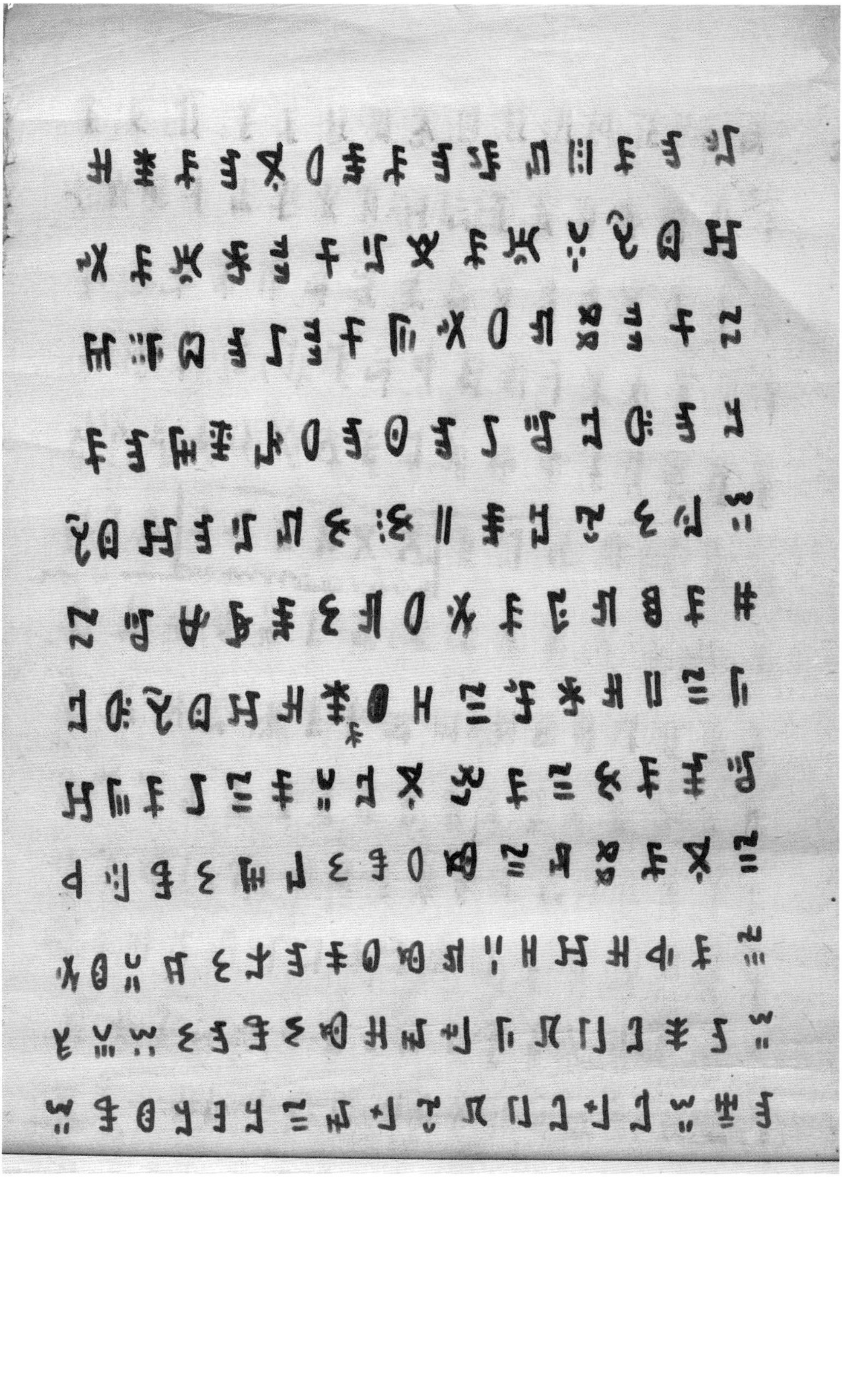

《吉禄阴阳五行劝和经》第 8 页

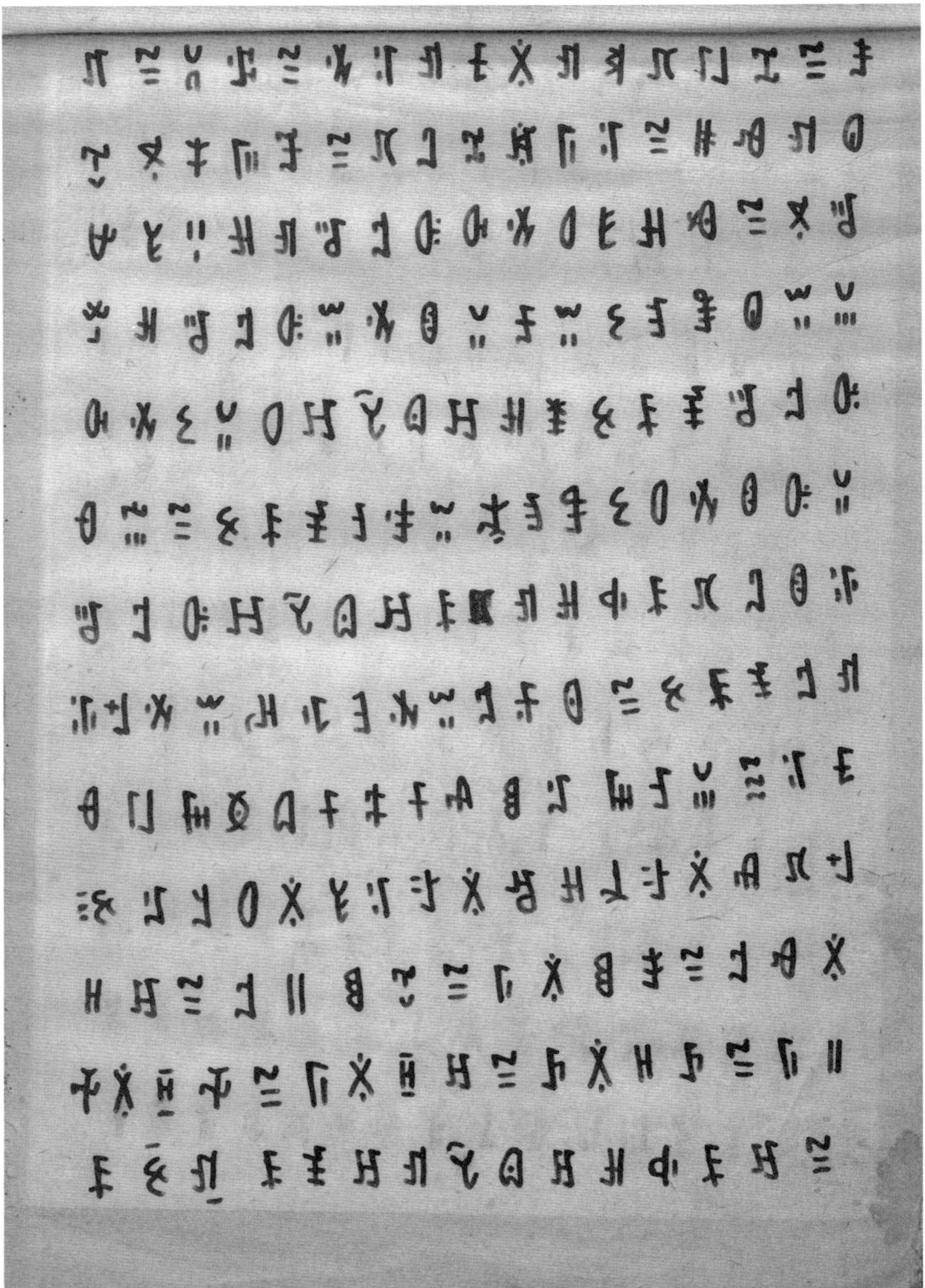

《吉禄阴阳五行劝和经》第 9 页

# 二十二、祭祖祭祀经

祭祖祭祀经

古彝文；不分卷1册；92页，约50000字；佚名撰；清抄本，线订卷轴装；页面35cm×47cm，行格26行17—23字，行序从左到右，字序从上到下；残损未修复；馆内编号：G10—2。

内容提要

《祭祖祭祀经》主要流传于滇南彝族聚居区，是在彝族祭祖祭祀仪式上诵读的经文，内容涉及历史文化、民族迁徙、仪式程序、谱牒记忆等，与西南诸民族的祖先崇拜、宗教祭祀、祭祖文化等或许存在着紧密的联系。

有研究表明："彝族氏族祭祖大典，是彝族宗教活动中超度祖先亡灵最为隆重的祭祀活动，它体现了彝族的宗教、哲学、历史、民俗、伦理、文学等各方面的文化，更对彝族文明的发展起着多重的社会功能，在彝族生活中起着举足轻重的作用。"①

① 颜丽花、赵岩社、张小娜：《彝族祭祖仪式及社会功能》，载《怀化学院学报》，2009（9），12–14页。

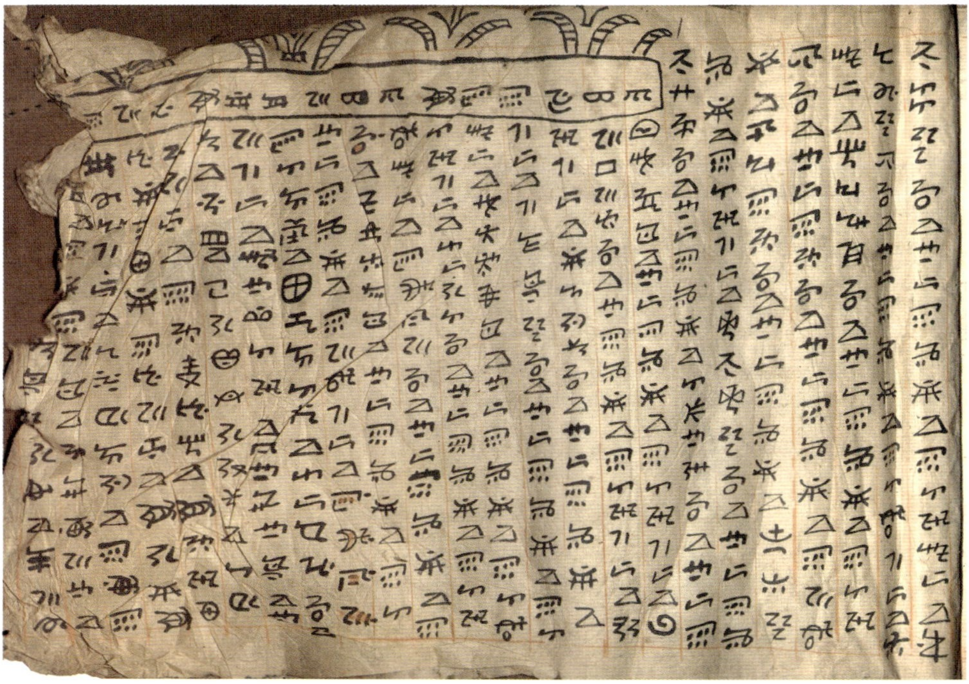

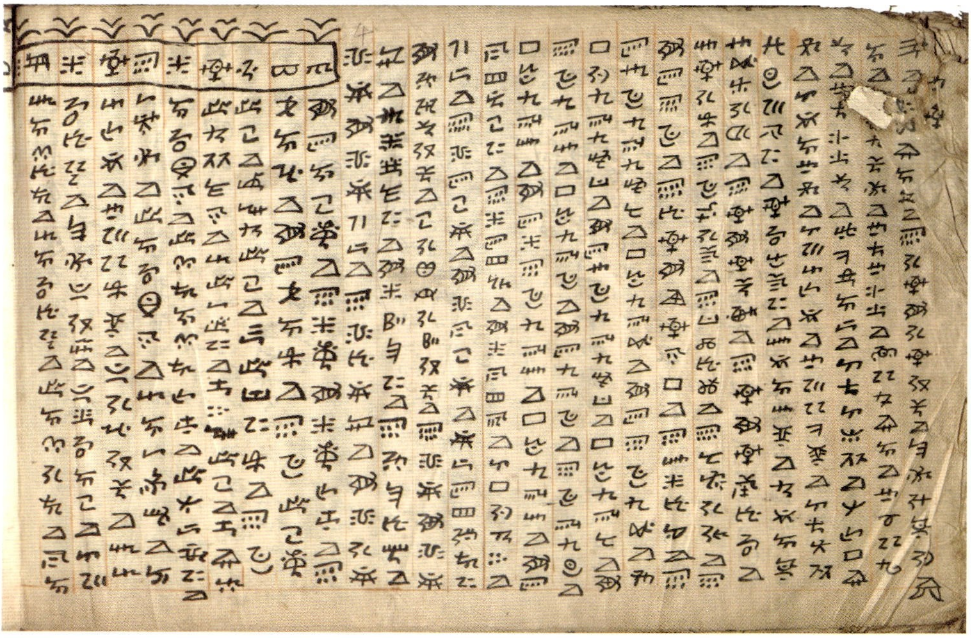

《祭祖祭祀经》第 2 页

《祭祖祭祀经》第 5 页

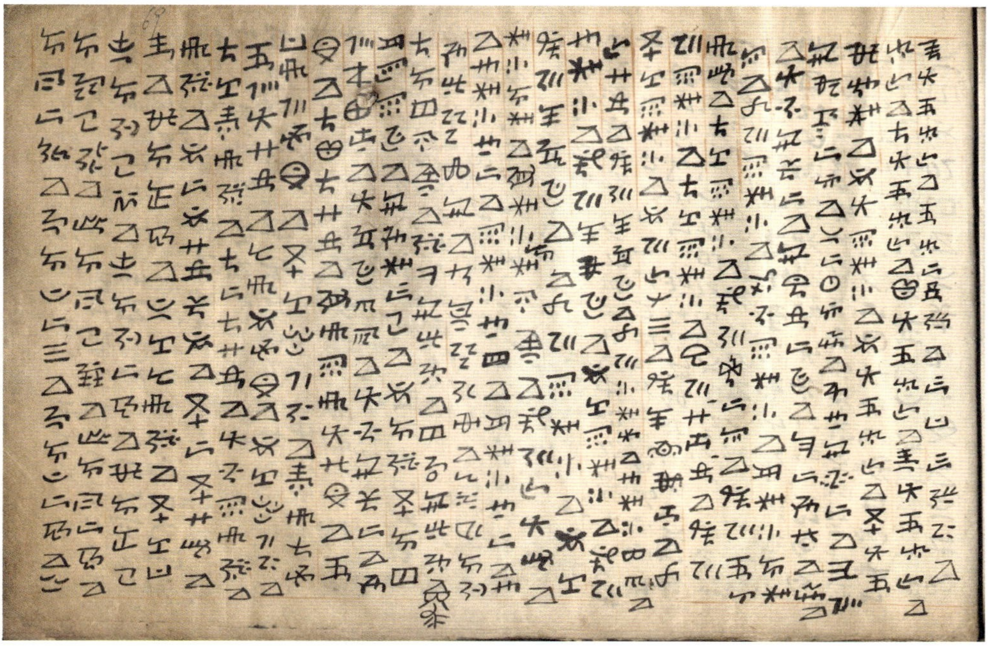

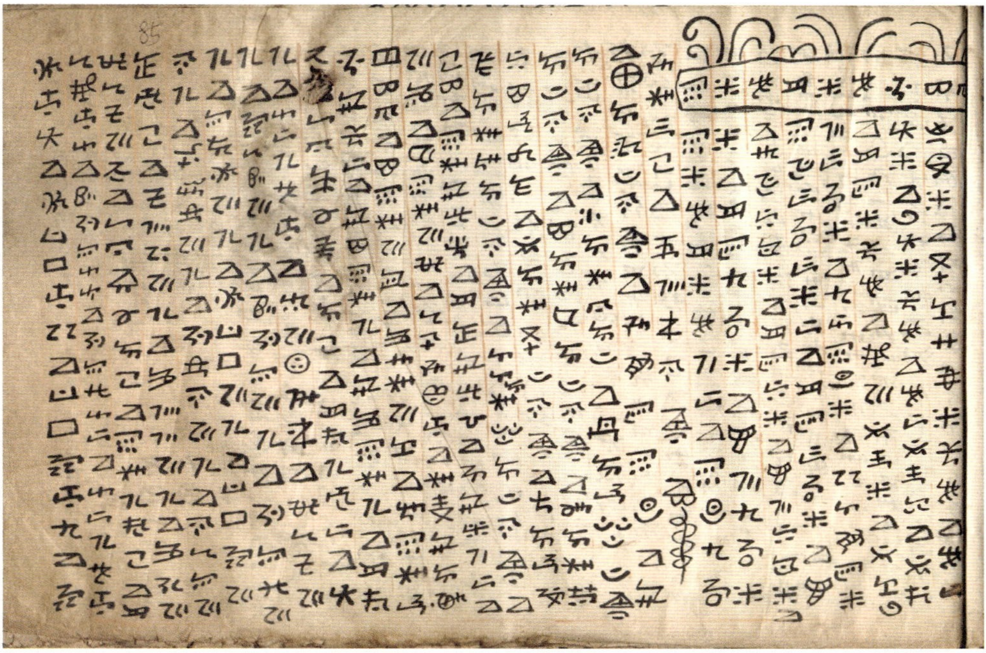

《祭祖祭祀经》第 69 页

《祭祖祭祀经》第 85 页

# 二十三、祭祖猪胛卜

祭祖猪胛卜

古彝文；不分卷1册；20页，10000余字；佚名撰；旧抄本，线订册页装；页面22cm×46cm，行格24行17—26字，行序从上到下，字序从右到左；轻微残损；馆内编号：80—7。

内容提要

《祭祖猪胛卜》主要流传于大小凉山彝族聚居区，是在猪胛骨占卜仪式上使用的经典。该书主要招请各种神灵和智者之灵前来识别骨相；指出各种形色的猪胛骨所预示的后果；祈求胛骨显示吉兆，保佑子孙兴旺发达。

该书内容与甲骨卜辞密切相关。

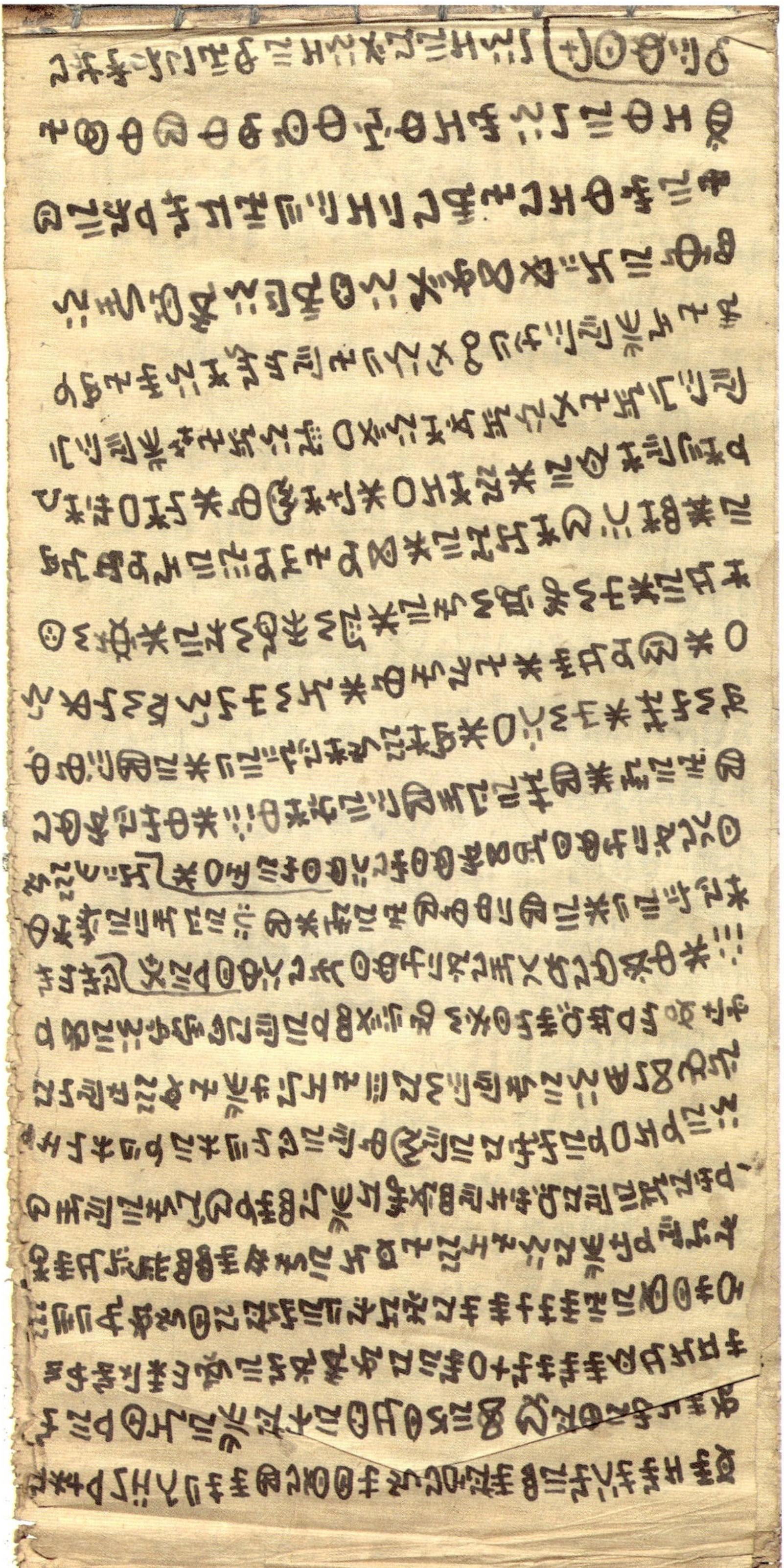

《祭祖猪胛卜》第 1 页

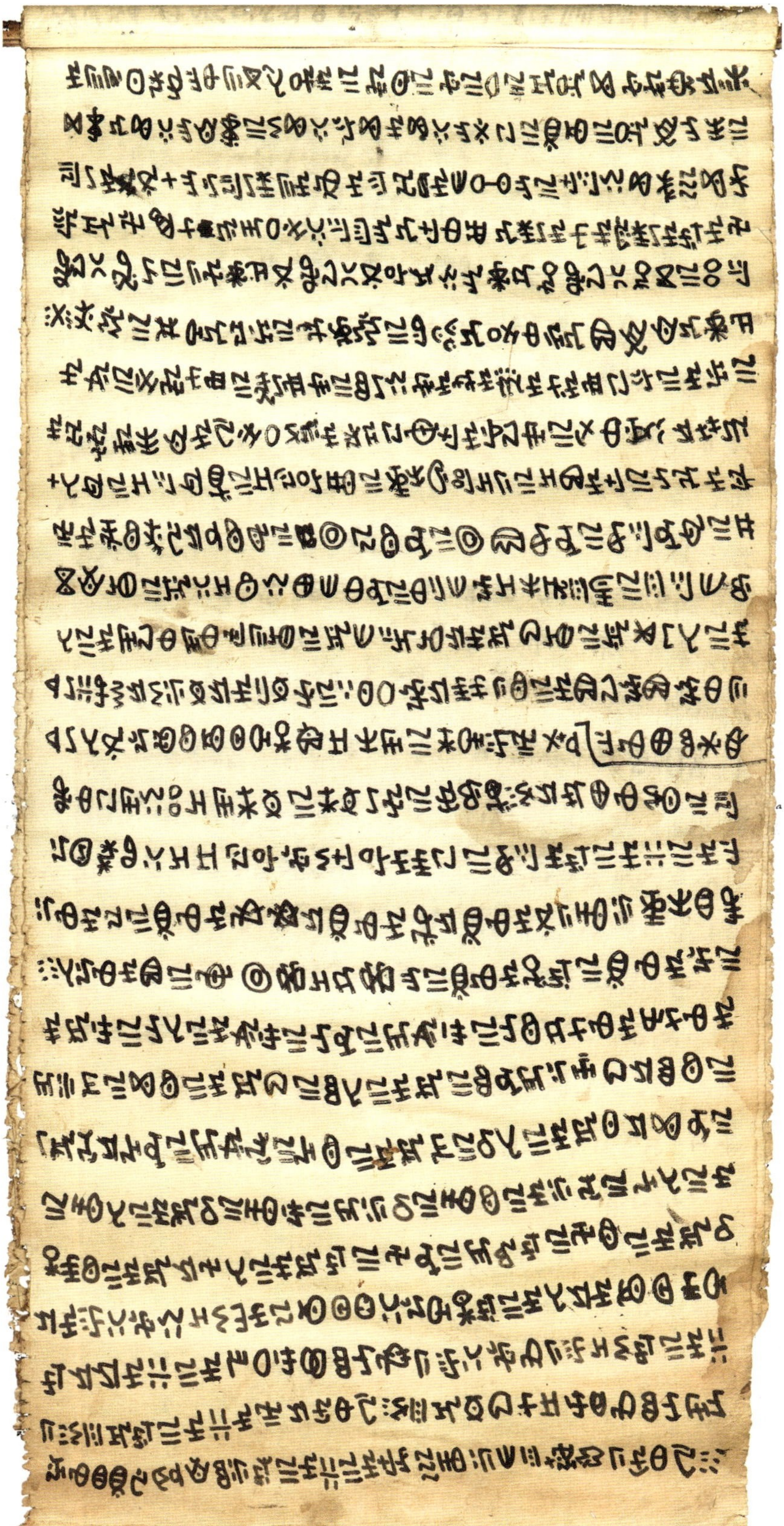

《祭祖猪胛卜》第 17 页

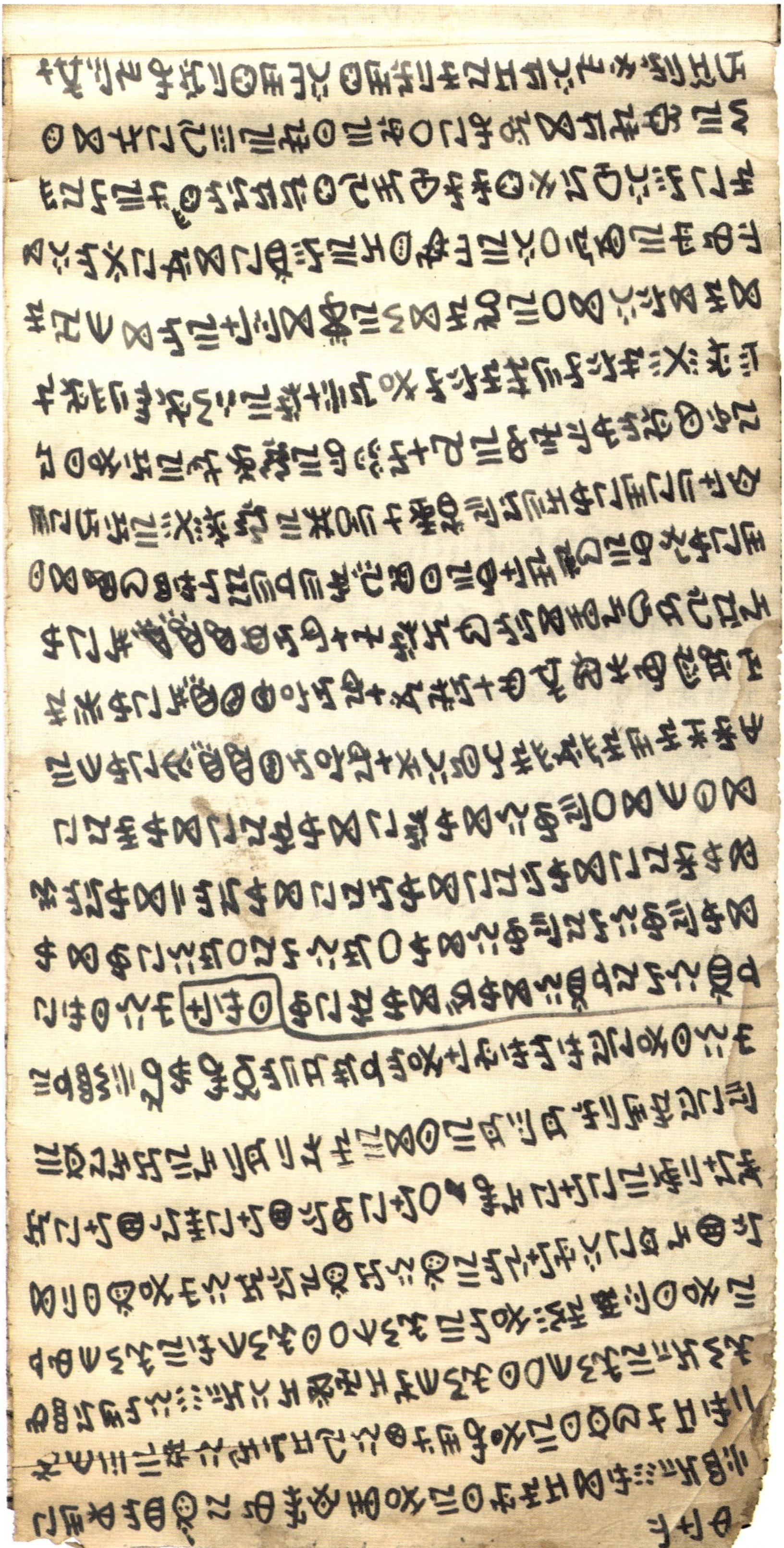

《祭祖猪胛卜》第 19 页

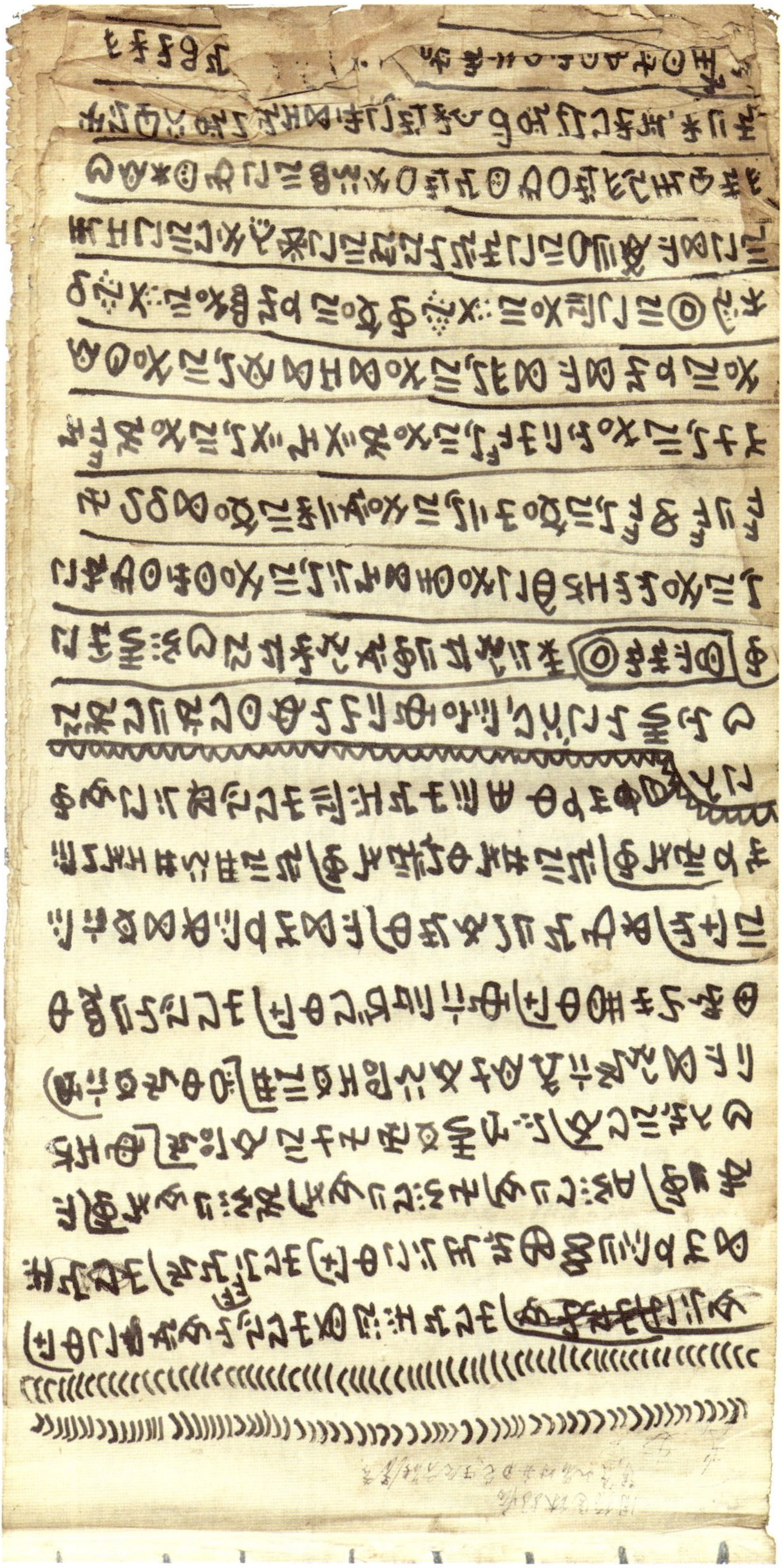

《祭祖猪胛卜》第 20 页

# 二十四、解病经

## 解病经

古彝文；不分卷1册；32页，5000余字；佚名撰；抄本复印件，线订卷轴装；页面21cm×29.5cm，行格8行20字，行序从左到右，字序从上到下；保存完好；馆内编号：F8。

## 内容提要

《解病经》是彝族毕摩在给病人治病解病时诵读的经书，有大量关于寻找药物和使用药物的记载，蕴含着丰富的药物知识。

该书内容与中医药传统密切相关。

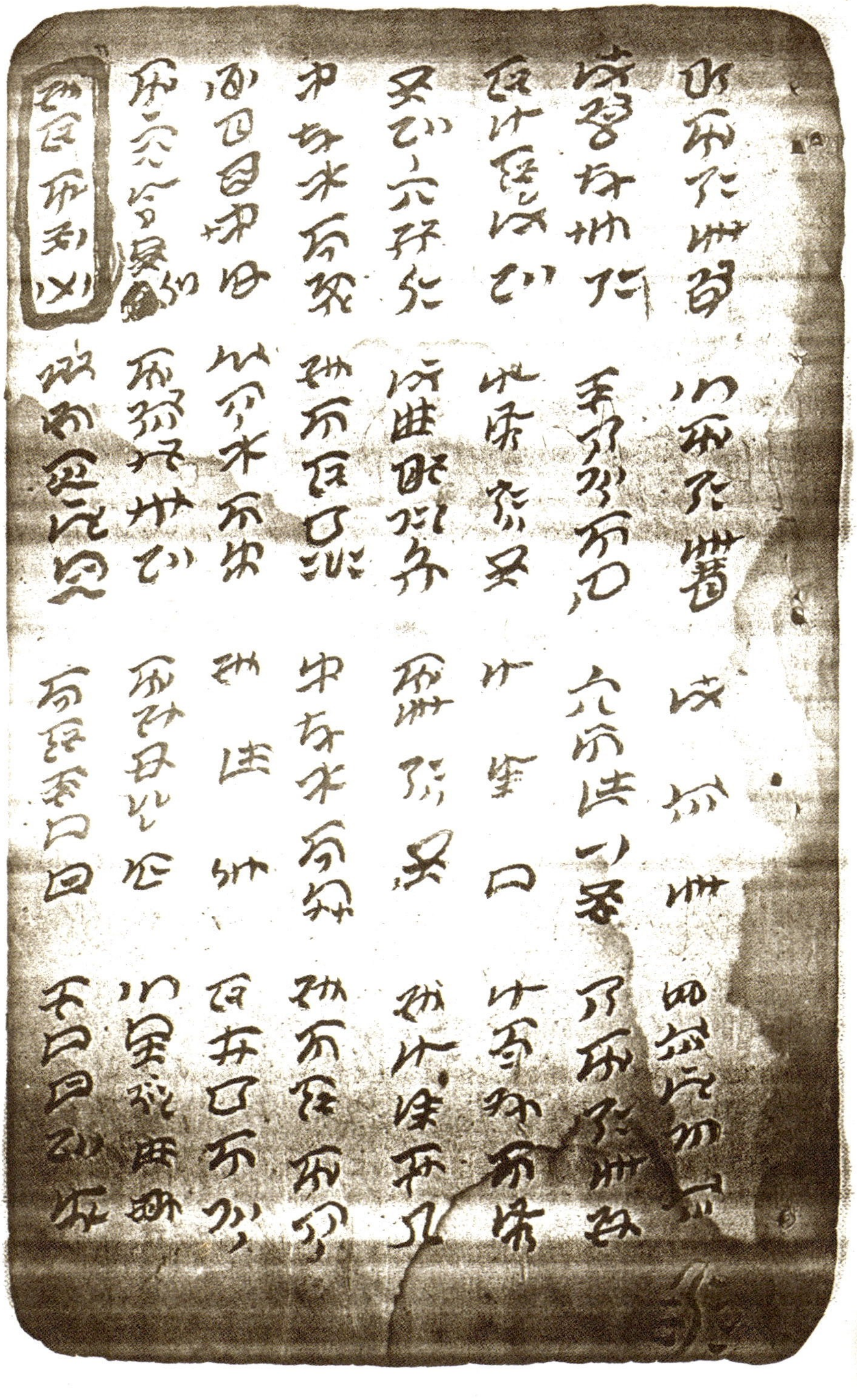

《解病经》第 1 页

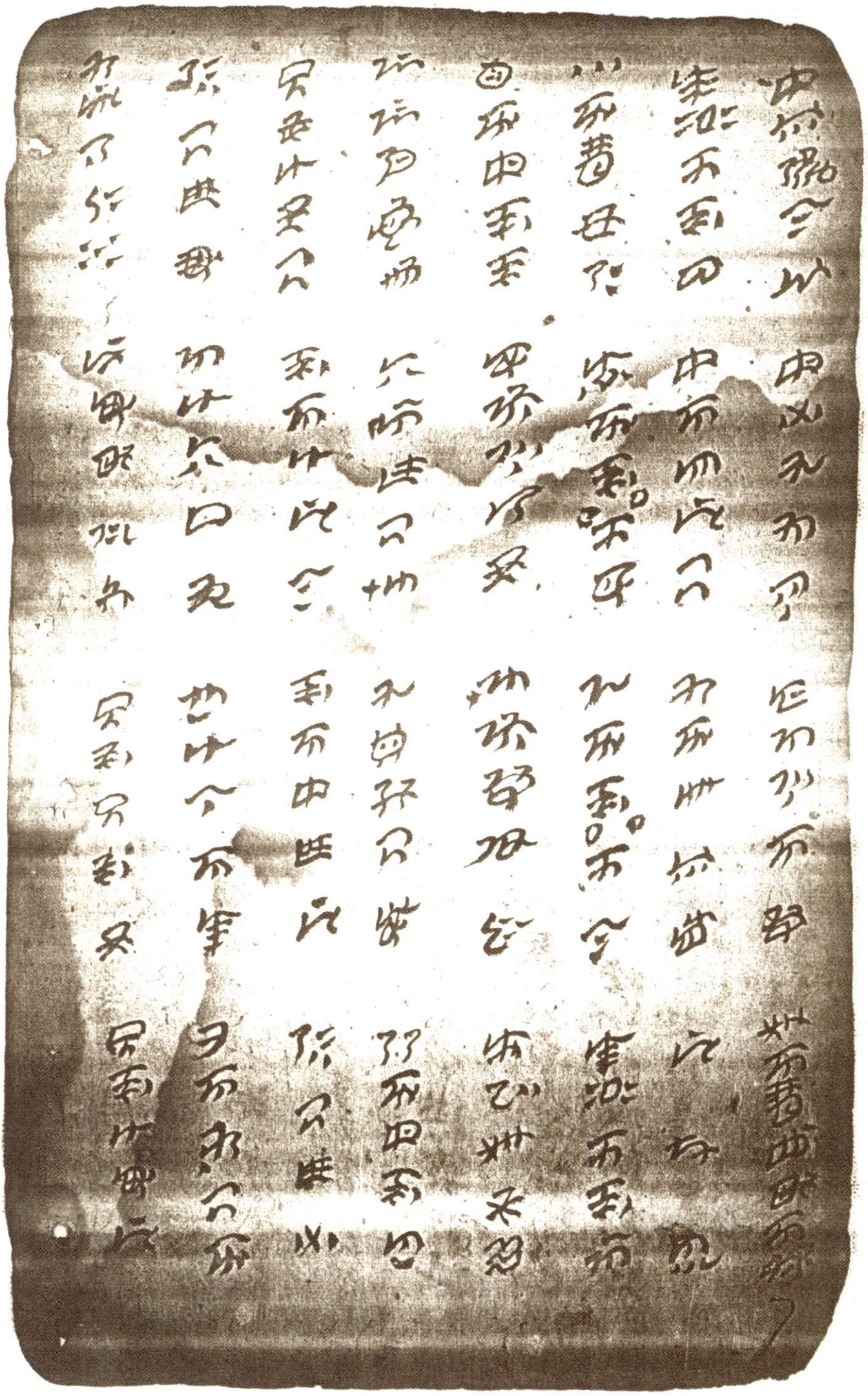

《解病经》第 18 页

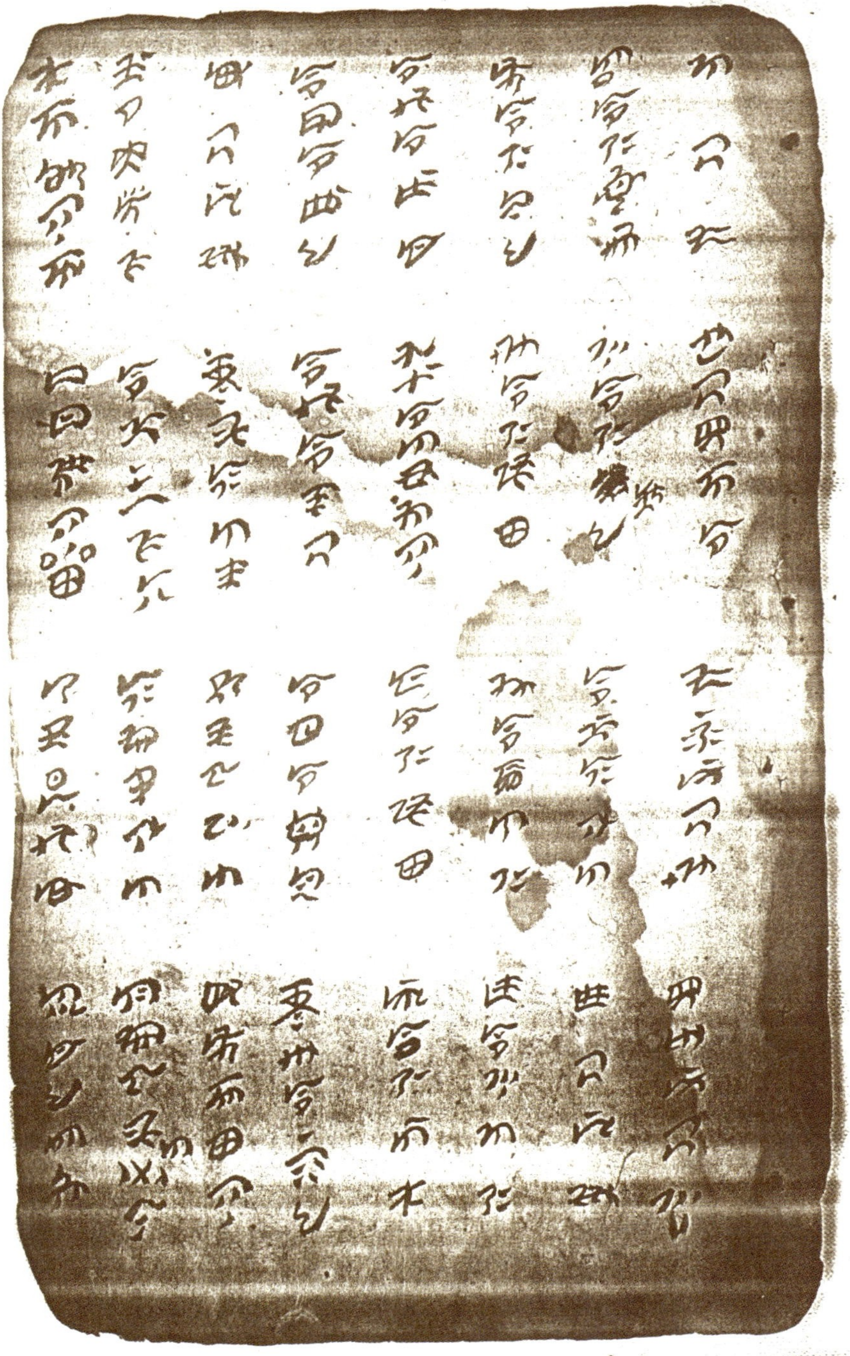

《解病经》第 23 页

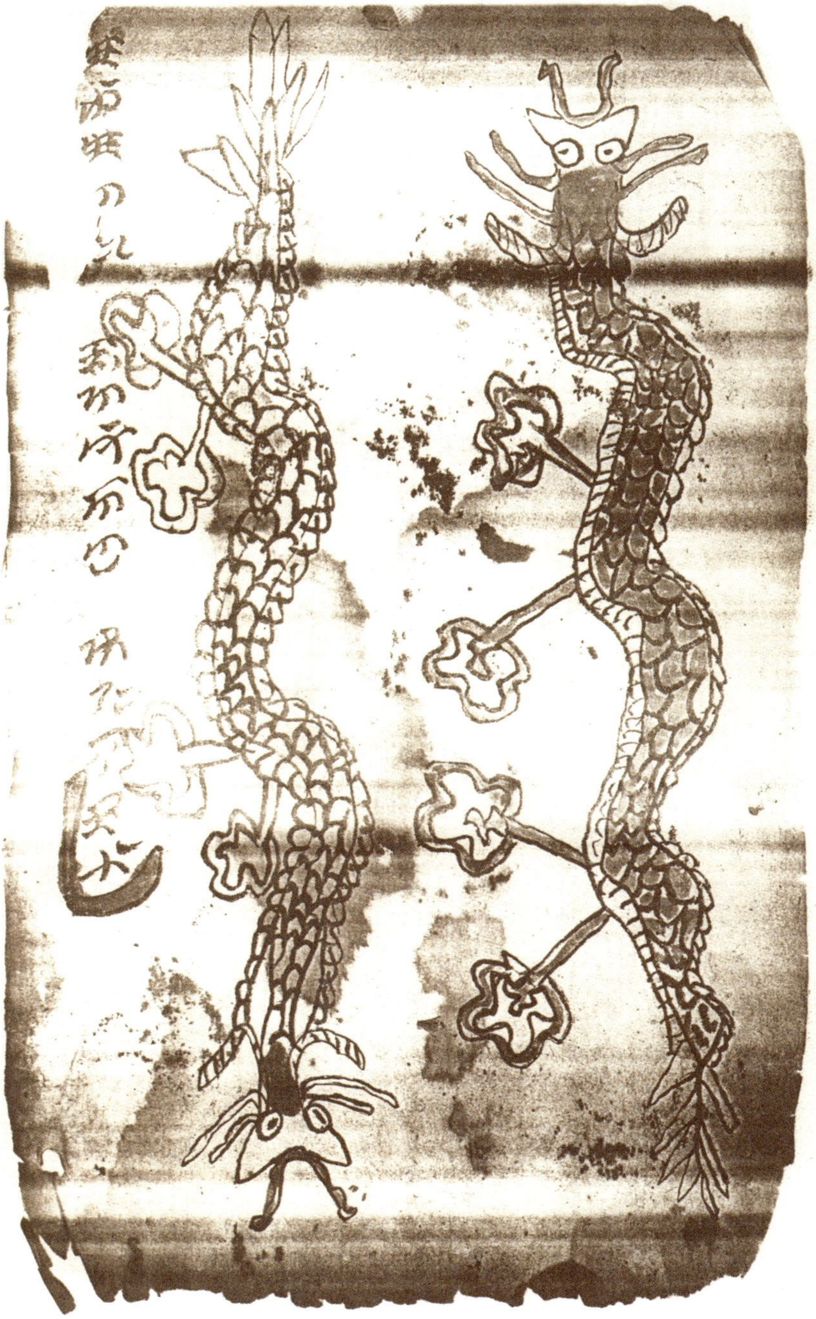

《解病经》第 32 页

# 二十五、解鸦语

## 解鸦语

古彝文；不分卷1册；6页，约600字；佚名撰；旧抄本，线订卷轴装；页面17cm×24cm，行格5行3—13字，行序从上到下，字序从右到左；保存较好；馆内编号：375—1。

## 内容提要

《解鸦语》是一部用于解释乌鸦鸣叫的经书。凉山彝族先民认为，乌鸦在人居地鸣叫或在人周围不远的树上鸣叫是一种预兆，需翻阅这部经书以卜吉凶。根据乌鸦鸣叫的日子、时辰、方位的不同，所预示的事情及其吉凶福祸也不同。例如："鼠日晨叫，兆出意外；东边鸣叫，食牛肉；正午鸣叫，黄昏来客；中午鸣叫，会有奇闻……"

"解鸦语"是凉山彝族众多占卜活动中的一种，是人们趋吉避凶的一种手段，可能与我国早期的同类书籍有着一定的联系。

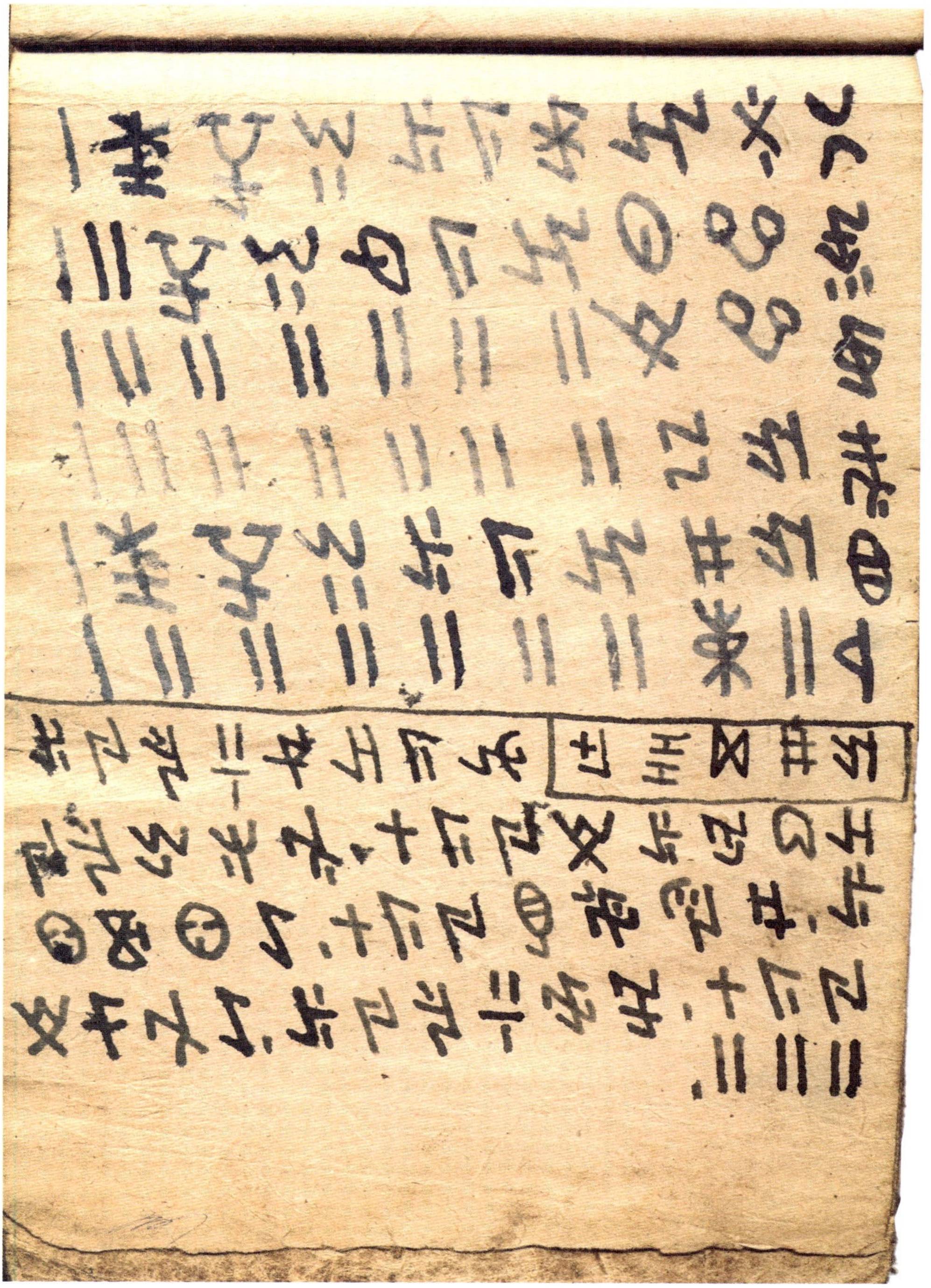

《解鸦语》内页一

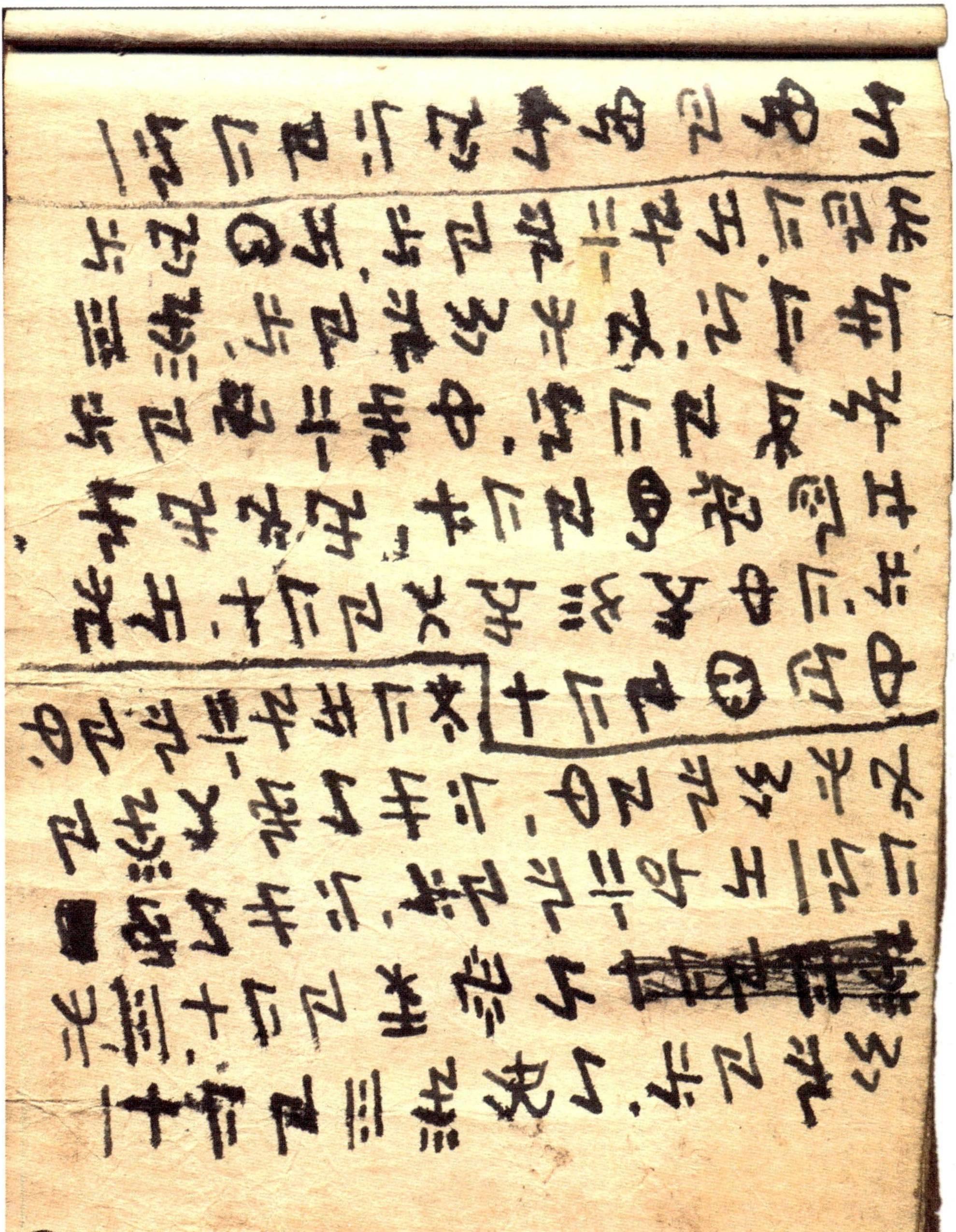

《解鸦语》内页二

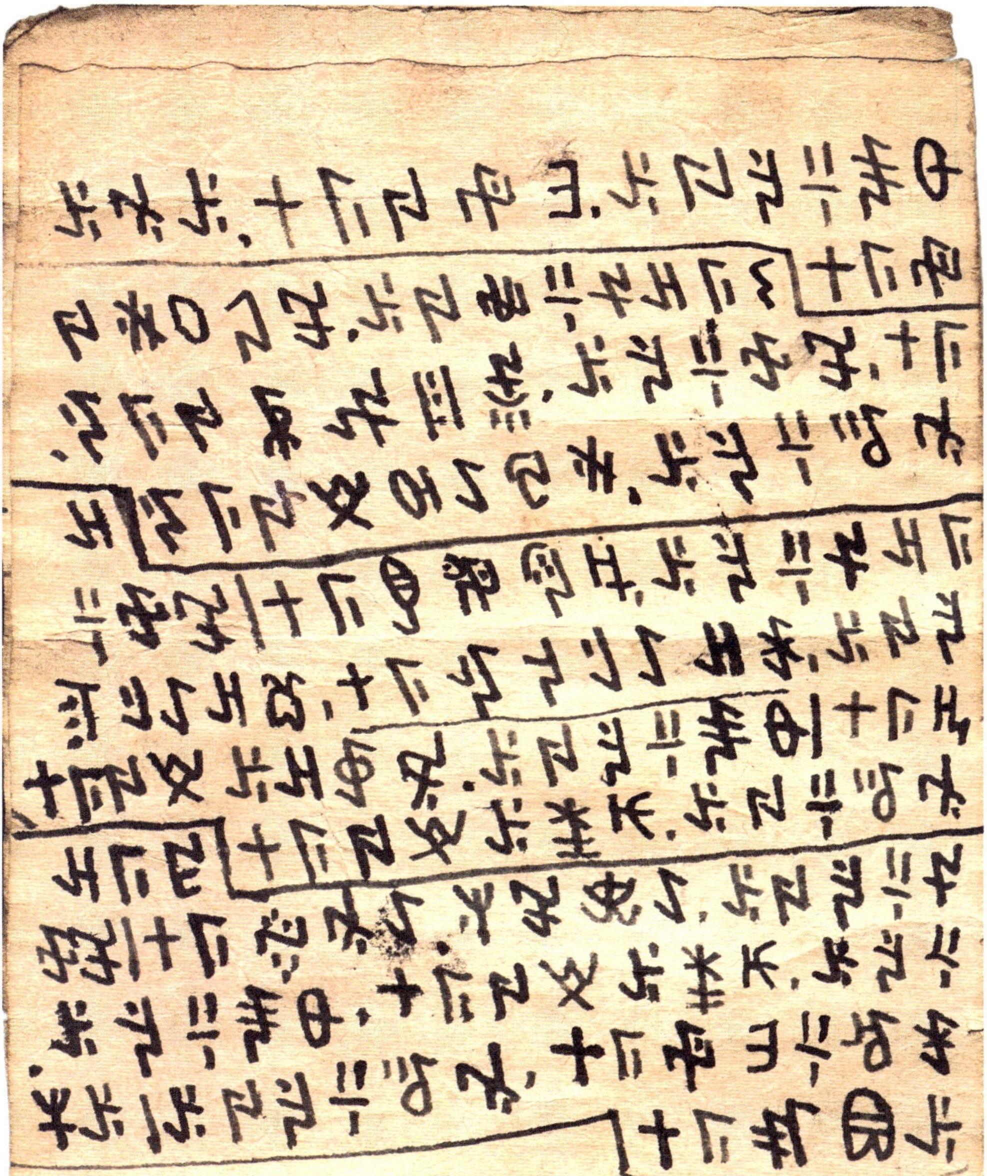

《解鸦语》内页三

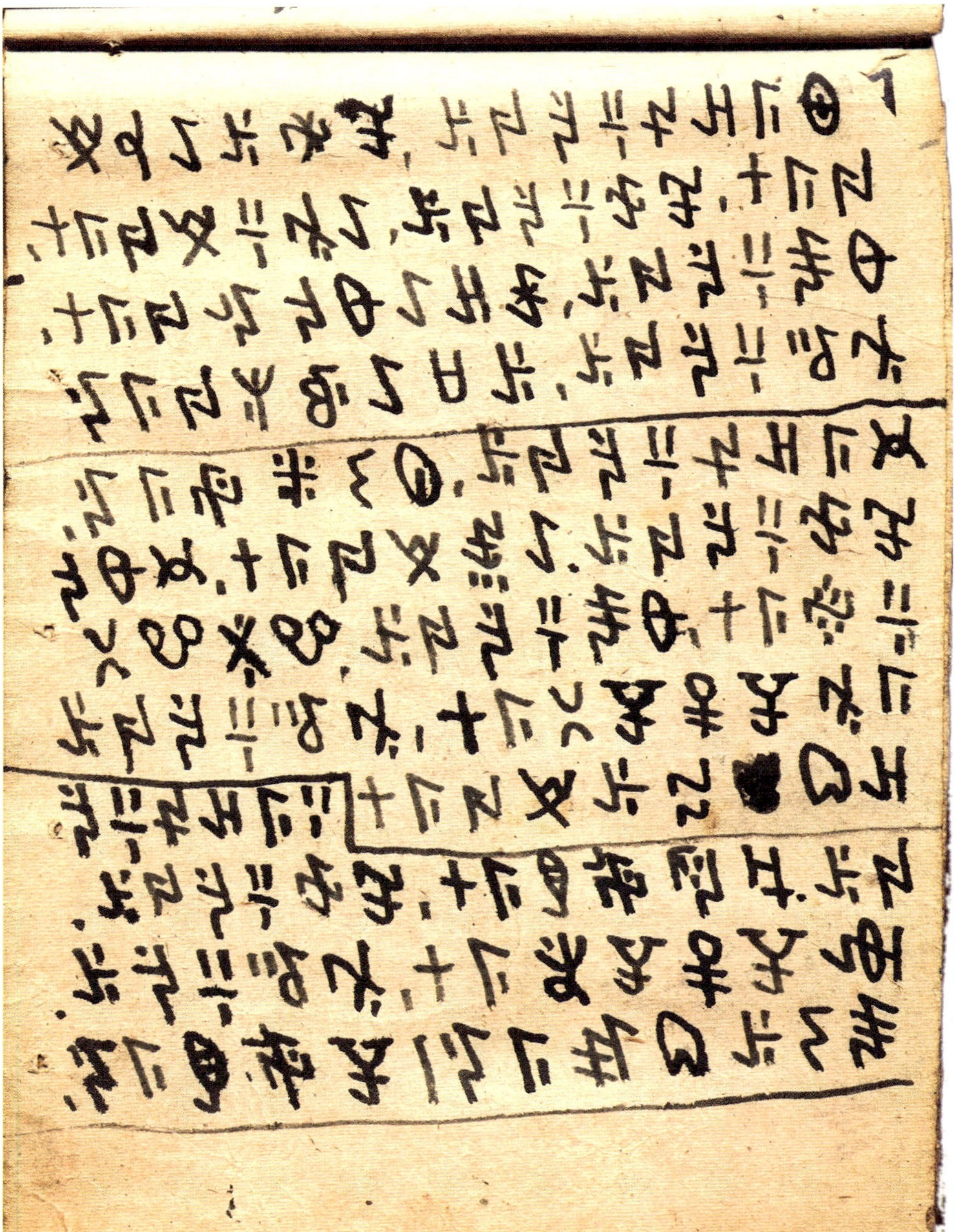

《解鸦语》内页四

# 二十六、酒的起源

## 酒的起源

古彝文；不分卷 1 册；4 页，约 600 字；佚名撰；新抄本，线订卷轴装；页面 26cm × 38cm，行格 21 行 17 字，行序从上到下，字序从右到左；保存较好；馆内编号：242—1。

## 内容提要

《酒的起源》是一部记述酒曲来源和酿酒工艺的书。书中记载了彝族先民发现（发明）酒曲的过程，认为酒曲由十六[①]种植物草药做成，这十六种草药中，“六种生长在高寒地区被牧羊者发现，六种扎根在悬崖沟壑边被采蜜打鱼者发现……”此外，书中还详细记载了人们将酒曲酿制成酒的过程。

我国各民族民间都有历史悠久的酿酒传统，酿酒工艺或相互借鉴。

① 酒曲草药中的“十六”“六”等数字是虚数，表“数量多”之意。

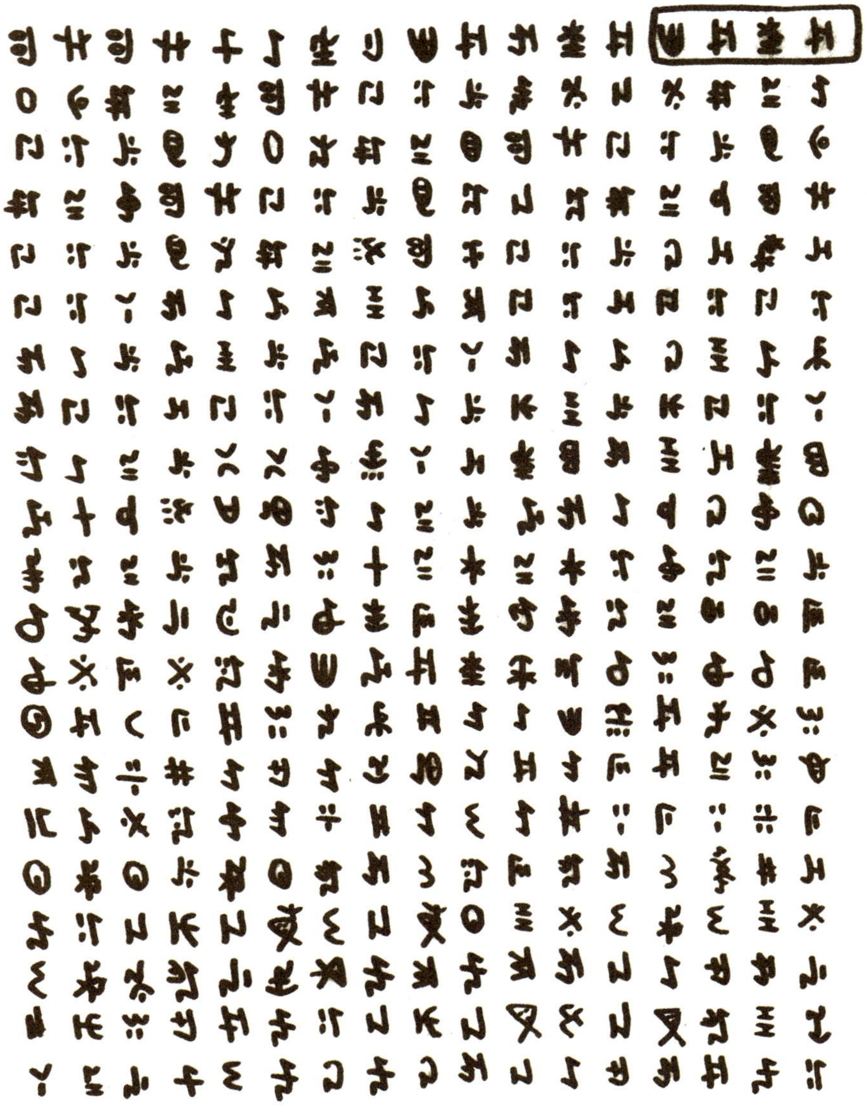

《酒的起源》第 1 页

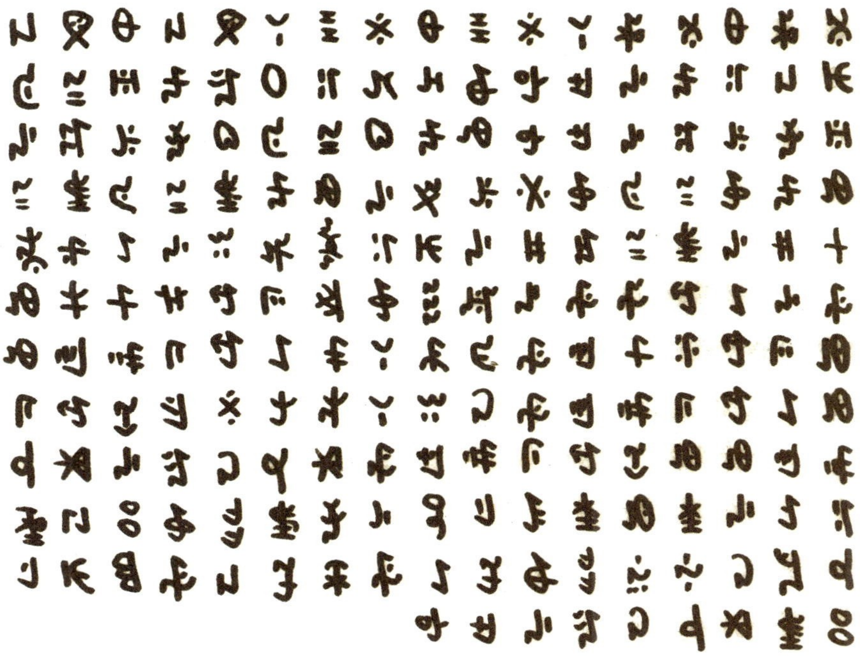

《酒的起源》第 2 页

# 二十七、拉布拉威

## 拉布拉威

古彝文；不分卷1册；4页，600余字；佚名撰；新抄本，线订卷轴装；页面26cm×37cm，行格23行6—15字，行序从上到下，字序从右到左；保存较好；馆内编号：16—1。

## 内容提要

《拉布拉威》流传于大小凉山彝族聚居区，是一篇治水方面的经书，任何场合均可吟诵。

该书用神话形式颂扬了英雄支格阿龙的治水功绩。详细记录了未用“拉布拉威”（强壮公牛）耕地排水之前，“蟒蛇如大圆木，蛙大如石块，洪水淹北方，北无出水口，南无入水源”。面对这样的困境，支格阿龙用牛祭四方，并用这头神牛疏通南北水流。水流疏通后，“北有出水口，南有流入源。树往高处长，水往低处流”。

该书所载神话故事可能源自大禹治水传说或与其同源异流。

《拉布拉威》第 2 页

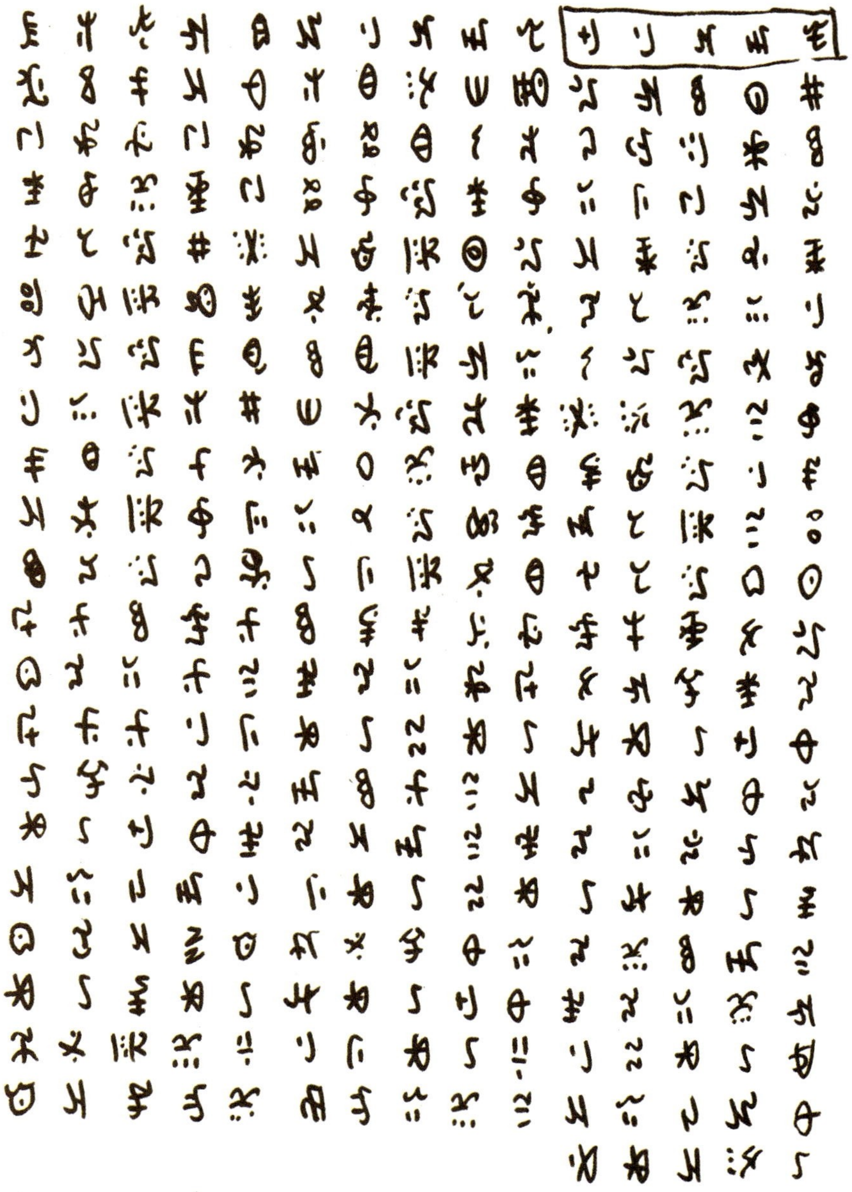

《拉布拉威》第 3 页

# 二十八、勒俄

## 勒俄

古彝文；不分卷1册；54页，约20000字；佚名撰；新抄本，线订册页装；页面19.3cm×26.2cm，无边栏，行格17行17—25字，行序从上到下，字序从右到左；保存较好，馆内编号：400—4。

## 内容提要

“勒俄（hnewo）”是彝族的一种古老的诗歌形式（史诗演述传统），历史上在彝族聚居区广泛流传，尤以彝语北部方言区最为盛行，可以说是一种家喻户晓的口头传统。经过长期的口耳传承，“勒俄”早已产生了用传统彝文书写的书面文本（一般称为《勒俄特依》），并在不同区域形成了许多文本异文及异文变体。《勒俄特依》是彝族先民关于宇宙、世界、人生等宏大主题的神圣叙事和历史文化记忆，其中凝聚着知识、智慧、情感等重要的社会价值体系。

《勒俄》主要包括“天地演化史”“天地谱”“开天辟地”“修整天地”“创造生灵”“人类起源”“寻父买父”“支格阿龙”“射日射月”“呼日唤月”“洪水泛滥”“天地婚姻”“汉藏彝三兄弟的分支”“寻找住地”“分支迁徙”“糯恒赛变”“部族谱系”等内容。以诗歌的形式叙述宇宙从混沌初开到开天辟地、万物产生、人类起源及社会繁衍迁徙的漫长过程，以夸张的手法和奇特的想象描述了以天神恩体古兹为首的众神创造天地万物的神奇功绩，集中反映了彝族先民远古时期的生活情景，具有朴素的唯物主义观点。

其中《汉藏彝三兄弟的分支》讲述人类祖先笃慕武吾与“天界”联姻、三兄弟同源分支的故事，体现了远古先民对各族群间血缘关系的认同、地缘关系的认知，以及在长期的历史发展中逐渐形成的各族群间血脉相亲、情感相近，地域相融、人心相聚，你中有我、我中有你的命运共同体，对彝族人民国家观、历史观、文化观和中华民族共同体意识的形成起着重要的作用。

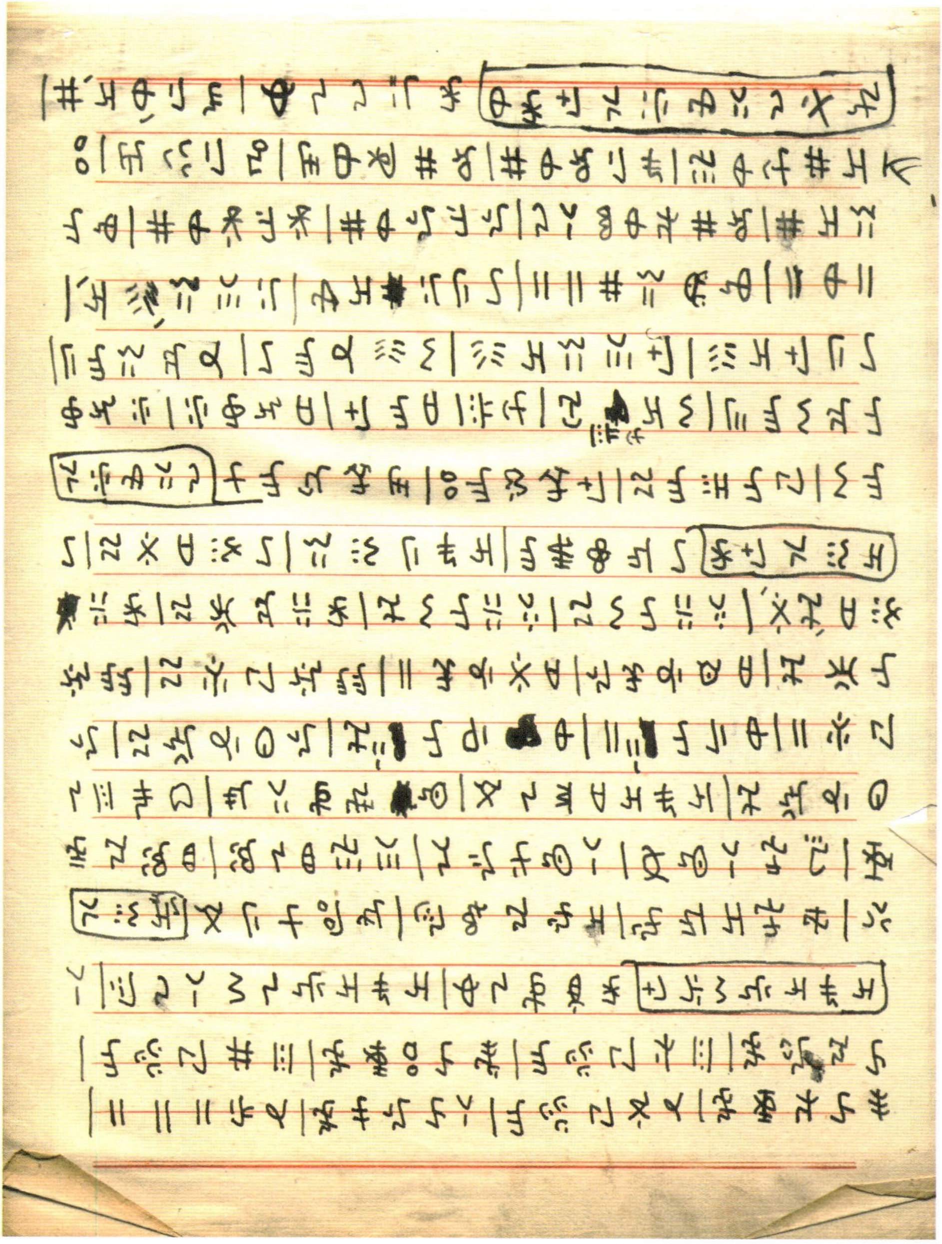

《勒俄》第 1 页

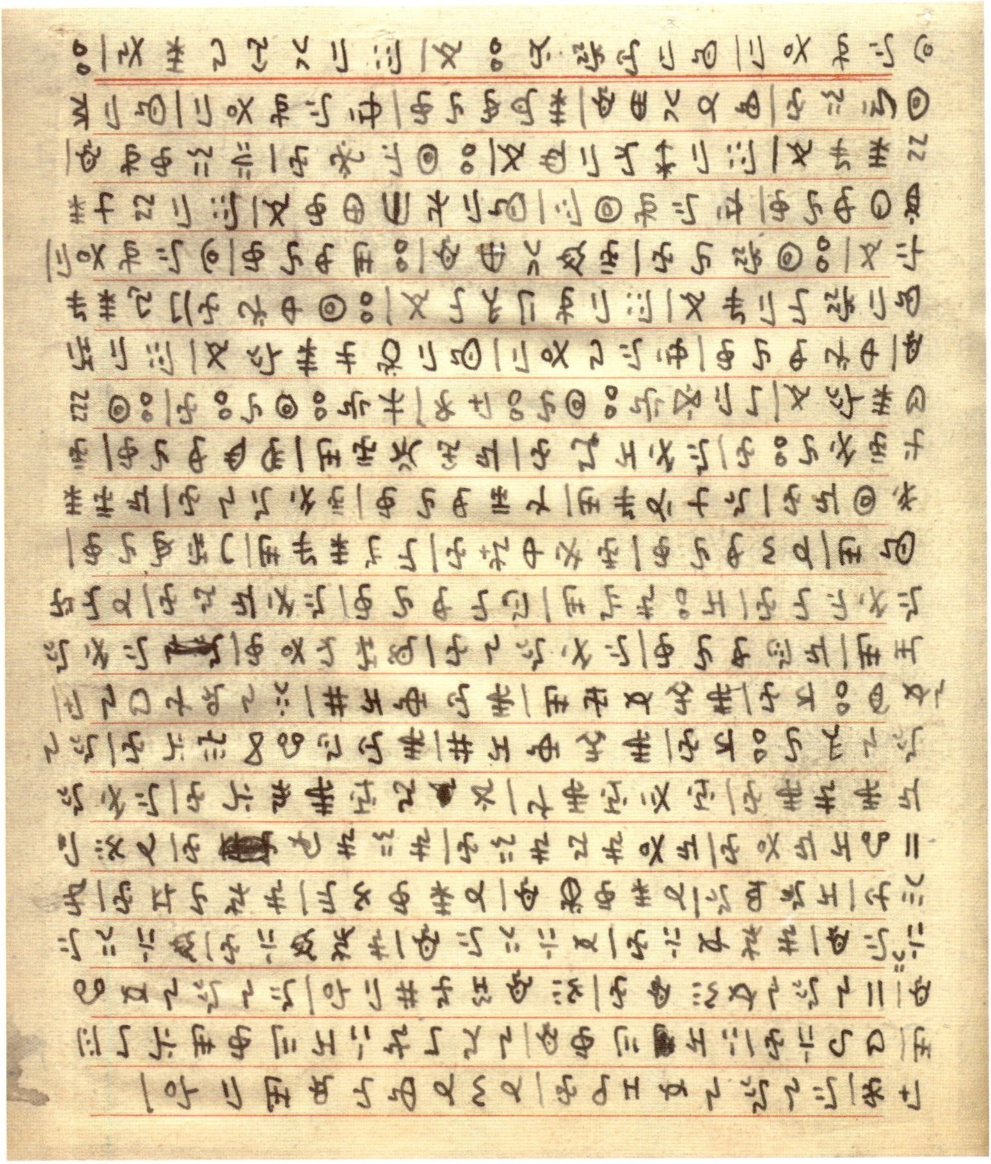

《勒俄》第 41 页

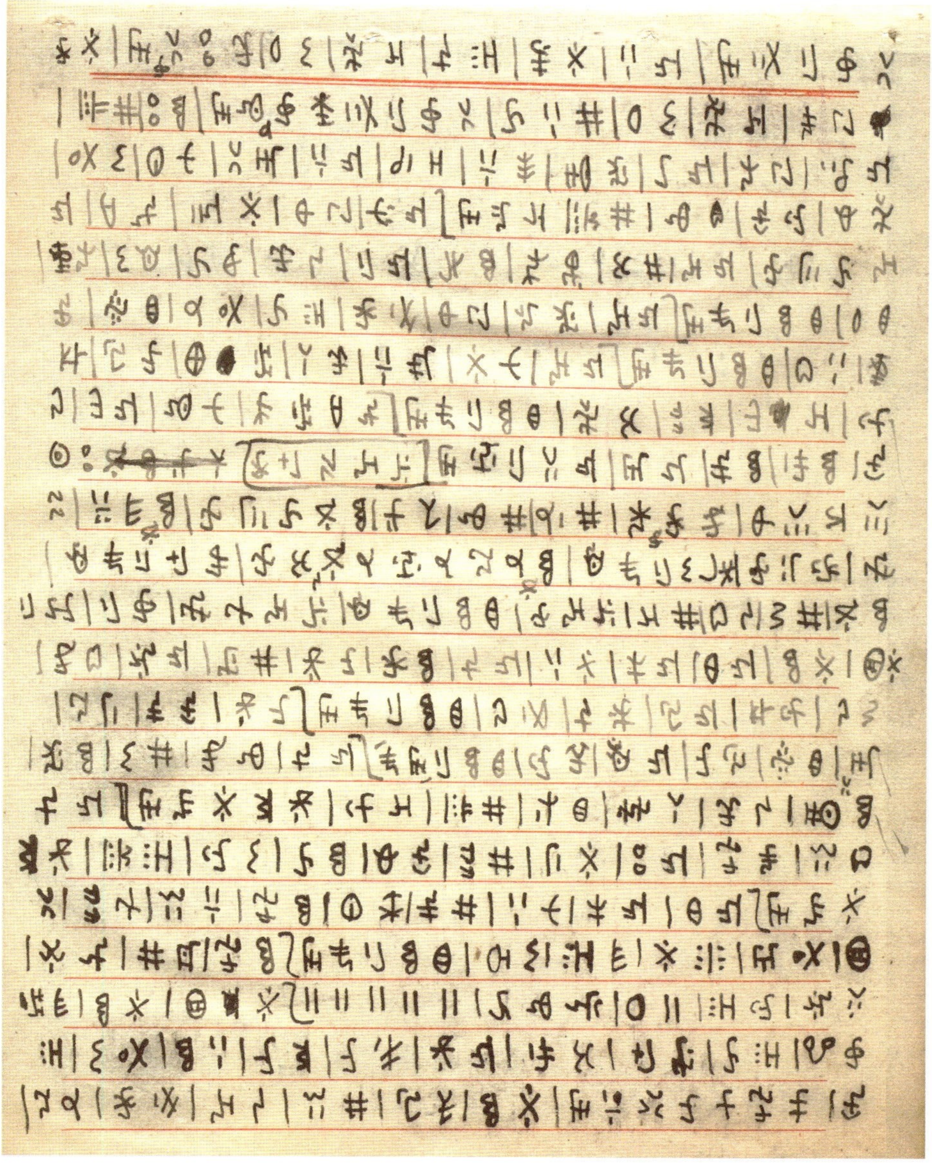

《勒俄》第 43 页

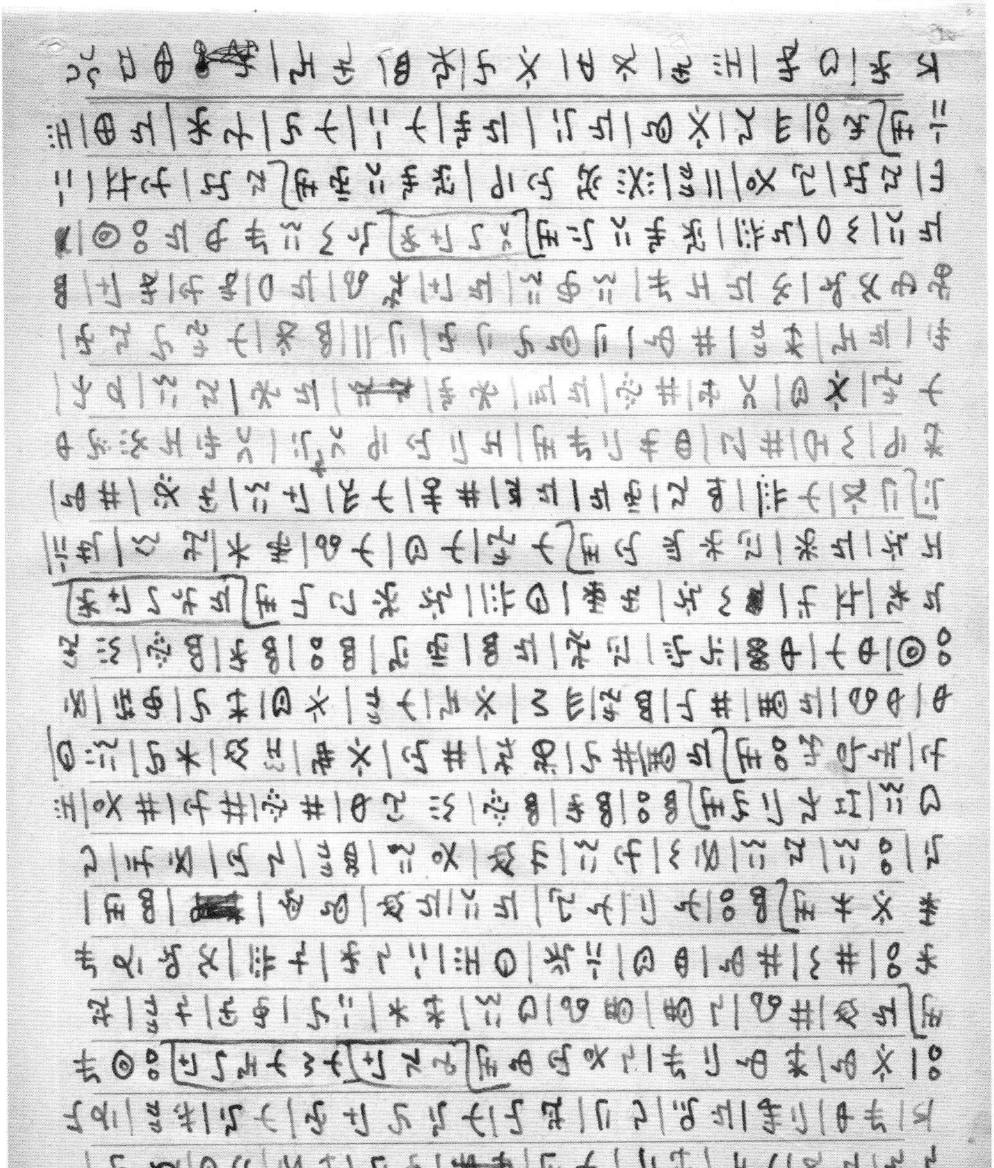

《勒俄》第 46 页

# 二十九、历算书

## 历算书

古彝文；不分卷1册；68页，17400余字；佚名撰；旧抄本，线订册页装；页面23cm×28cm，行格15行6—18字，行序从左到右，字序从上到下；保存较好；馆内编号：G4—4。

## 内容提要

《历算书》是一部占卜、历算类古籍，主要流传于云南宣威等地。在彝族民间，遇出行、奠基、乔迁、婚姻、年节等重要日子都要翻看这类经书来测算吉凶，它对彝族人的生产生活具有重要的指导作用。书中出现的大部分数字以汉字书写，内容与道教中的历算、阴阳五行等知识密切相关。

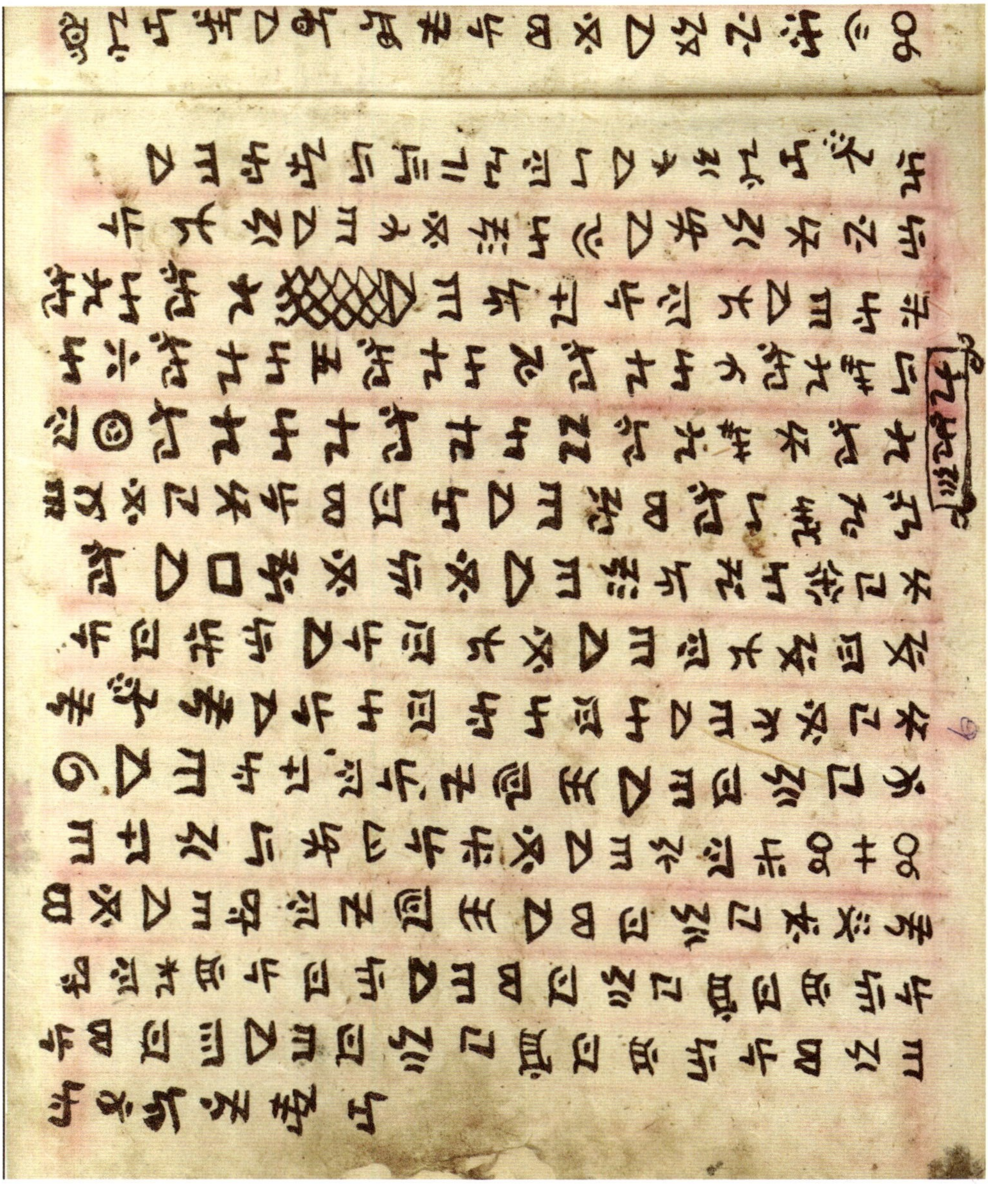

《历算书》内页一

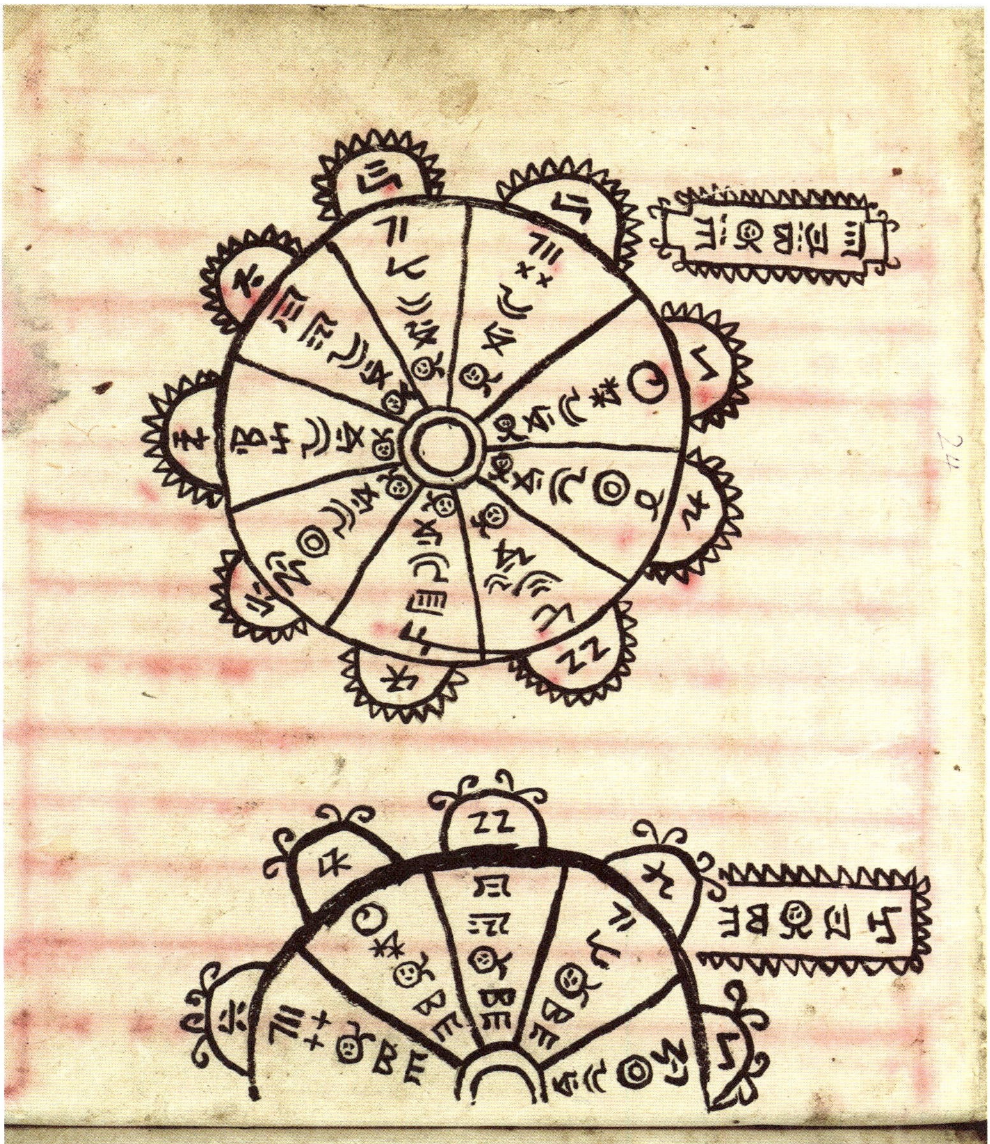

《历算书》内页二

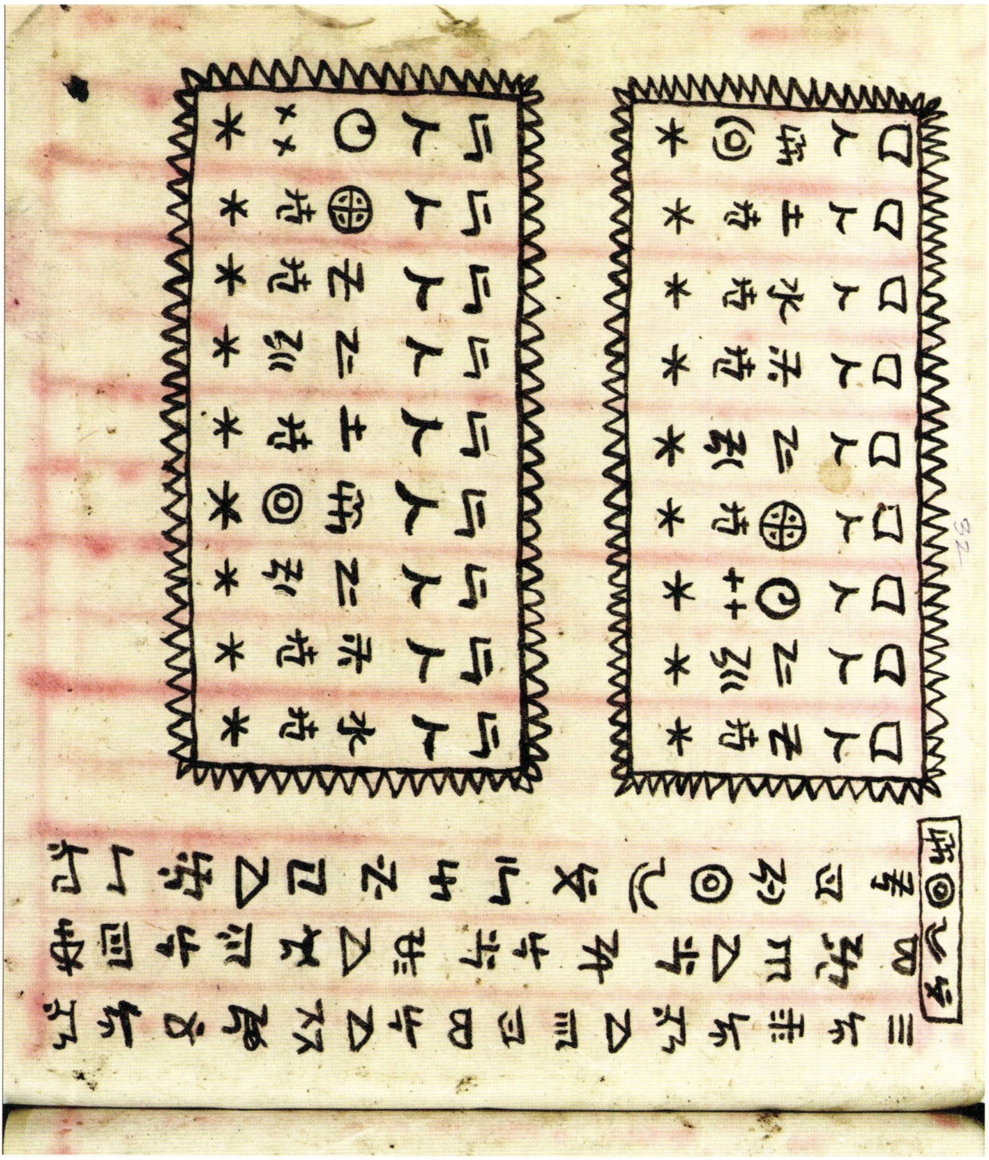

《历算书》内页三

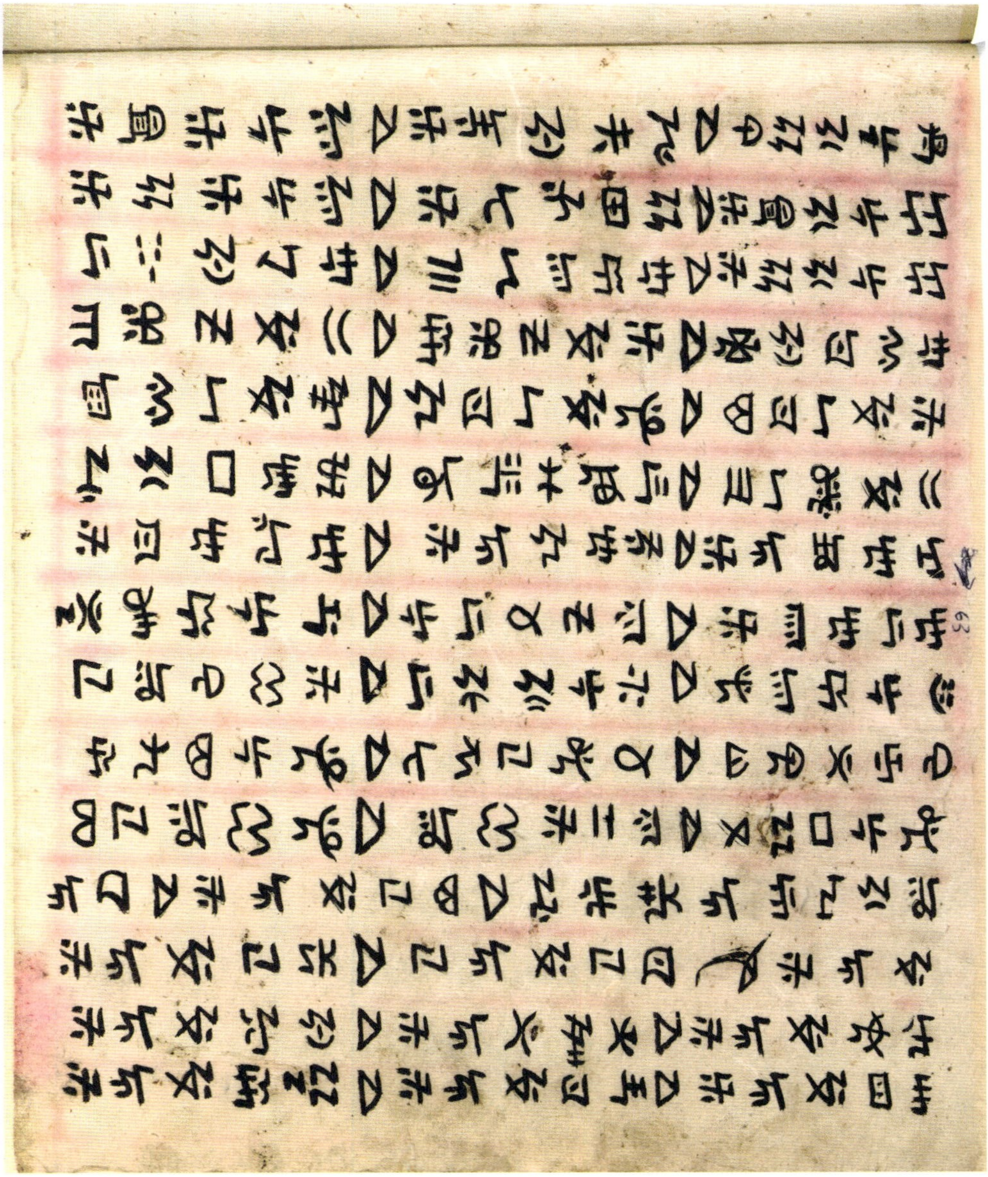

《历算书》内页四

# 三十、六家规范

## 六家规范

古彝文；不分卷1册；53页，34000余字；佚名撰；旧抄本，线订册页装；页面24cm×54.5cm，行格29行20—24字，行序从上到下，字序从右到左；保存完好；馆内编号：88—8。

## 内容提要

《六家规范》广泛流传于大小凉山彝族聚居区，主要讲述宗族、兄弟、亲戚、君民之间受人挑拨而引发各种纷争、社会关系失去平衡的情况。告诫人们严守规范，不要听信谗言。

该书蕴含的哲理与儒家伦理一脉相承。

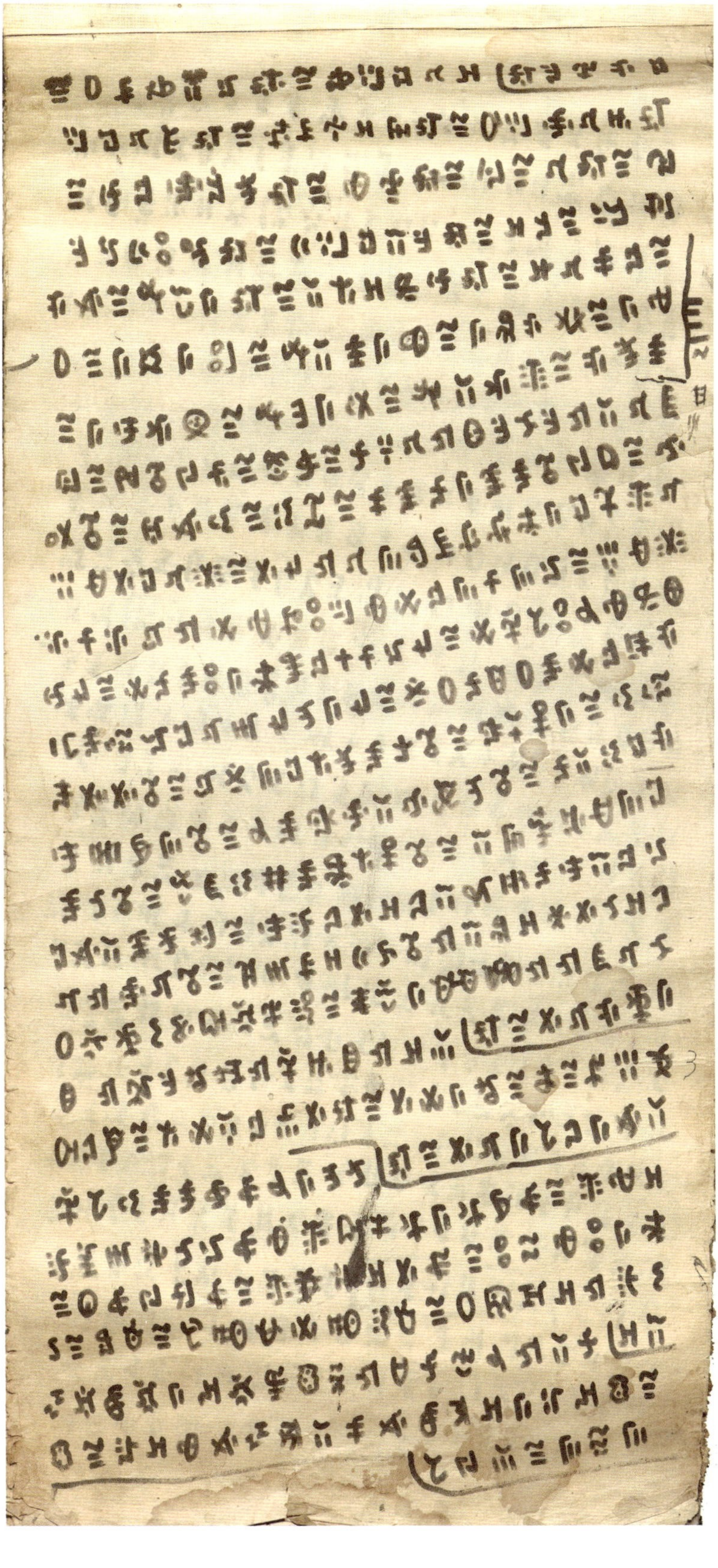

《六家规范》第 4 页

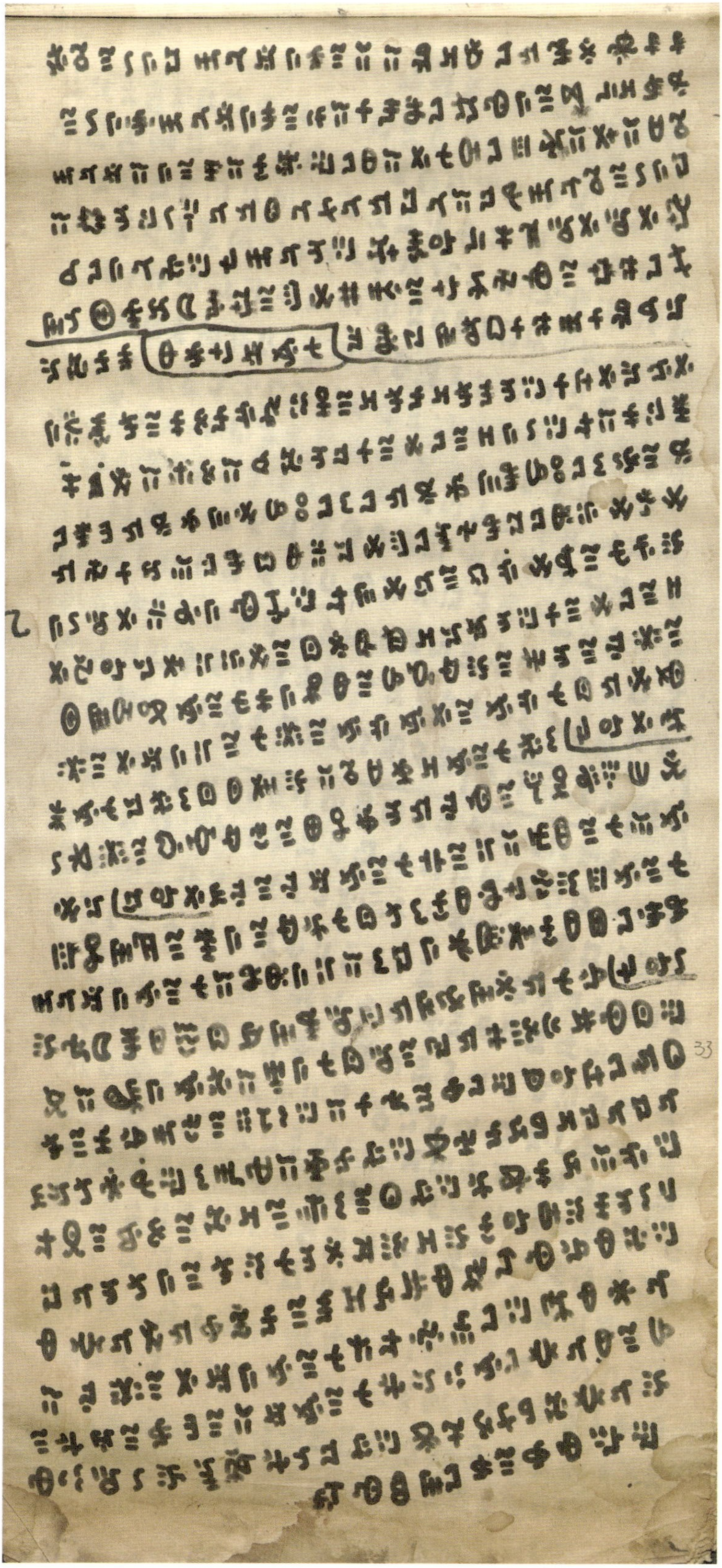

《六家规范》第 34 页

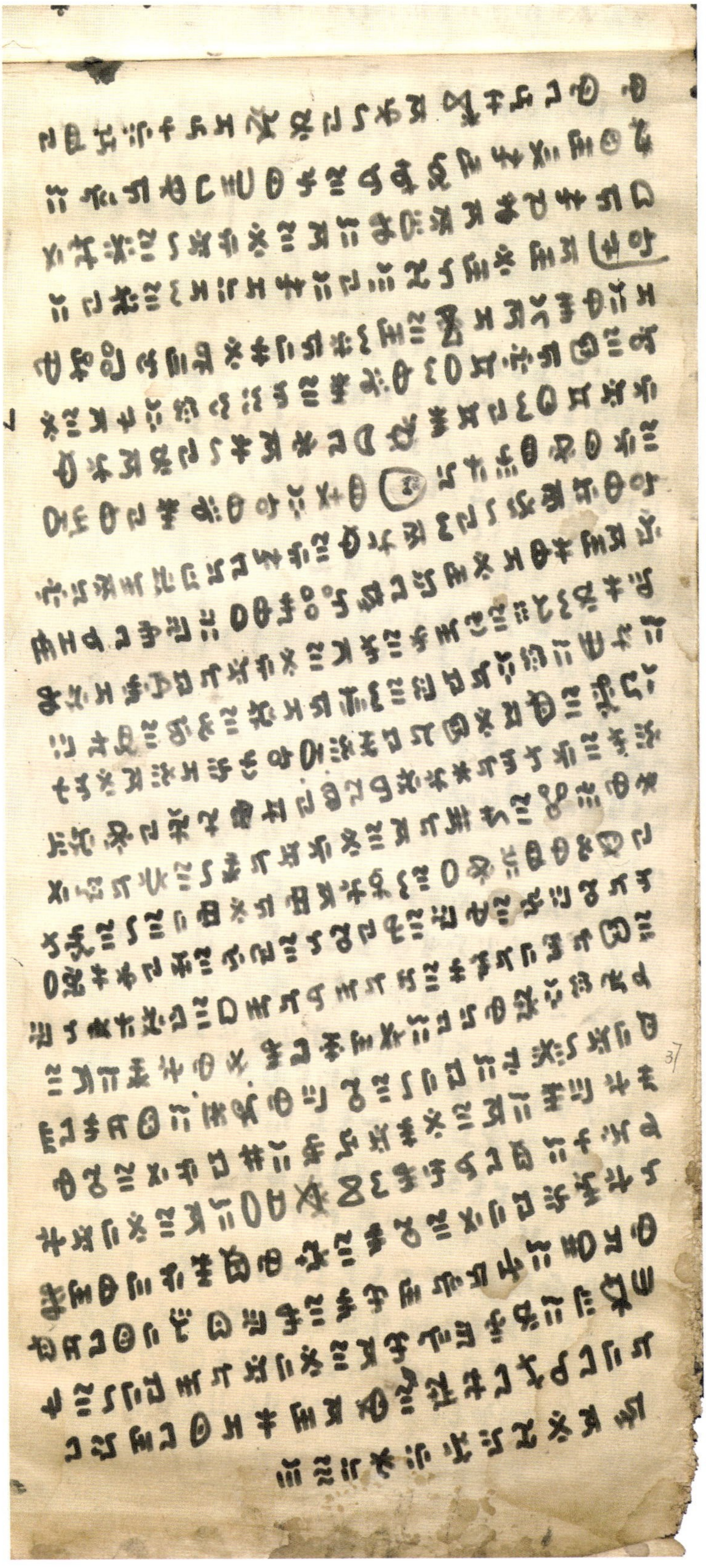

《六家规范》第 38 页

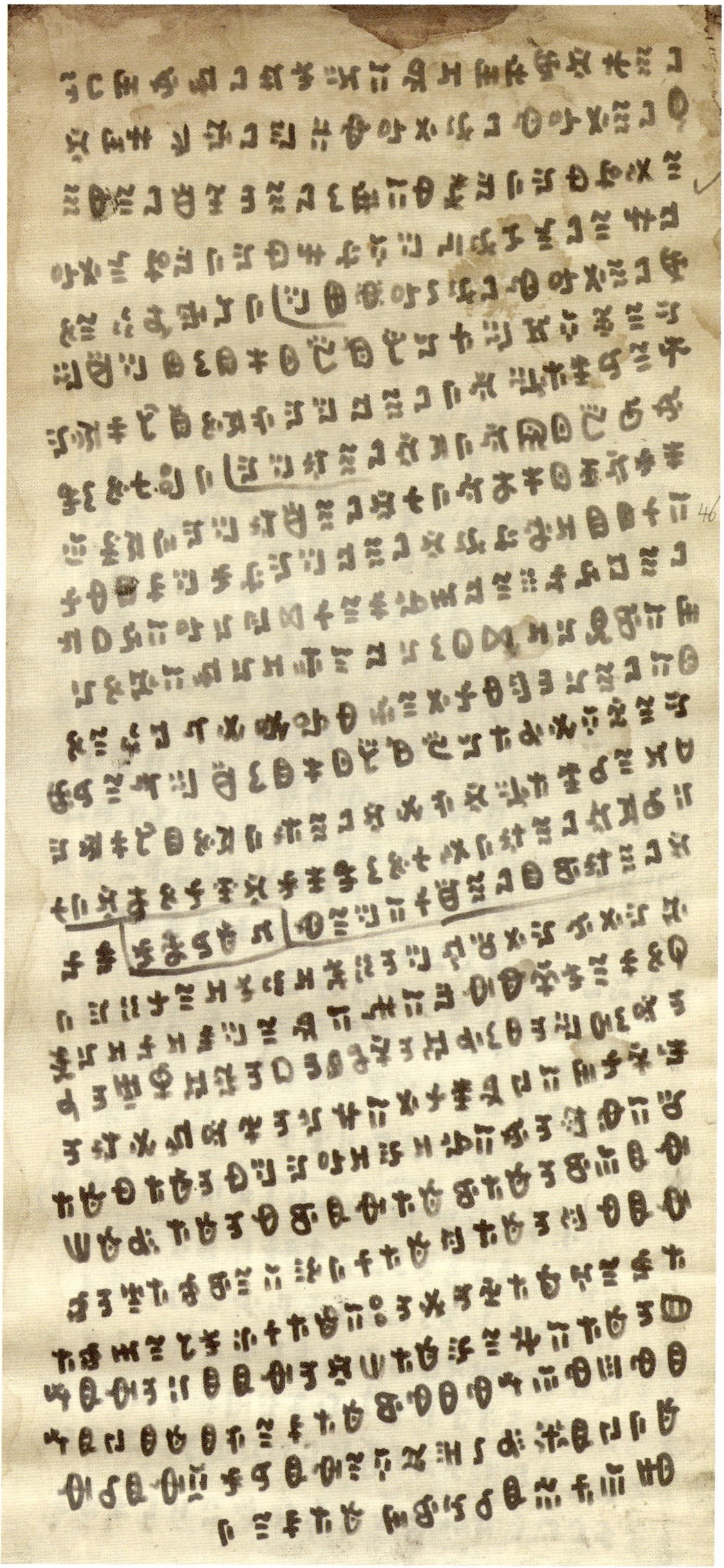

《六家规范》第 47 页

# 三十一、六祖谱系

六祖谱系

古彝文；不分卷1册；13页，约3000字；佚名撰；抄本复印件，线订卷轴装；页面21cm×29.5cm，行格10行25—29字，行序从左到右，字序从上到下；保存较好；馆内编号：F113。

内容提要

《六祖谱系》主要流传于贵州彝族聚居区，记述彝族始祖笃慕的六子分居西南各地的情况及其与西南地区各族群的交往交流交融历程。

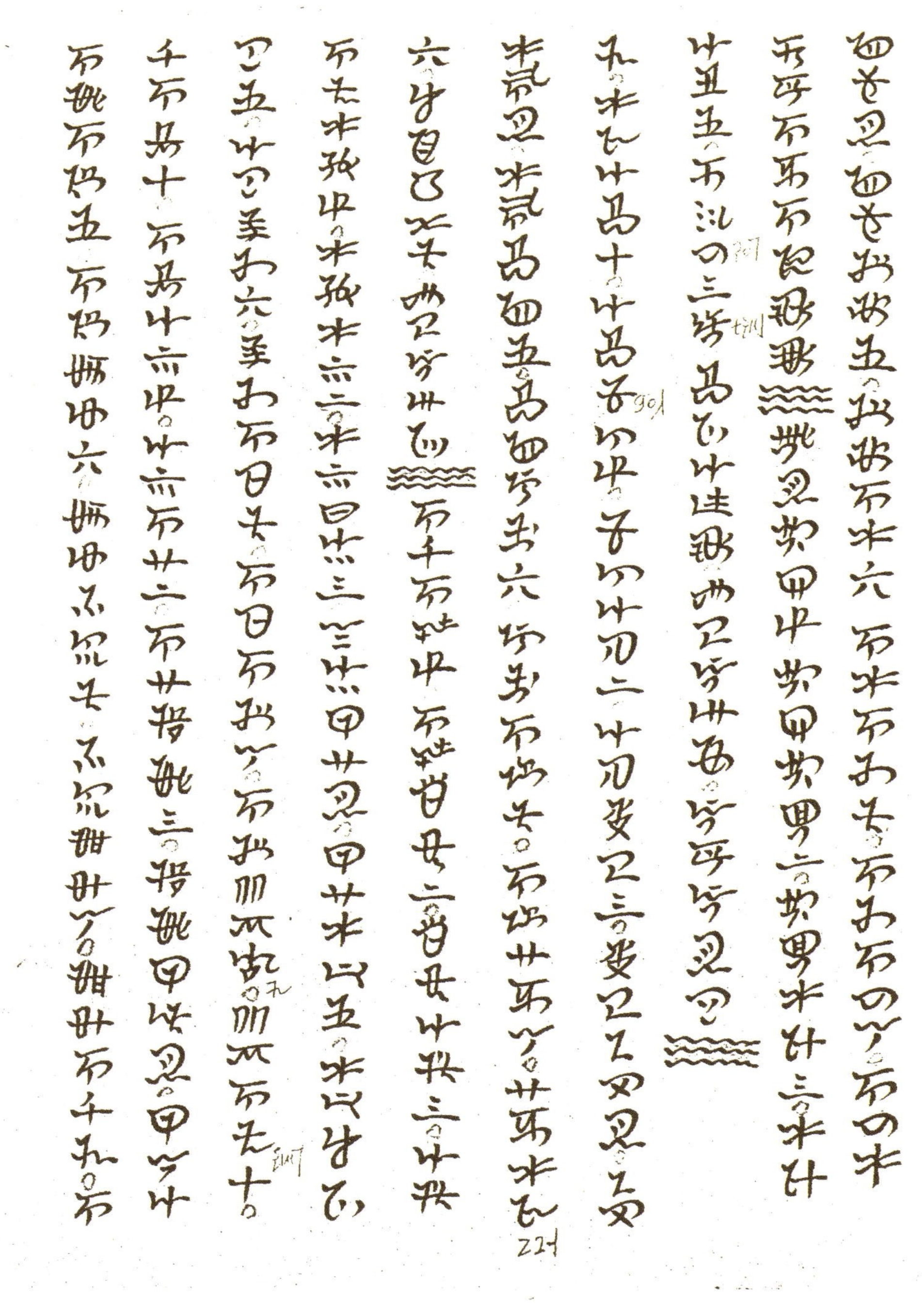

《六祖谱系》内页一

《六祖谱系》内页二

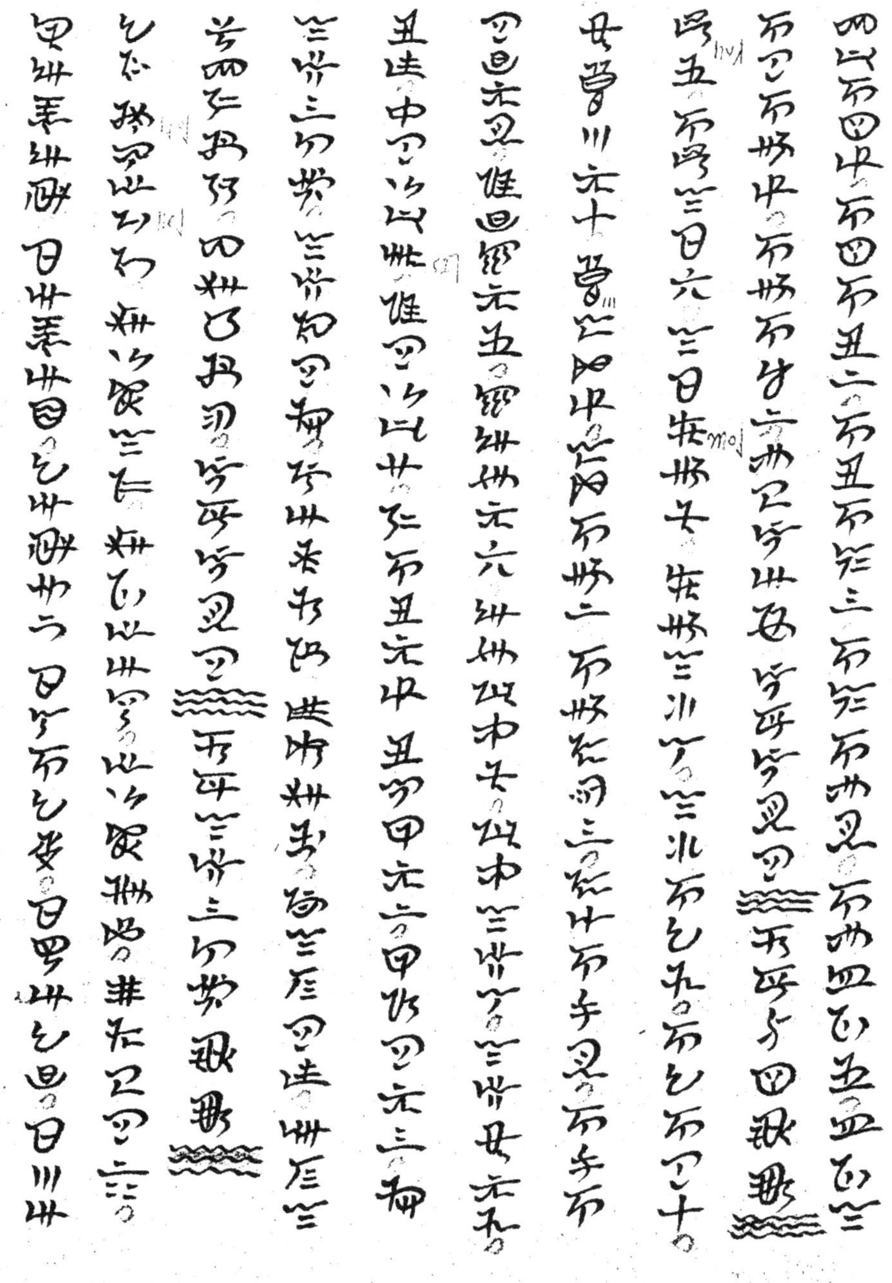

《六祖谱系》内页三

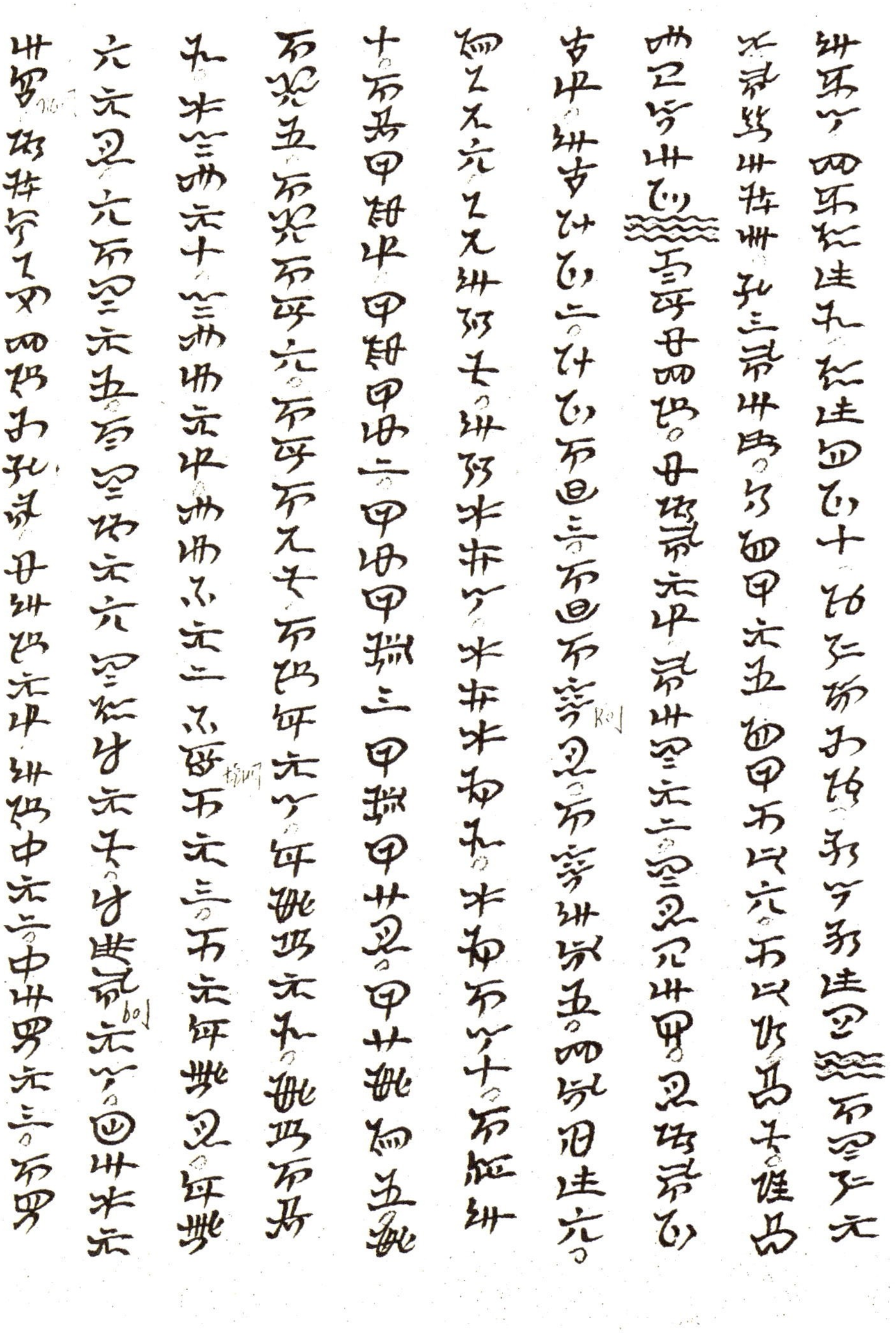

《六祖谱系》内页四

# 三十二、伦理教育经

## 伦理教育经

古彝文；不分卷1册；20页，约7500字；佚名撰；抄本复印件，线订册页装；页面21cm×29.5cm，行格17行22—27字，行序从左到右，字序从上到下；保存完好；馆内编号：F96。

## 内容提要

《伦理教育经》主要流传于贵州彝族聚居区，是彝族伦理教育方面的经典。该书教导人们要行善积德，避免有悖道德、为人所不齿的不当行为。

该书可能与儒家伦理思想一脉相承。

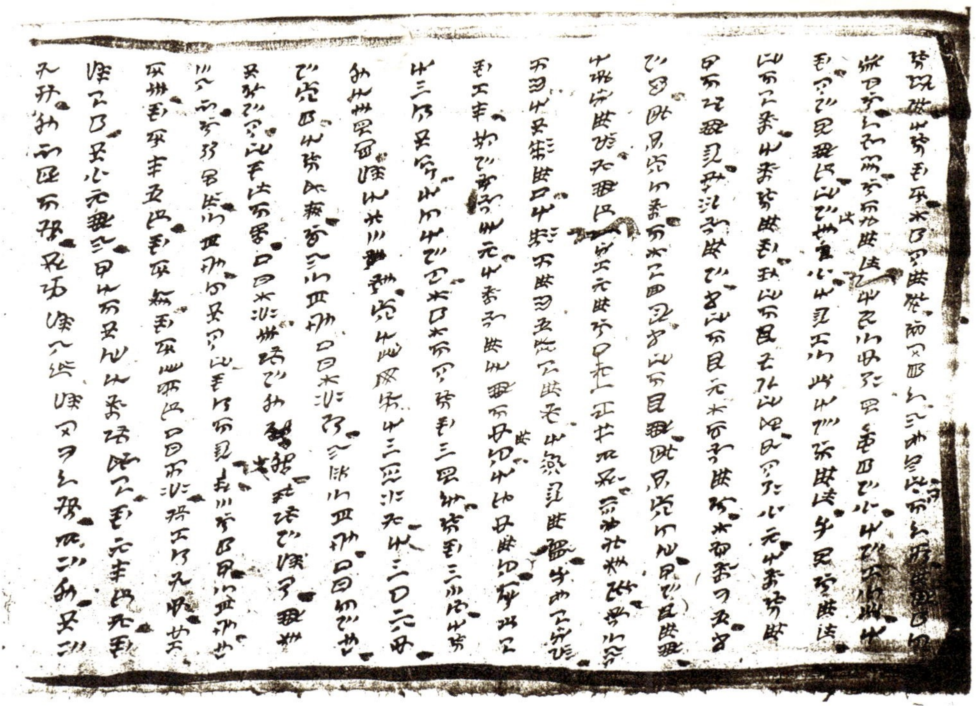

《伦理教育经》第 2 页

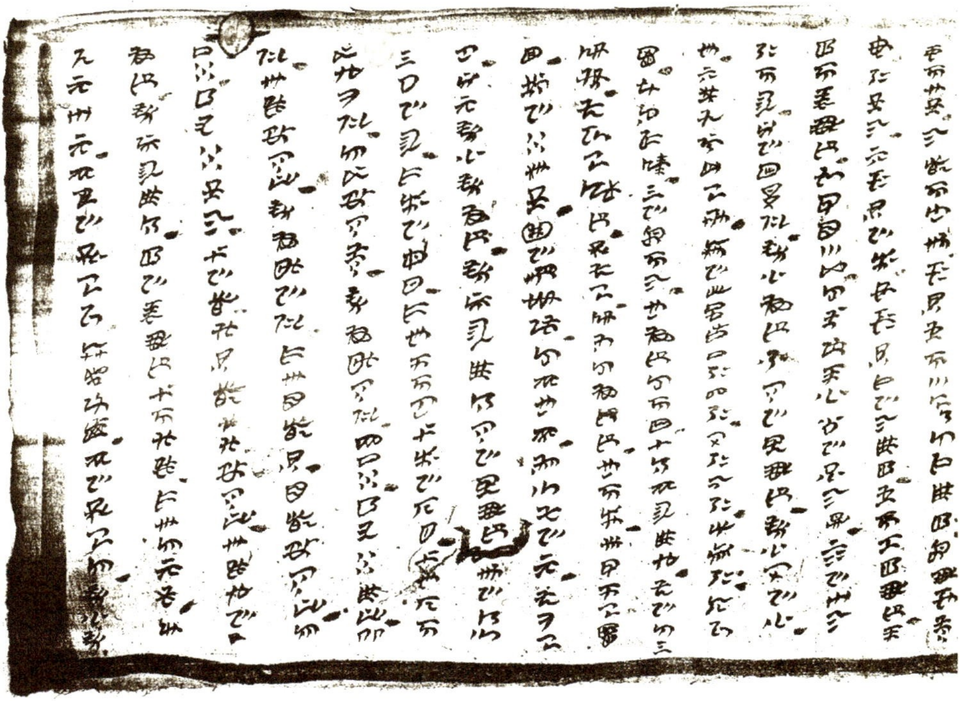

《伦理教育经》第 13 页

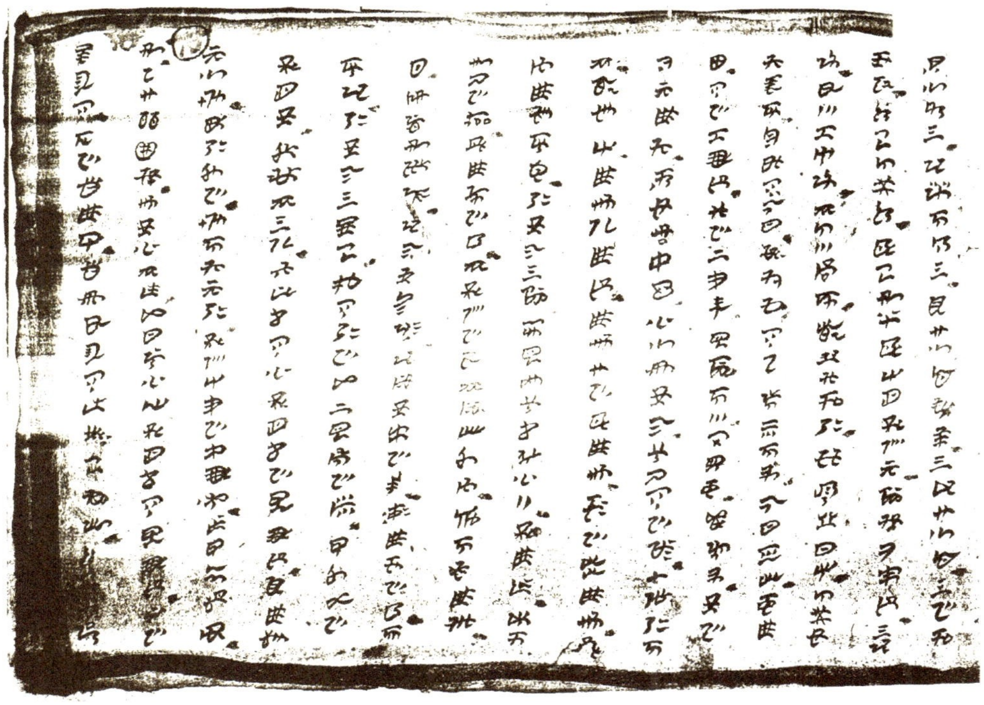

《伦理教育经》第 17 页

《伦理教育经》第 19 页

# 三十三、妈妈的女儿

## 妈妈的女儿

古彝文；不分卷1册；11页，约2800字；佚名撰；旧抄本，线订卷轴装；页面25.5cm×39cm，行格16行16—18字，行序从上到下，字序从右到左；保存较好；馆内编号：200—2。

## 内容提要

《妈妈的女儿》，彝语称“阿嫫尼惹”，主要流传于大小凉山彝族聚居区，是一部经典的“哭嫁歌”，也是一部感人至深的叙事长诗。

该书主要以口头传唱的方式在彝族女子出嫁时作为“哭嫁歌”诵唱；此外，在毕摩主持的祛妖仪式上，由遣送“里日（妖精）”草偶的男性着女装吟唱，或由毕摩独自咏唱。

该书描写“妈妈的女儿”从无忧无虑的童年，到青春洋溢的少年再到被迫出嫁的成年历程，抒发了人们对妇女悲惨遭遇的同情。书中陈述女儿的婚姻被父母包办，她被迫出嫁，男方家路途遥远，道路坎坷，她穿越茂密的森林，时而遇到冰雪寒冬，时而遇到狂风暴雨，随时有被猛兽袭击的可能，泪水洒满这一路。书中说：“曾经一样养育的子女，如今儿子成为家人，女儿却嫁与他人”；“原定春光明媚时回归，现在秋高气爽也不归”。表达了女儿想回娘家的迫切心情，反映了当时妇女的苦难遭遇。自20世纪80年代被整理翻译并出版以来，该书产生了较强的社会影响力。

我国各民族普遍都有哭嫁的习俗，如哈萨克族的“森斯玛”、彝族的“妈妈的女儿”、土家族的“哭嫁歌”等，丰富多彩的哭嫁歌不仅是中华民族文学宝库中的瑰宝，更是我国重要的非物质文化遗产。

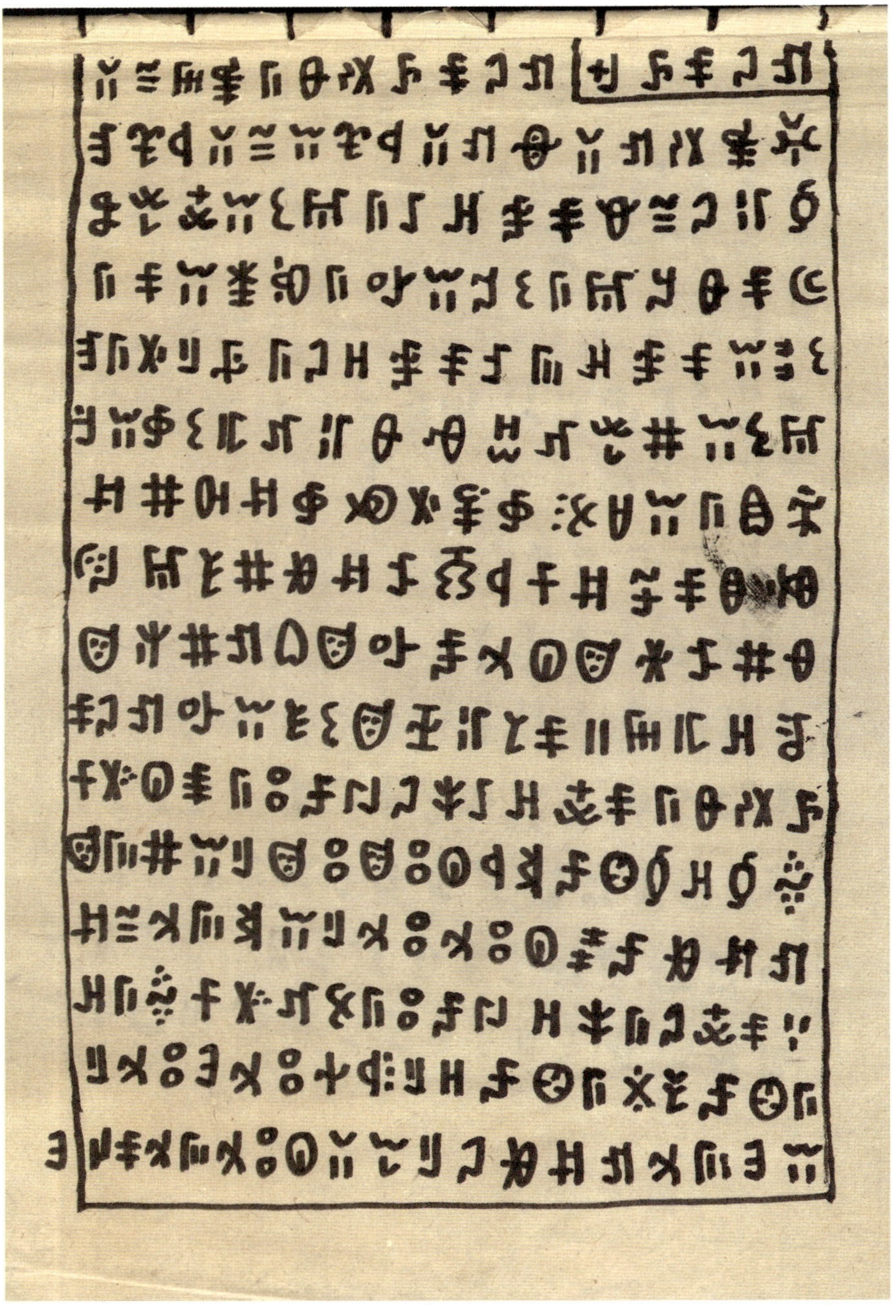

《妈妈的女儿》第 1 页

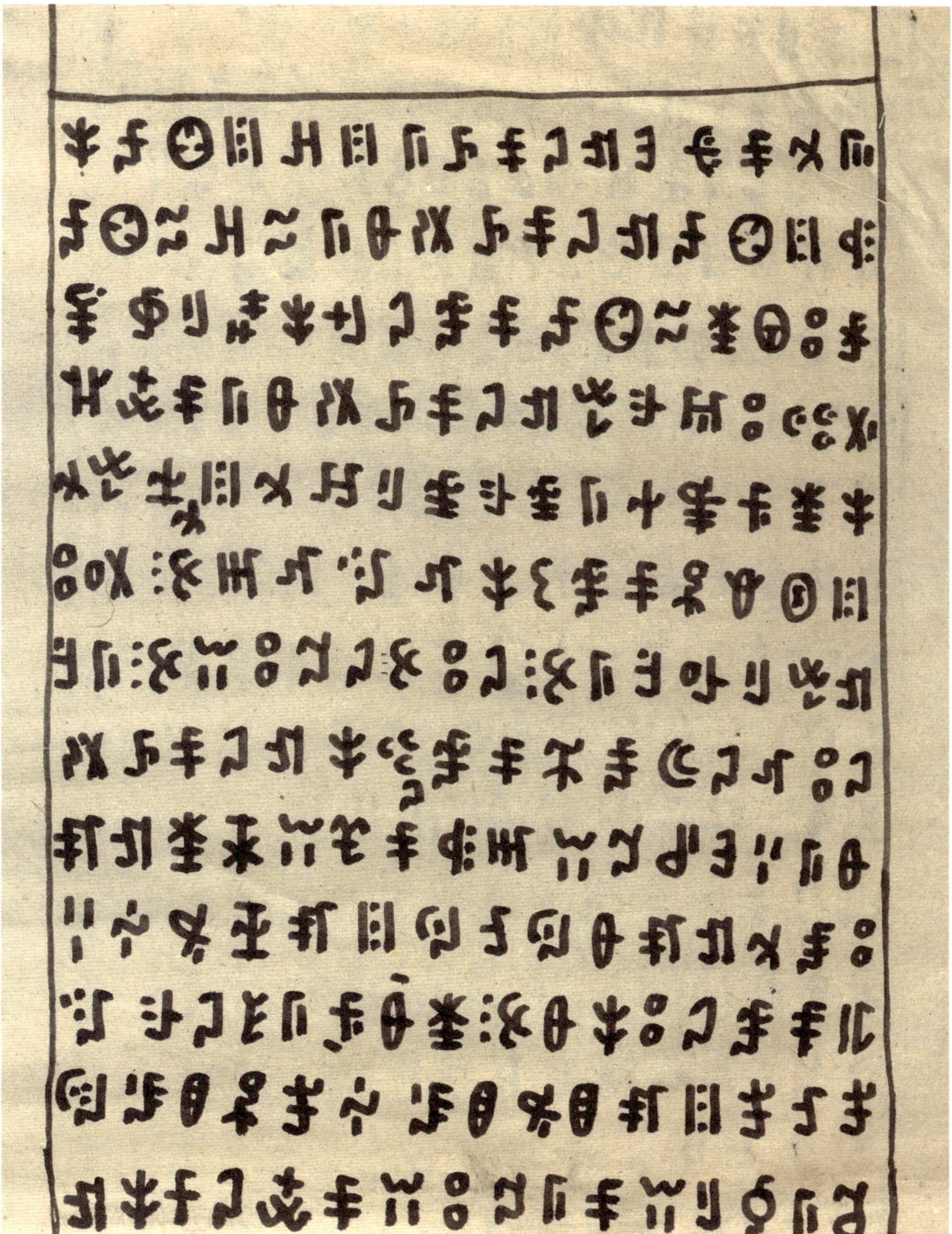

《妈妈的女儿》第 2 页

《妈妈的女儿》第 6 页

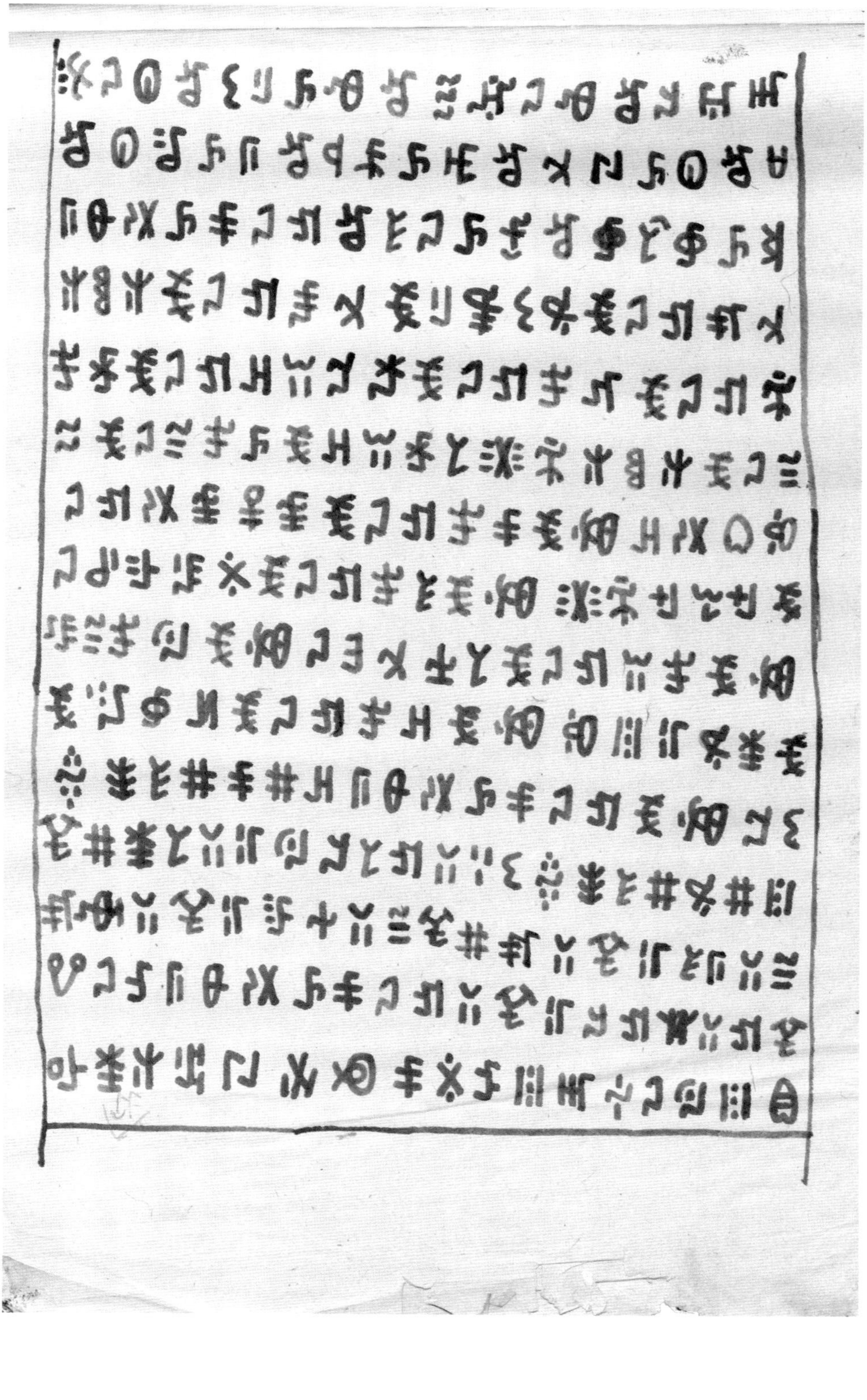

《妈妈的女儿》第 9 页

# 三十四、玛木

## 玛木

古彝文；不分卷1册；11页，4500余字；佚名撰；新抄本，线订册页装；页面25.7cm×37.3cm，无边栏，行格21行17—25字，行序从上到下，字序从右到左；无残损；馆内编号：396—4。

## 内容提要

从字面理解，“玛木（hmat mu）”中的“玛（hmat)”意为“指教”，“木（mu）”则指“做”，从广义上讲就是教导人们如何做人。“玛木”往往又被称为“玛木委尔”，是指“具有教育和警示意义的箴言、格言、谚语、警句”。作为一种鲜活的口头传统，“玛木”一直在彝族民间的智者、长者间口口相传。经过长期的流传，“玛木”早已形成了书面文本，即“玛木特依”。《玛木特依》一书以人生一轮十三、二轮二十五、三轮三十七……八轮九十七为结构主线，论述人生不同阶段不同的生理特征和心理特点，教导人们如何为人处世，如何在不同的人生阶段和环境中修养身心、安家立业，引导人们和睦相处，使社会和谐安宁。同时，在社会关系方面，该书指导人们如何处理家庭成员内部的关系、统治阶层与百姓的关系、主体与家支的关系以及亲家间的关系等。

《玛木特依》是一部长期流传在彝族民间的传世彝文经典，内涵丰富，思想深邃，是千百年来彝族人治政安民、训世育人的思想源泉，在维系彝族传统社会稳定中发挥着不可替代的作用。其哲学思想和伦理道德观作为彝族璀燦的文化瑰宝延续了几千年。至今，“玛木”中许多哲理、思想主张仍被人们作为道德和行为的规范，甚至成为人们处理纠纷案件的习惯法。因此，在彝族社会里，“玛木”是指导人们去改造自身和生活的道德哲学，是“活”在彝族社会里的经典文献，其历史地位不可磨灭。

根据《玛木特依》所载的内容以及大量流传于民间耆老口中的广义的“玛木”的内容来看，其主旨与儒家思想中的贵贱、尊卑、长幼、亲疏等差异性的社会关系，以及人伦规范相通，讲究君臣、父子、夫妻、兄弟之间不同的仪礼规范，推崇儒家仁、义、礼、智、信等道德规范来规范人们的行为，宣扬团结、和谐等思想。

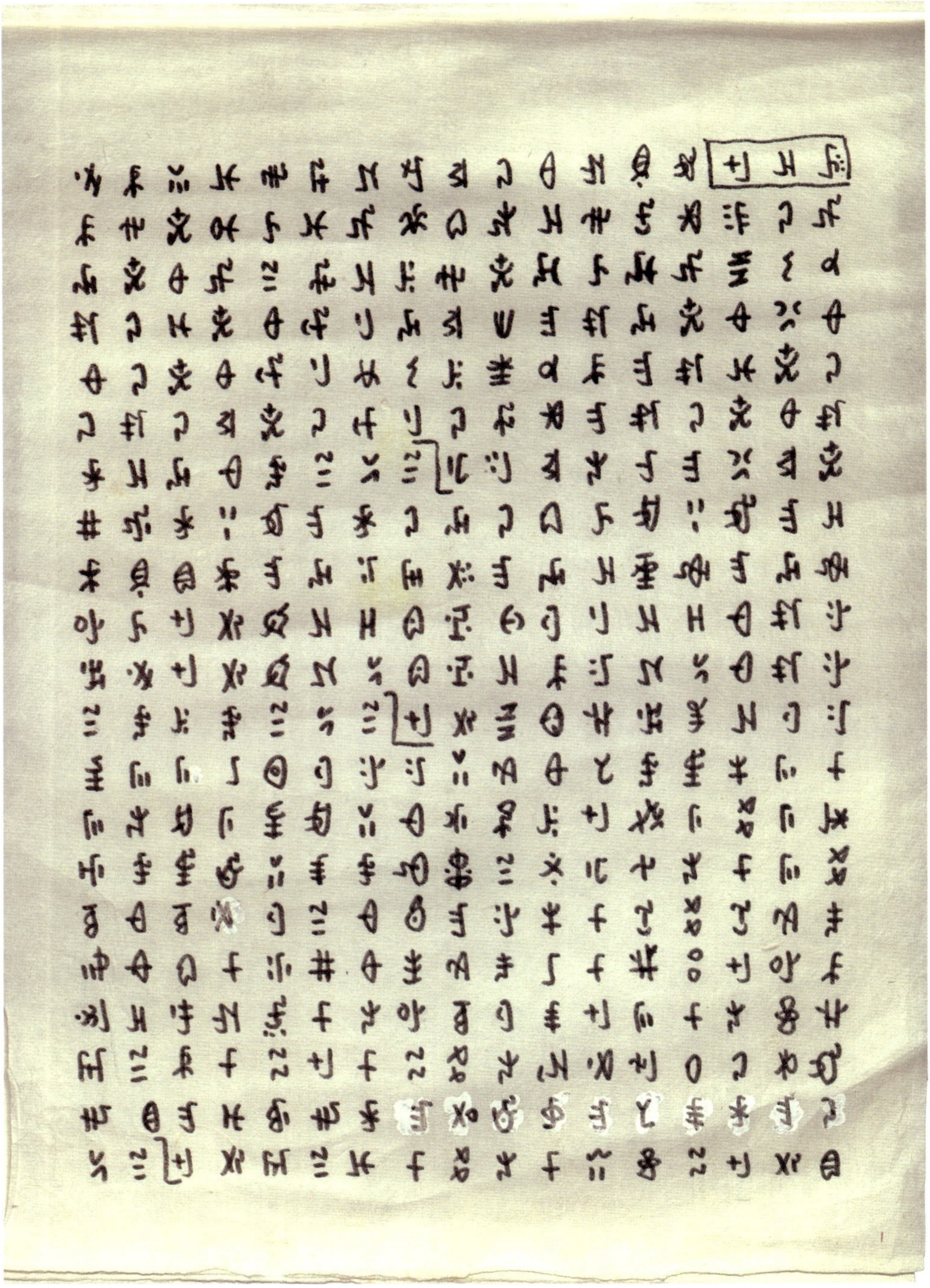

《玛木》第 1 页

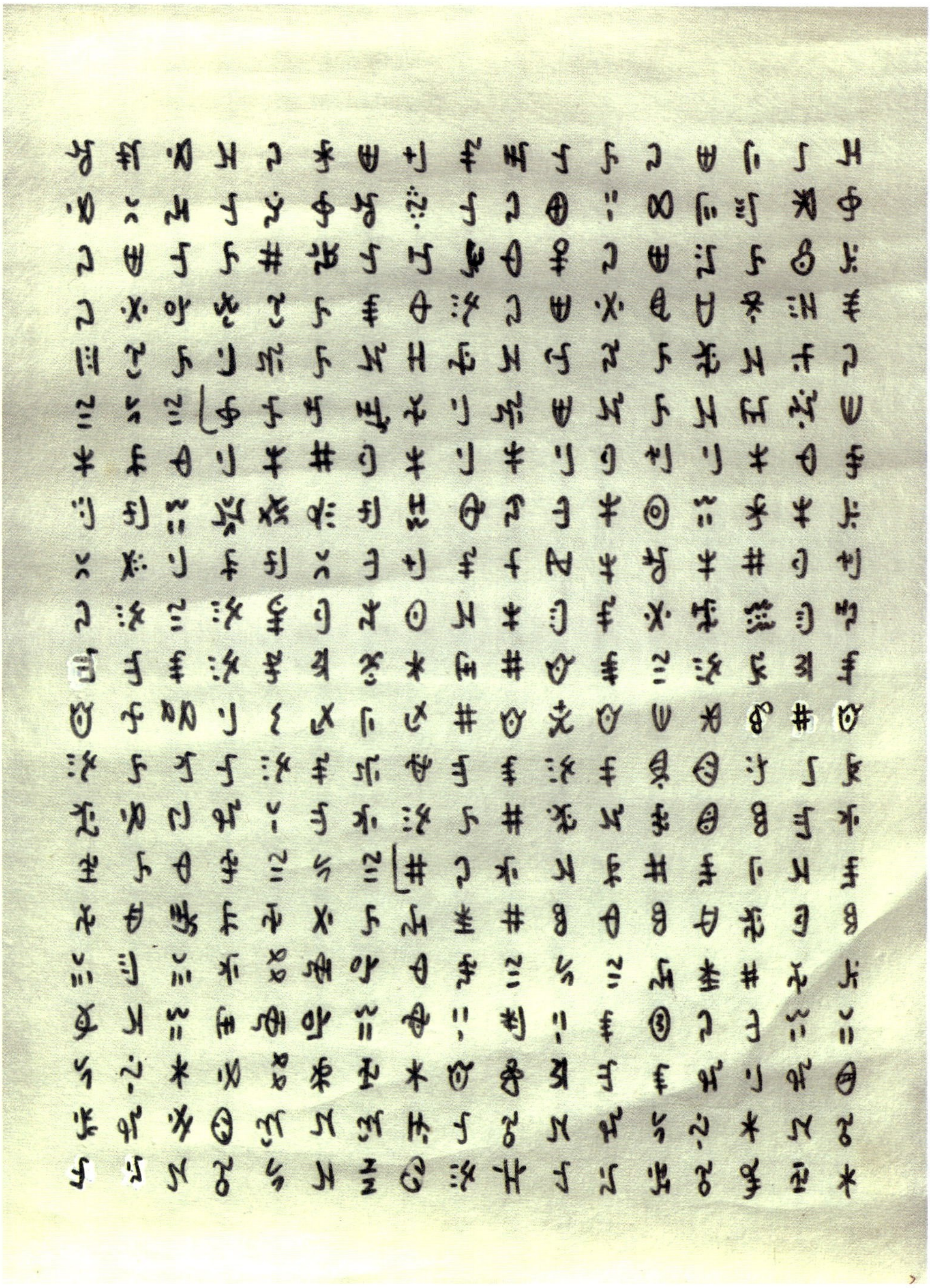

《玛木》第 4 页

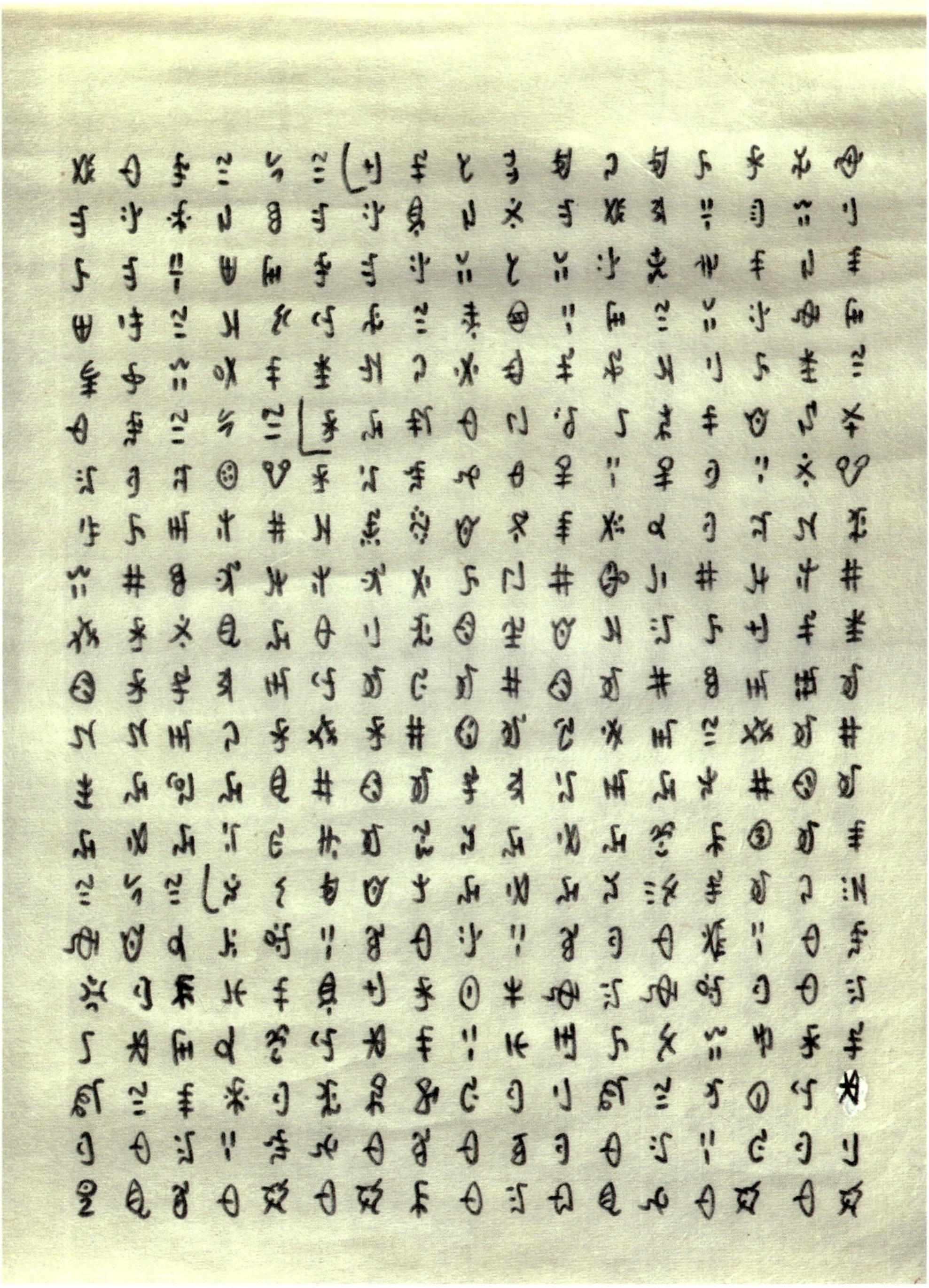

《玛木》第 7 页

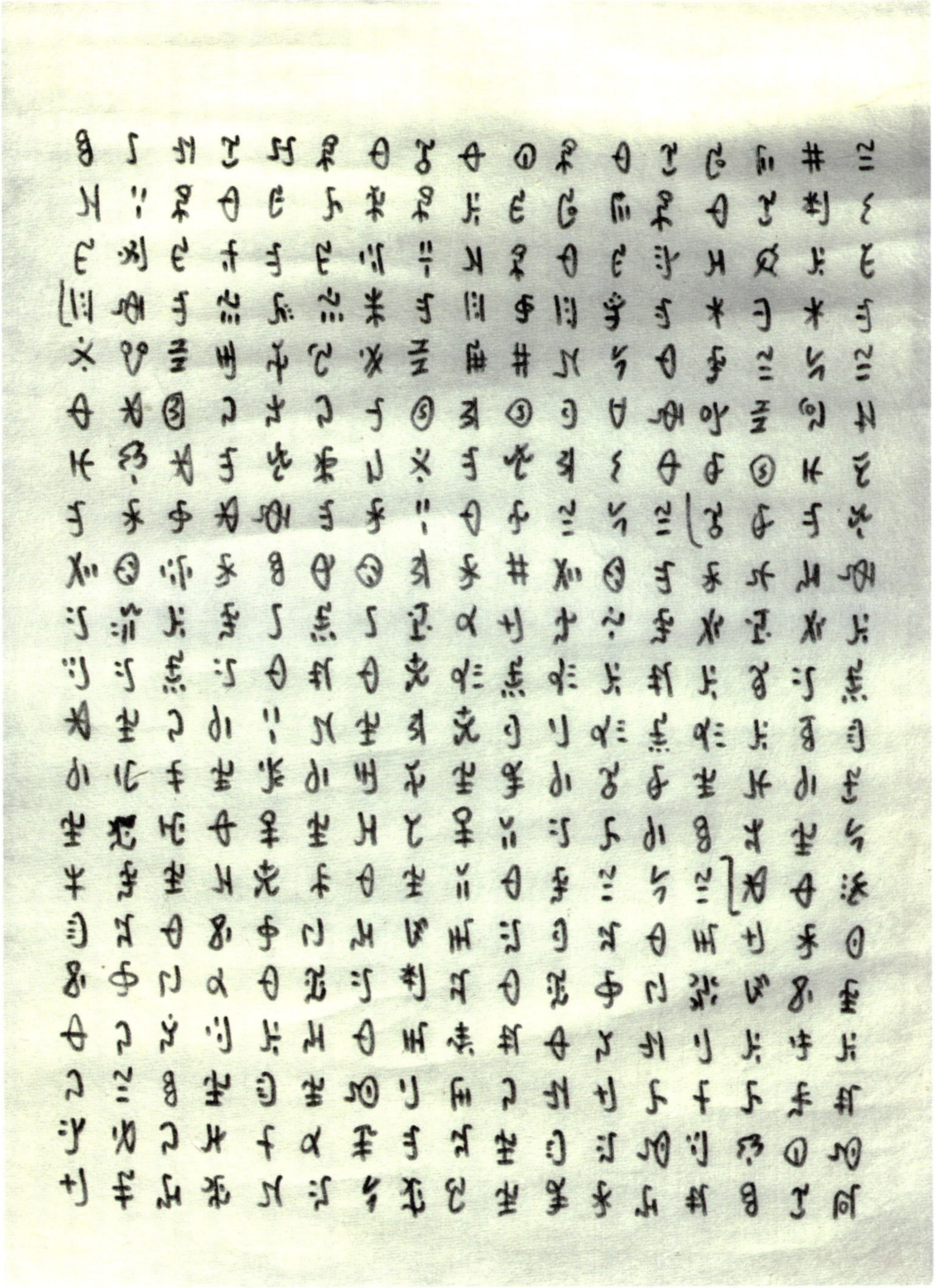

《玛木》第 9 页

# 三十五、莫色慕

莫色慕

古彝文；不分卷1册；5页，约500字；佚名撰，抄本复印件；页面约21cm×29cm，行格10行15—17字，行序从上到下，字序从右到左；保存较好；馆内编号：3—1。

内容提要

《莫色慕》流传于大小凉山彝族聚居区，是一部在彝族祭祖仪式上使用的经书。该书主要向神灵报告主人家的人丁情况，并追溯先世的迁居历史，记录了凉山彝族古代古侯、曲涅两大部落的祖先住地和祖灵安置地。书中认为，在自己的土地上安居乐业、放牧耕种自然就会幸福安康。

该书对研究彝族历史文化、民族迁徙具有重要的参考价值，书中内容与中原祠堂文化有很多相似之处。

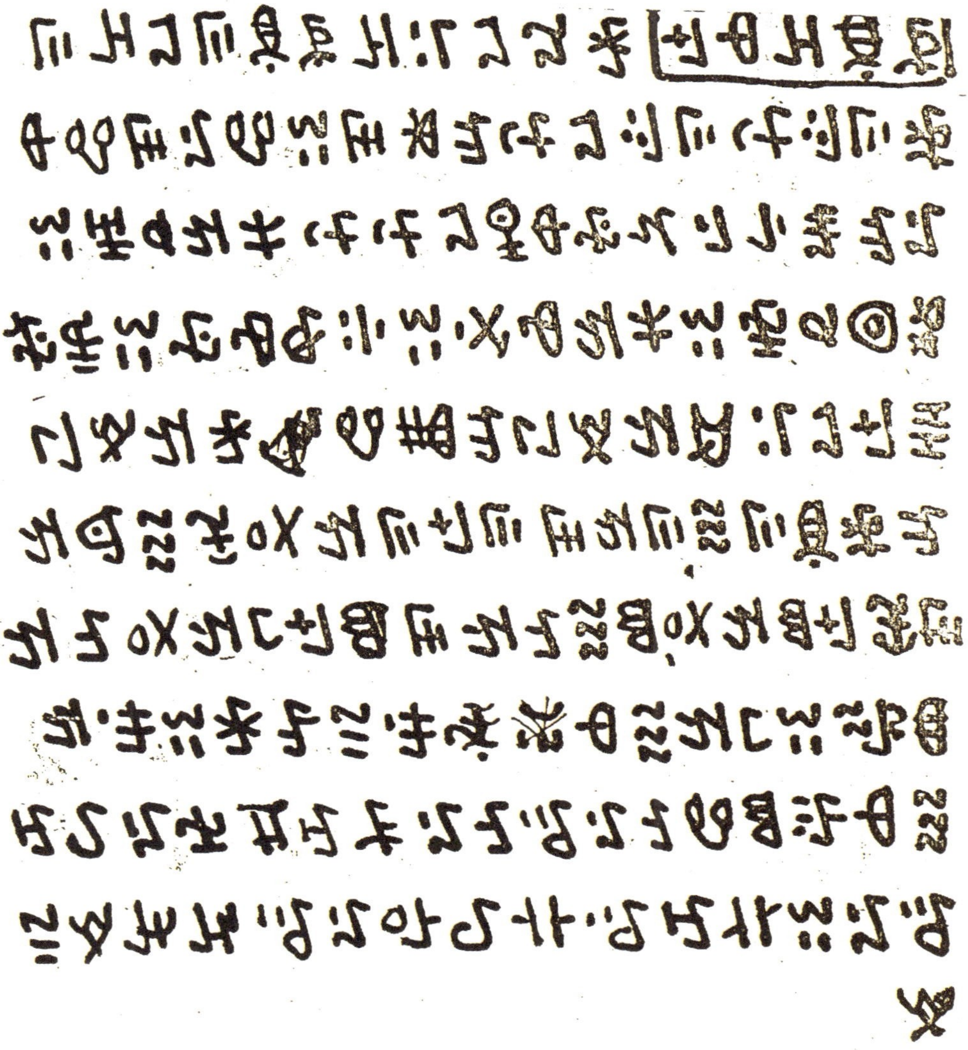

《莫色慕》第 1 页

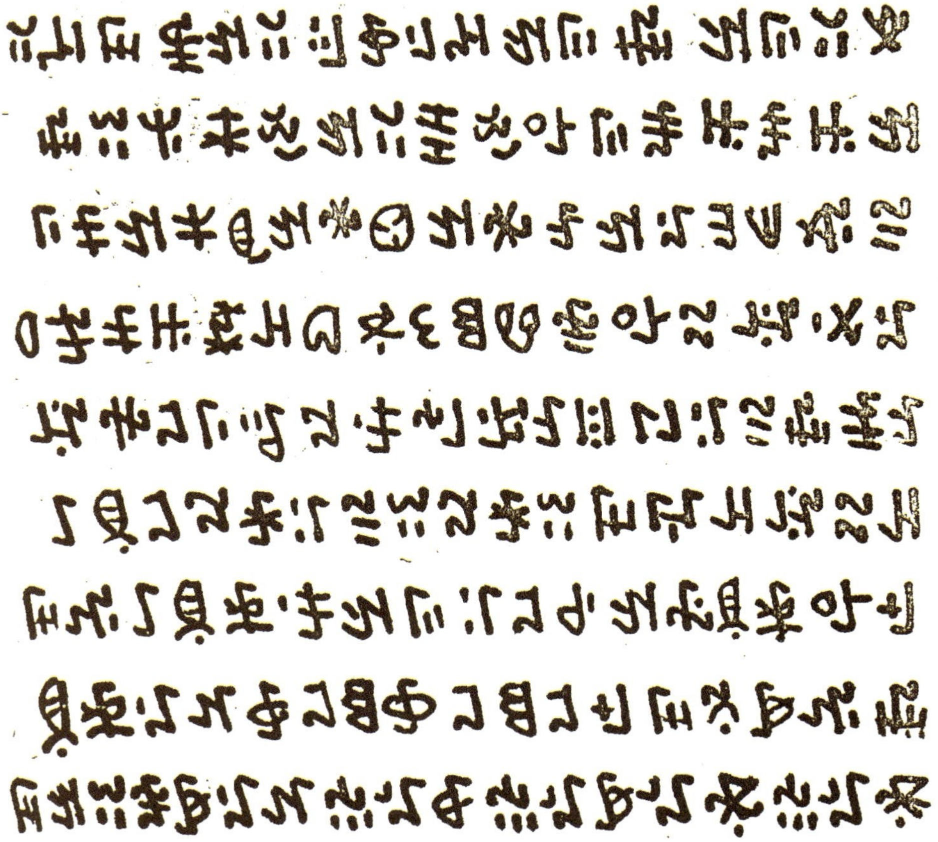

《莫色慕》第 3 页

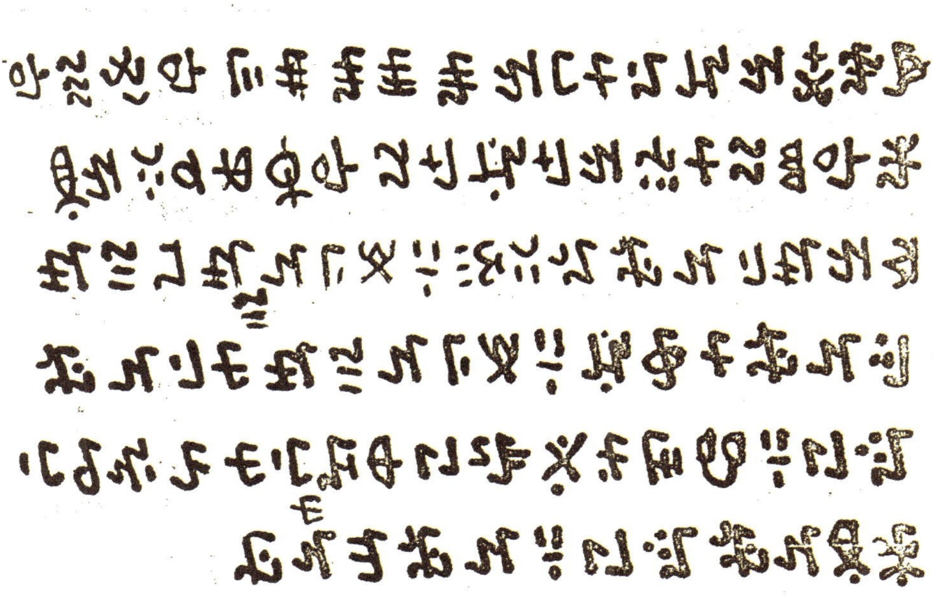

《莫色慕》第 4 页

# 三十六、祛除痨病

## 祛除痨病

古彝文；不分卷1册；16页，约3700字；佚名撰；旧抄本，线订卷轴装；页面21.5cm×45cm，行格18行12—15字，行序从上到下，字序从右到左；保存较好；馆内编号：238—5。

## 内容提要

《祛除痨病》是一部凉山彝族在举行祛除肺结核、痨病仪式上使用的经书。在彝语中，肺结核、痨病，或多年咳嗽、久病不愈、干瘦如猴且具有传染性的病，被叫作“任”（痨病）或“纽纳”（猴病）。古彝人认为，这种病是由猴子变的“猴鬼”缠身而患的不愈之症，如果家族有这种病史，特别是亲人中曾有人患此病或家中正有人患此病则要举行仪式祛除痨病。

痨病（猴病）是彝族民间最忌讳、惧怕的病种之一，过去谁家有人患了此病，整个家庭都会陷入困境。俗话说：“癞子有剩，痨病（猴病）无剩。”意思是一个家庭有人患了麻风病会有例外，但患痨病传染几乎无人能幸免。所以发现痨病的家庭要举行大型的祛除痨病（猴病）仪式，把“猴鬼”驱逐到遥远之地。“驱到看不见边的平原大地之外去，驱到听不见声的大山谷里去。”祛除痨病仪式上用草扎猴像取“猴魂”，需用到一只活猴，仪式结束后，人们将“猴妖猴鬼”卸给那只活猴背到越远越好的地方去。

彝族民间对痨病的认识和防治，或受民间中医的影响，或与道教、佛教中治疗相关疾病的仪式有相关之处。

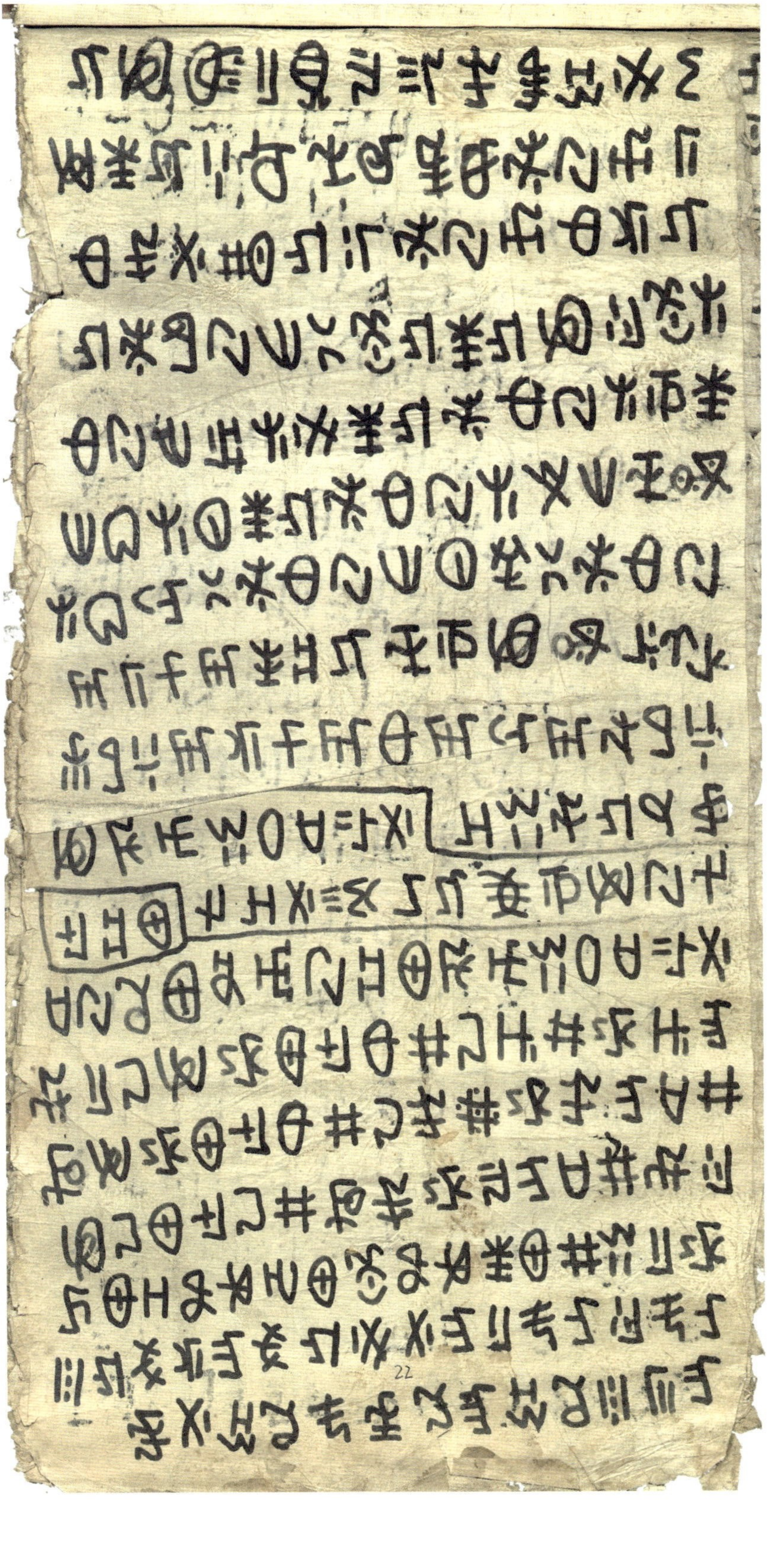

《祛除痨病》第 9 页

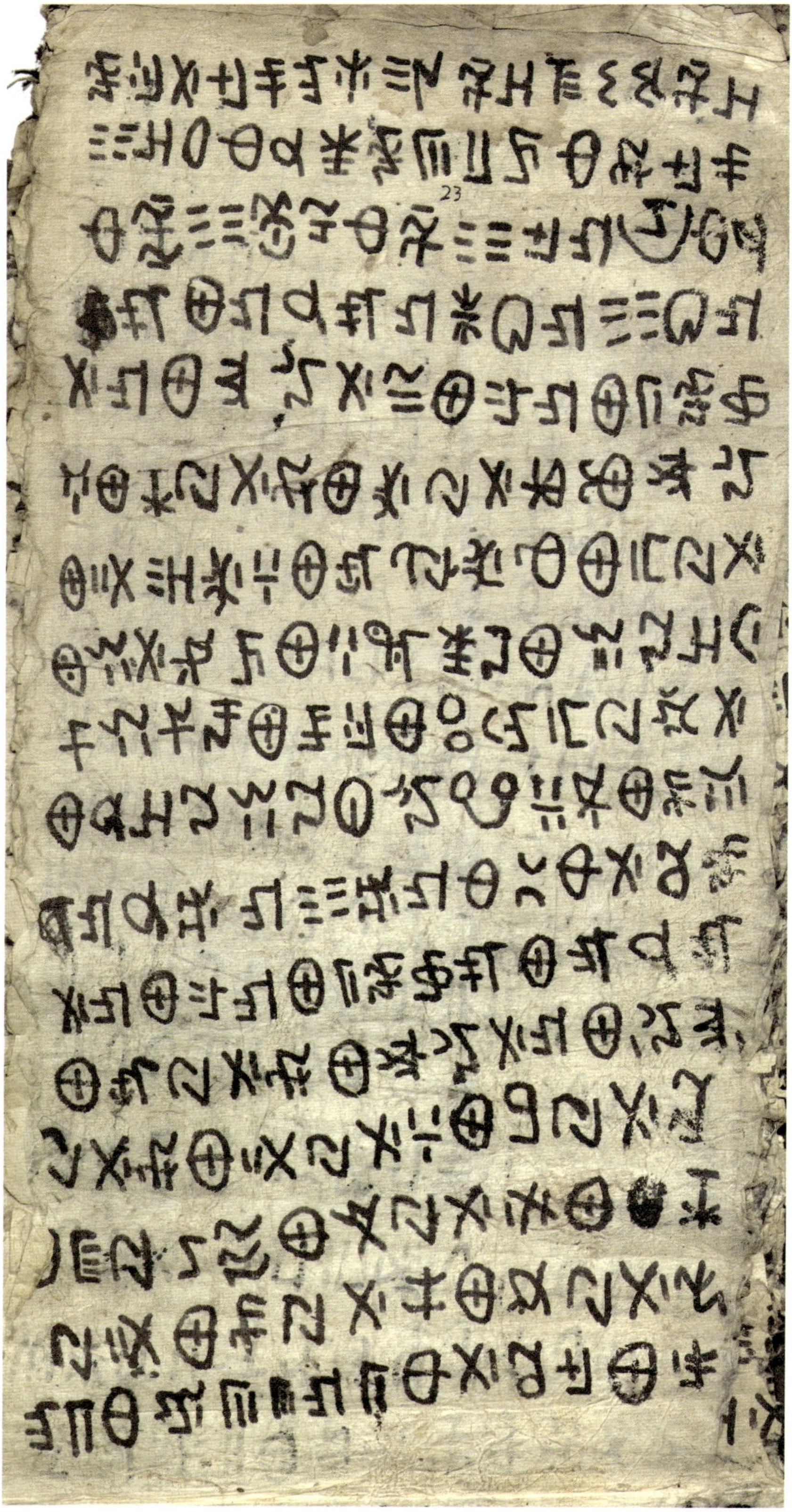

《祛除痨病》第 10 页

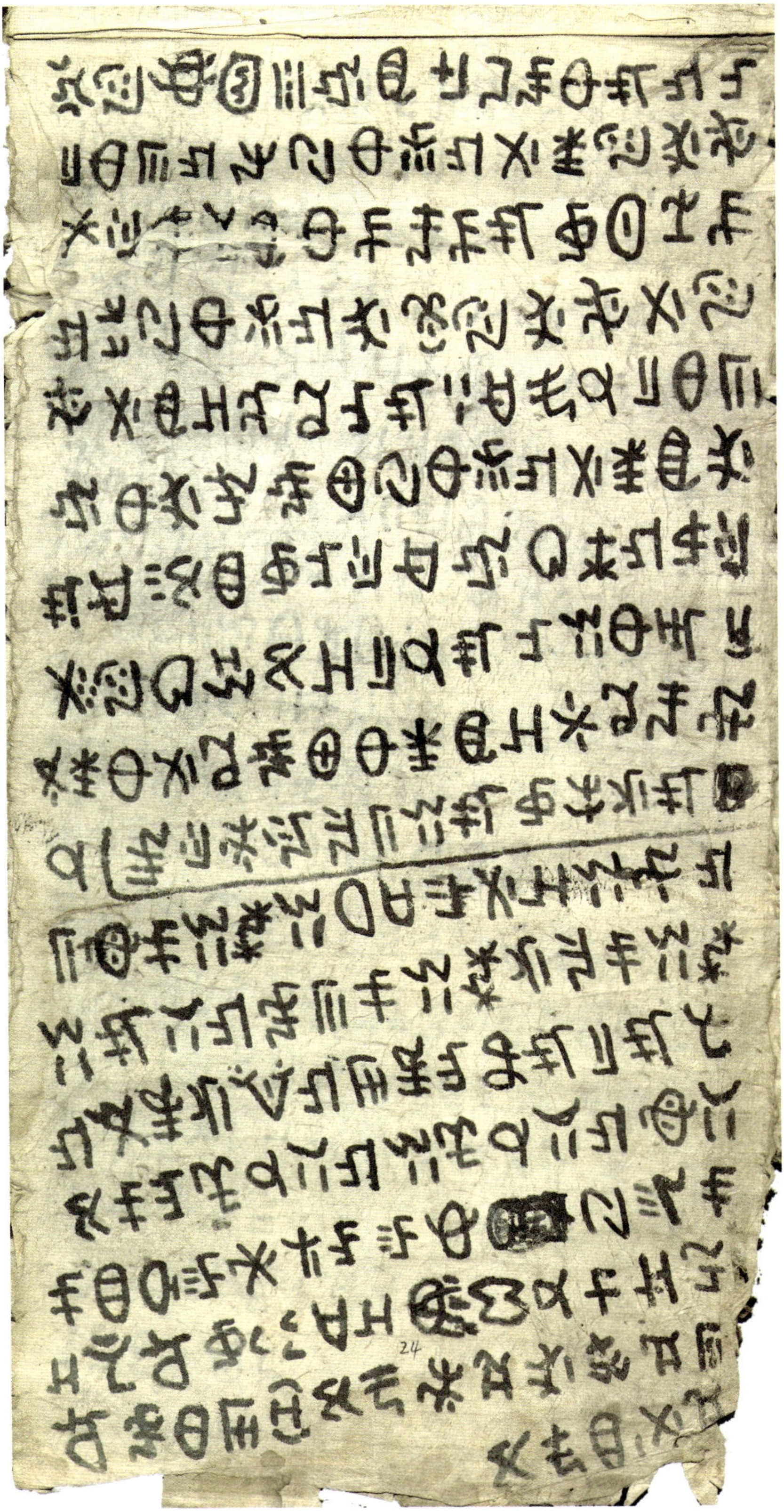

《祛除痨病》第 11 页

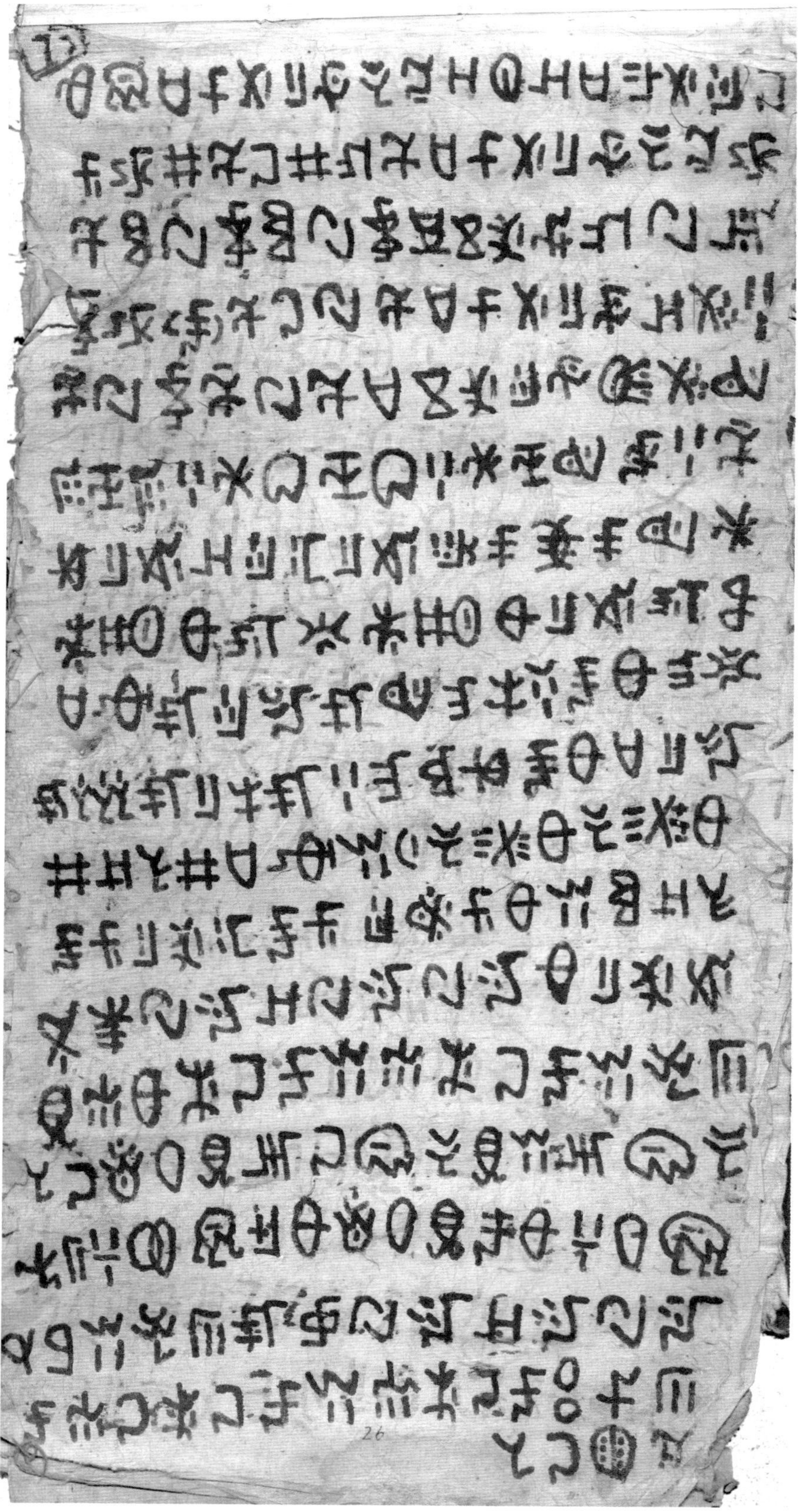

《祛除痨病》第 13 页

# 三十七、祛毒防毒

## 祛毒防毒

古彝文；不分卷1册；13页，约2800字；佚名撰；新抄本，线订卷轴装；页面26cm×36.4cm，行格17行15字，行序从上到下，字序从右到左；保存较好；馆内编号：300—1。

## 内容提要

《祛毒防毒》是一部在防毒祛毒仪式上使用的经书，主要在有人中毒或服毒时念诵。该书记述了古代毒药的起源和中毒的缘由，书中有“古代彝族六祖分支之前不会祛毒防毒，六祖分支之后才会祛毒防毒”的说法。还记载有：“骛比哈诺毒”“圣神哈诺毒”“白头小虫毒”“黑头蛆虫毒”“痴莫吒播毒”“用莫果曲毒”等毒药名。

书中赞颂了历史上一些著名的毕摩，祈求他们的神灵前来助法祛毒。

书中还谴责制造毒药者，并告诫人们防毒祛毒，认清毒药的危害，以保人丁安康，六畜兴旺。该书内容可能与中医药传统密切相关。

《祛毒防毒》第 1 页

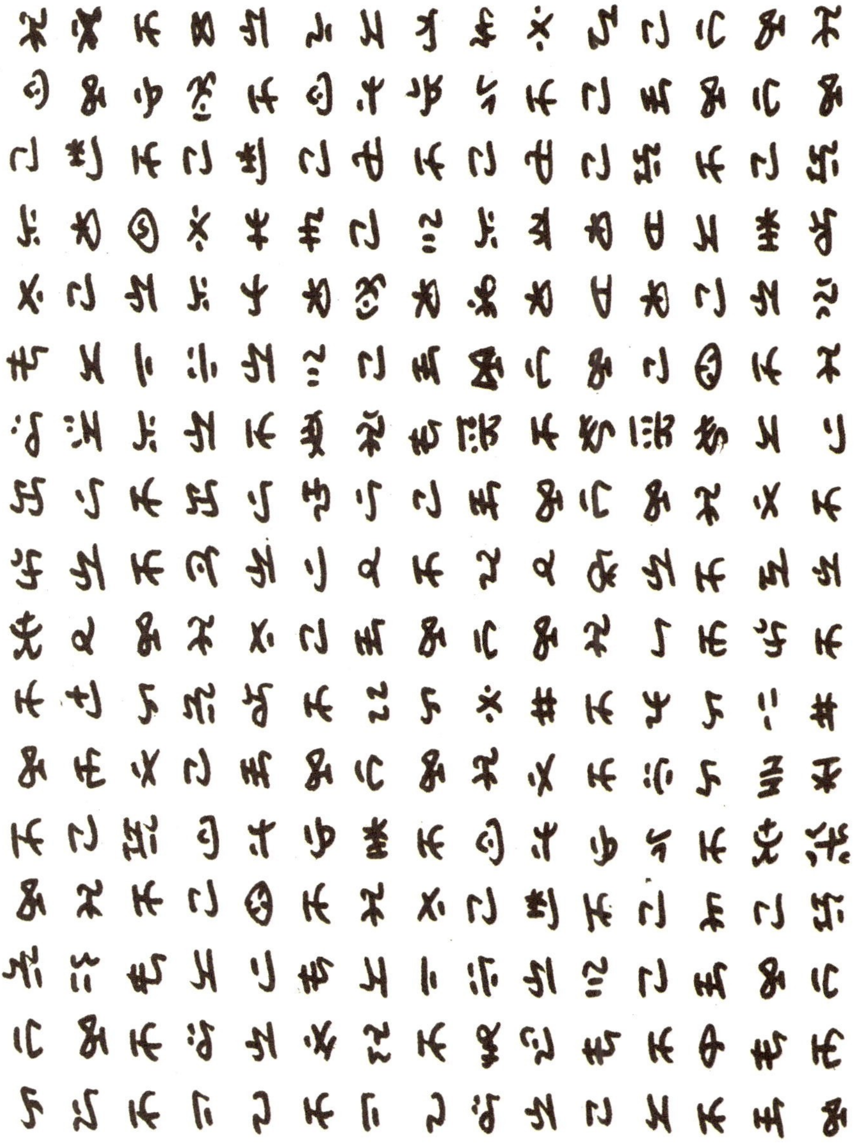

《祛毒防毒》第 3 页

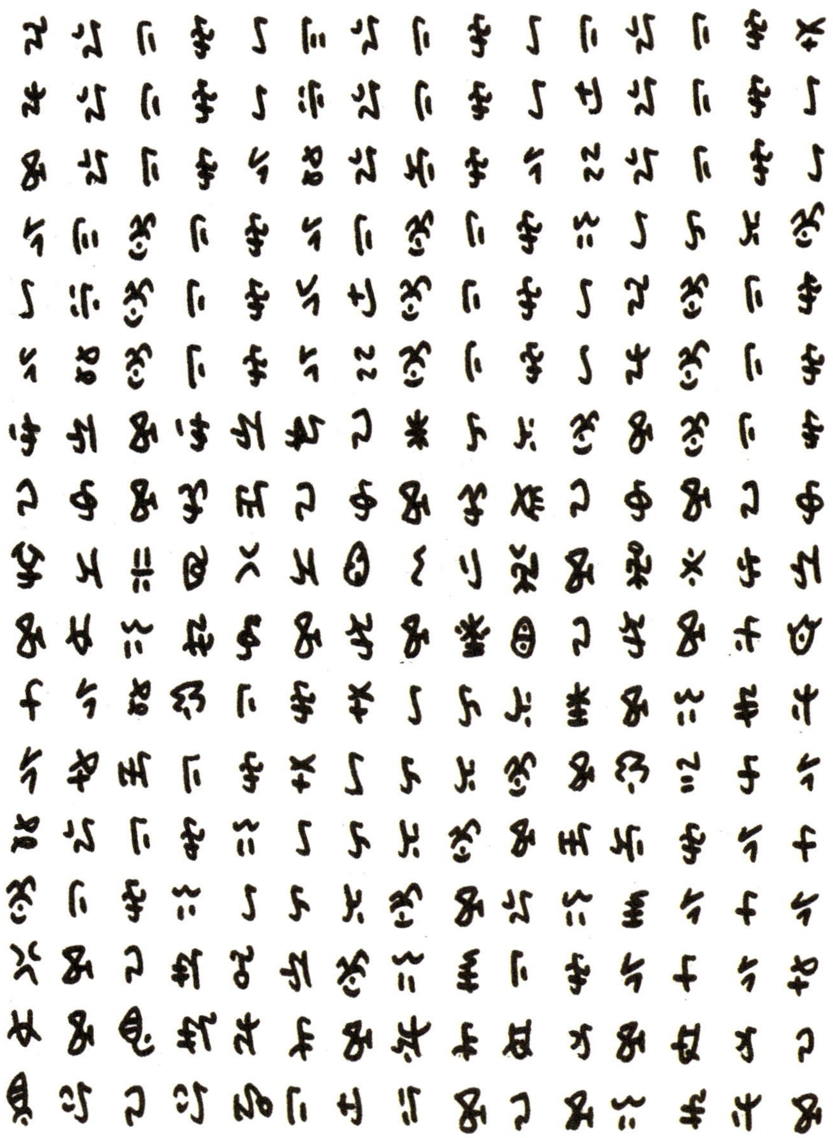

《祛毒防毒》第 7 页

《祛毒防毒》第 10 页

# 三十八、祛疯

祛疯

古彝文；不分卷1册；32页，8300余字；佚名撰；抄本复印件，线订卷轴装；页面30cm×42cm，行格20行10—14字，行序从上到下，字序从右到左；保存较好；馆内编号：239—1。

内容提要

《祛疯》是一部在预防和治疗精神病患者的仪式上诵读的经书。该书描述了精神病患者的症状和举止行为，追述了精神病（疯癫）的来源和传染源；认为疯病是从天空中气、云、雾、风、雨，以及山谷、大地、树木、植被、沙尘或微生物等细菌中繁殖而来。复杂多变的环境可能会带来疯癫病，蛇、蛙、鱼、狗、猪、山羊、绵羊、牛、马等动物的疯癫病也会传染于人，特别是疯狗咬人后传播疯癫病的风险更大。

该书还记载了防范疯癫病传染和治疗疯癫病的各种方法，是一部记录彝族民间清洁卫生、预防和治疗疯癫病的书籍，是中国民族医药的重要文献。

《祛疯》第 1 页

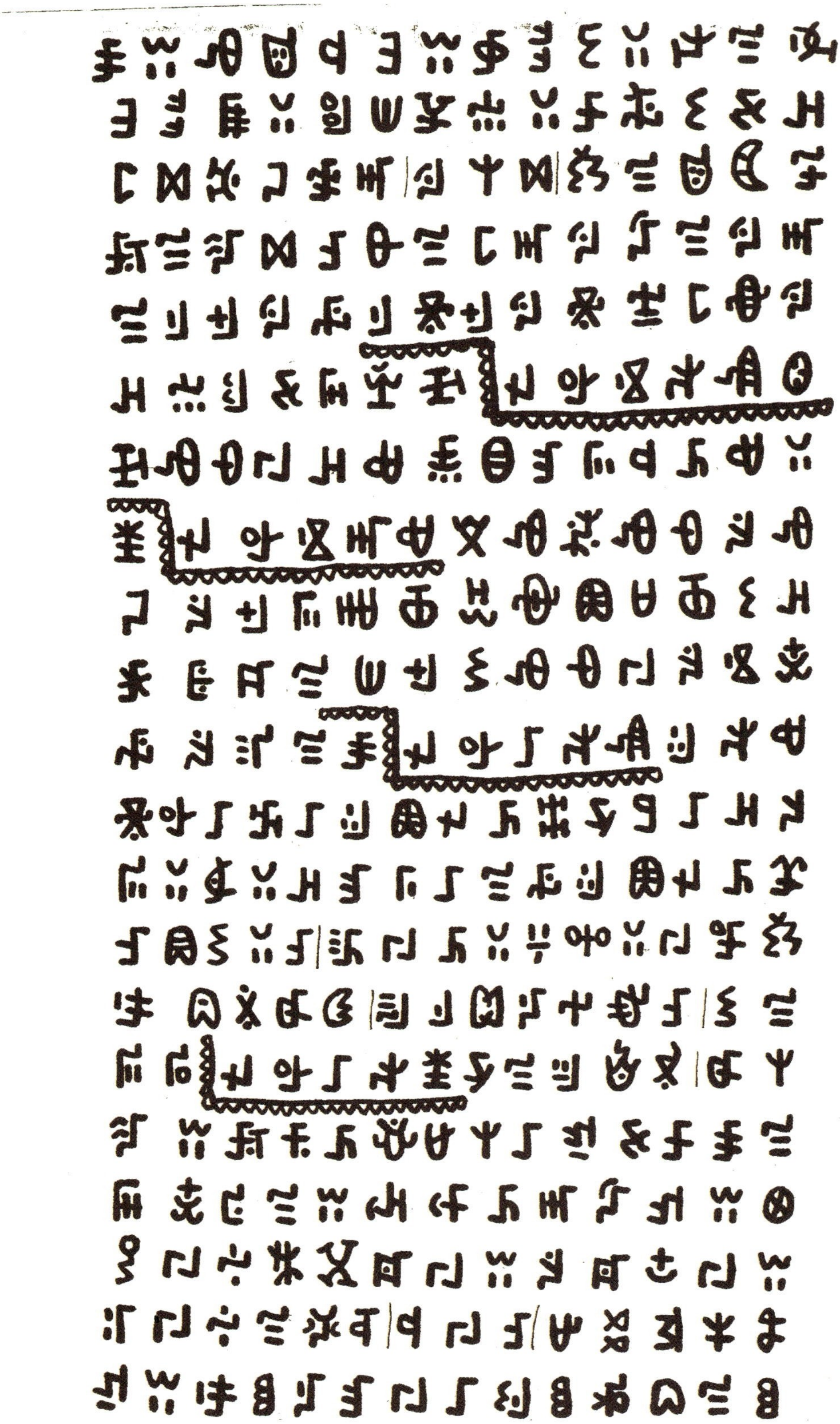

《祛疯》第 11 页

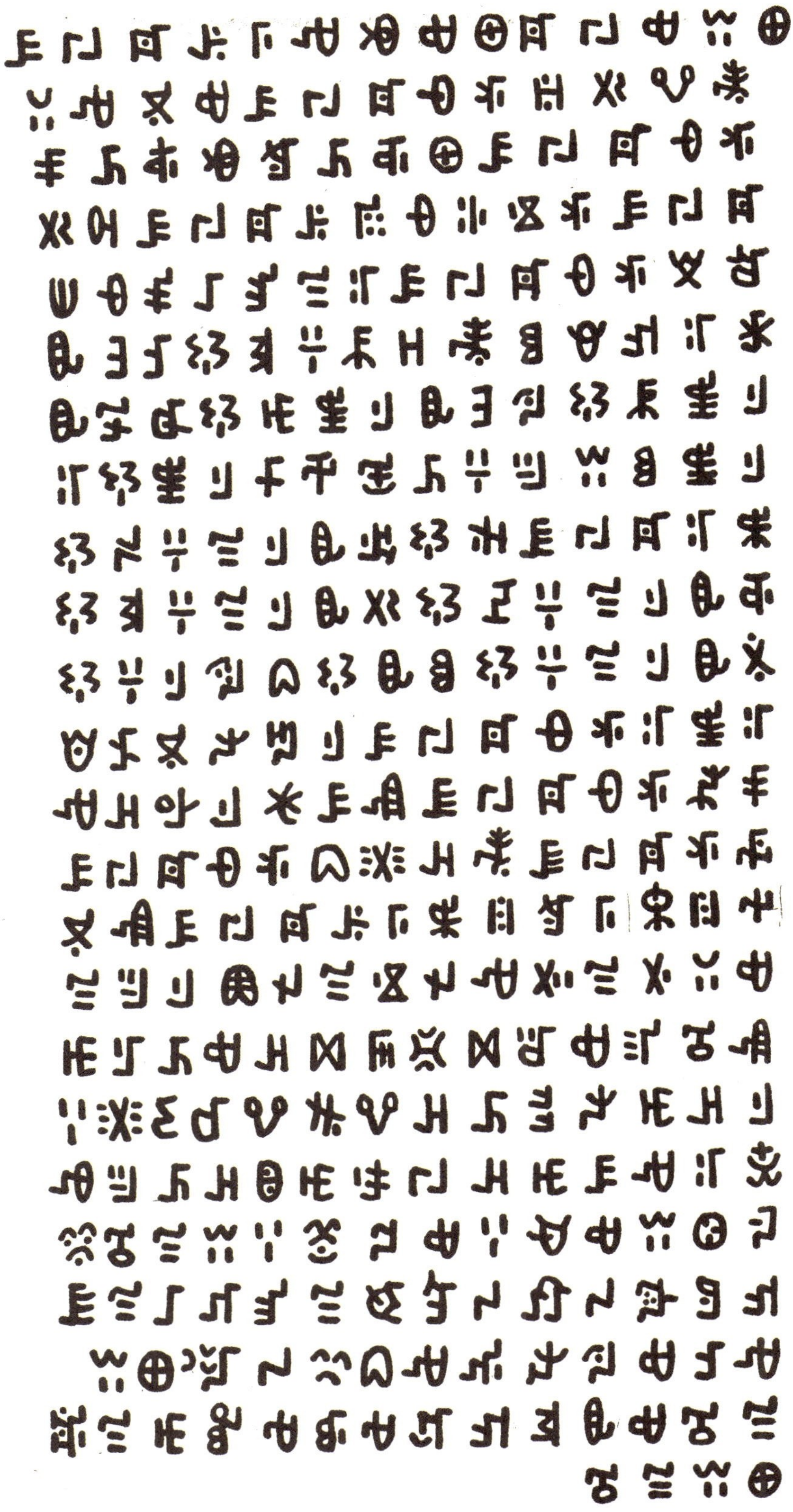

《祛疯》第 19 页

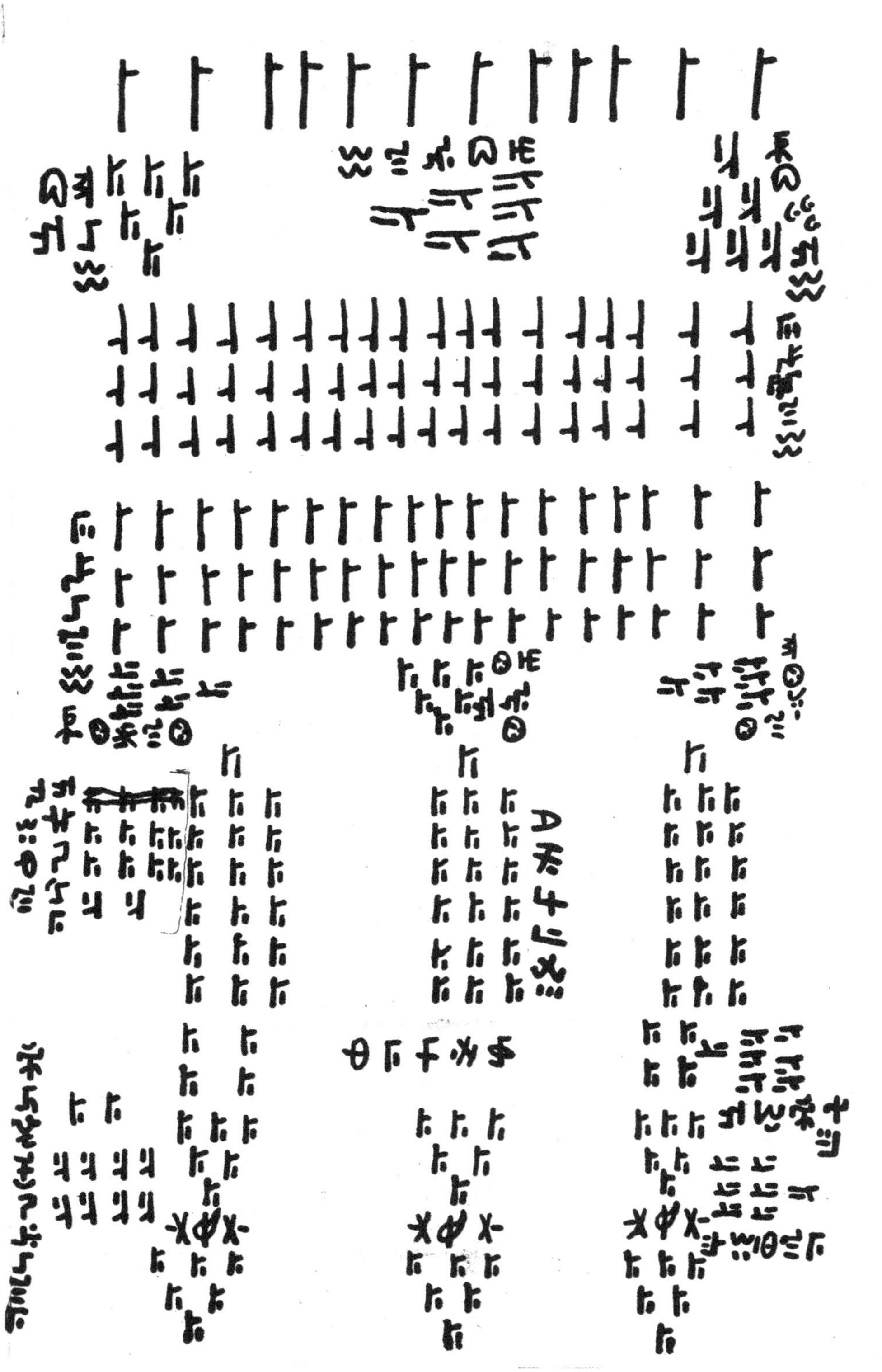

《祛疯》第 31 页

# 三十九、劝善经

## 劝善经

古彝文；不分卷1册；114页，22000余字；佚名撰；明木刻本；淡粉色手工绵纸双页衬纸修复件，线订册页装，加装硬质封面和封底，修复件页面27cm×17.5cm；原件为绵纸，页面约24.3cm×16cm，板框22.5cm×14cm；四周单边；无界行，行序从左到右，字序从上到下，行格10行24字；第1、54、55、56、57叶残损较大；来源于云南省武定、禄劝一带，具体地点不明；馆内编号：Z04-1。

## 内容提要

《劝善经》是明代彝族知识分子对道教典籍《太上感应篇》的译述之作。据考，译书年代约在明正德十二年(1517年)，刊印时间约在万历三年(1575年)。内容共三个部分：第一部分为汉文《太上感应篇》的译文，基本上遵照原文文义，按照彝语语法进行翻译；第二部分为注释和解说，结合彝族的社会生活和风俗习惯对书中章句加以解释和说明；第三部分为行善作恶事例，形式类似道教中的功过格。该书不仅完整呈现了汉文原本的思想理念，也体现了彝族知识分子对宇宙、人伦、社会、自然的理解。书中多处表明要学习汉人的先进文化，列有20多位道教尊神，并将道教神灵与本土类似神灵相结合，阐述道家天人合一、“贵生”等思想理念，同时宣扬儒家仁义友爱、忠孝友悌思想，还结合彝族的善恶标准，宣扬佛教的因果报应学说，充分体现出对于中原汉文化的认同与接纳。该书是彝汉文化交流交融的结晶，对研究中华民族交往交流交融史具有重要价值。民国时期马学良曾通译此书，并于1947年在南开大学文科研究所人文研究室编的《边疆人文》第四卷合刊上发表《倮译〈太上感应〉篇序》一文。1986年1月，中央民族学院出版社出版了马学良等译注的《〈劝善经〉译注》(上下册)。2013年，《劝善经》入选第四批国家珍贵古籍名录（编号：11277）。

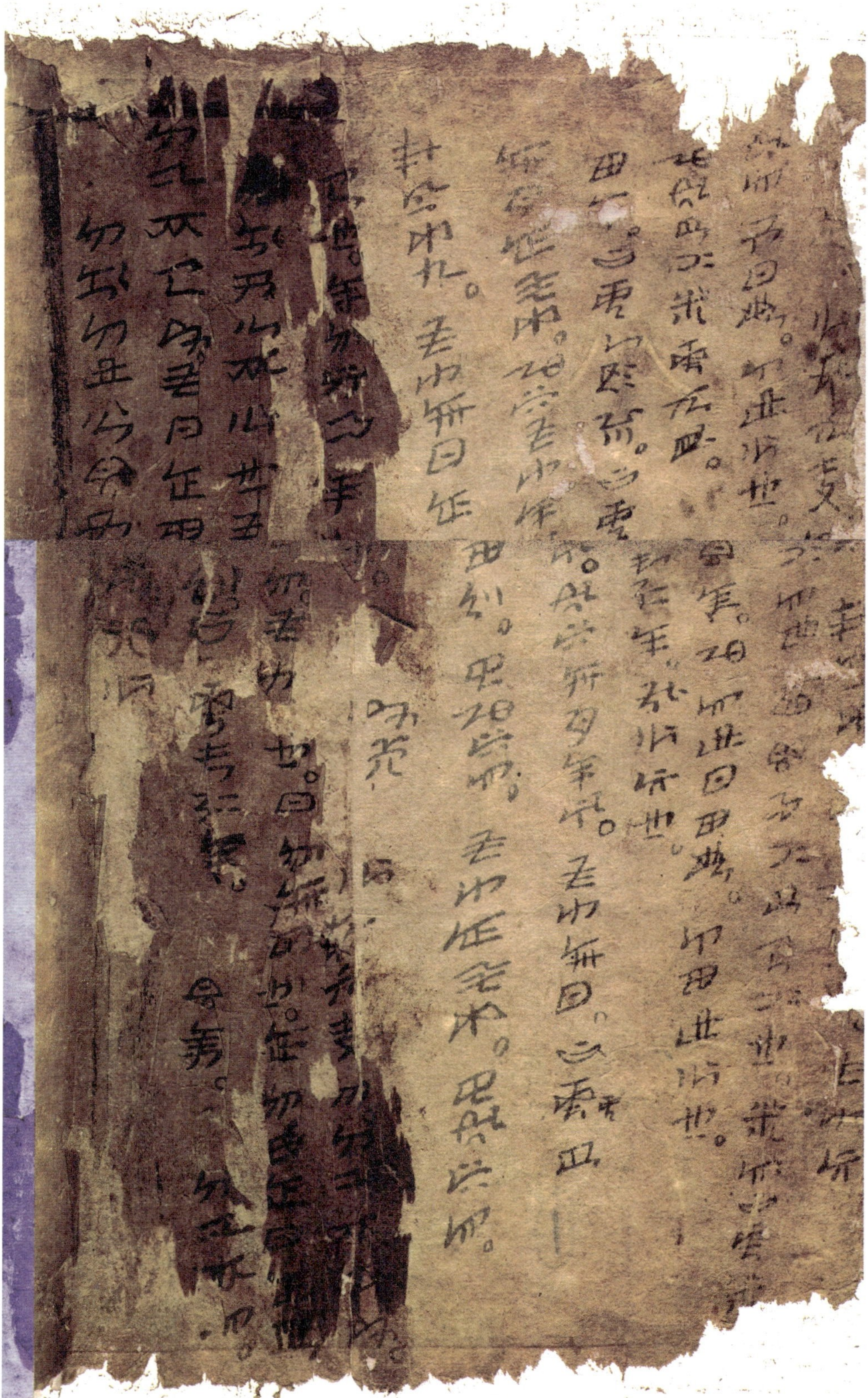

《劝善经》第 1 页

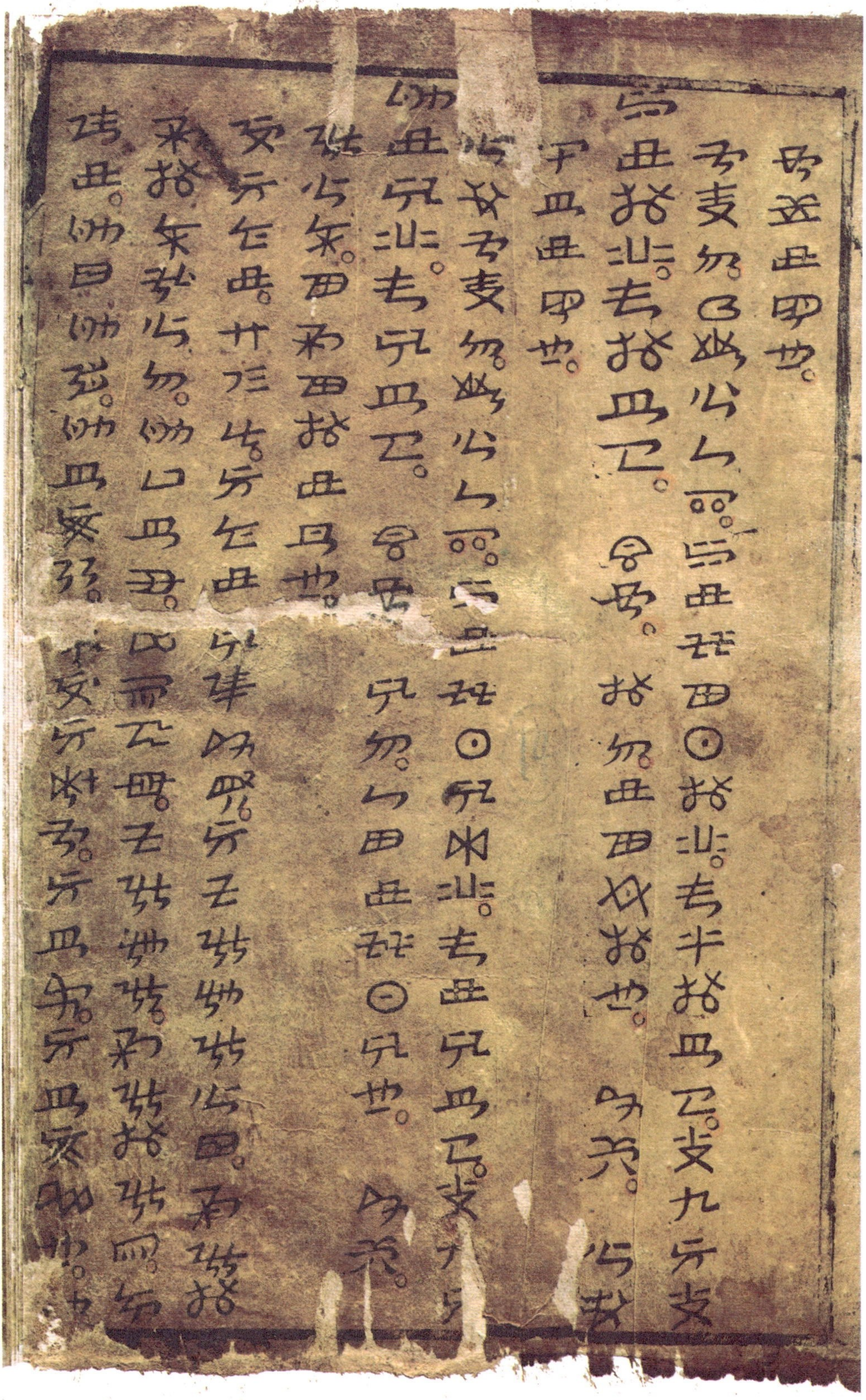

《劝善经》第 16 页

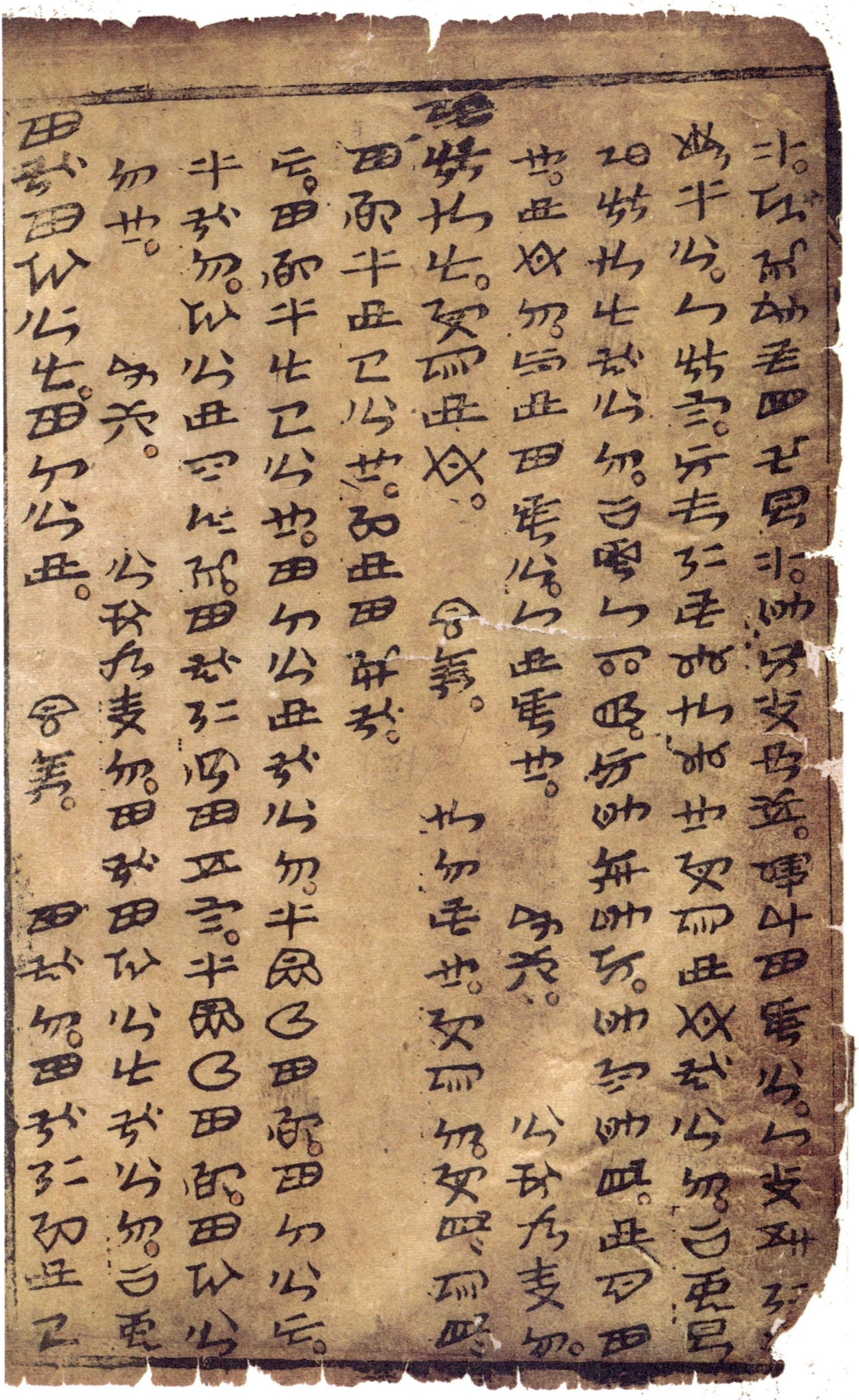

《劝善经》第 23 页

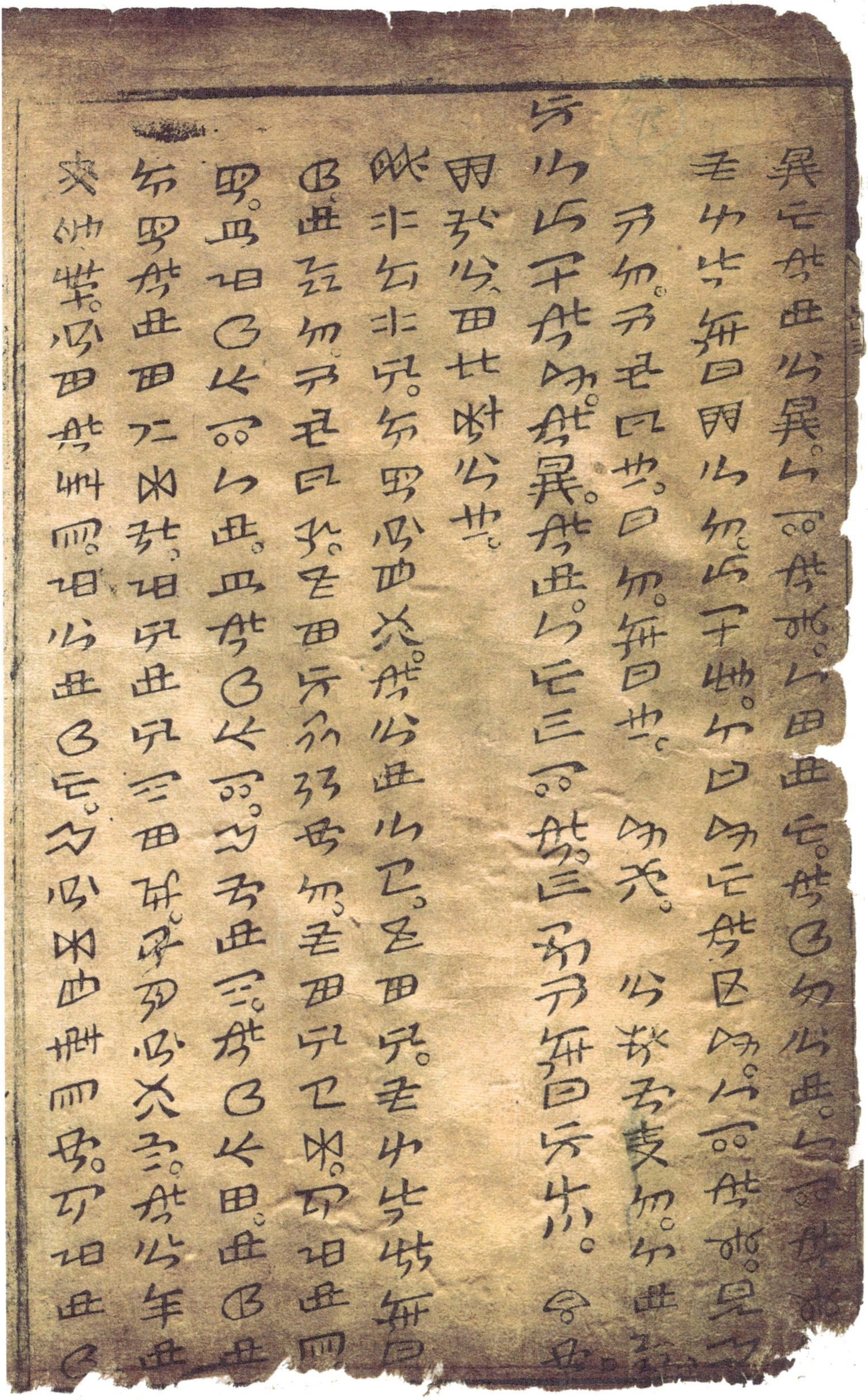

《劝善经》第 95 页

# 四十、全神枝图

## 全神枝图

古彝文；不分卷1册；36页，约2000字；佚名撰；旧抄本，线订册页装；页面34cm×52cm；修复完善，保存完好；馆内编号：G12—3。

## 内容提要

《全神枝图》记录了彝族毕摩在主持宗教仪式时，在地上布置的用不同树枝做成不同形状的法场示意图，这些图也被称为“神枝图”。书中蕴含着彝族人对天文、星象、地理等知识的独特见解。

该书内容与道文化中的阴阳八卦哲学思想和占星学知识密切相关。

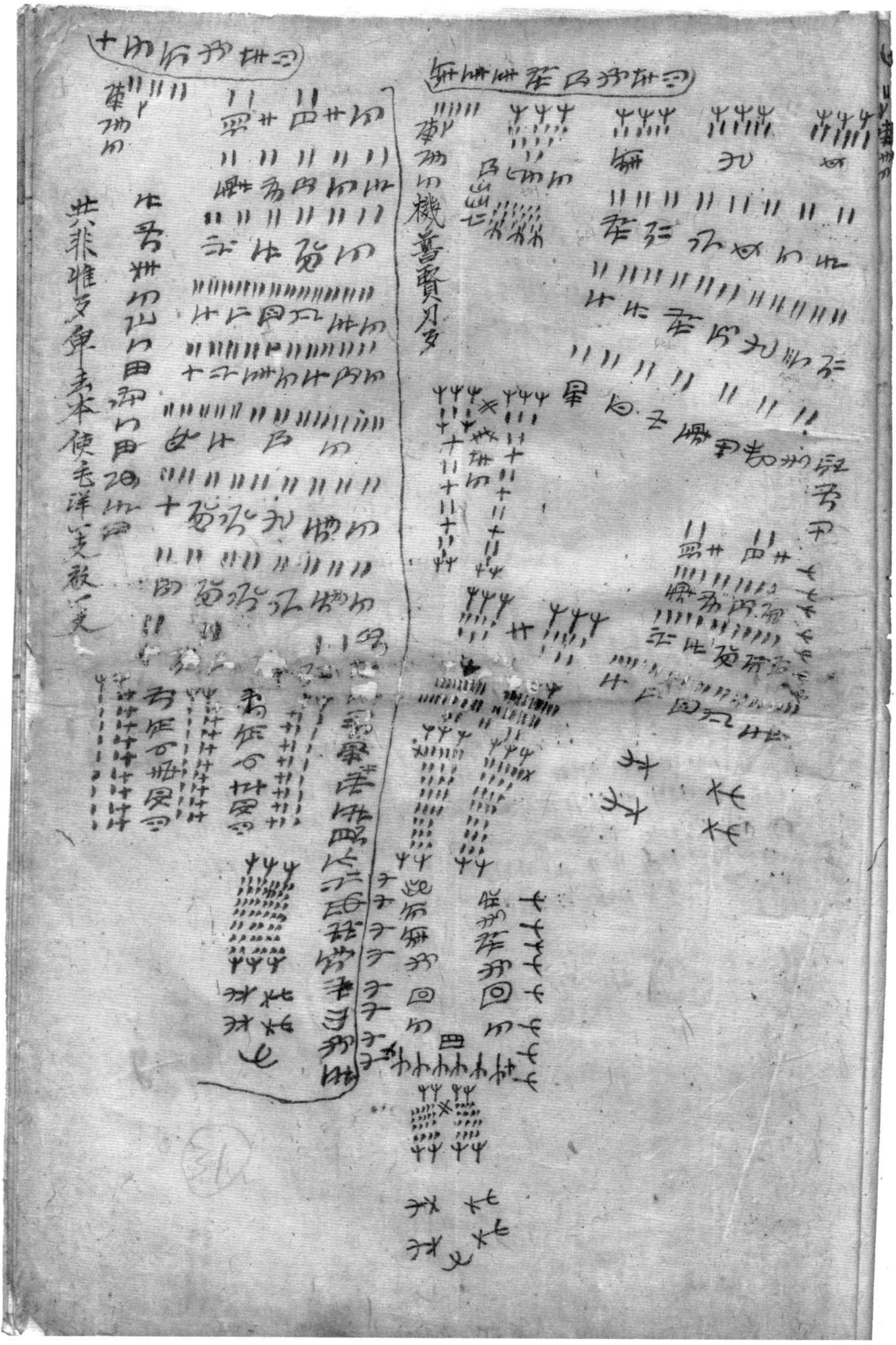

《全神枝图》第 8 页

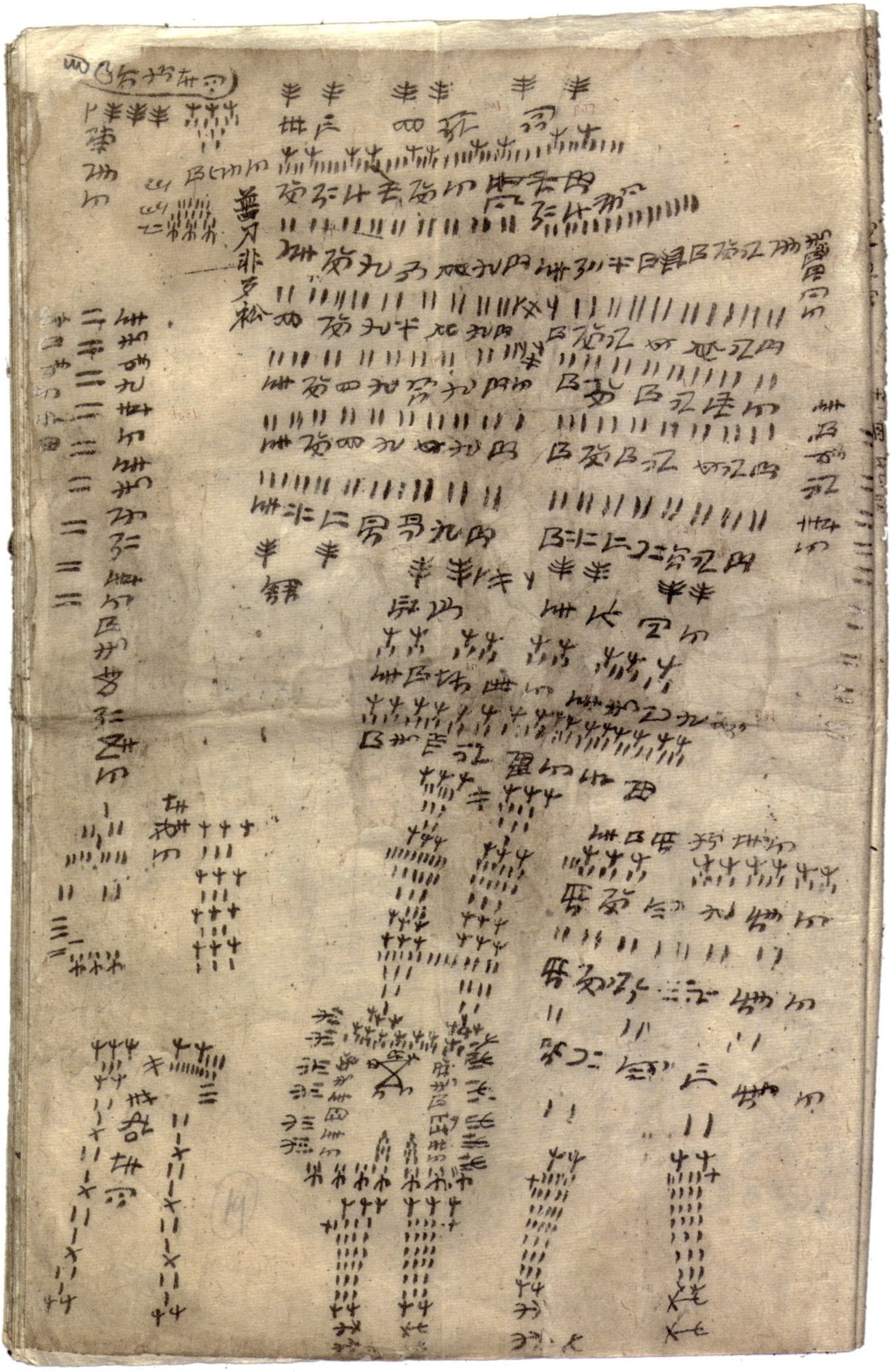

《全神枝图》第 17 页

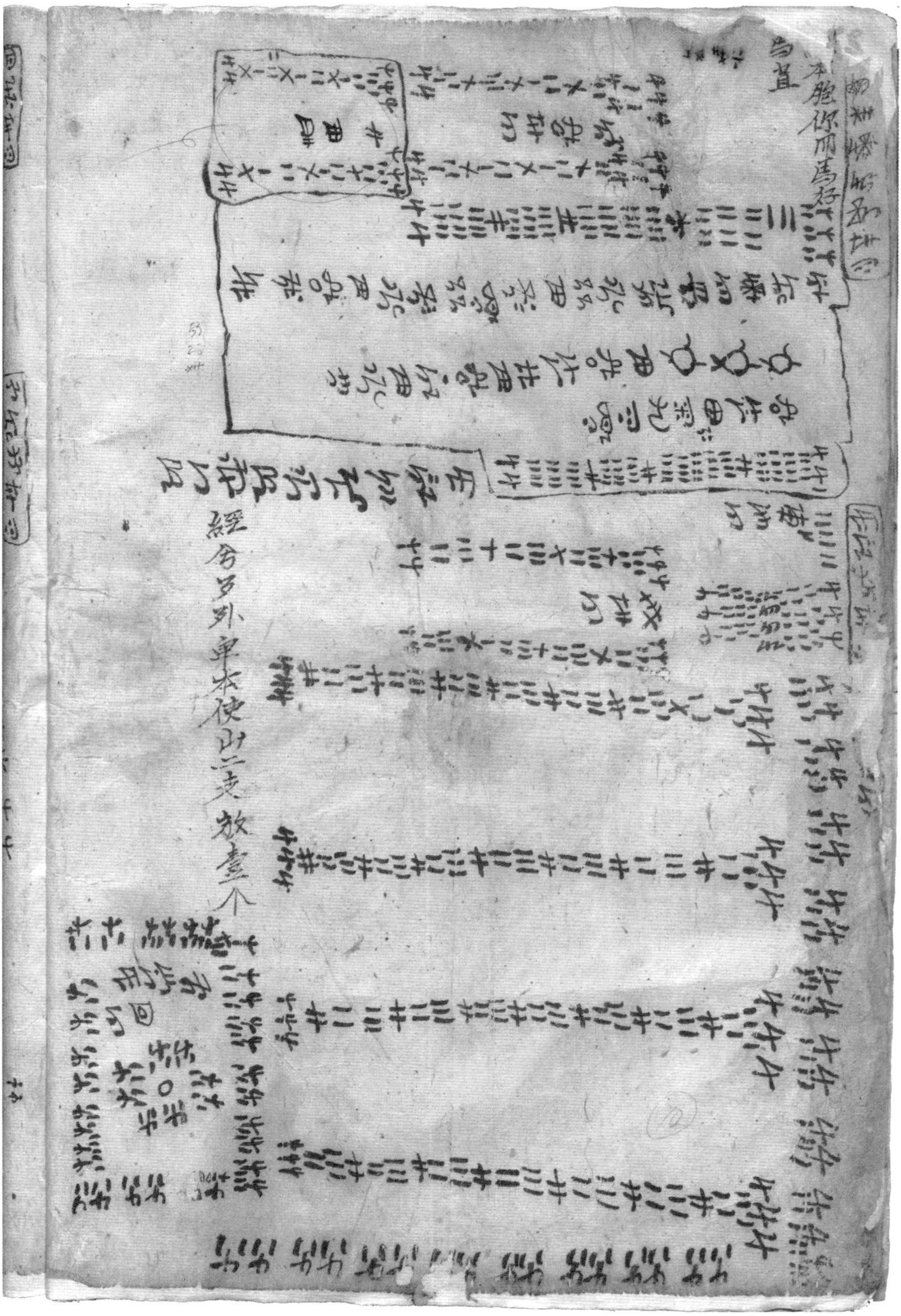

《全神枝图》第 26 页

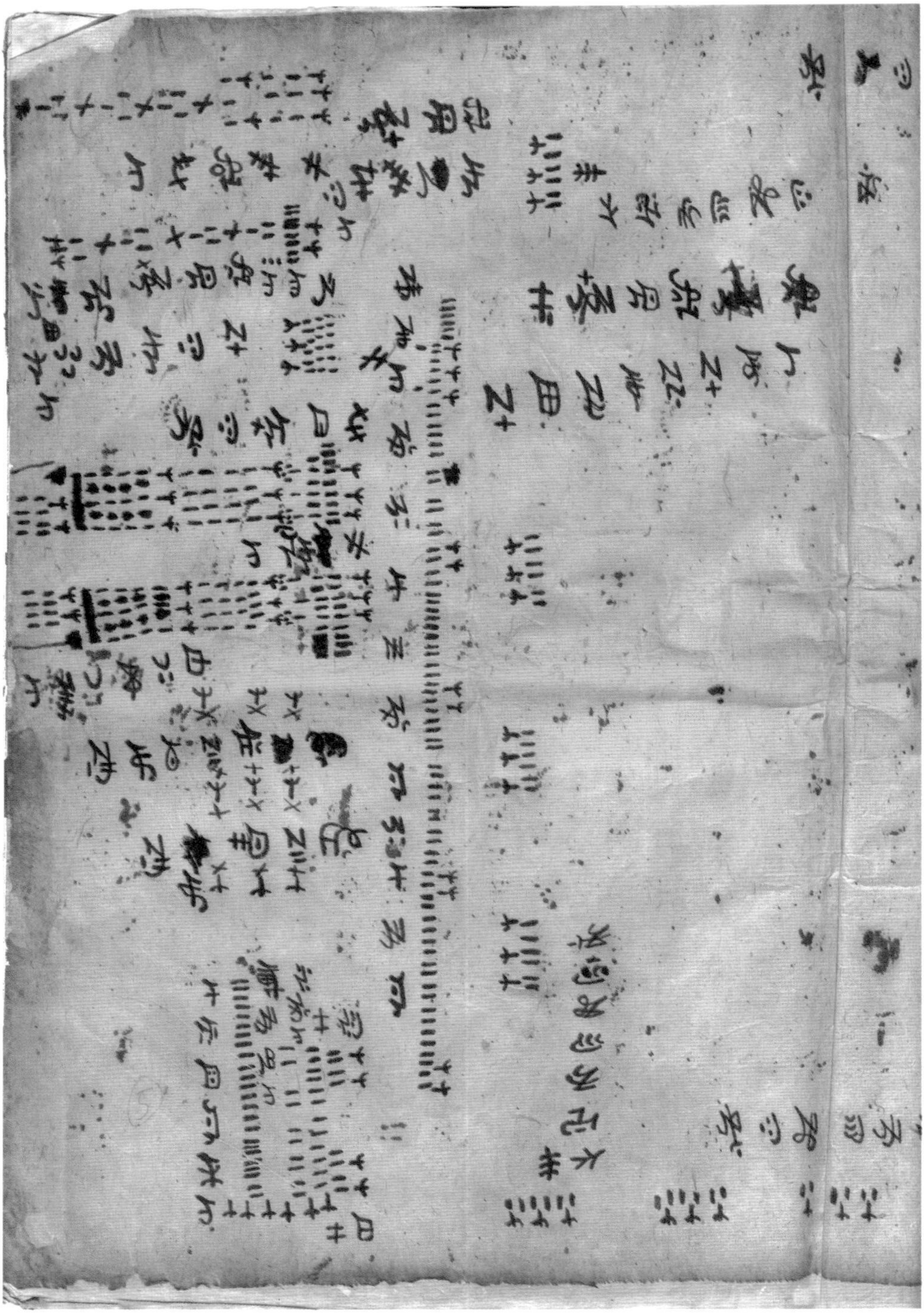

《全神枝图》第 31 页

# 四十一、十二部勾则

## 十二部勾则

古彝文；不分卷1册；23页，约6000字；佚名撰；抄本复印件，线订卷轴装；页面21cm×29cm，行格9行26—29字，行序从左到右，字序从上到下；保存完好；馆内编号：F115。

## 内容提要

《十二部勾则》记述了彝族先民开疆拓土，在各处建立“勾则”（彝语：政权）的情况及其与周边各族群的关系。

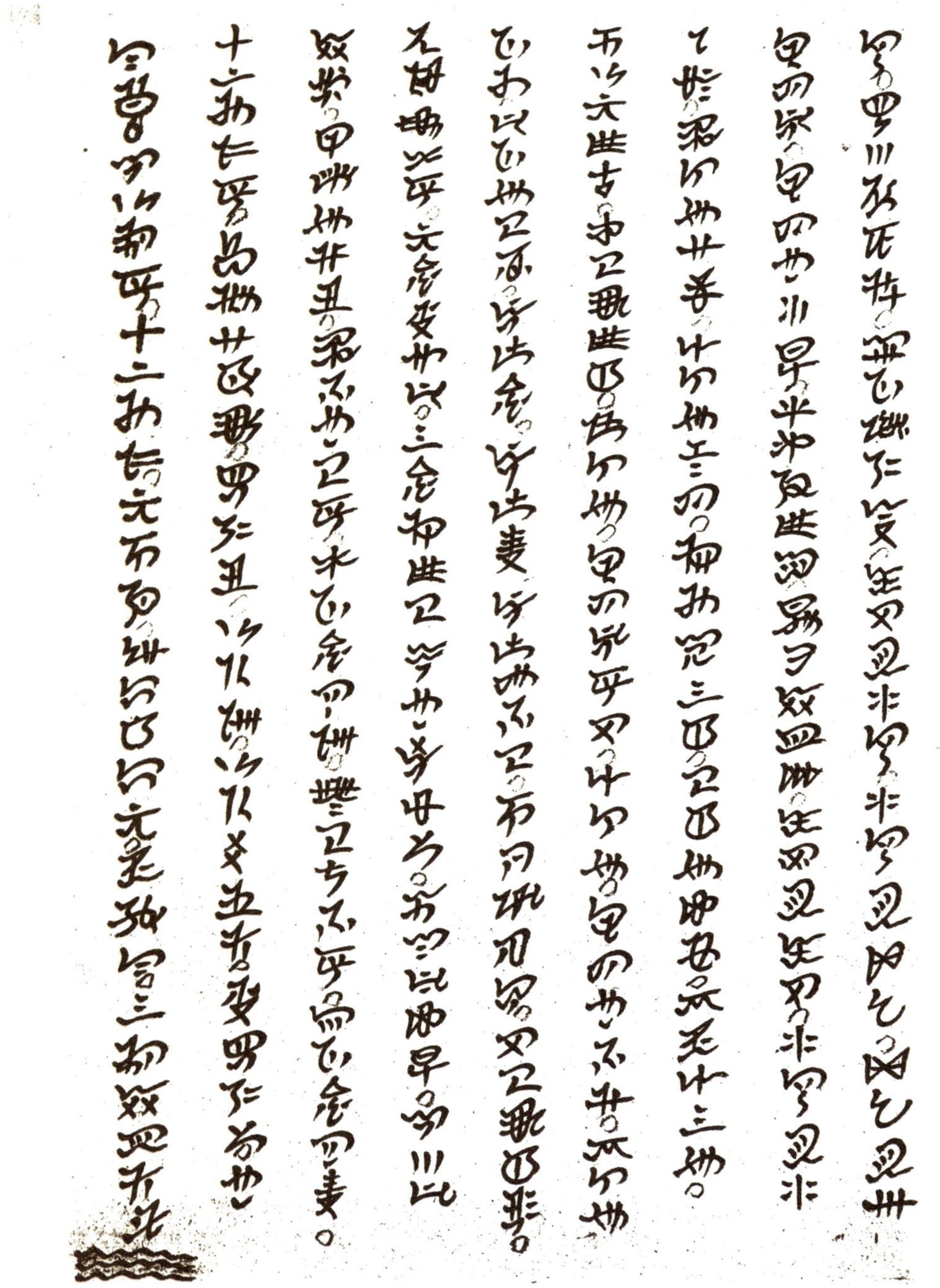

《十二部勾则》第 1 页

《十二部勾则》第 17 页

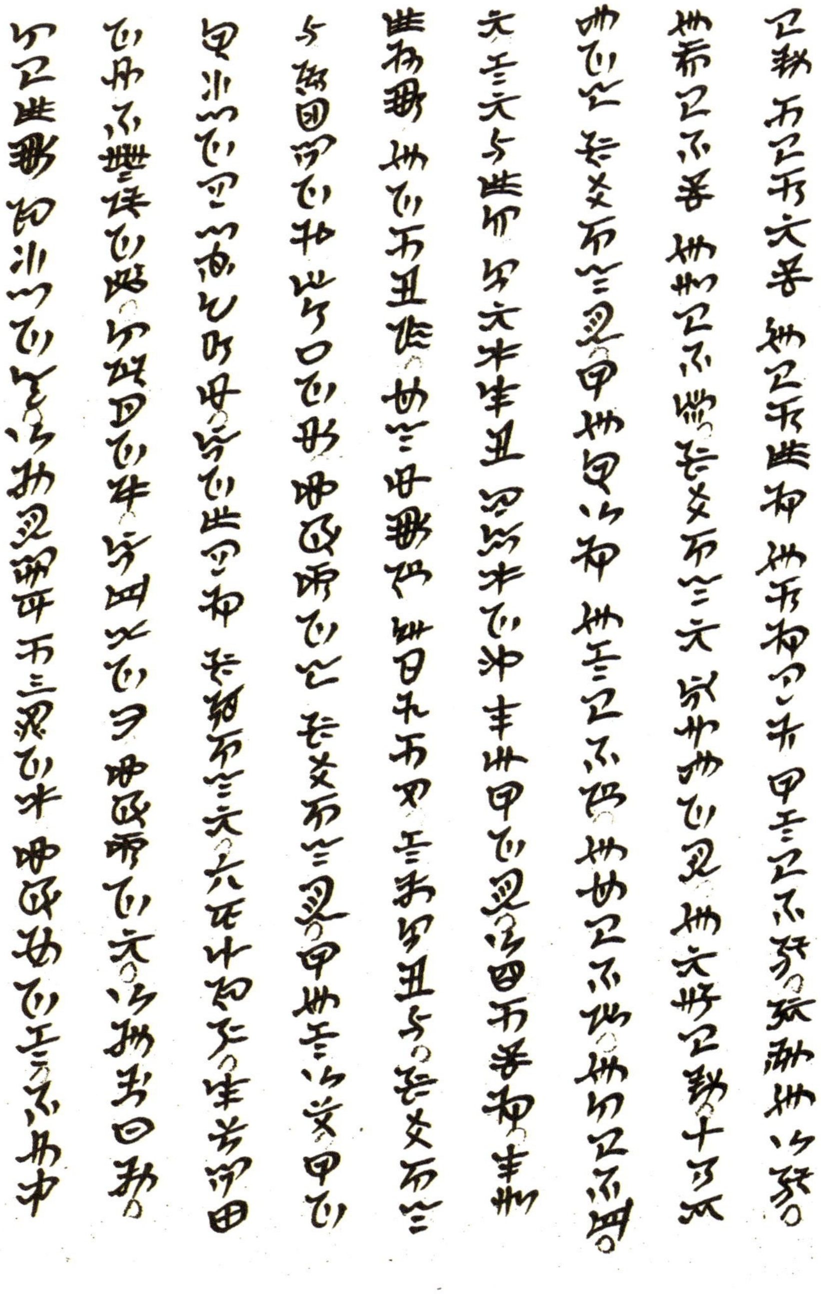

《十二部勾则》第 19 页

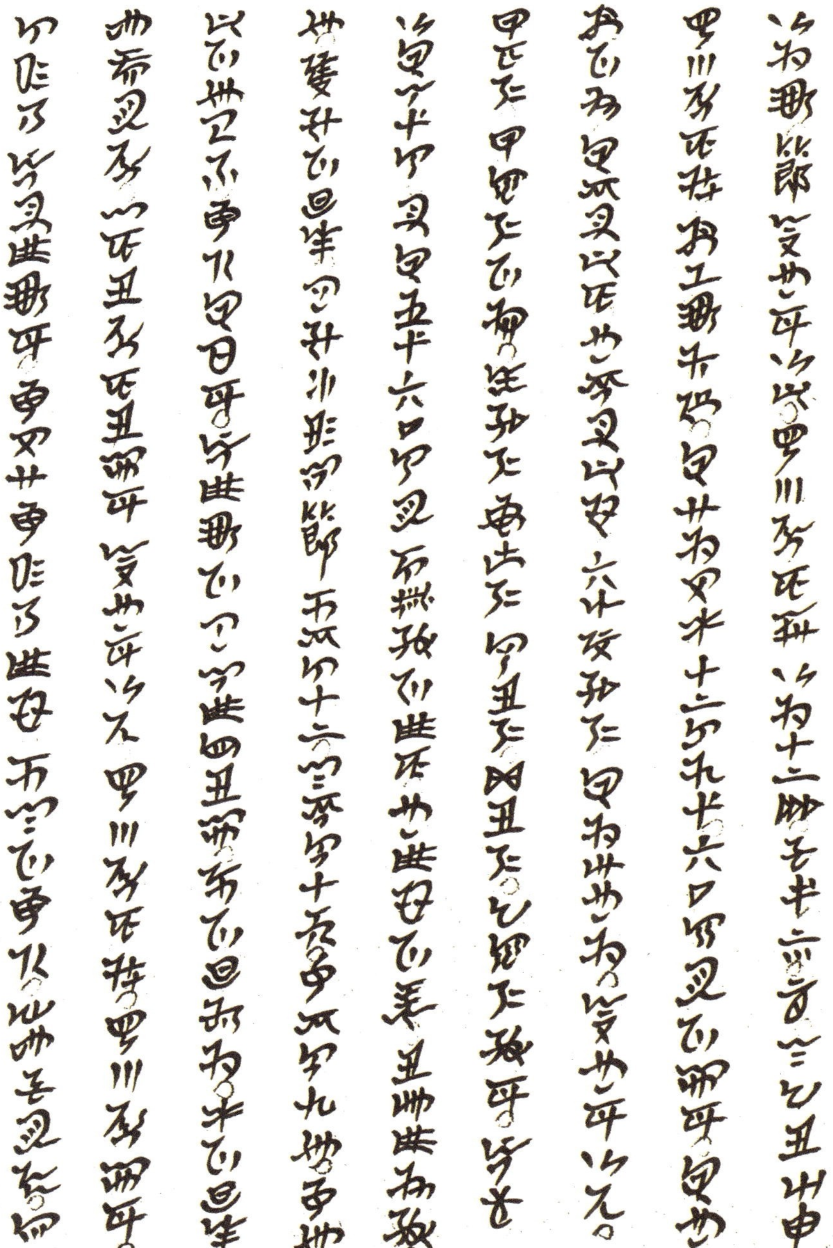

《十二部勾则》第 22 页

# 四十二、筮占卜

## 筮占卜

古彝文；不分卷1册；6页，1000余字；佚名撰；旧抄本，线订卷轴装；页面25cm×39cm，行格12行4—23字，行序从上到下，字序从右到左；保存较好；馆内编号：386—1。

## 内容提要

《筮占卜》是在采用木刻卜法占卜时所念诵的卜辞。其主要内容包括预测狩猎能否捕获猎物，外出旅程是否顺利，出征时生命是否安全，生病时病情能否好转，失物能否找到，在某处举行某事是否吉祥，等等。

刻木占卜是我国一种古老的占卜方式，是“人类认识自然与社会的经验知识，具有丰富的象征意义，它表达了人与社会、人与自然的关系，解释了世界存在的意义”[①]。

① 张德华：《凉山彝族的祭祖与占卜》，载《西南民族大学学报》（人文社会科学版），2015（3），47-52页。

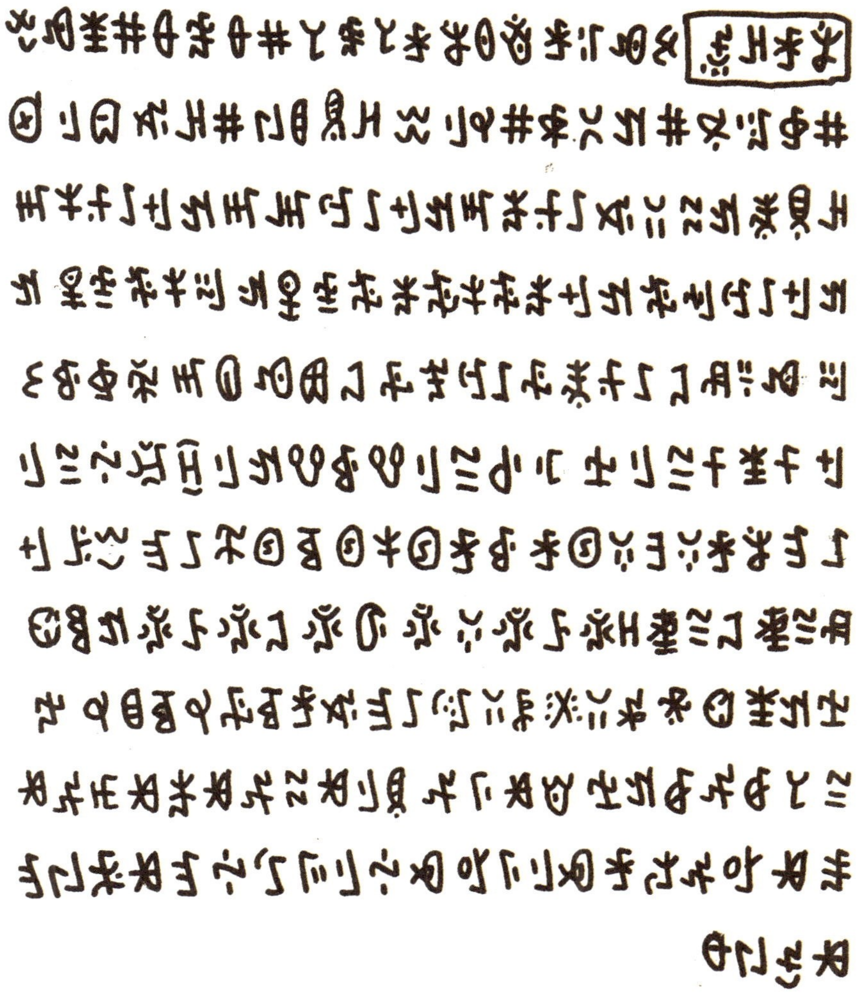

《筮占卜》第 1 页

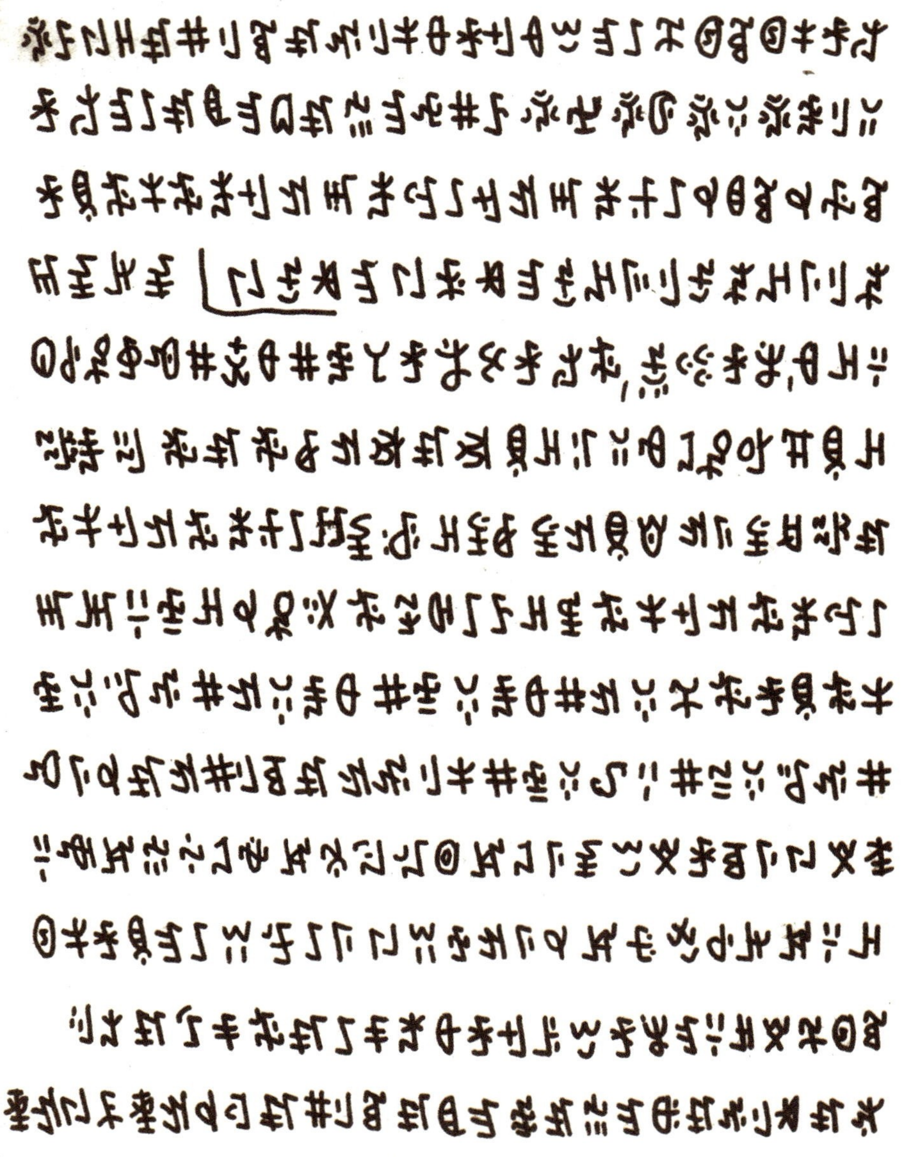

《筮占卜》第 3 页

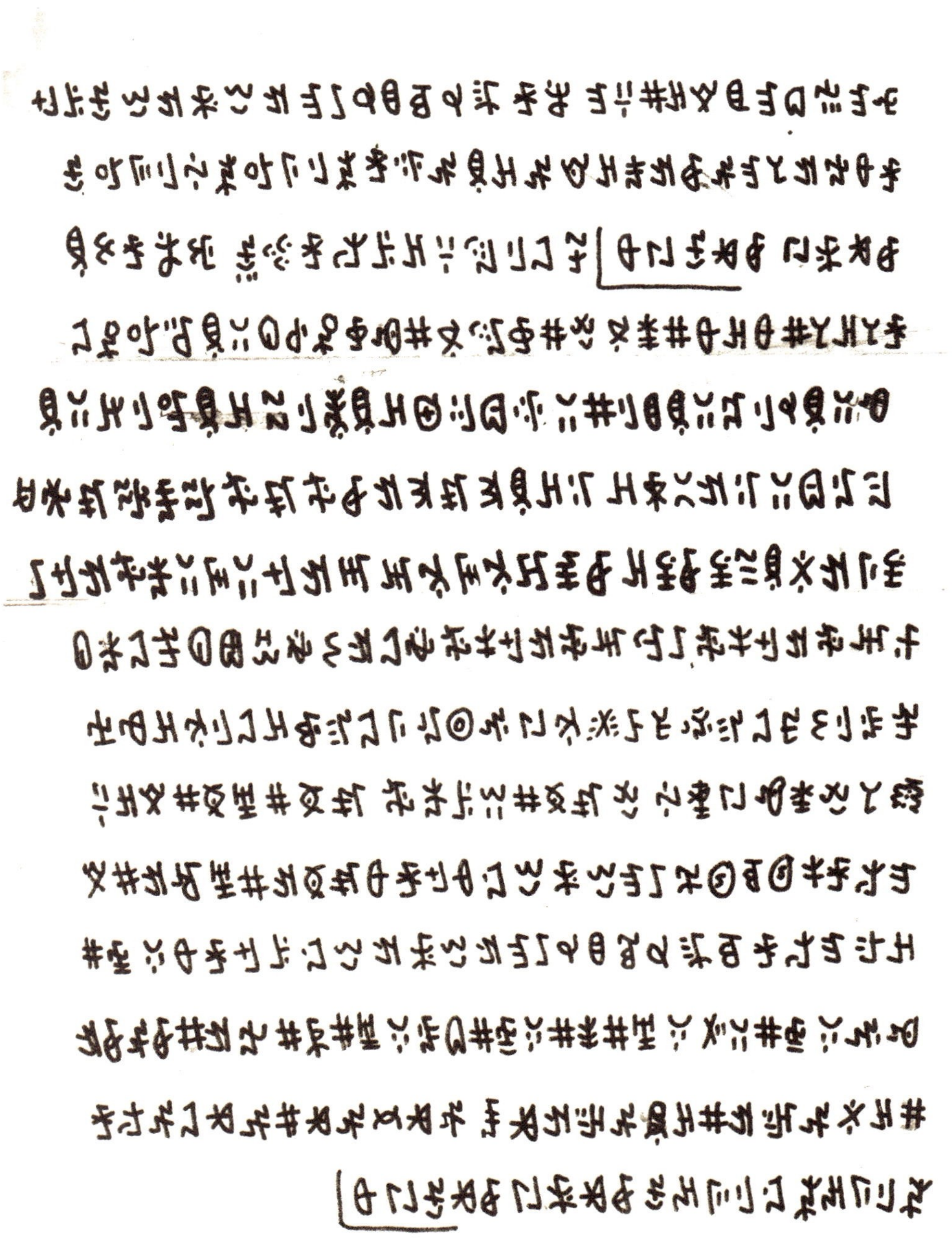

《筮占卜》第 4 页

# 四十三、特毕和尼毕功名经

## 特毕和尼毕功名经

古彝文；不分卷1册；57页，33000余字；佚名撰；旧抄本，线订册页装；页面35.4cm×54.5cm，行格31行17—20字，行序从左到右，字序从上到下；修复完善，保存完好；馆内编号：G2—1。

## 内容提要

《特毕和尼毕功名经》是一部流传于彝语南部方言区（玉溪、思茅、红河等地）的彝文古籍，主要讲述“特毕”和“尼毕”服饰的材质、质地、款式及其绣饰图案的文化内涵、审美特色等，同时记述了“地毕摩”和“天毕摩”功名发生发展的源流及其社会作用、地位、影响等。“特毕”和“尼毕”服饰在很多方面与其他民族服饰文化有着一定的相似性。

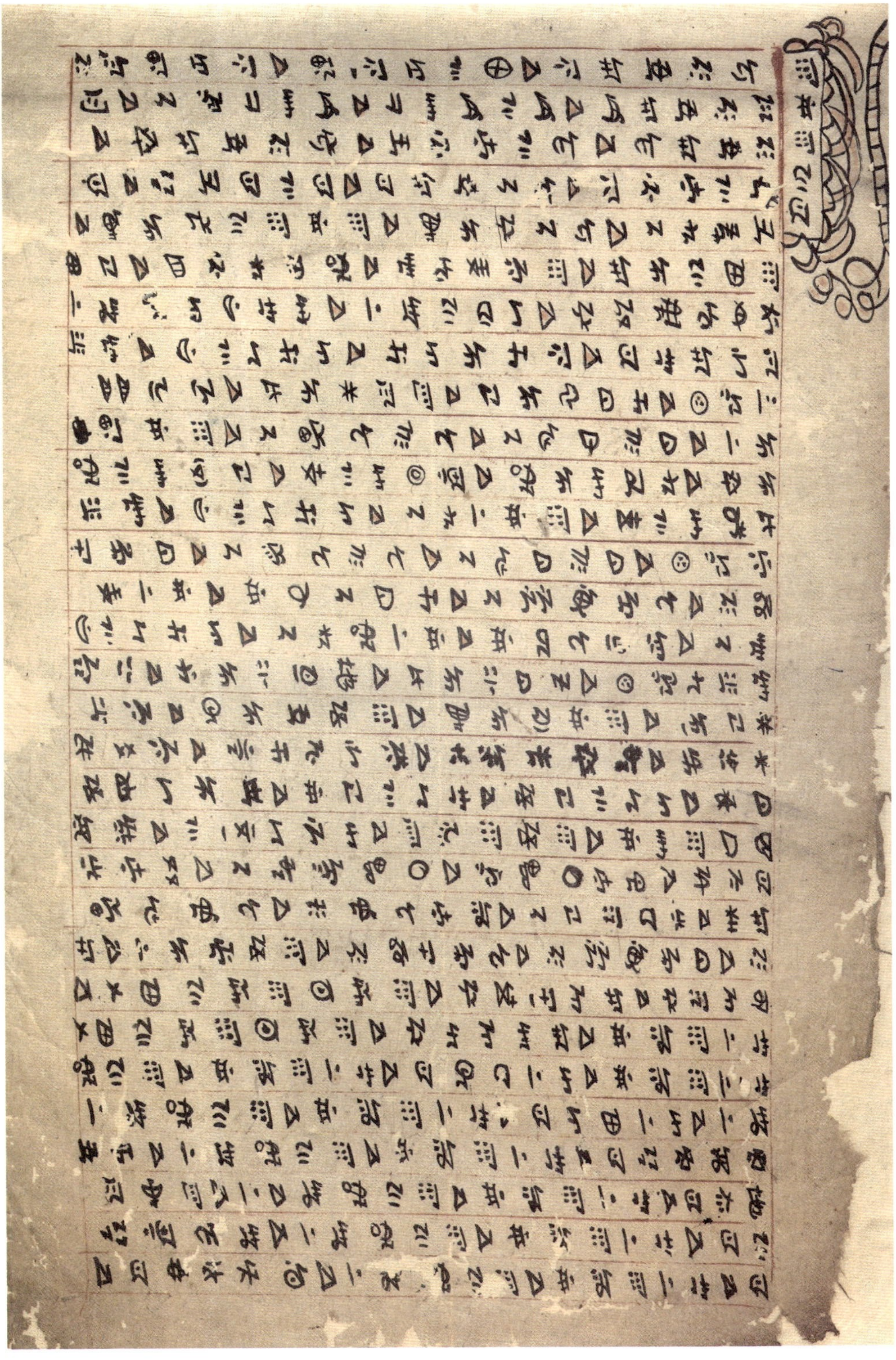

《特毕和尼毕功名经》第 2 页

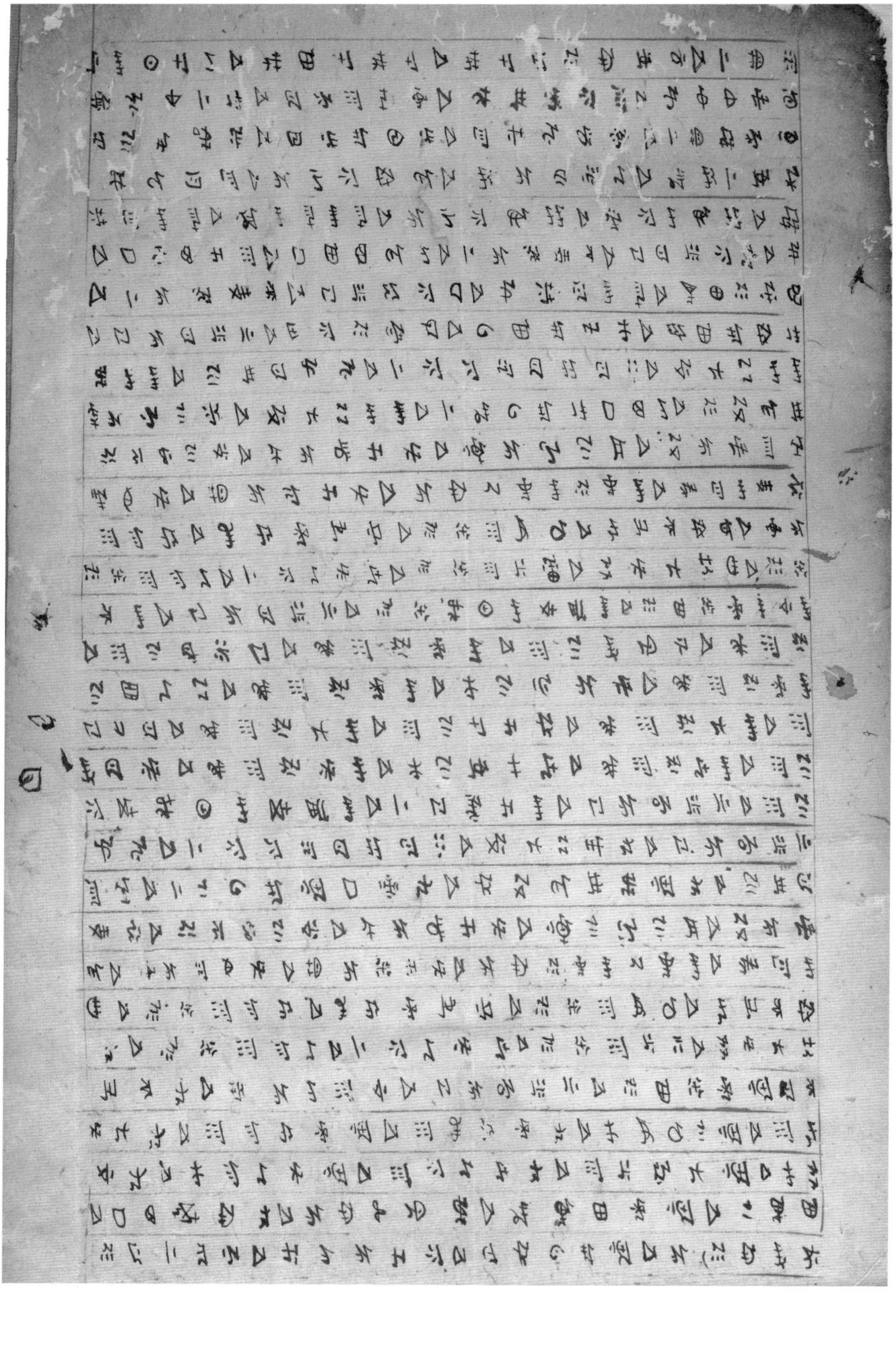

《特毕和尼毕功名经》第 7 页

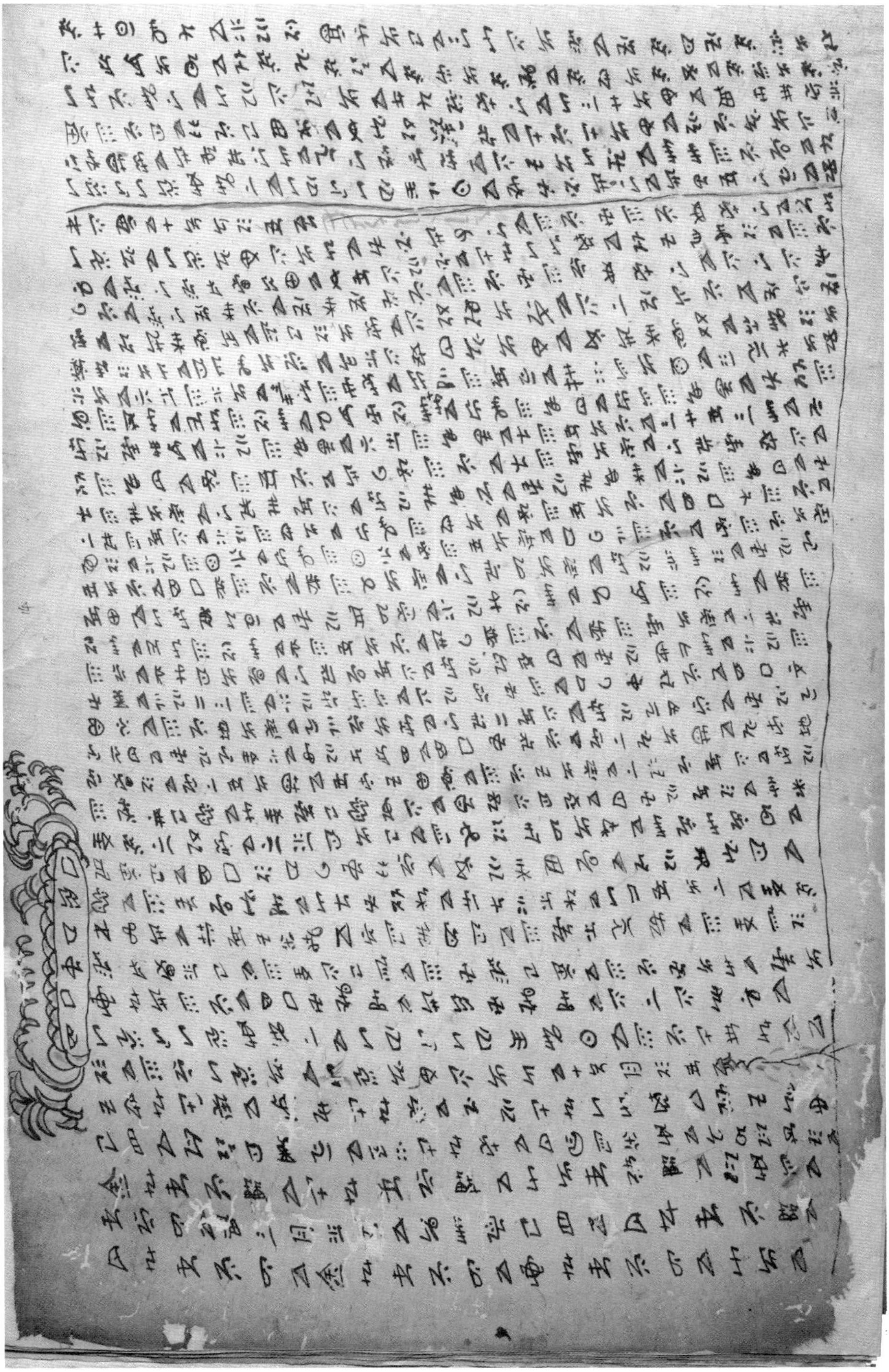

《特毕和尼毕功名经》第 15 页

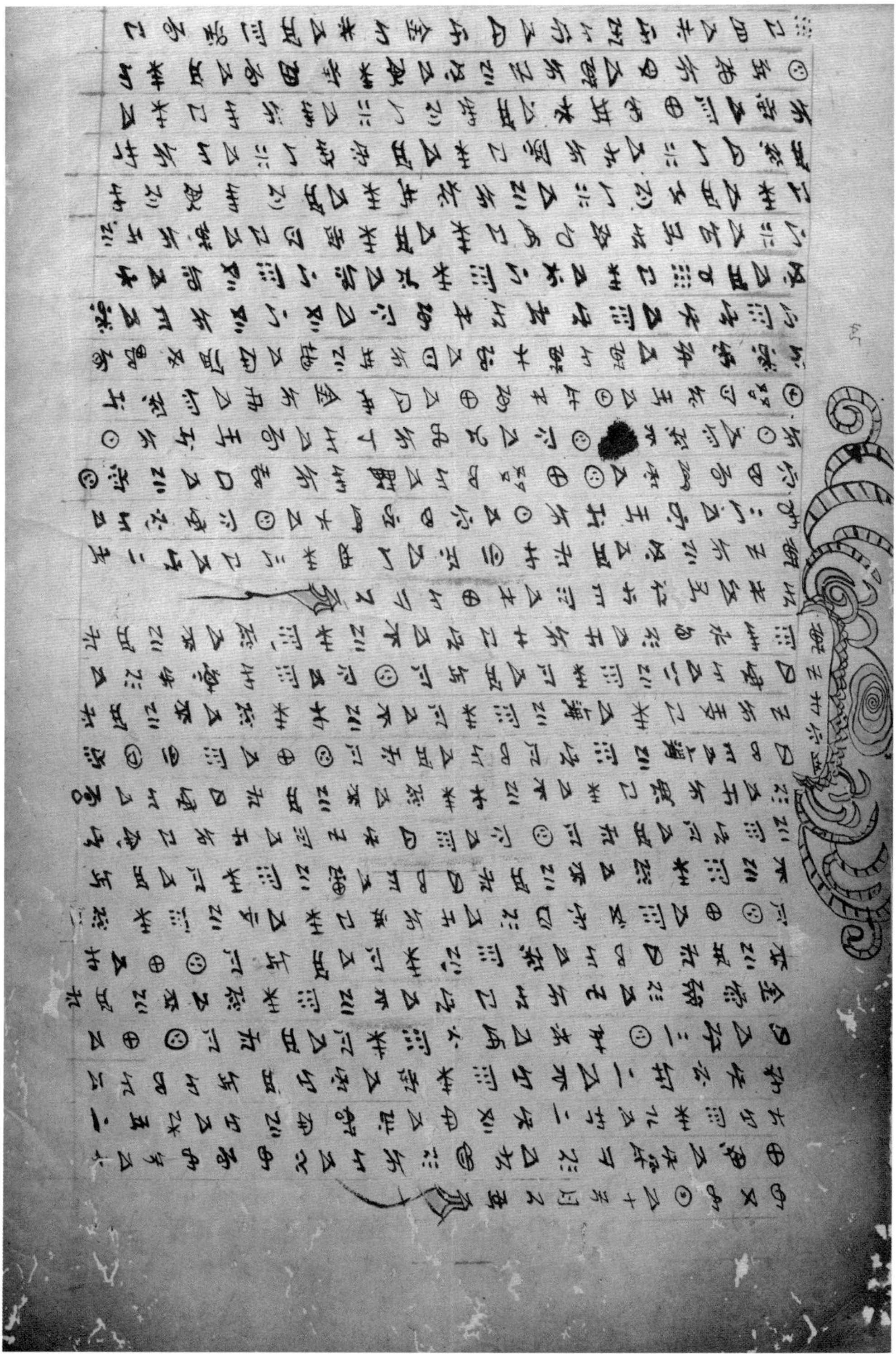

《特毕和尼毕功名经》第 46 页

# 四十四、调合阴阳五行经

## 调合阴阳五行经

古彝文；不分卷1册；30页，6100余字；佚名撰；旧抄本，线订卷轴装；页面20.5cm×25.5cm，行格11行18—20字，行序从上到下，字序从右到左；有残损，未修复；馆内编号：164—14。

## 内容提要

《调合阴阳五行经》是彝族毕摩在调和夫妻仪式上使用的经书。彝族人认为，若夫妻间的“五行”不和，须行法调和，方可免灾。

该经书记述了各人不同的“五行”，阐述了阴阳与五行之间的复杂关系。其内容与阴阳五行哲学思想一脉相承。

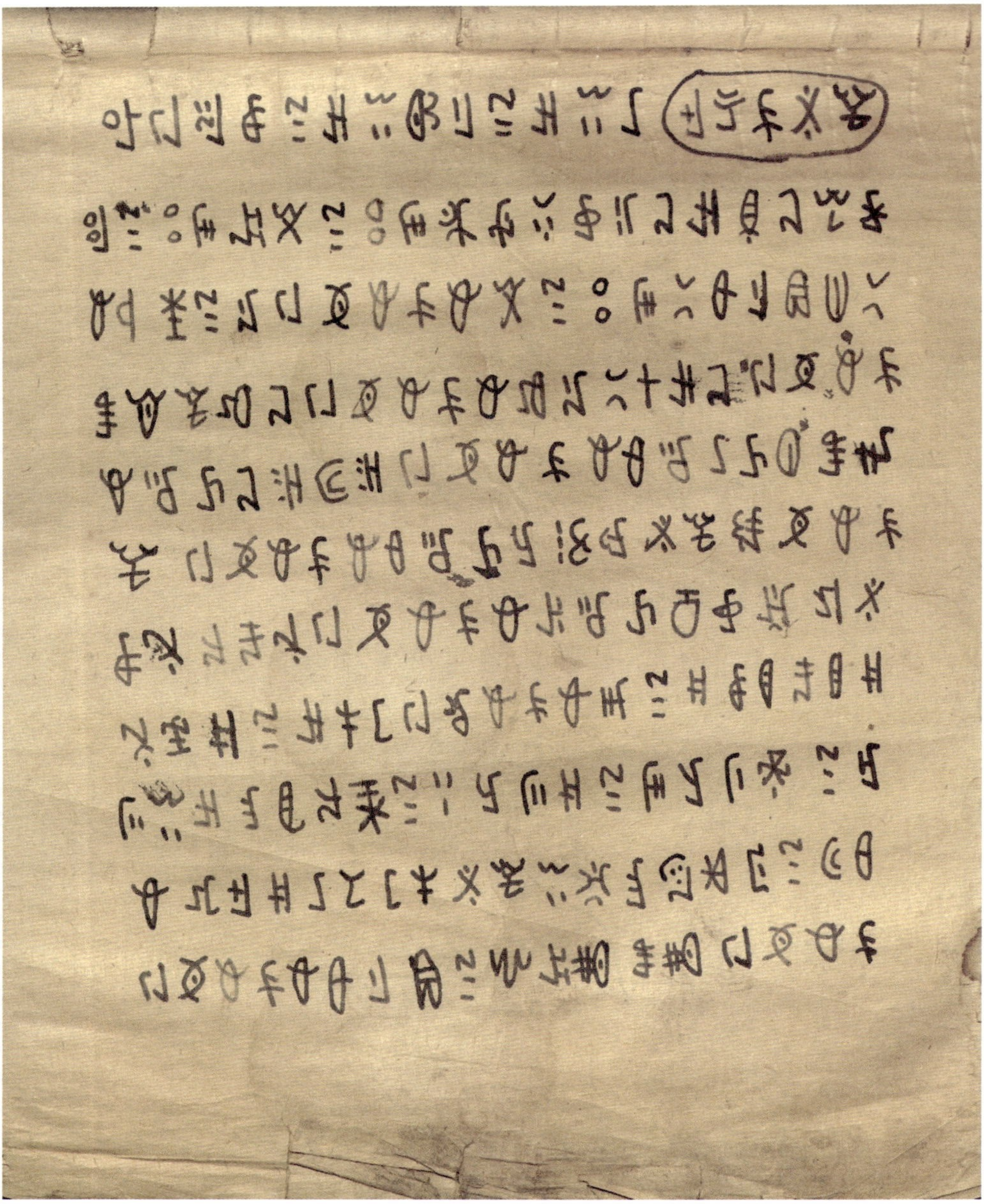

《调合阴阳五行经》第 1 页

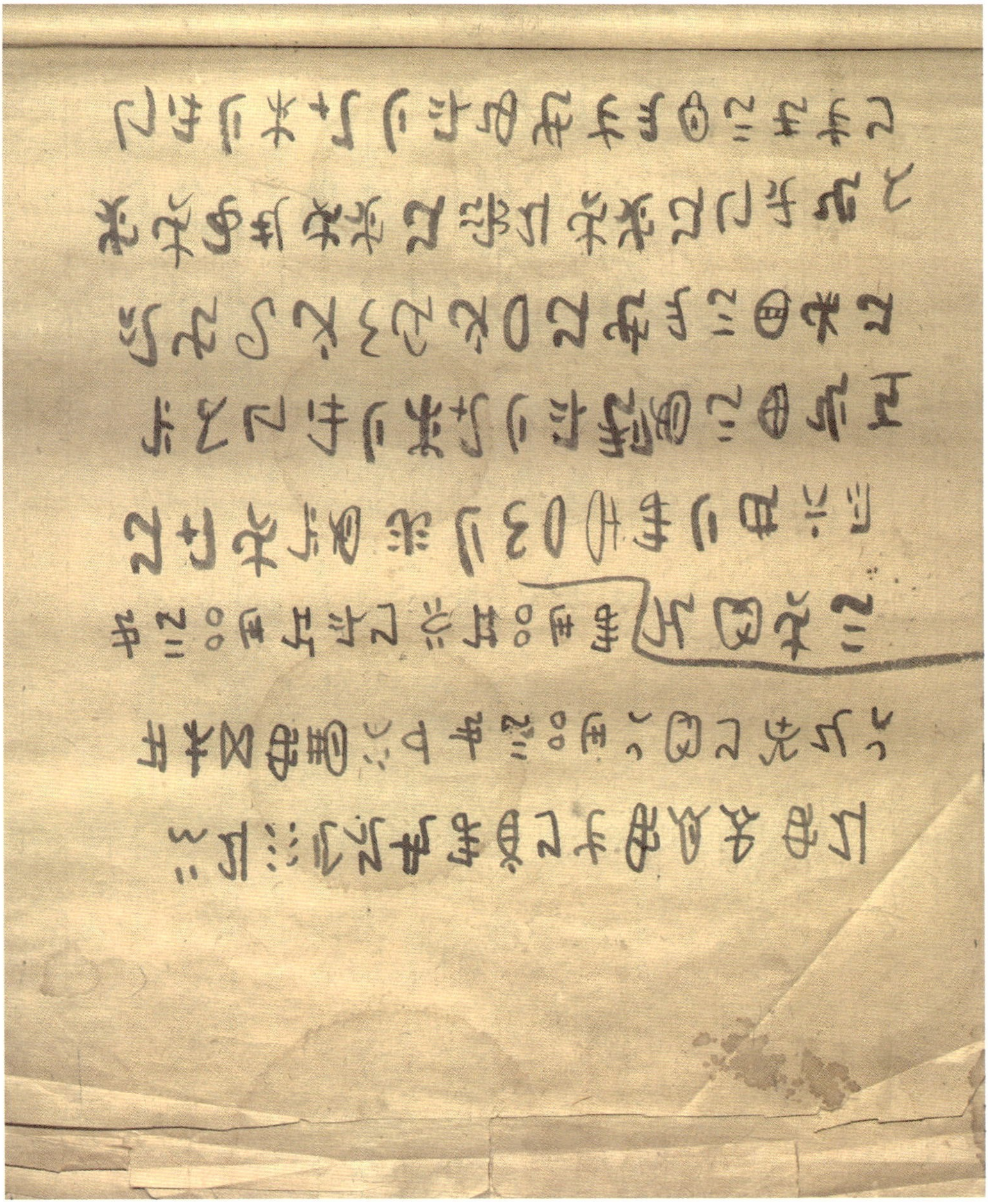

《调合阴阳五行经》第 14 页

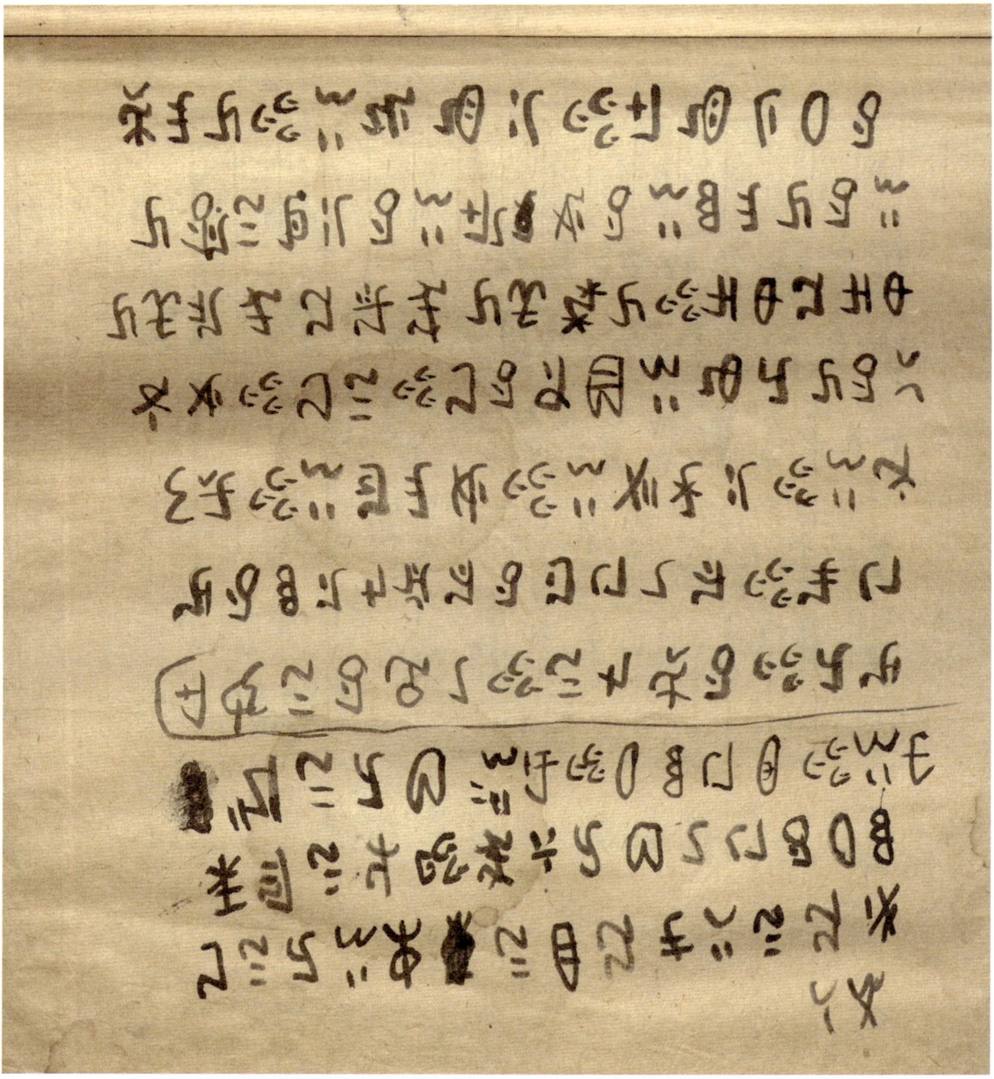

《调合阴阳五行经》第 20 页

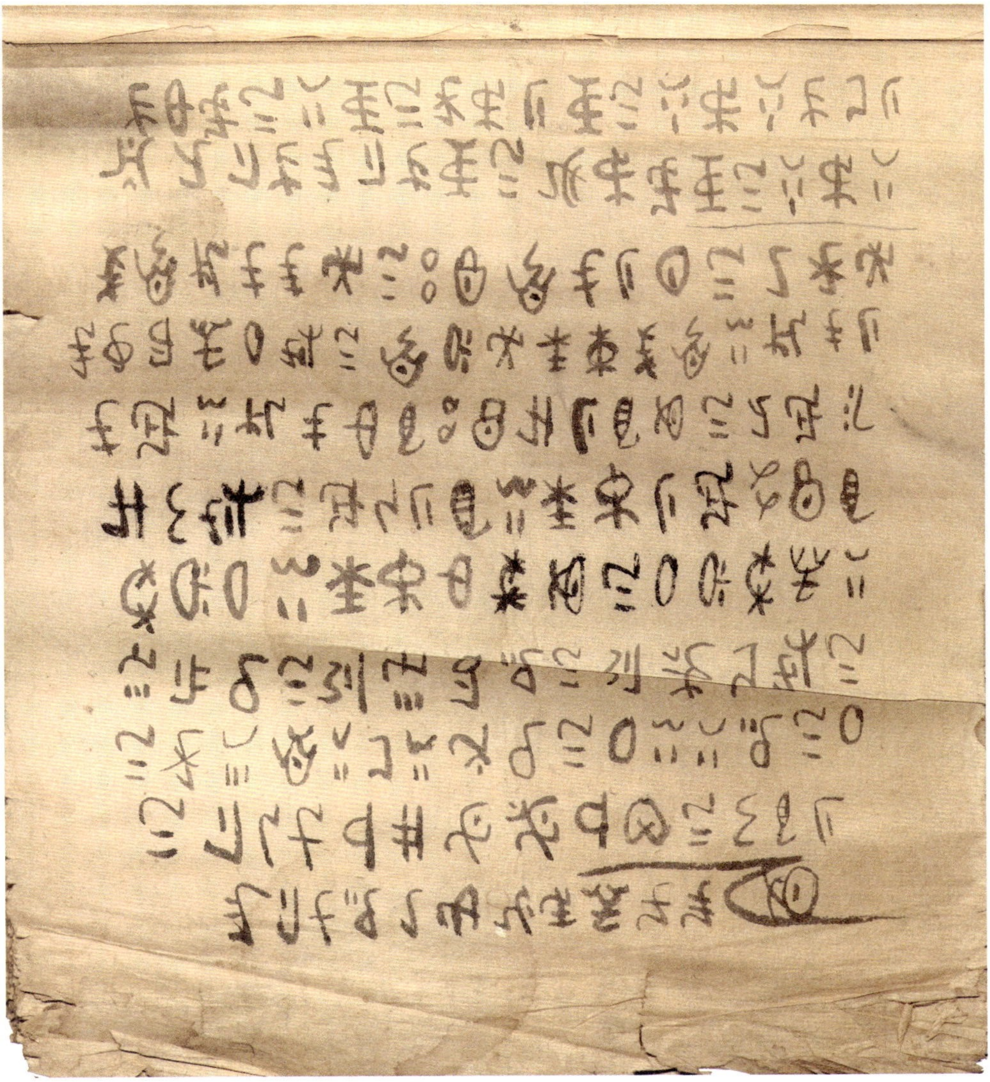

《调合阴阳五行经》第 26 页

# 四十五、吾查

## 吾查

古彝文；不分卷1册；147页，40000余字；佚名撰；旧抄本，线订册页装；页面31cm×52cm，行格23行13字，行序从左到右，字序从上到下；有破损，部分修复；馆内编号：G3-2。

## 内容提要

《吾查》是流传于滇中、滇南彝族聚居区的彝文古籍，在民间与《门查》合称“公书”“母书”。《吾查》主要讲述远古时期彝族先民社会生活、婚丧祭祀、伦理道德以及社会和政治制度的起源和演变等；《门查》主要记载彝族先民养蚕、织布、制衣的情况以及铸炼金银首饰的过程。

从该书内容可以看出，彝族先民很早就掌握了养蚕、制衣等技术，其应该是由中原地区传入，但具体年代和过程有待进一步研究。

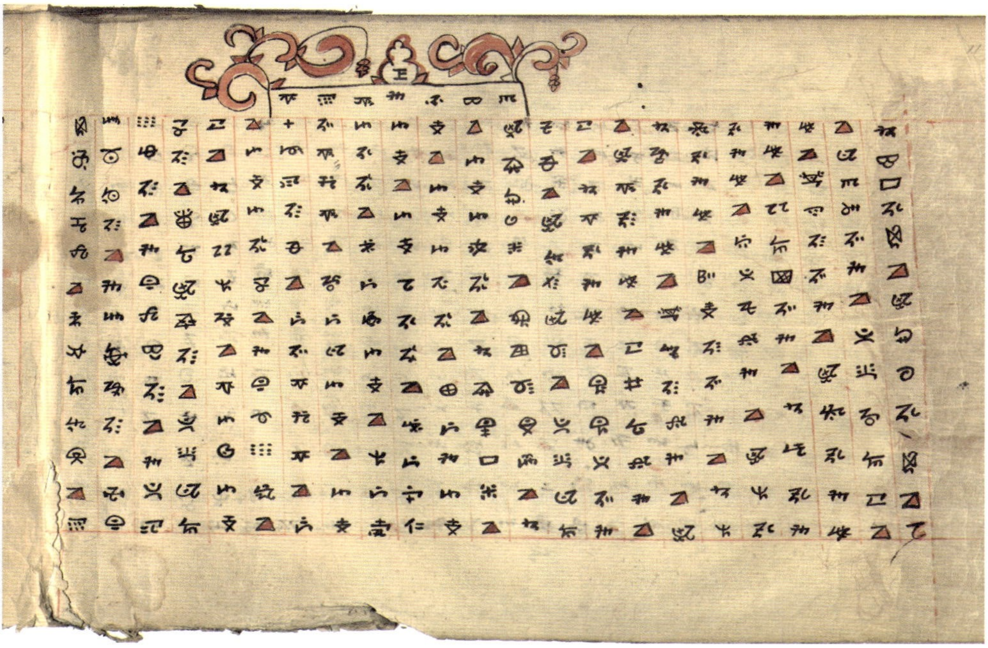

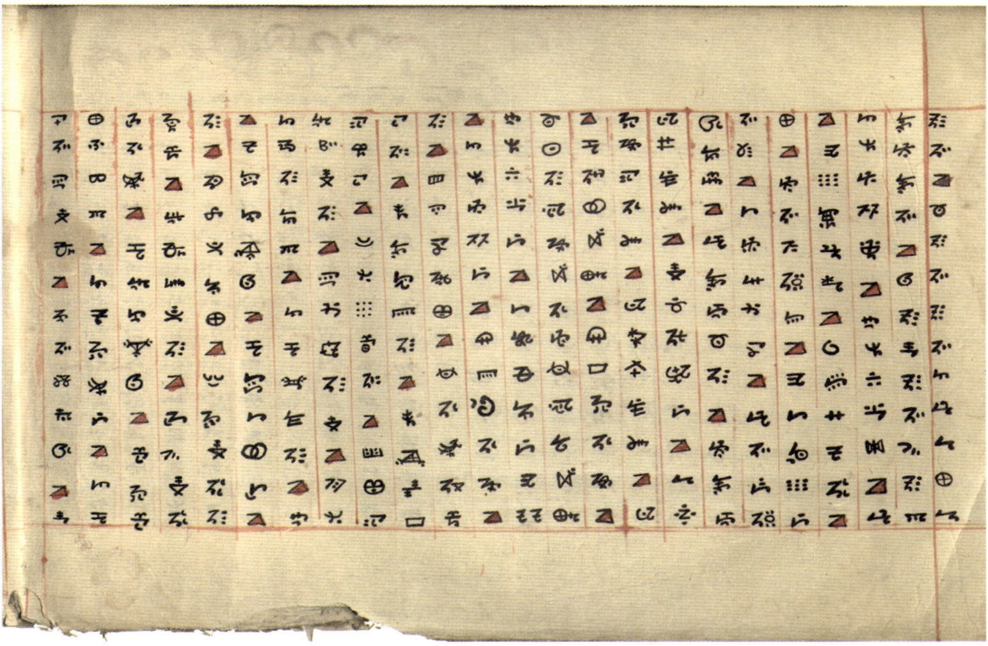

《吾查》第 12 页
《吾查》第 18 页

《吾查》第 23 页
《吾查》第 137 页

# 四十六、乌撒拉切经

## 乌撒拉切经

古彝文；不分卷1册；30页，约10000字；佚名撰；新抄本，线订卷轴装；页面26cm×36.4cm，行格18行19—21字，行序从上到下，字序从右到左；保存较好；馆内编号：263—12。

## 内容提要

《乌撒拉切经》是彝族在诅咒仪式上念诵的经书，该书虽然是一本咒经，但从内容看更像是一部“军事书”。“乌撒”是古代彝族部落名，“拉切”指“虎跃”，形容军队虎跃似地扑向敌方将其吞噬。

据有关学者研究，自西汉武帝时期，中原儒学思想就开始传入彝族先民生活的地区，公元738年南诏政权的建立进一步加强了儒学在彝族聚居区的传播，[1]其中也包括兵法理论与军事思想。《乌撒拉切经》中所载“兵事”可能是古代彝族与包括汉族在内的多民族文化交往交流交融的体现，是多民族文化碰撞的结晶。

① 段吉福、刘英：《儒学与彝族哲学文化关系的历史发展》，载《民族学刊》，2022（2），105-117页。

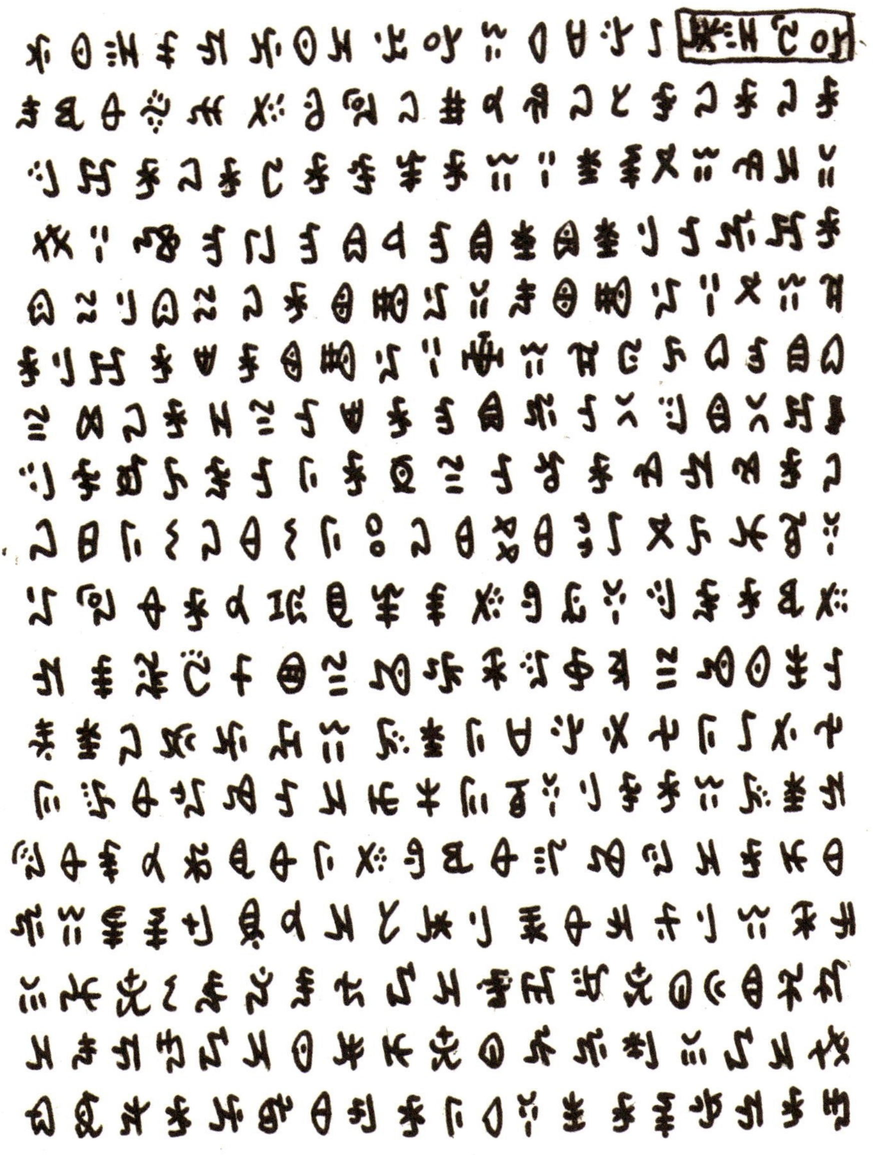

《乌撒拉切经》第 1 页

《乌撒拉切经》第 5 页

《乌撒拉切经》第 12 页

《乌撒拉切经》第 27 页

# 四十七、武支系南诏源流

## 武支系南诏源流

古彝文；不分卷1册；29页，6000余字；佚名撰；抄本复印件，线订册页装；页面21cm×29.5cm，行格9行23–27字，行序从左到右，字序从上到下；保存较好；馆内编号：F171。

## 内容提要

《武支系南诏源流》主要记述彝族六祖之一的长子武支系的源流，其中涉及该支系与南诏王室的密切关系。历史上南诏政权的建立与发展，涉及内部权力结构和外部的联盟关系，与吐蕃和唐朝都有着互动关系，客观上促进了我国多民族的交往交流交融。

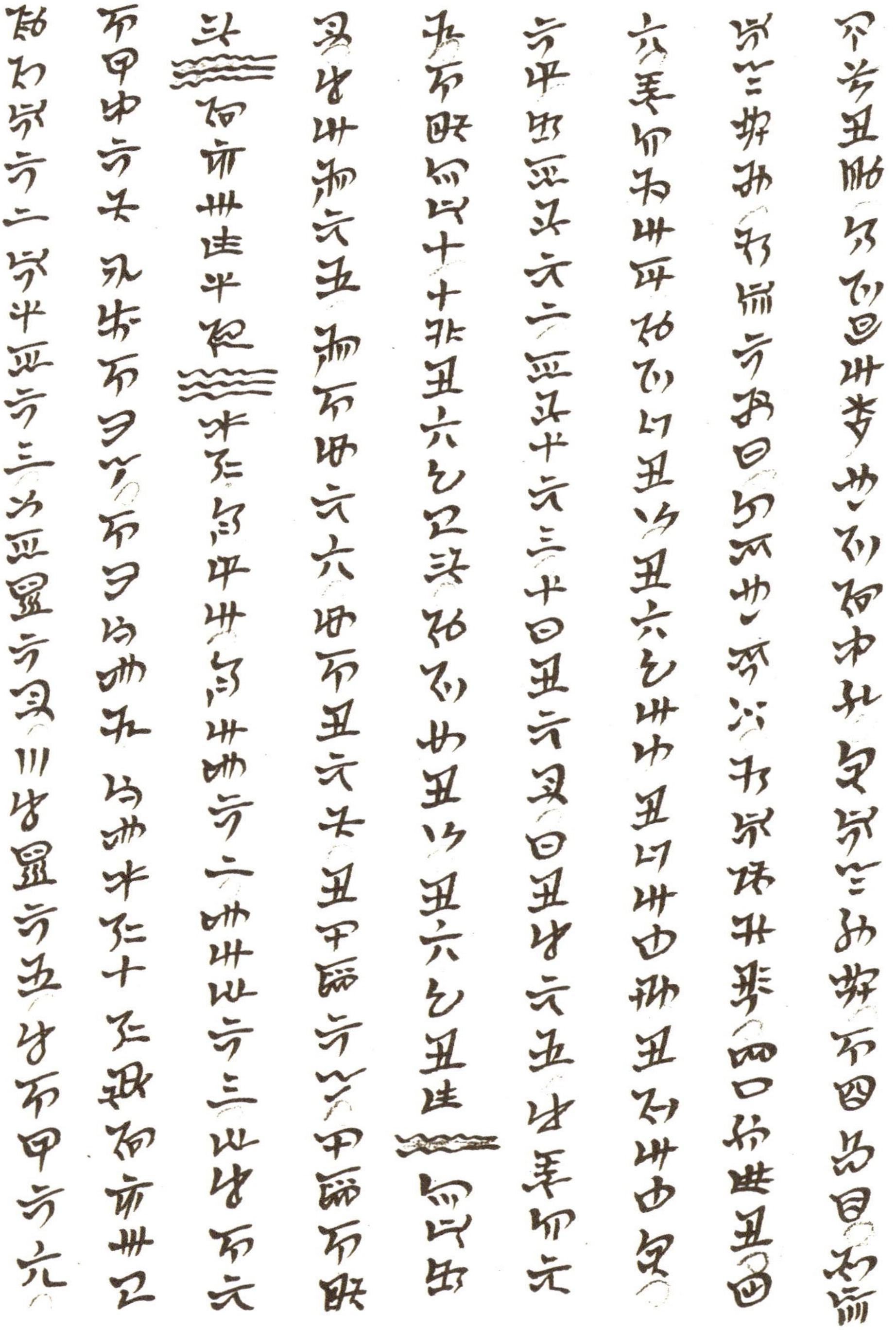

《武支系南诏源流》第 3 页

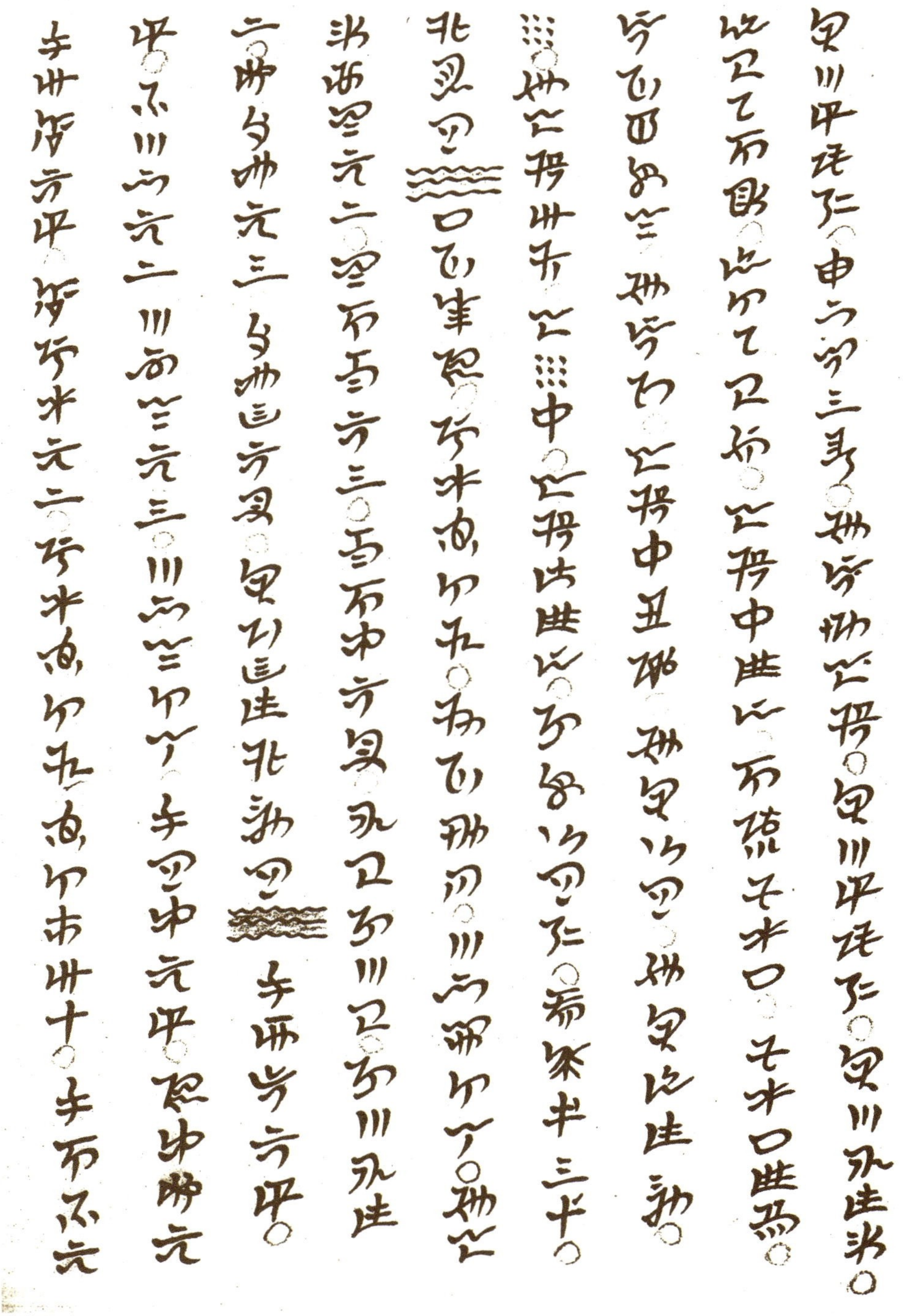

《武支系南诏源流》第 14 页

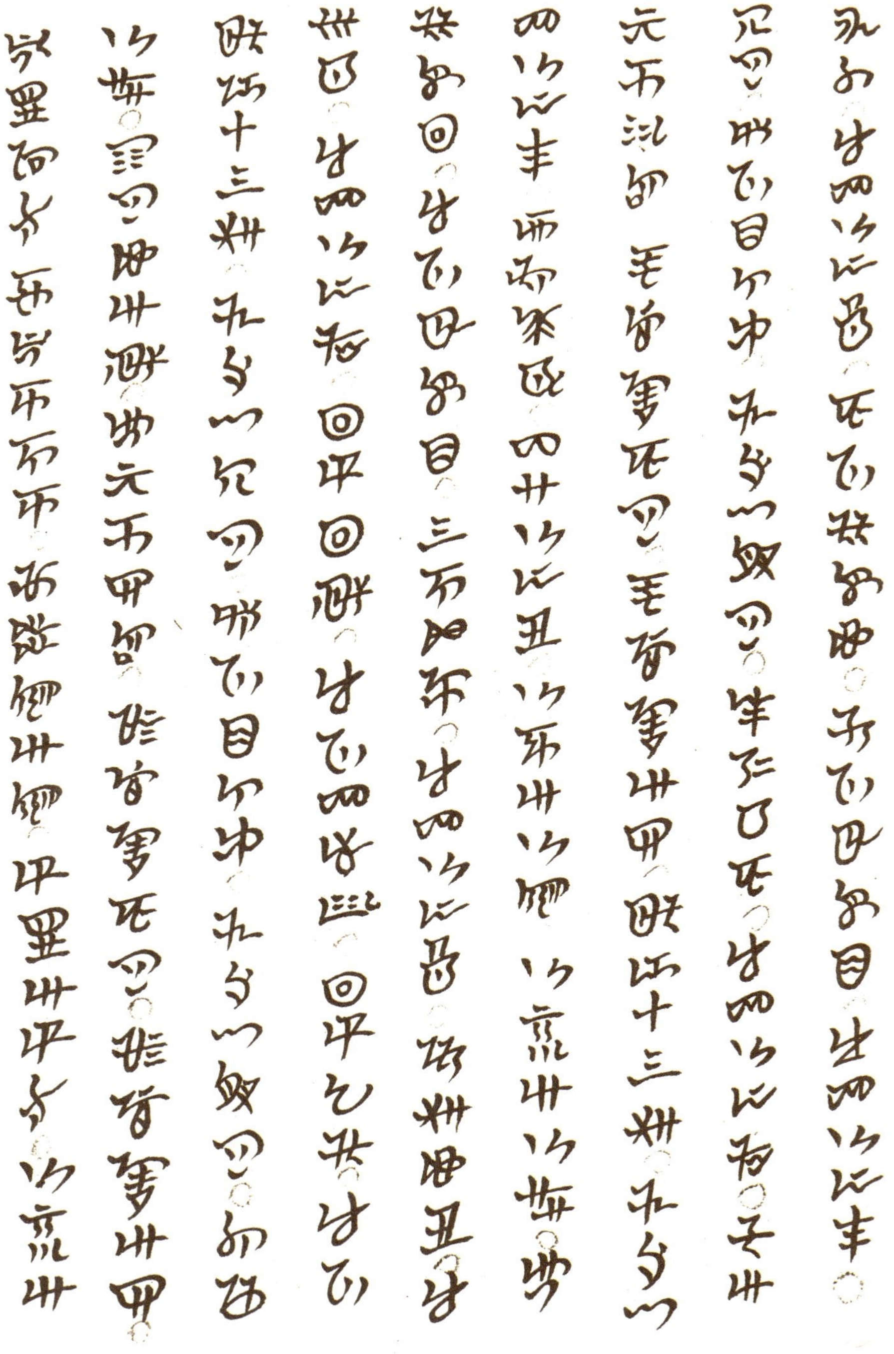

《武支系南诏源流》第 17 页

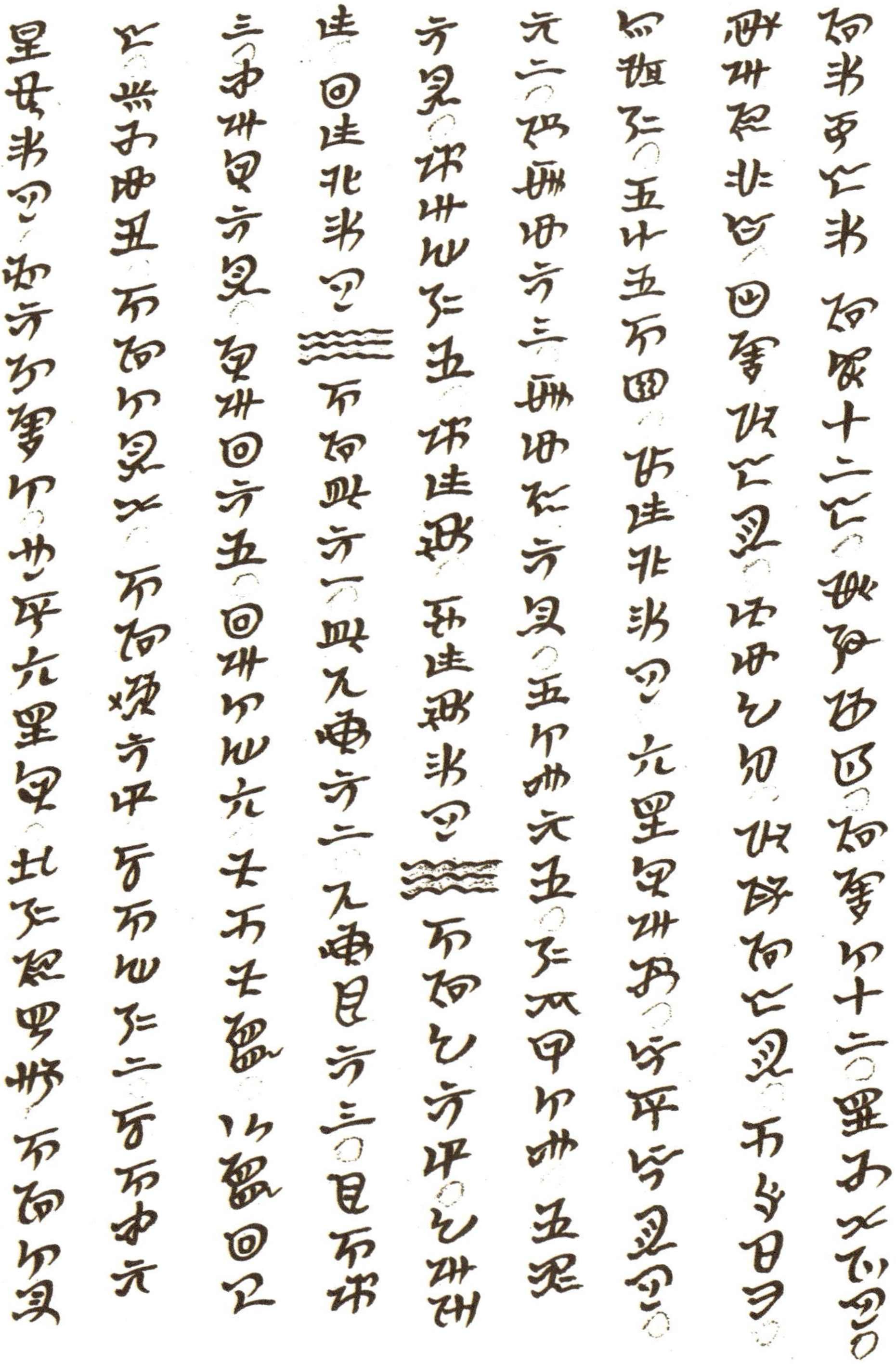

《武支系南诏源流》第 22 页

# 四十八、献茶经（篇）

献茶经（篇）

古彝文；不分卷1册；34页，约4000字；佚名撰；2000年新抄本，线订册页装；页面14.5cm×22.5cm，行格8行15字，行序从左到右，字序从上到下；保存较好；馆内编号：XB0028。

内容提要

《献茶经（篇）》是彝族毕摩在作斋仪式中给祖灵献茶时所诵的经书，其中记录了彝族人关于茶文化方面的许多知识，其内容与中原传统茶文化密切相关。

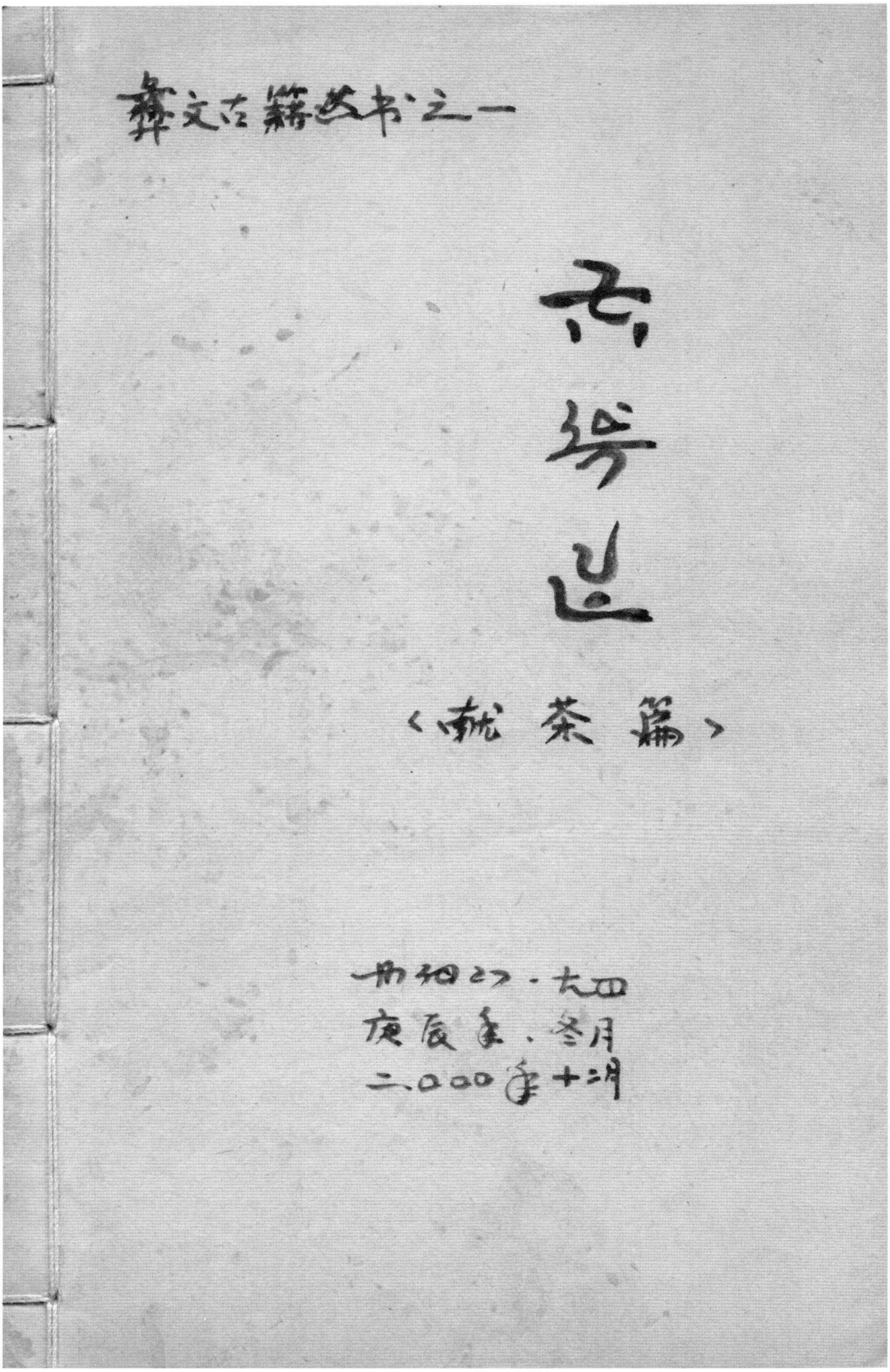

《献茶经（篇）》封面

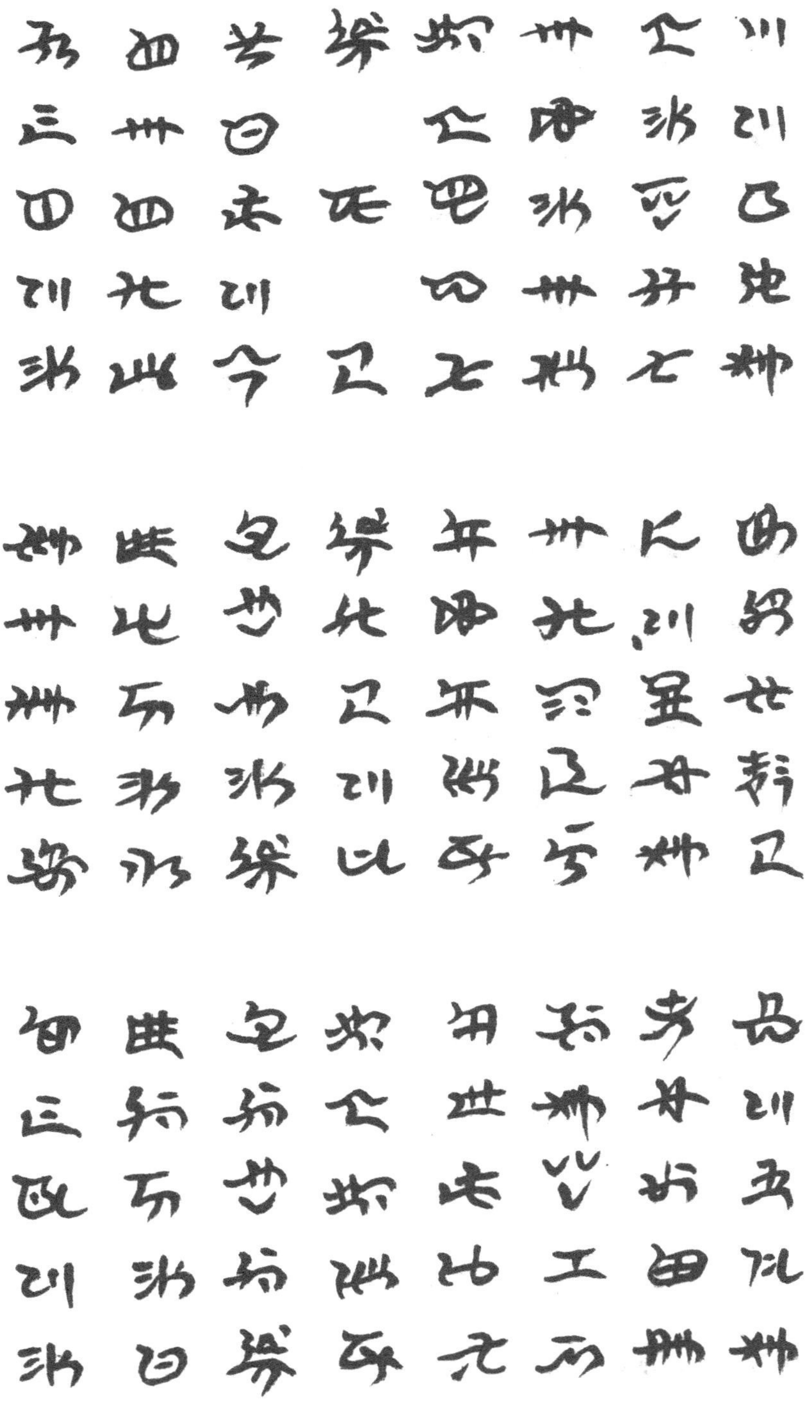

《献茶经（篇）》第 4 页

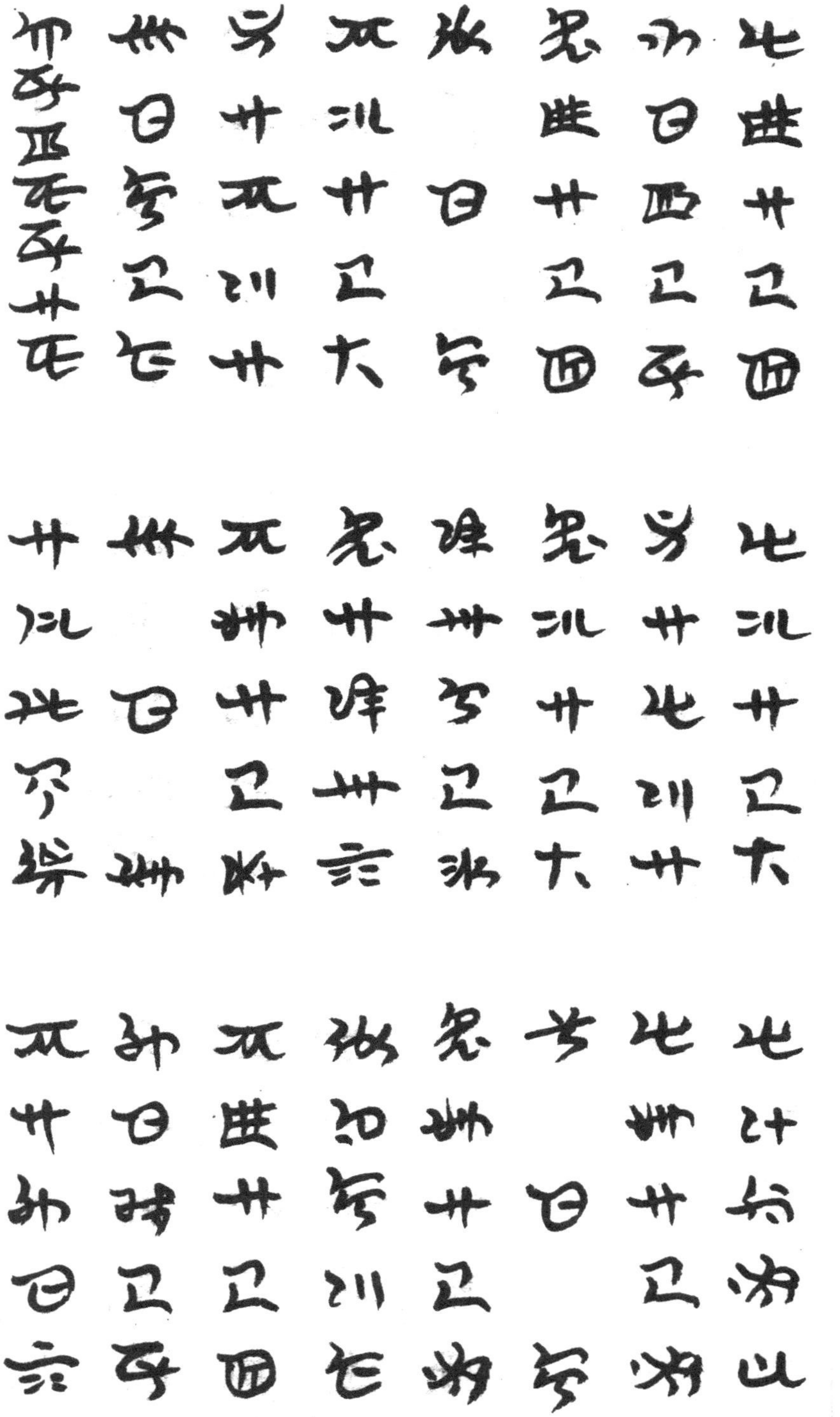

《献茶经（篇）》第 15 页

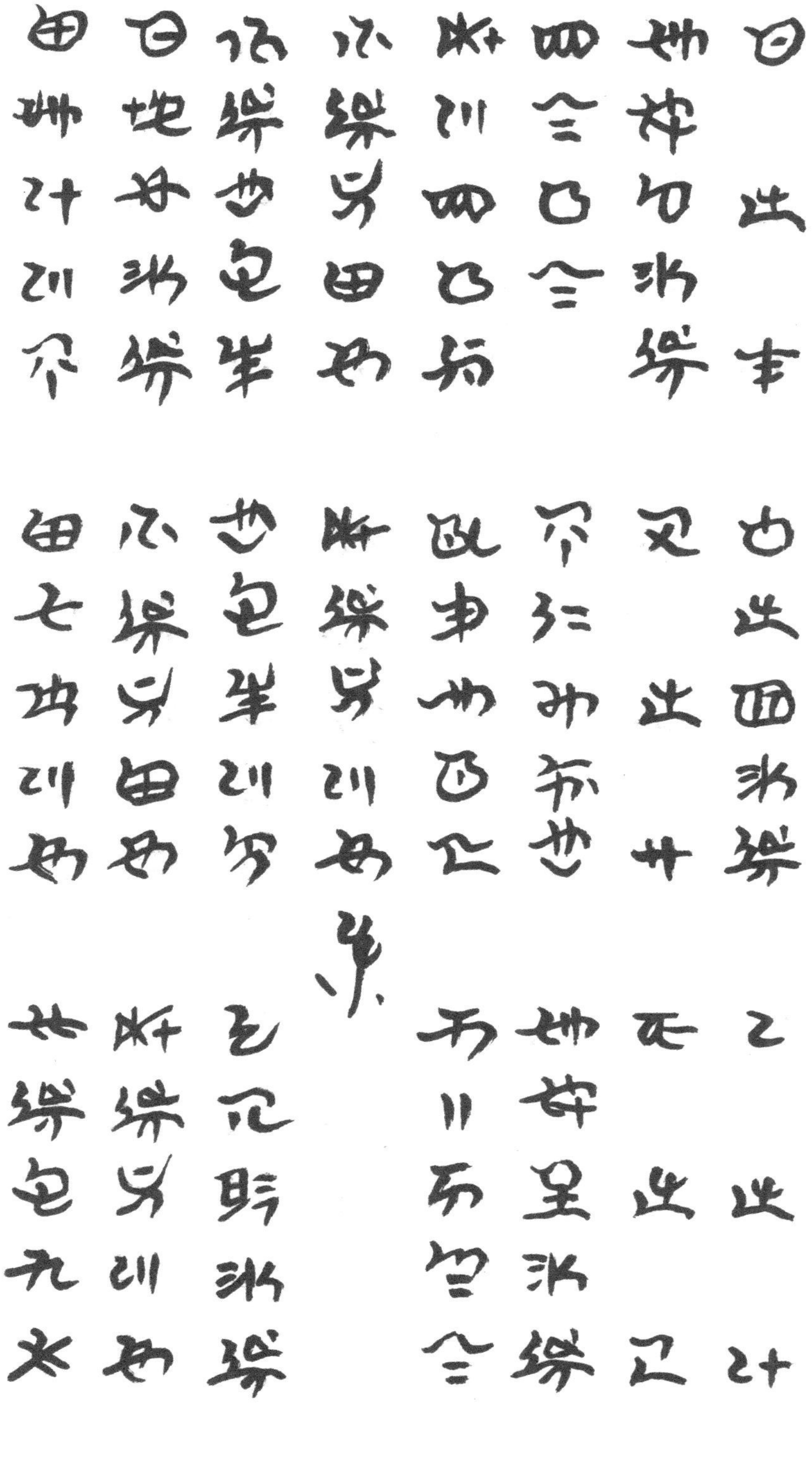

《献茶经（篇）》第31页

# 四十九、献药经（篇）

献药经（篇）

古彝文；不分卷1册；24页，2000余字；佚名撰；新抄本，线订册页装；页面14.5cm×22.5cm，行格6行15字，行序从左到右，字序从上到下；保存较好；馆内编号：XB0029。

内容提要

《献药经（篇）》是彝族毕摩在作斋仪式中给祖灵治病献药时诵读的经书，其中包含着彝族人关于药物方面的许多知识。其内容与中医药传统密切相关。

《献药经（篇）》封面

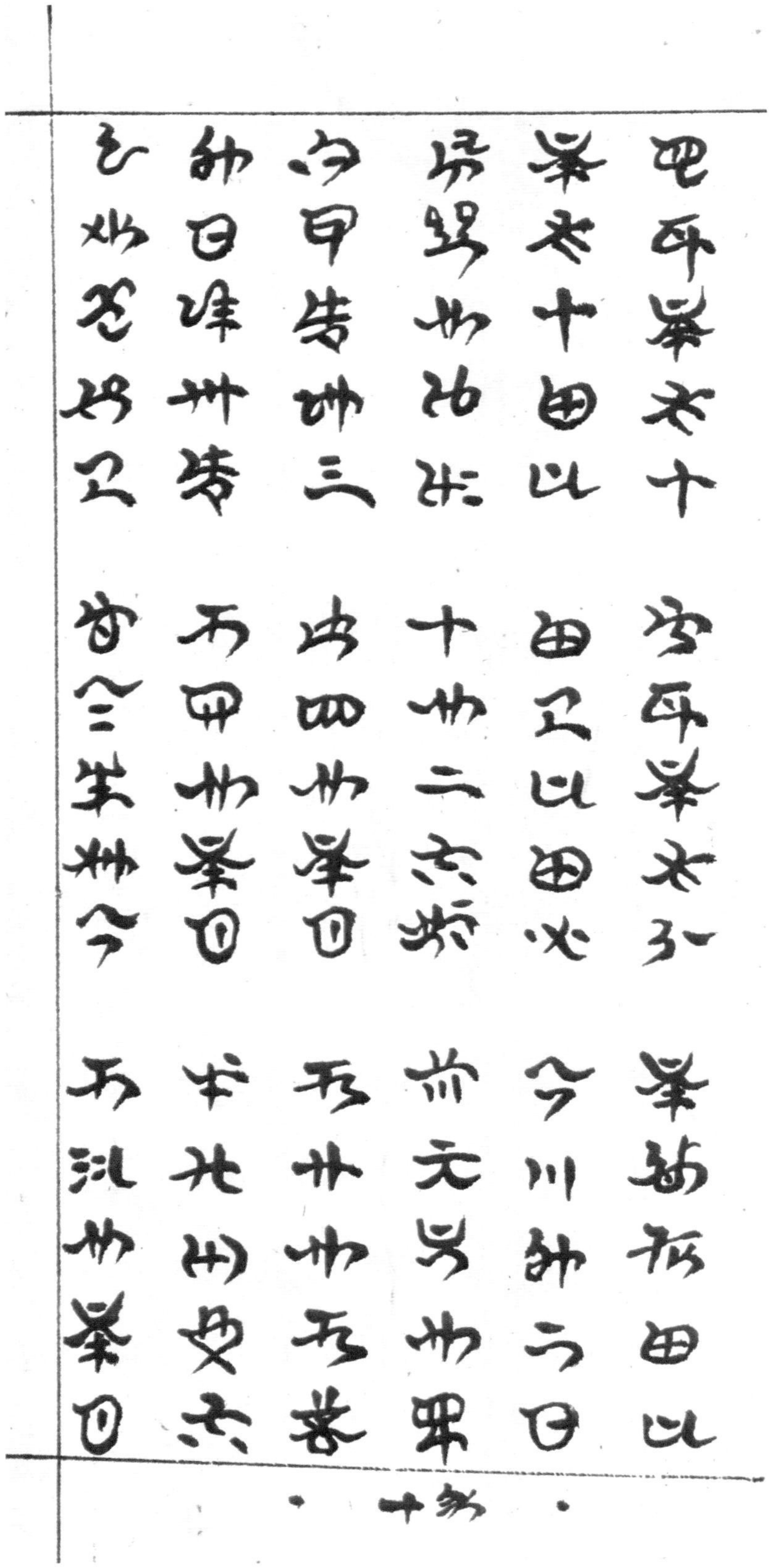

《献药经（篇）》内页一

《献药经（篇）》内页二

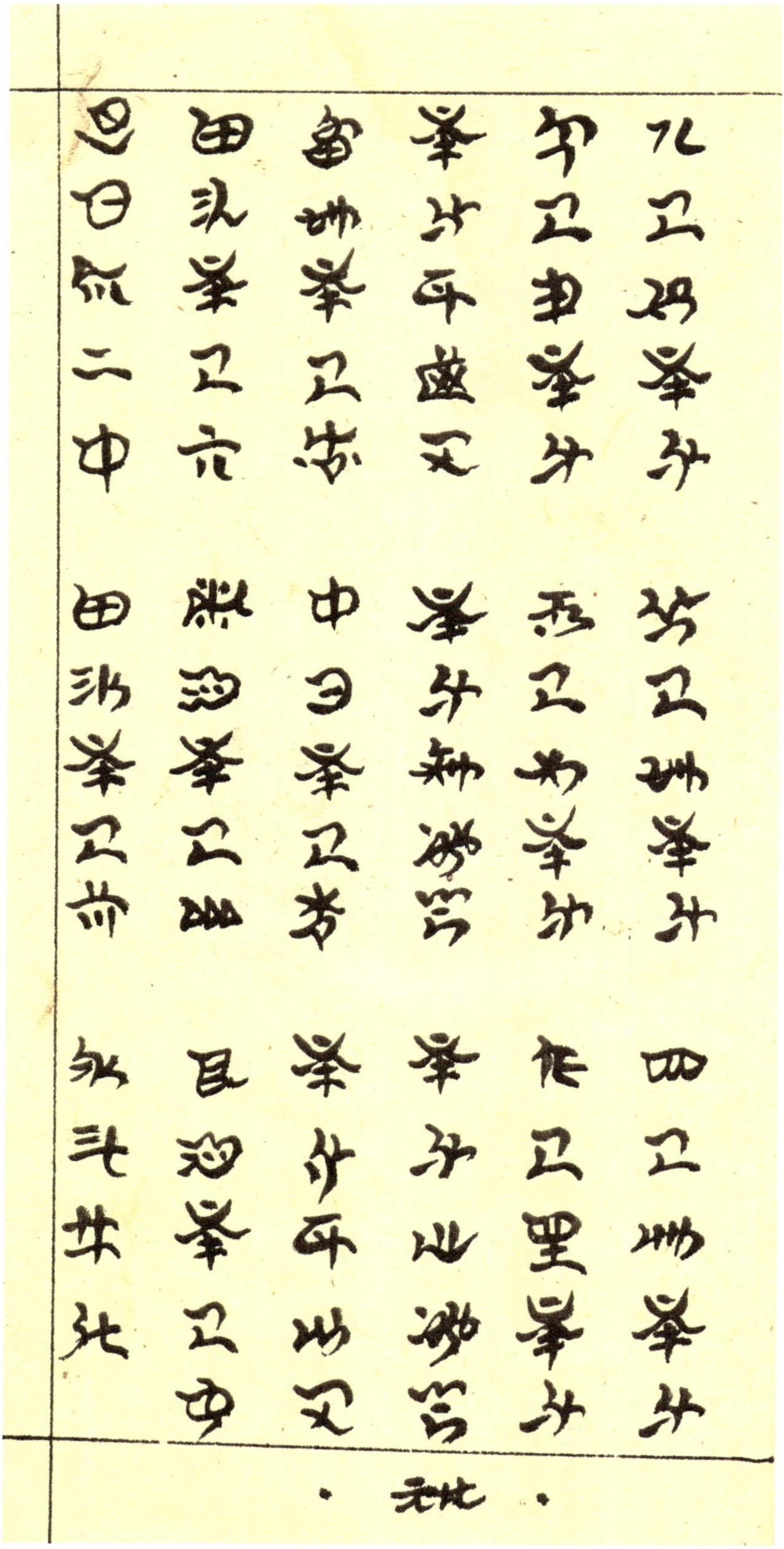

《献药经（篇）》内页三

# 五十、献药治病经

## 献药治病经

古彝文；不分卷1册；51页，10000余字；佚名撰；旧抄本，线订卷轴装；页面约26cm×49cm，行格14行14—15字，行序从上到下，字序从右到左；保存较好；馆内编号：237—2。

## 内容提要

《献药治病经》主要流传于大小凉山彝族聚居区，是一部记载各种疾病和药物及治疗方法的经书。

该书记载各个地方、各种人群的各种疾病，描述肝胆病、黄肤病、妇女病、红眼病等多种疾病，特别是传染病如空气传播的疾病及人畜共患疾病的病情和症状。此外，还记载了各种药物，如续断、黄山药、野八角、毒草、刺梨、木姜子、黄连、贝母等，并阐述了它们的疗效。该书所载内容或受中医药传统影响。

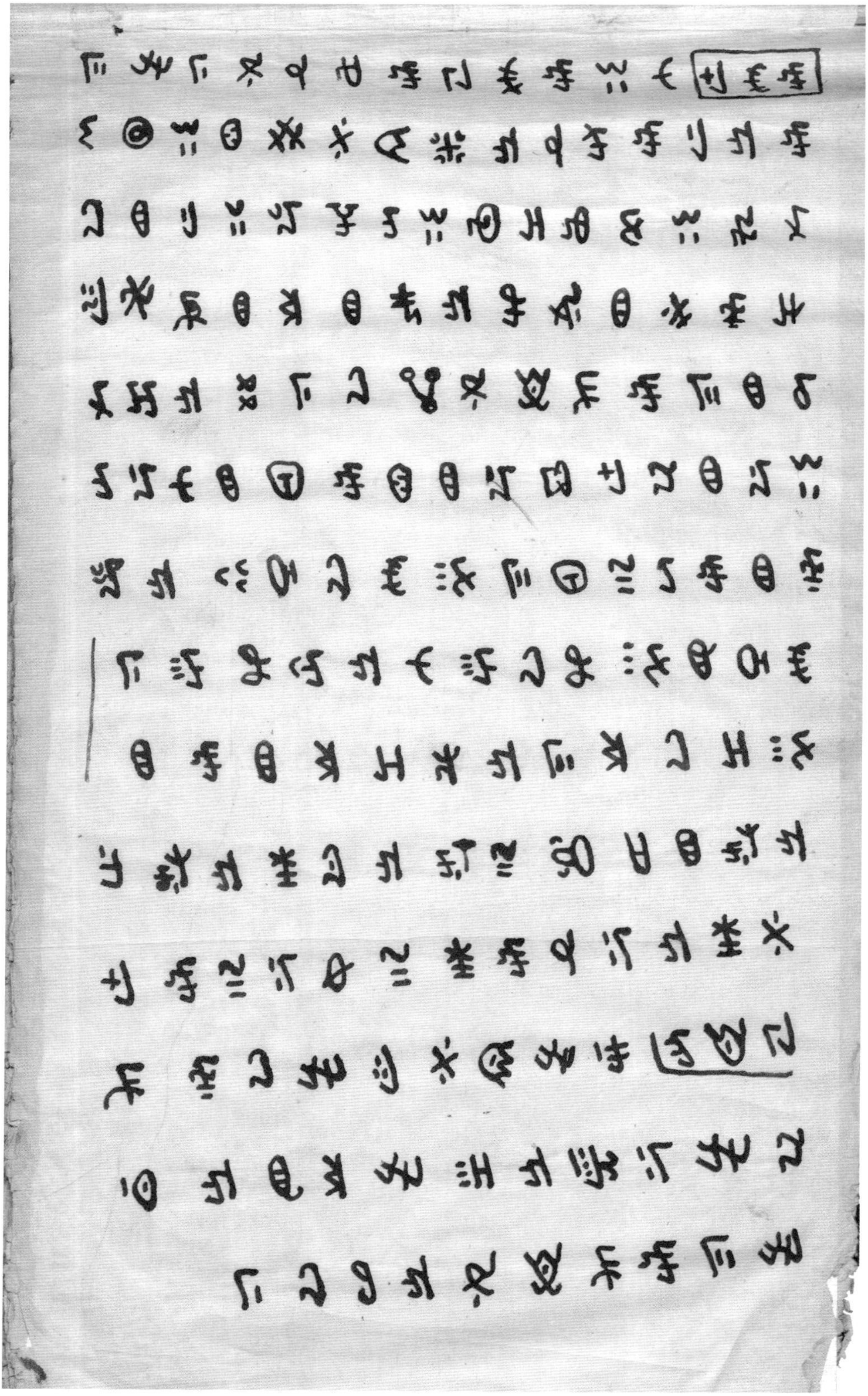

《献药治病经》第 1 页

《献药治病经》第 11 页

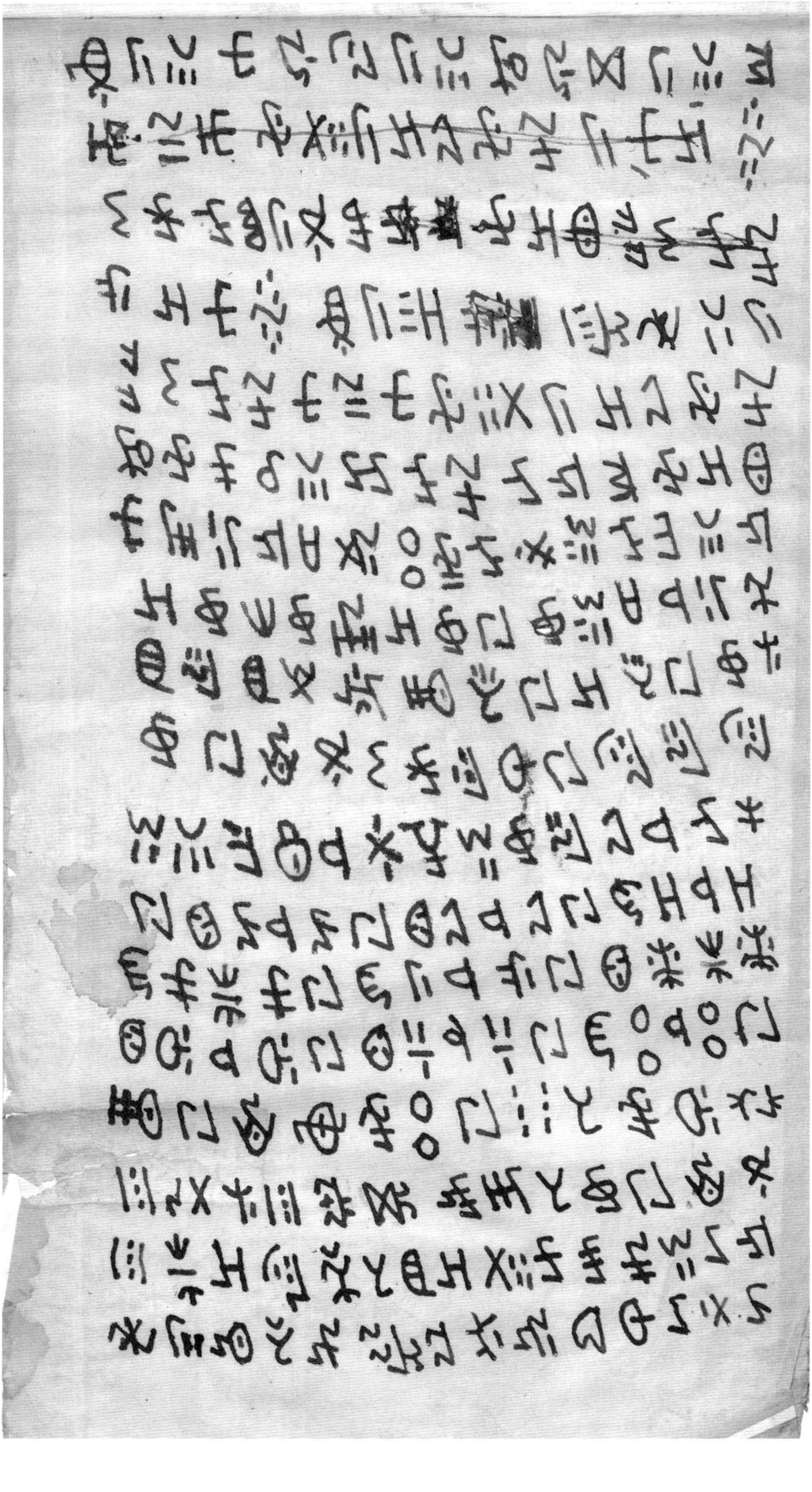

《献药治病经》第 22 页

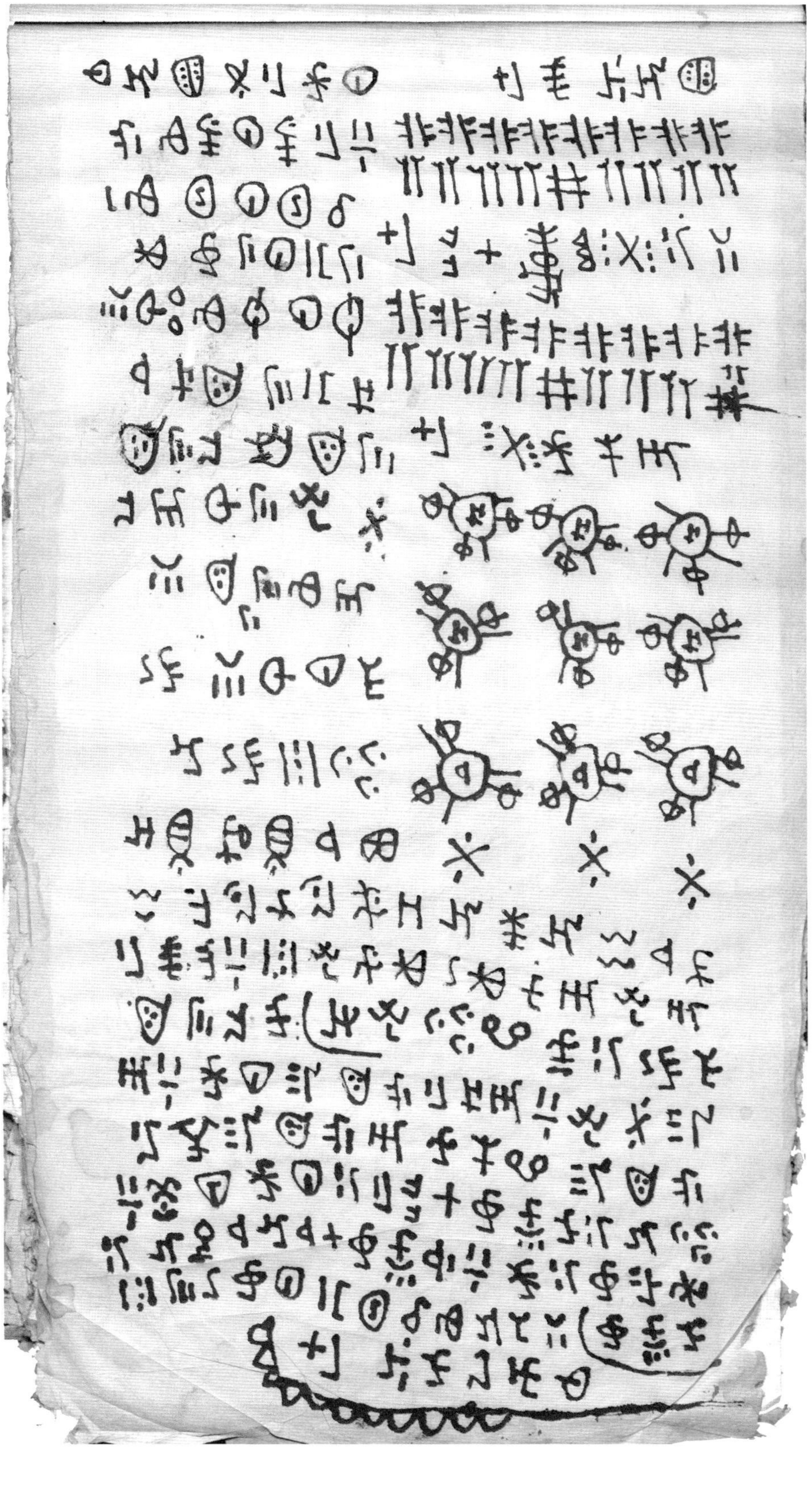

《献药治病经》第 38 页

# 五十一、寻医找药经

寻医找药经

古彝文；不分卷1册；25页，7000余字；佚名撰；抄本复印件，线订册页装；页面26cm×26.8cm，行格11行23–26字，行序从左到右，字序从上到下；保存较好；馆内编号：F43。

内容提要

《寻医找药经》是彝族毕摩在祭祀仪式上诵读的经书。该书记述古彝人到处寻访名医、求索药物的过程，其中包含着丰富的医药知识，是中国民族医药的重要内容。

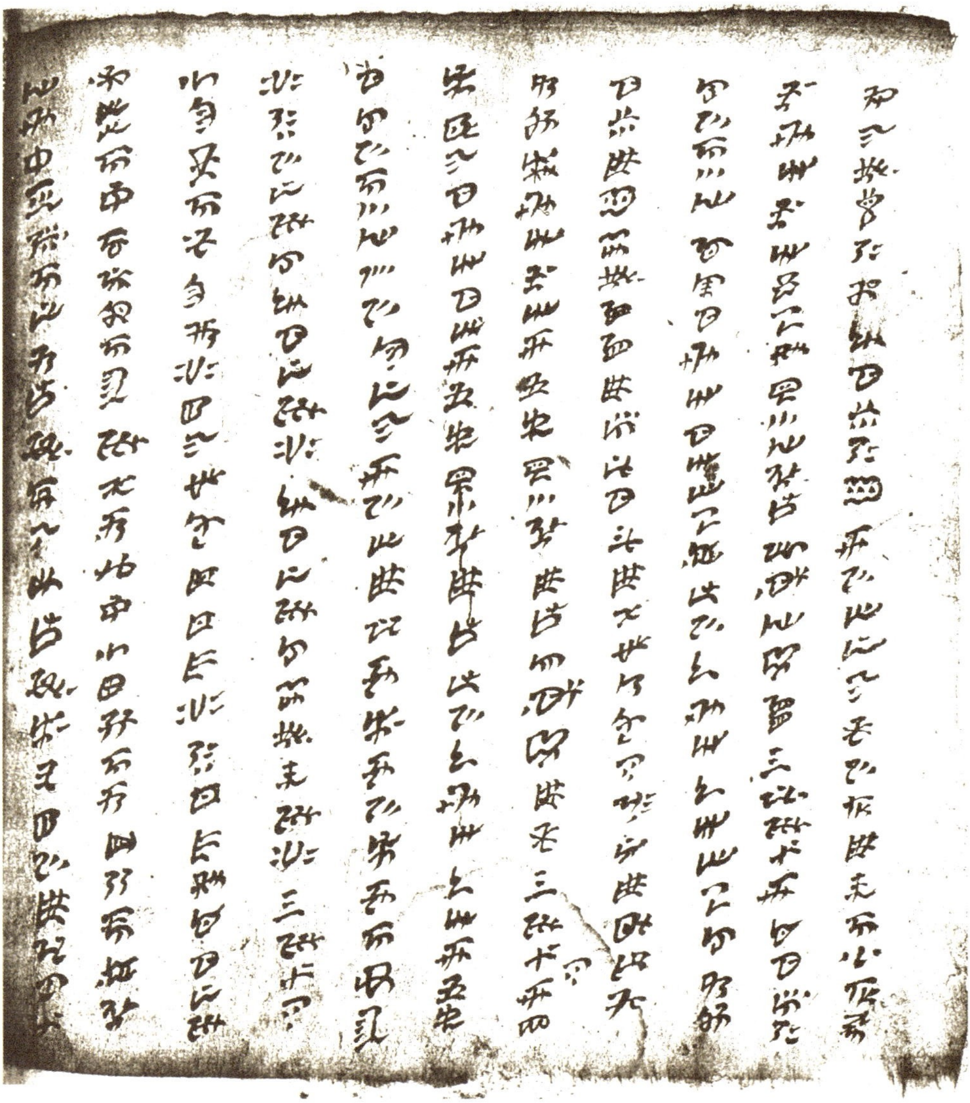

《寻医找药经》第 2 页

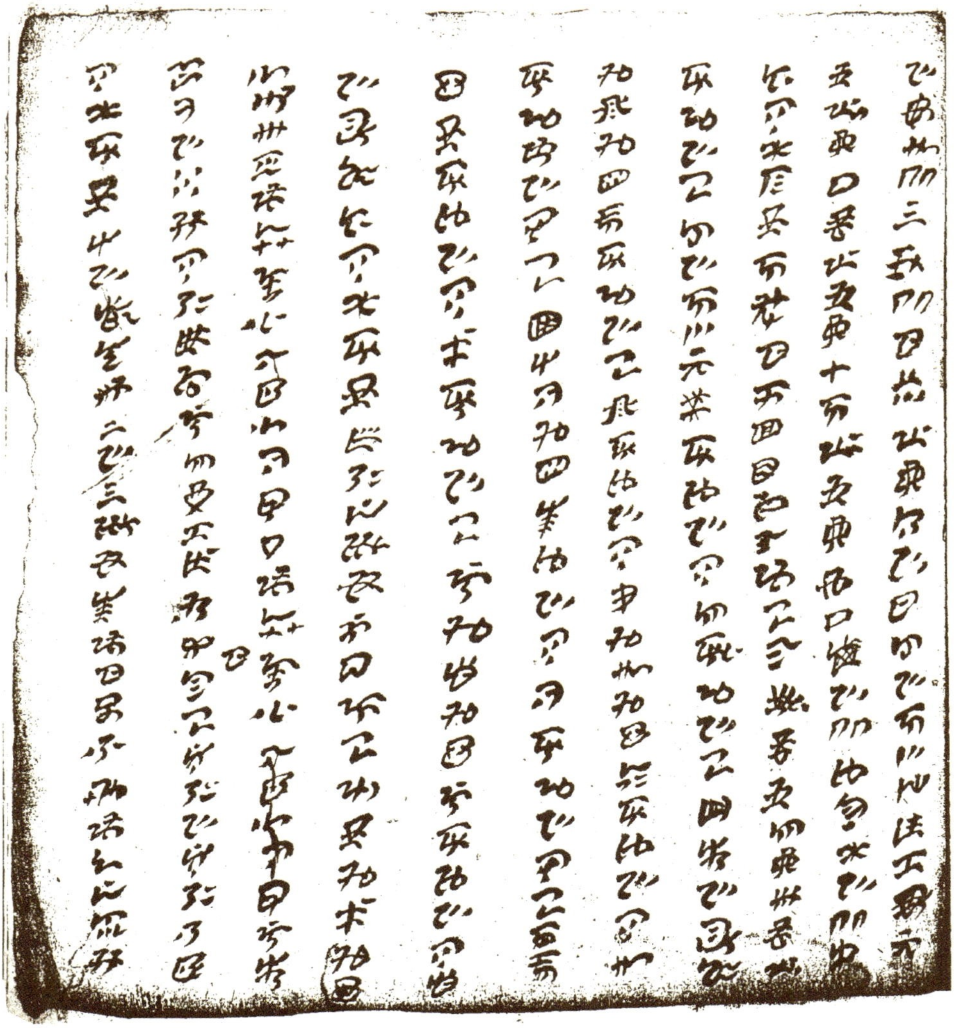

《寻医找药经》第 11 页

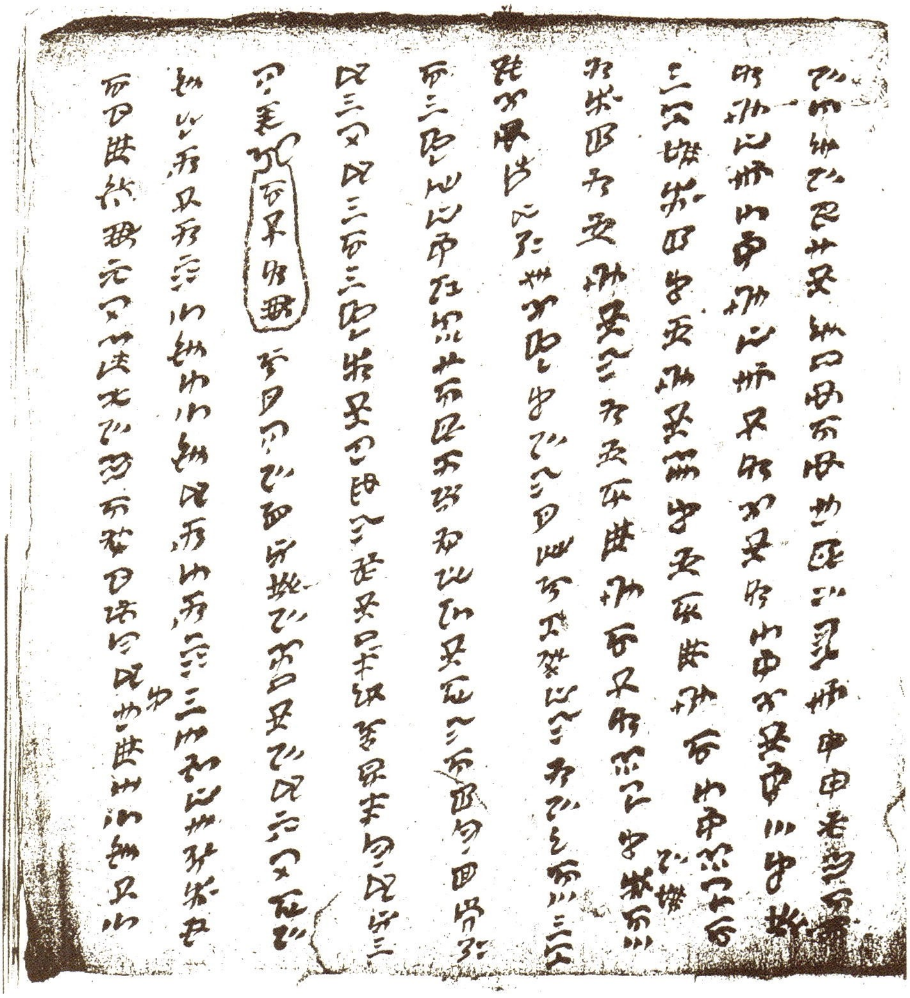

《寻医找药经》第 15 页

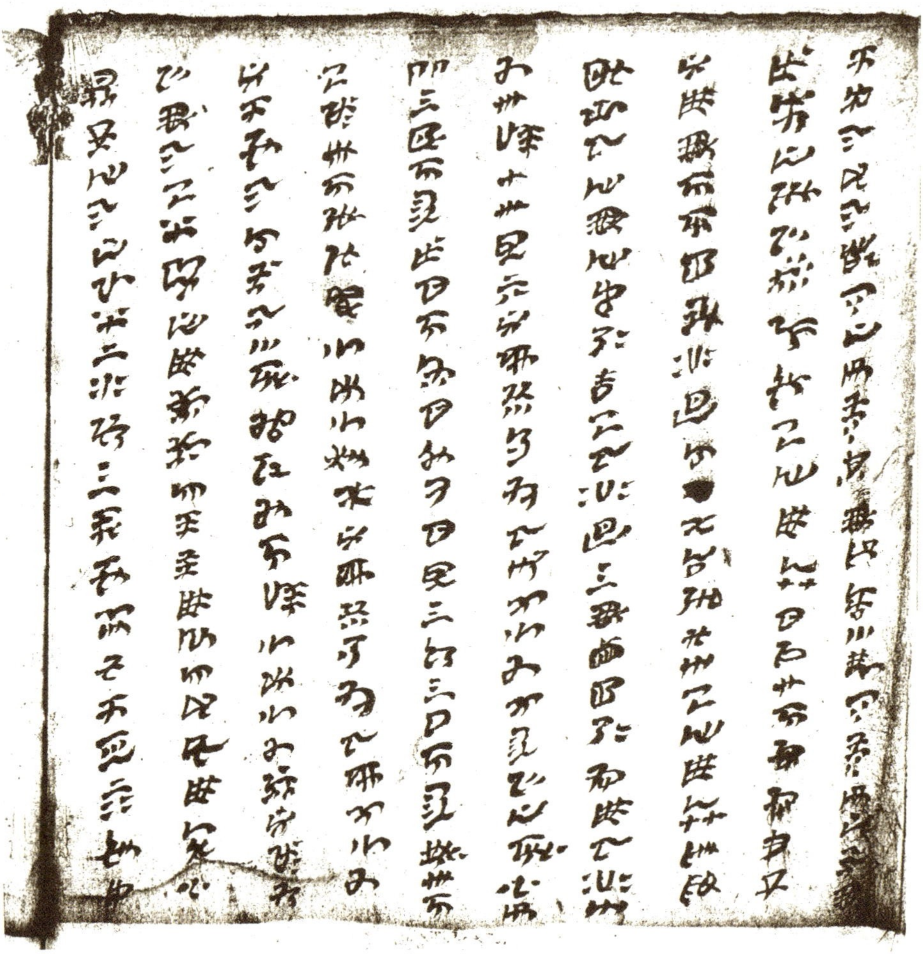

《寻医找药经》第 22 页

# 五十二、延寿经

延寿经

古彝文；不分卷1册；12页，约3200字；佚名撰，抄本复印件，线订册页装；页面27.5cm×38cm，行格15行14—18字，行序从上到下，字序从右到左；保存完好；馆内编号：178—2。

内容提要

《延寿经》主要流传于大小凉山彝族聚居区，是人们在祈求延长寿命仪式上念诵的经书，其内容可能与道文化存在着一定的联系，是文化交融的产物。

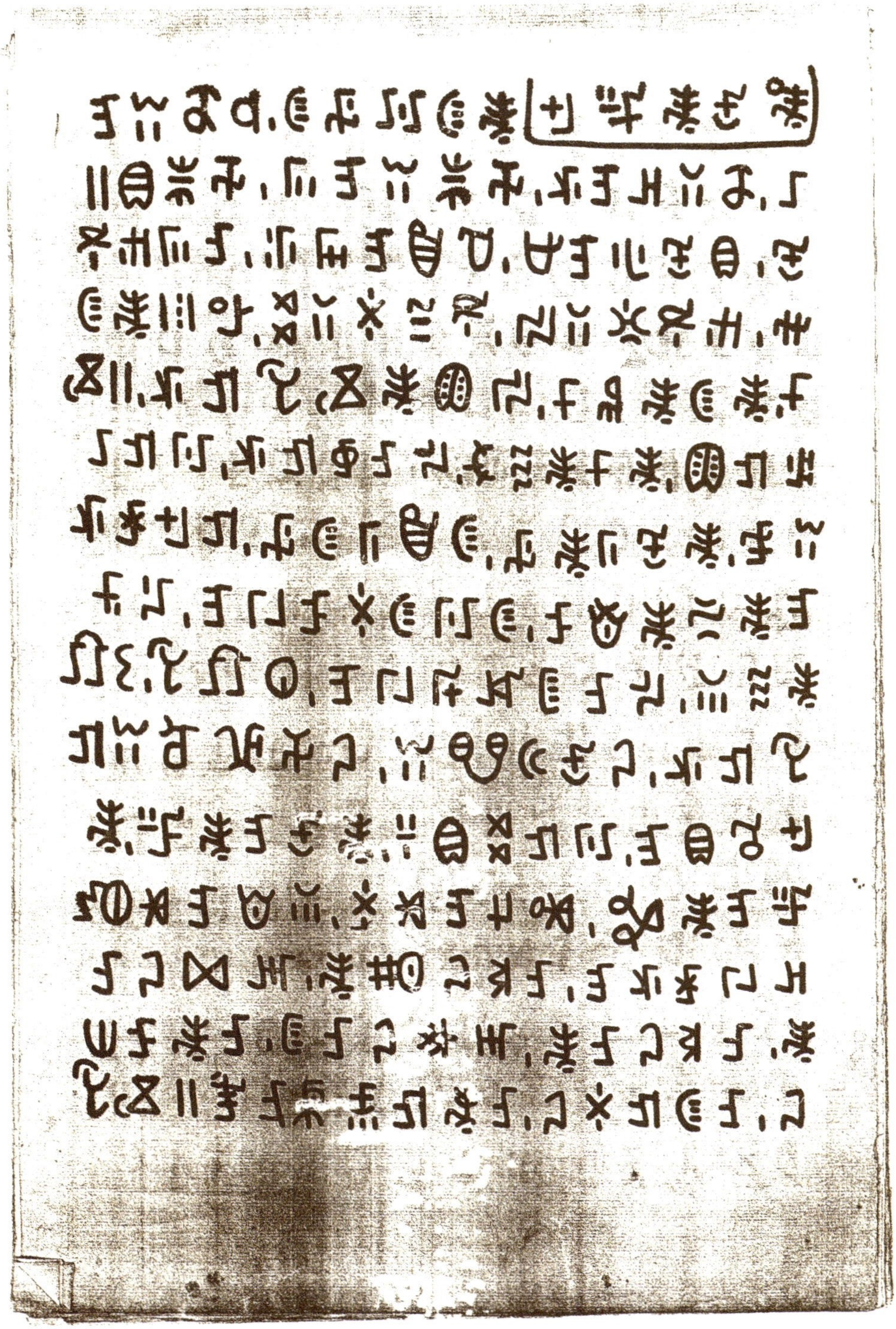

《延寿经》第 1 页

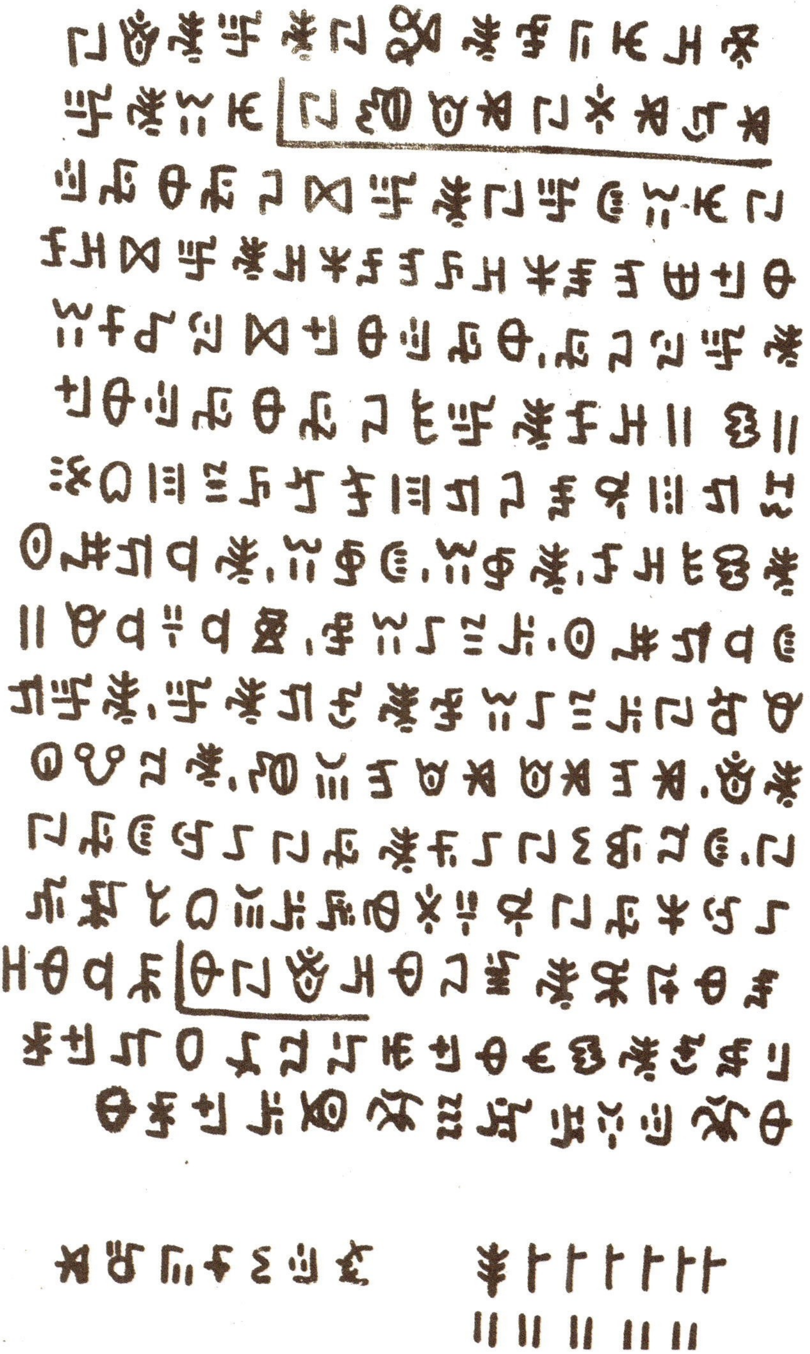

《延寿经》第 6 页

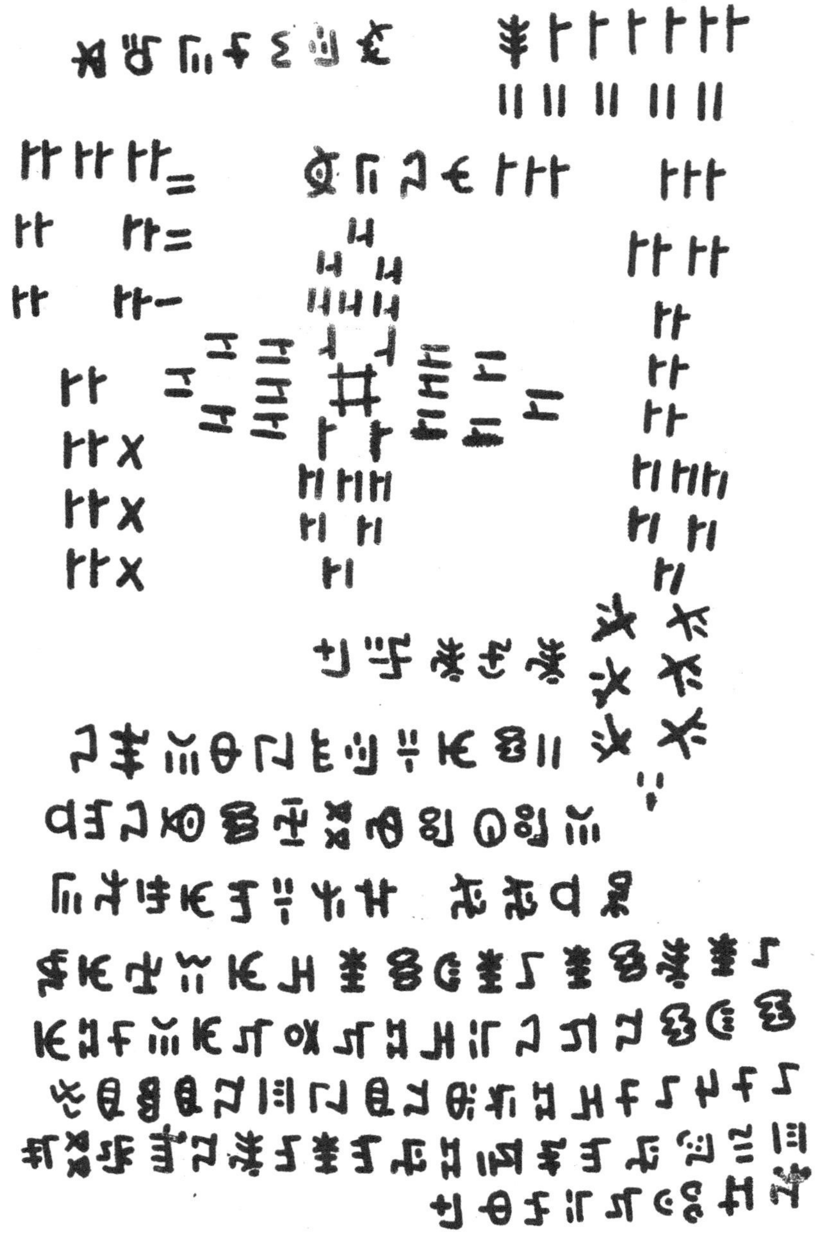

《延寿经》第 7 页

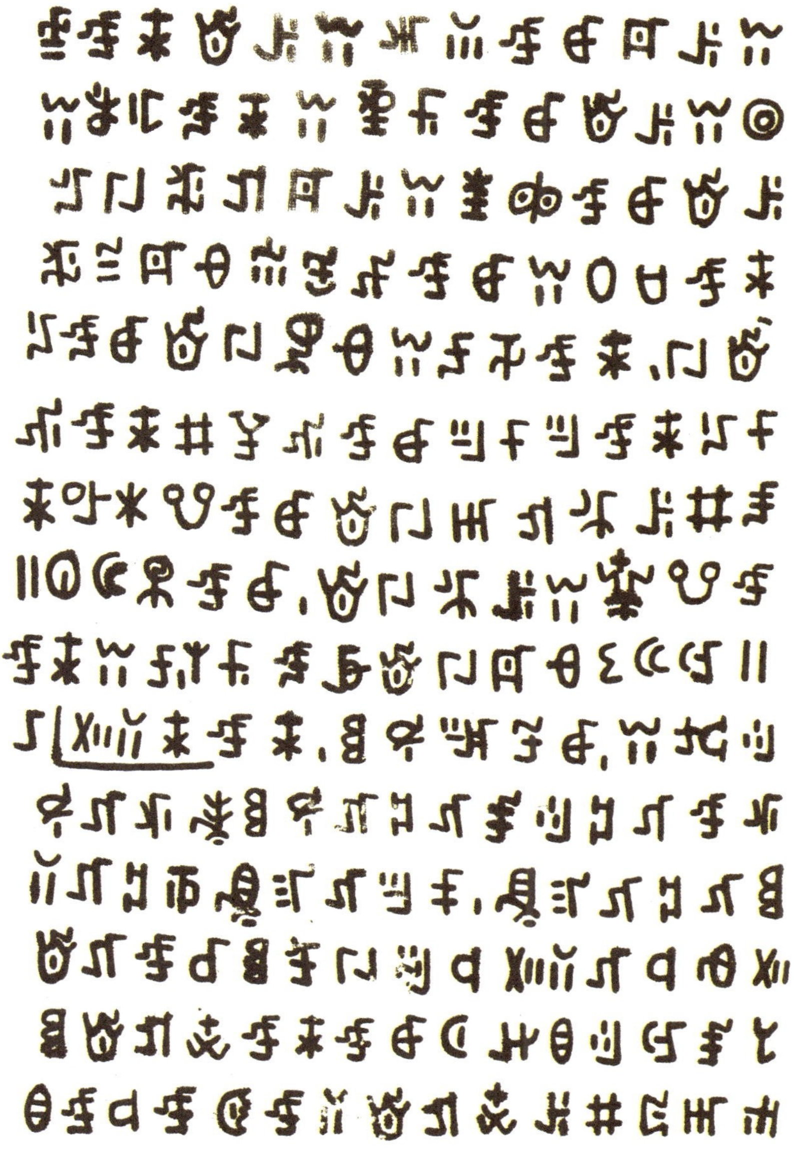

《延寿经》第 11 页

# 五十三、羊胛骨占

羊胛骨占

古彝文；不分卷1册；4页，1000余字；佚名撰；新抄本，线订册页装；页面25.5cm×38cm，行格21行13—17字，行序从上到下，字序从右到左；保存完好；馆内编号：387—1。

内容提要

《羊胛骨占》主要流传于大小凉山彝族聚居区，是人们进行羊骨卜时念诵的卜辞。主要内容为招请各种神灵和智者之灵前来识别骨相，指出各种形状颜色的胛骨纹路所预示的后果；祈求胛骨显示吉兆，保佑子孙兴旺发达。这种占卜的方式与卜辞内容，与汉族等多民族相同，是多民族人民交往交流和文化交融的具体表现。

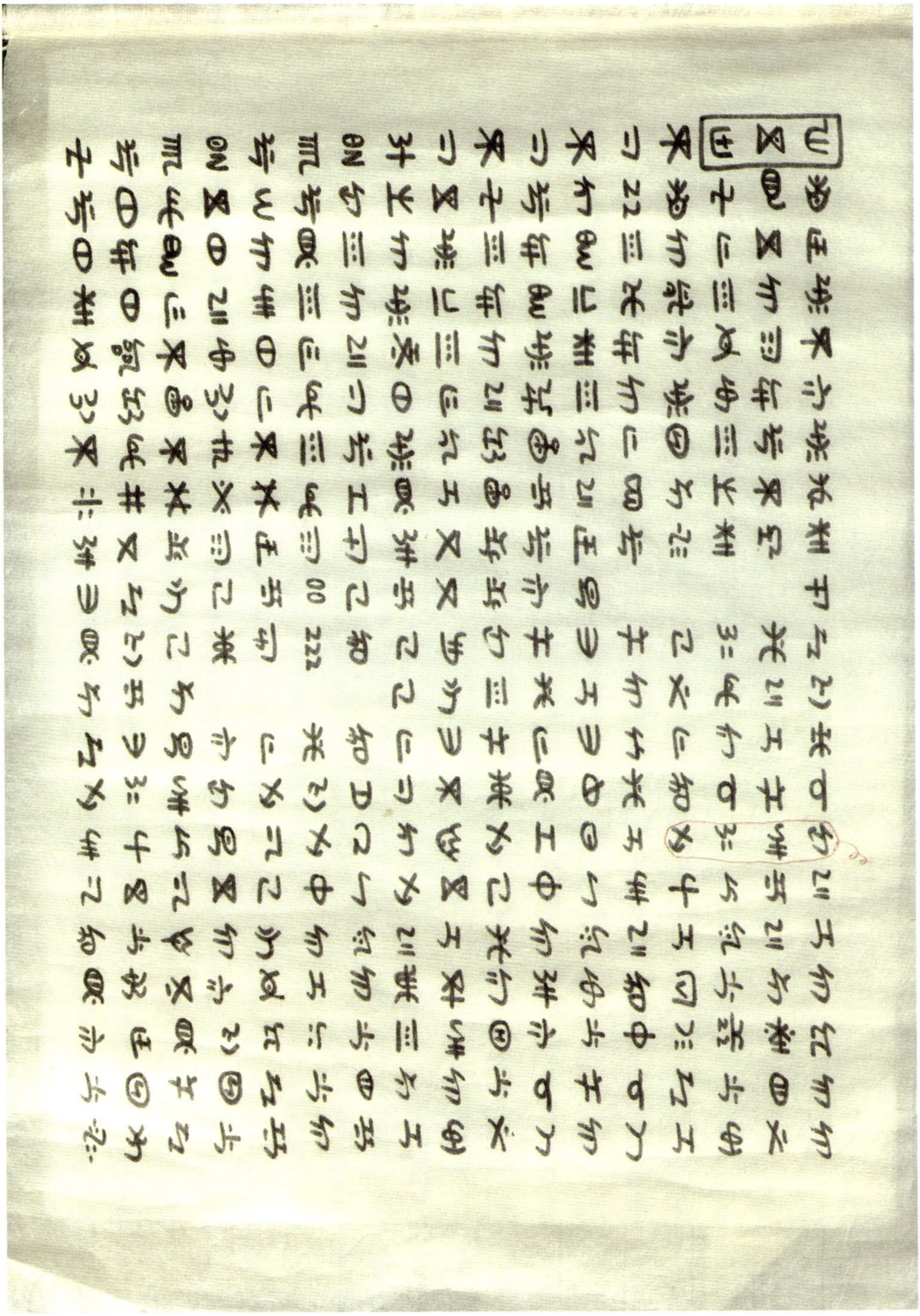

《羊胛骨占》第 1 页

《羊胛骨占》第 2 页

# 五十四、迎毕摩经

## 迎毕摩经

古彝文；不分卷1册；63页，8800余字；佚名撰；旧抄本，线订册页装；页面13cm×26cm，行格7行9—20字，行序从左到右，字序从上到下；保存较好；馆内编号：G1—7。

## 内容提要

《迎毕摩经》是流传于贵州彝族聚居区的彝文古籍，主要讲述远古时期的毕摩历史及迎接毕摩的仪式。“毕摩”的“毕”即“念”“诵”，“摩”即“尊者”“长者”，“毕摩”即“经师”“祭司”。毕摩们普遍掌握文字，拥有并通晓彝书经籍，识民间风俗掌故，精通古今，能言善辩，学识渊博，在民间信仰体系中，其是人神两界的沟通者。他们除主持宗教活动外，还教授彝文，撰述、翻译彝经。传说中，彝文由著名毕摩阿苏拉则创造，与汉字起源中的仓颉造字说有很多相似之处。

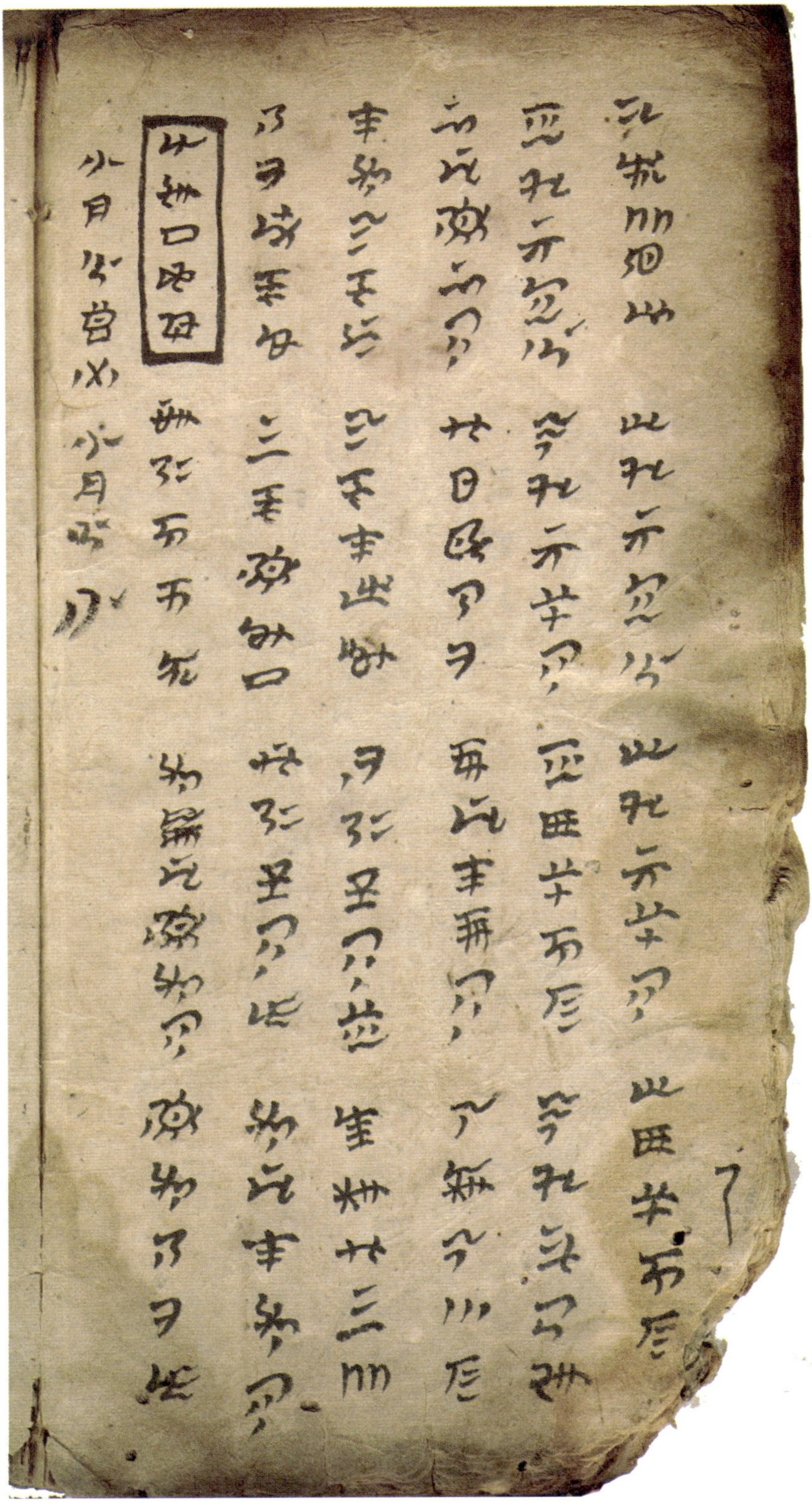

《迎毕摩经》第 4 页

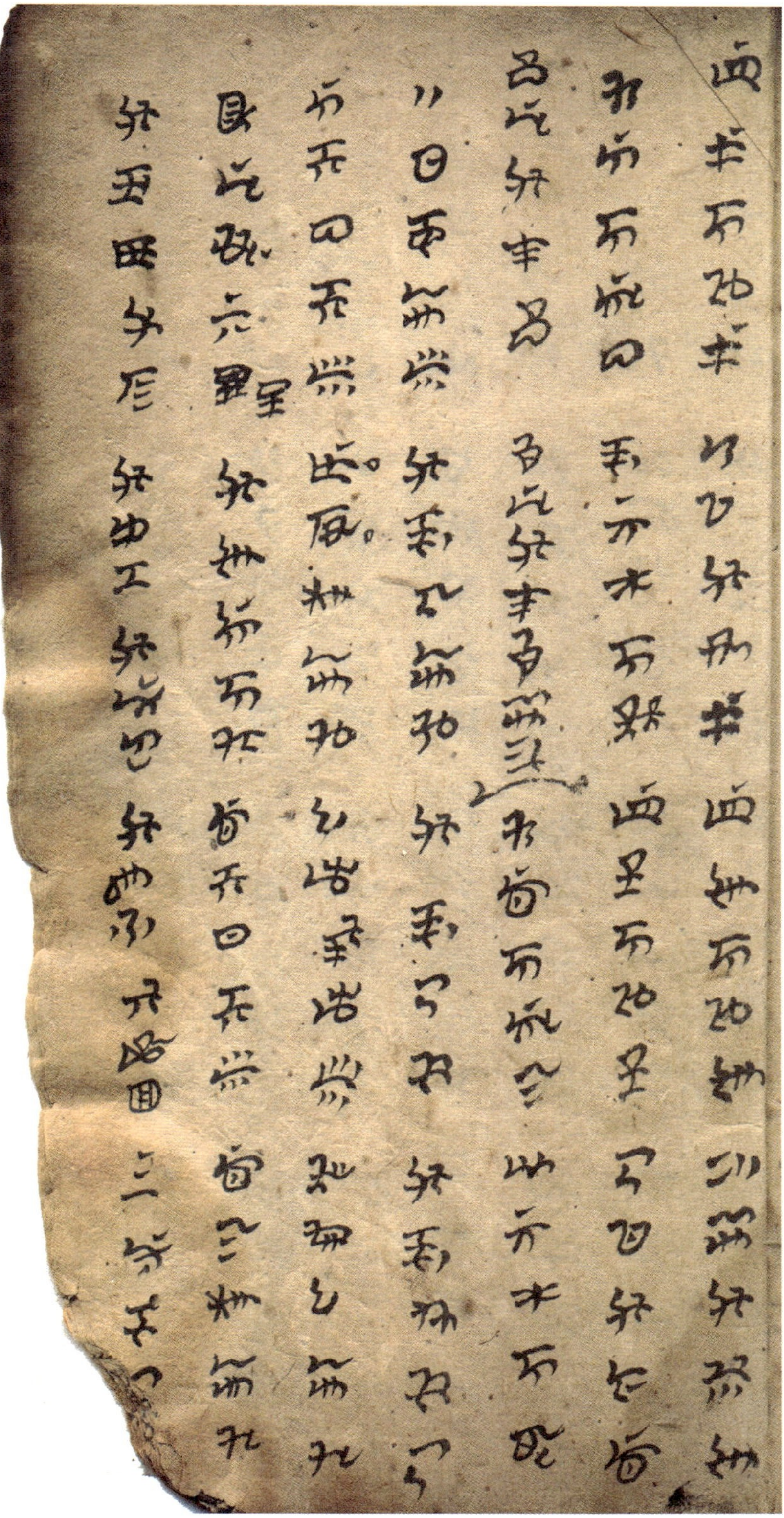

《迎毕摩经》第 17 页

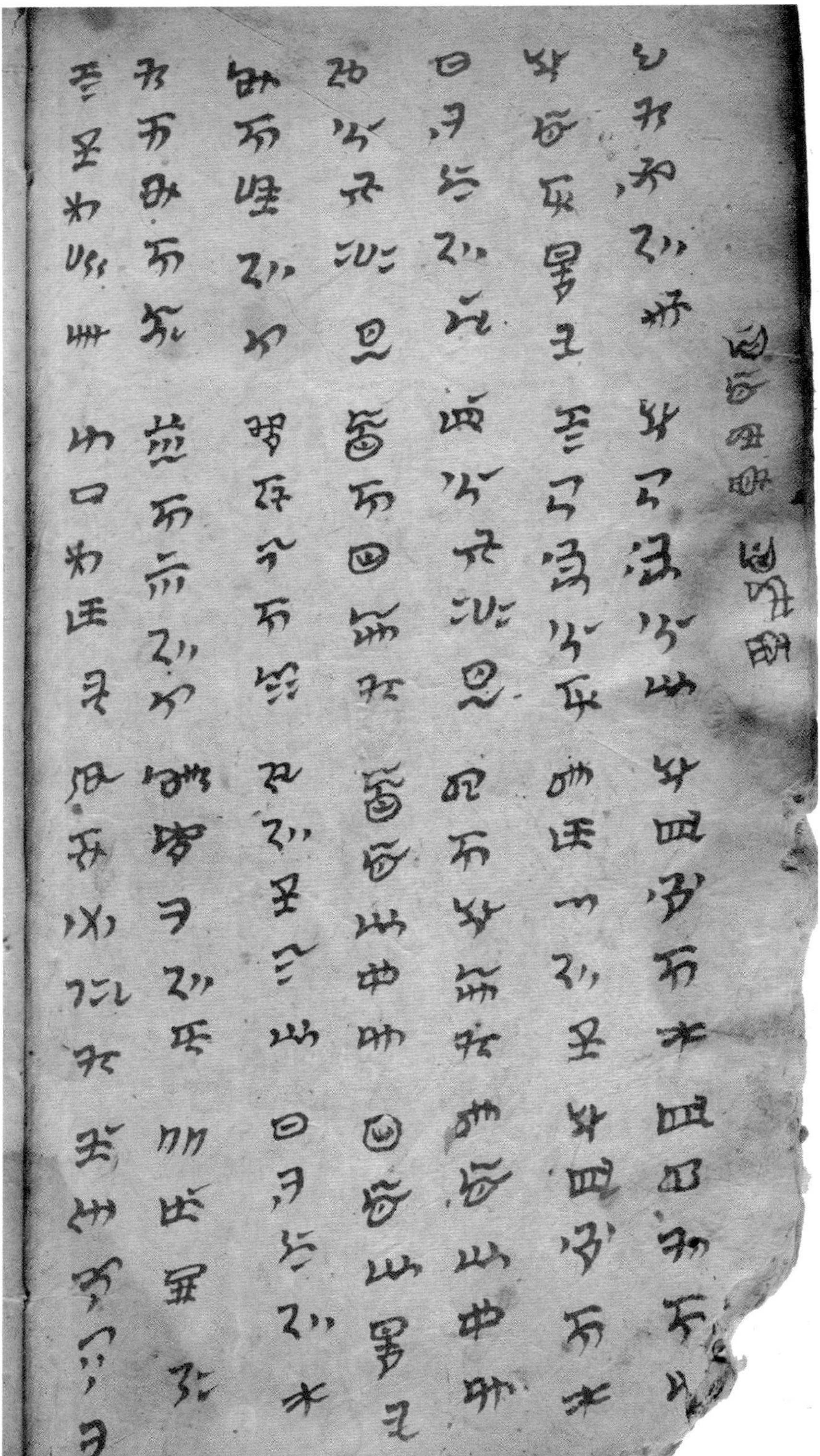

《迎毕摩经》第 30 页

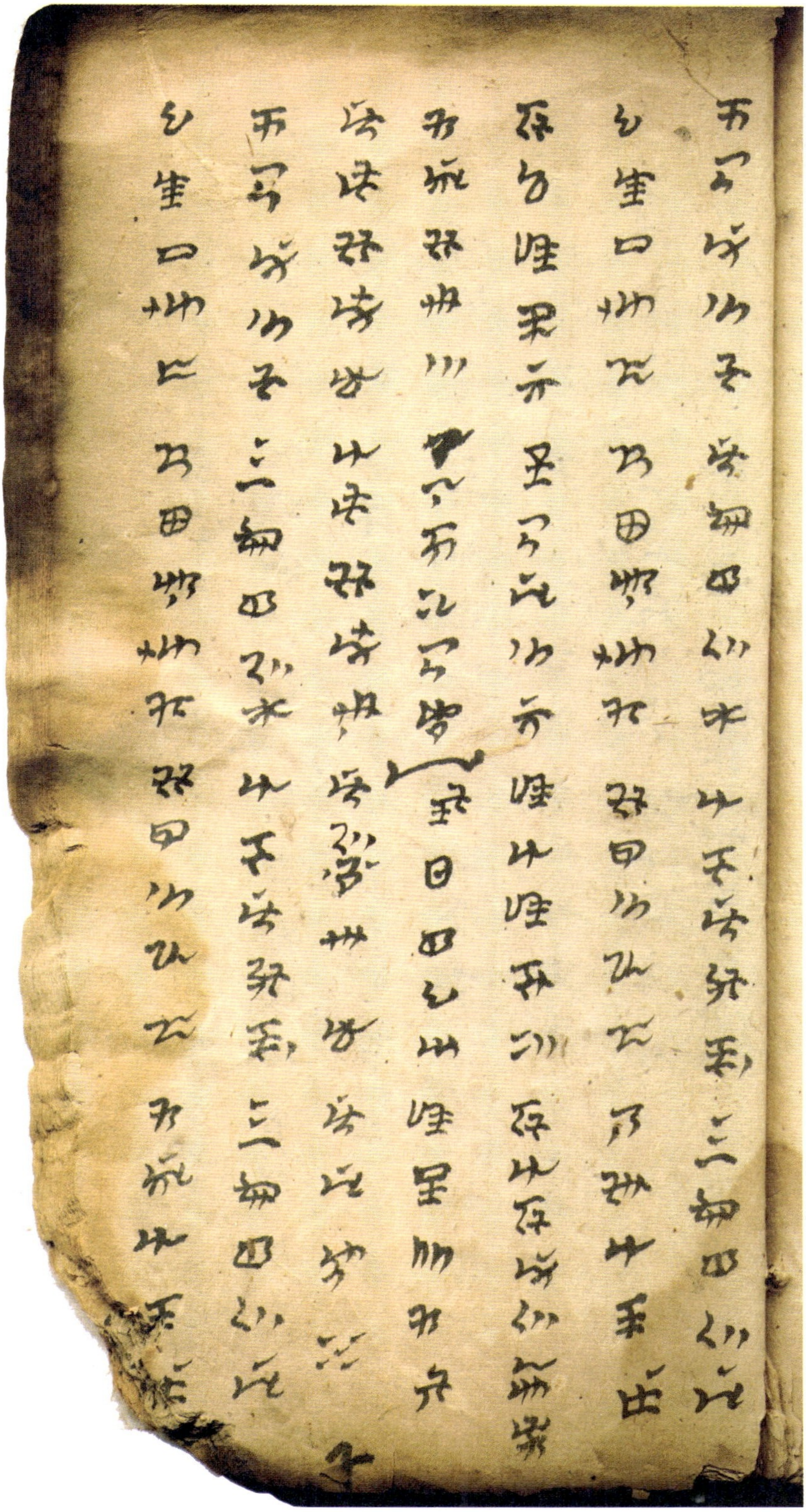

《迎毕摩经》第 51 页

# 五十五、占卜书

## 占卜书

古彝文；不分卷1册；22页，20000余字；佚名撰；旧抄本，线订卷轴装；页面38cm×85cm，行格38行6—28字，行序从上到下，字序从右到左；有残损；馆内编号：G12—2。

## 内容提要

《占卜书》为占卜、历算类古籍，流传于大小凉山彝族聚居区。在彝族民间，遇出行、奠基、乔迁、婚姻、年节等重要日子都要翻看这类经书来测算吉凶，其对彝族人民的生产生活具有重要的指导作用。

该书内容与道文化中的历算、阴阳八卦等知识密切相关。

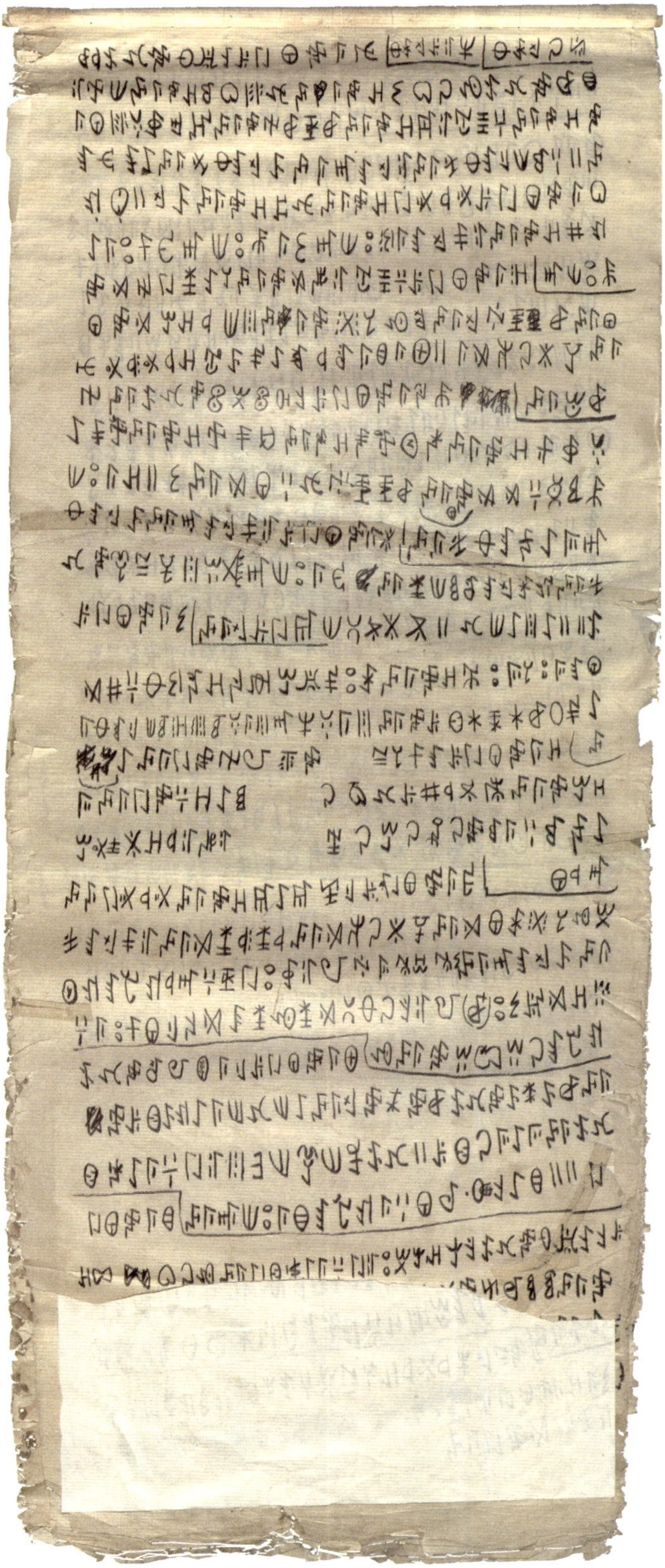

《占卜书》第 2 页

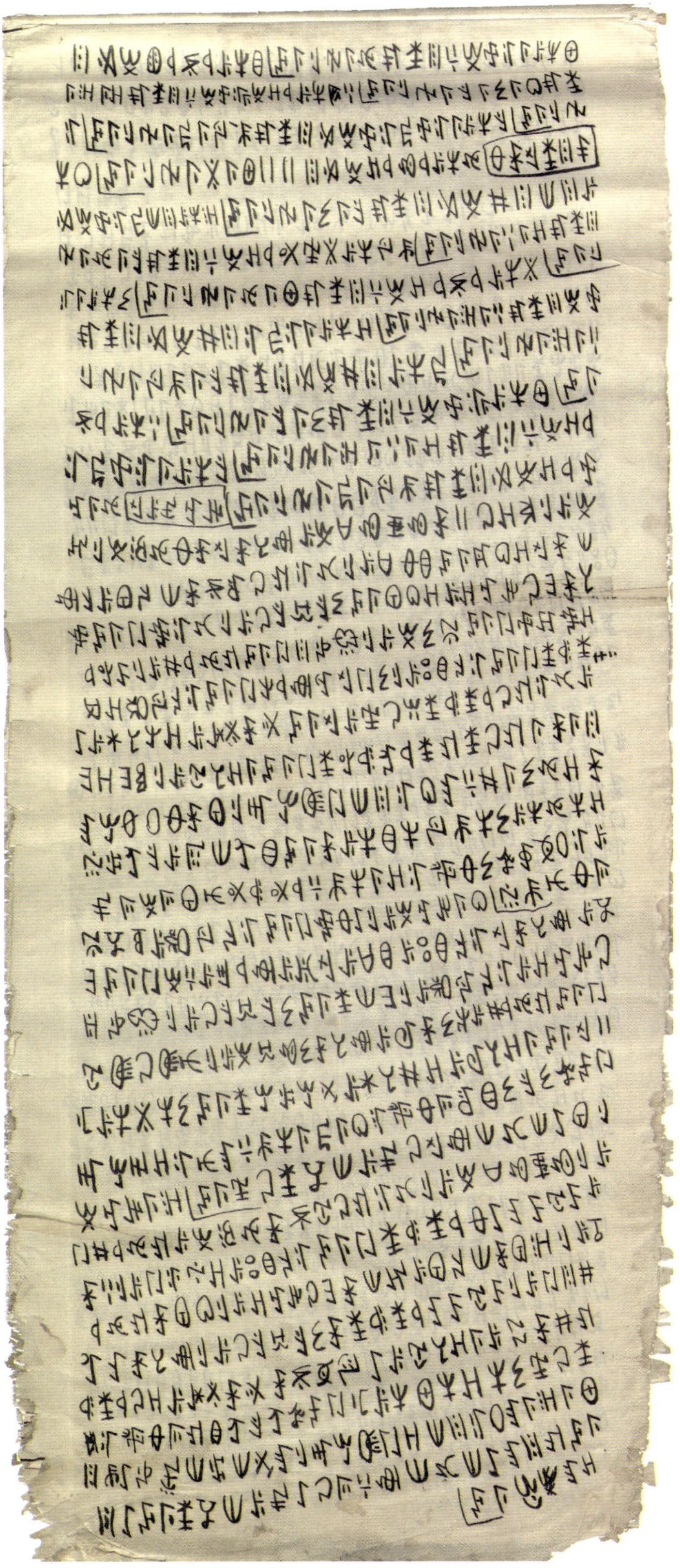

《占卜书》第 18 页

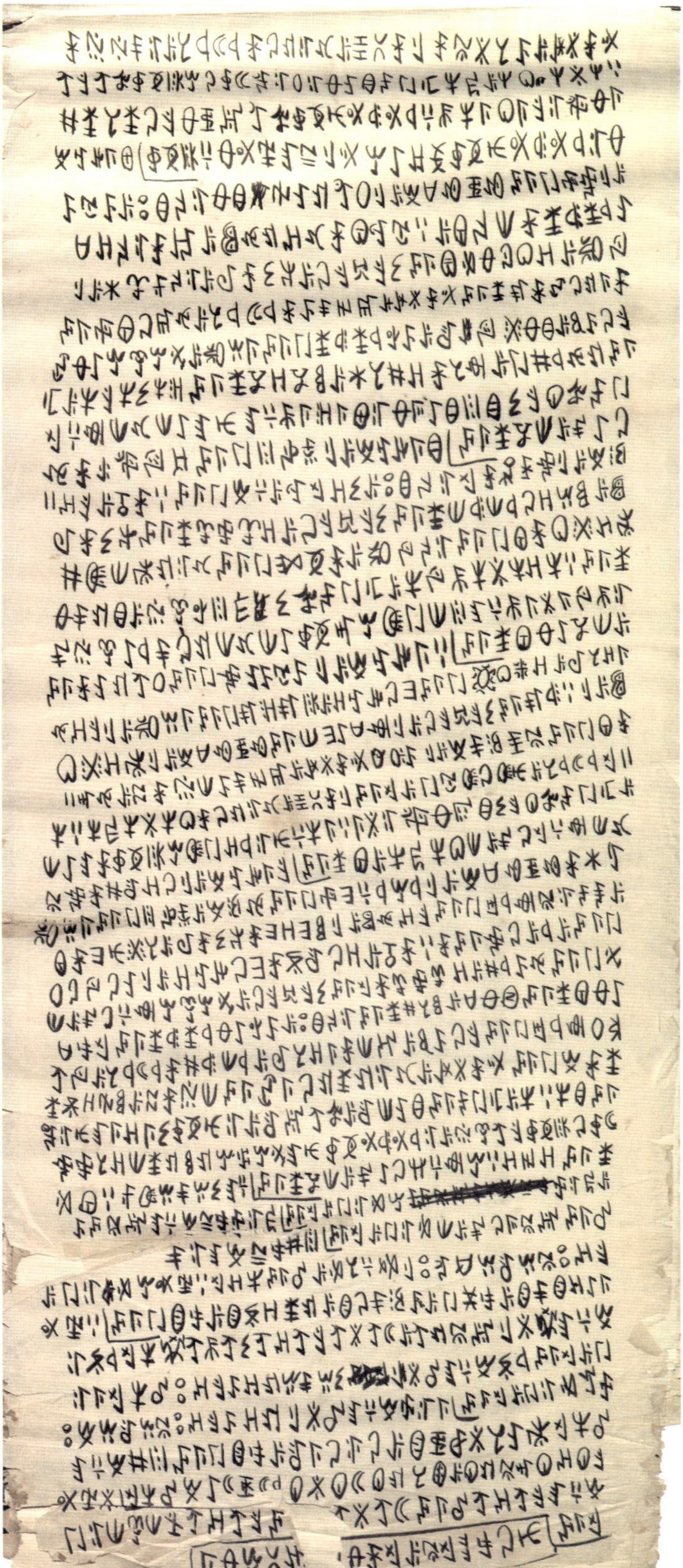

《占卜书》第 20 页

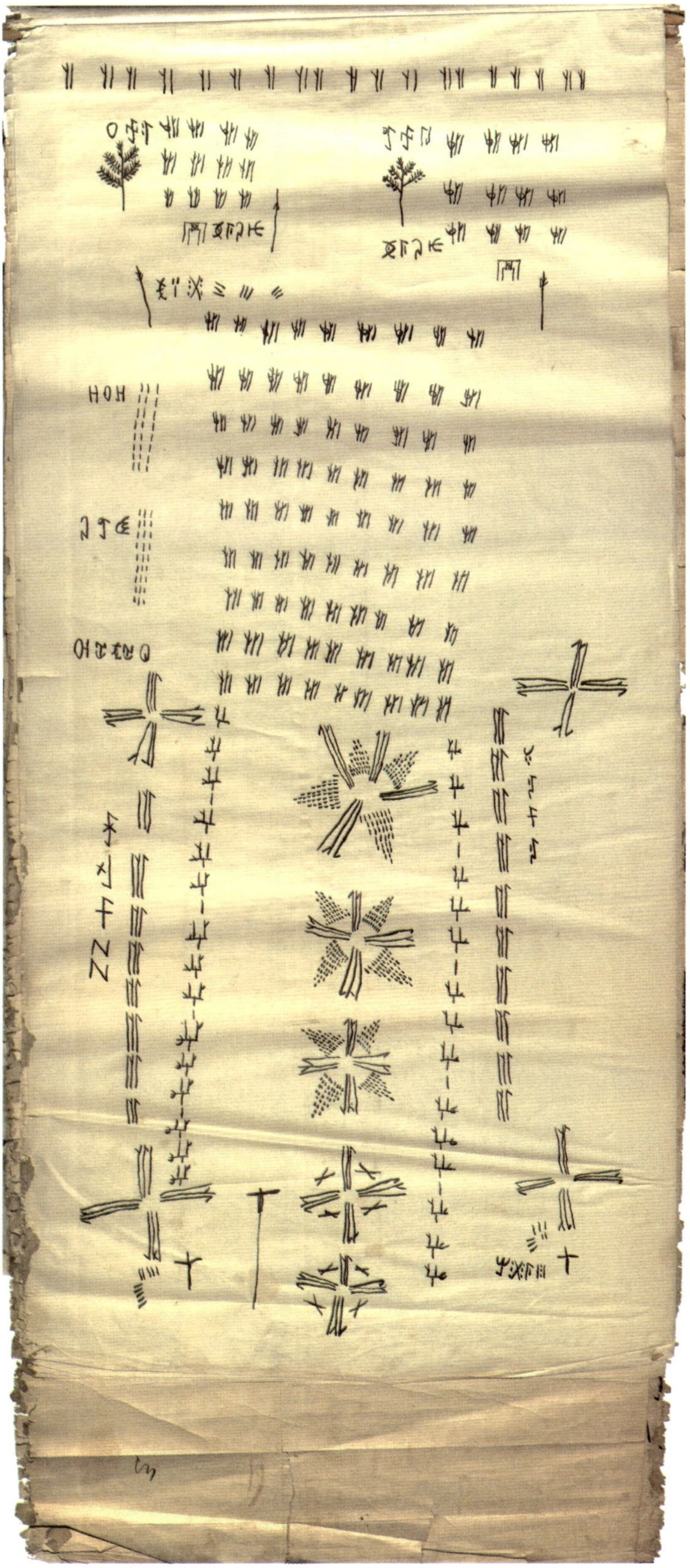

《占卜书》第 21 页

# 五十六、占卜预测灾难书

占卜预测灾难书

古彝文；不分卷1册；62页，约16000字；佚名撰；旧抄本，线订册页装；页面25.5cm×27cm，行格11行8—23字，行序从左到右，字序从上到下；破损严重，无修复；馆内编号：A44。

内容提要

《占卜预测灾难书》是流传于贵州彝族聚居区的彝文古籍，是彝族祭师毕摩占卜方面的经书。其内容与道文化中的占卜术有一定的关系。

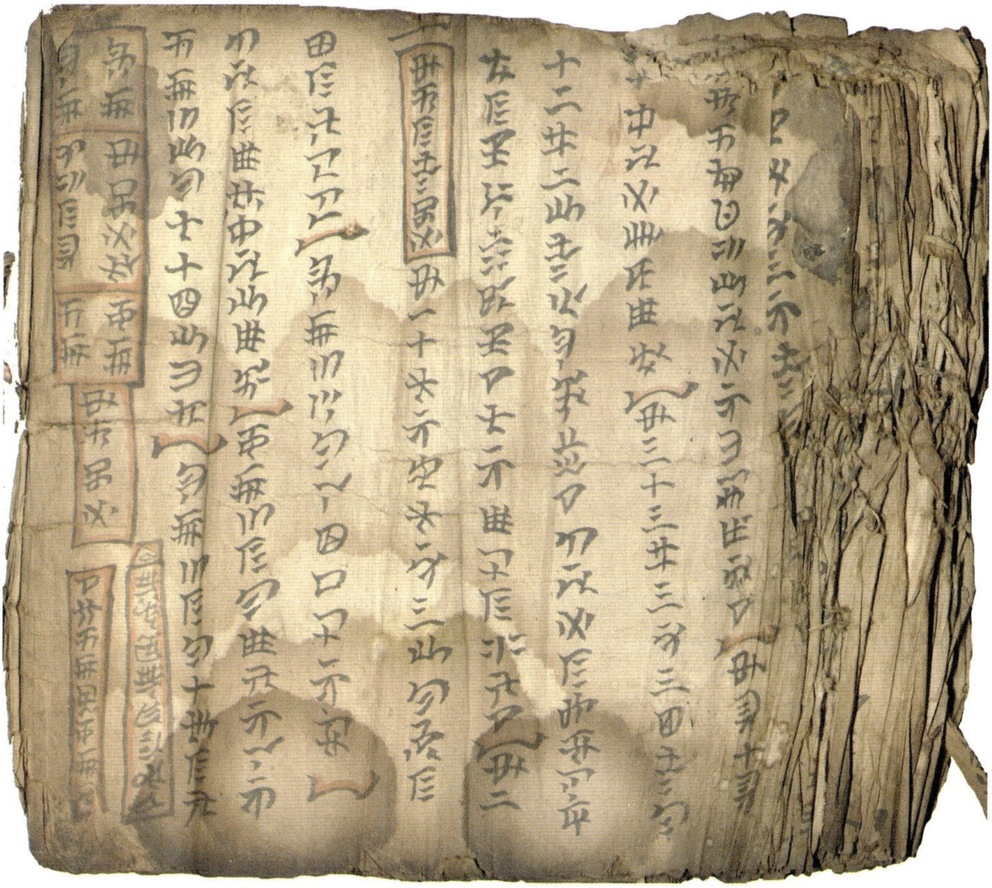

《占卜预测灾难书》第 1 页

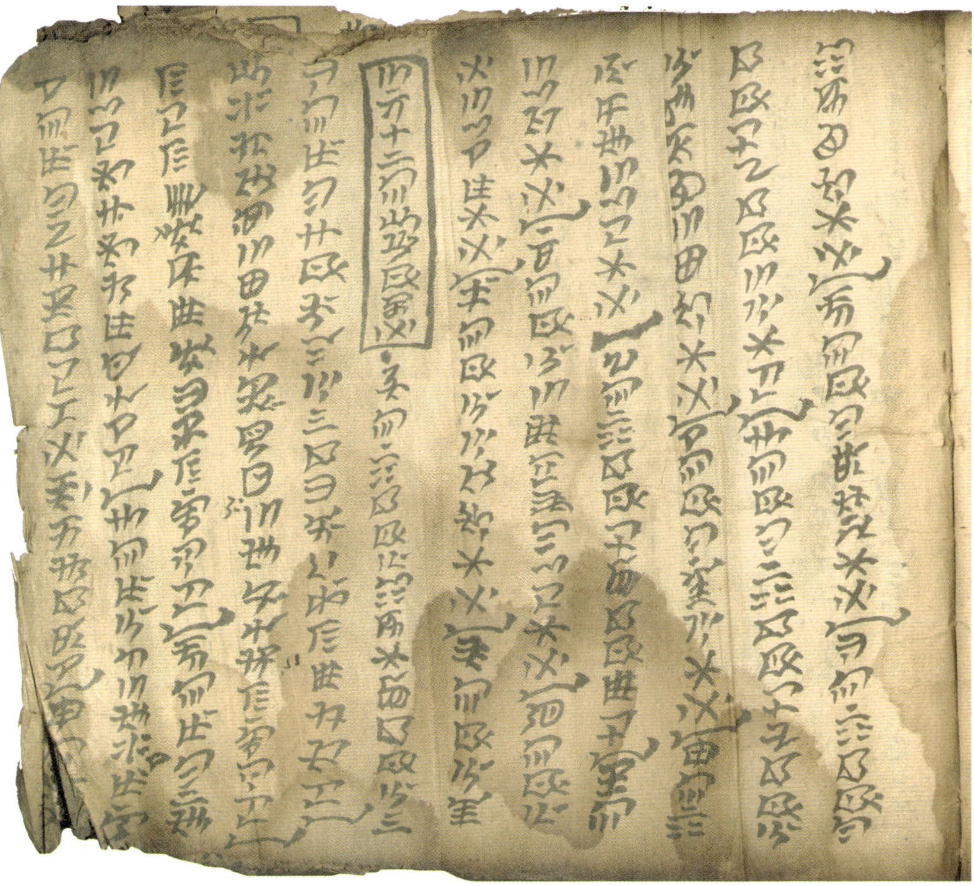

《占卜预测灾难书》第 36 页

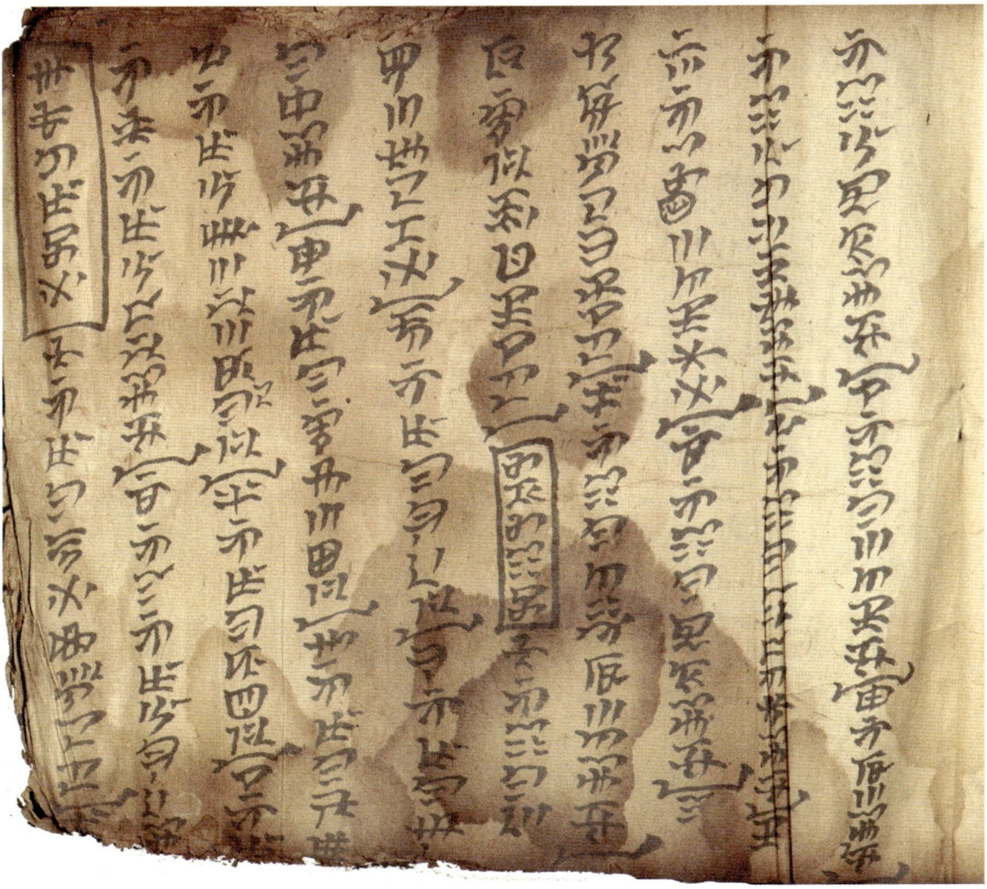

《占卜预测灾难书》第 46 页

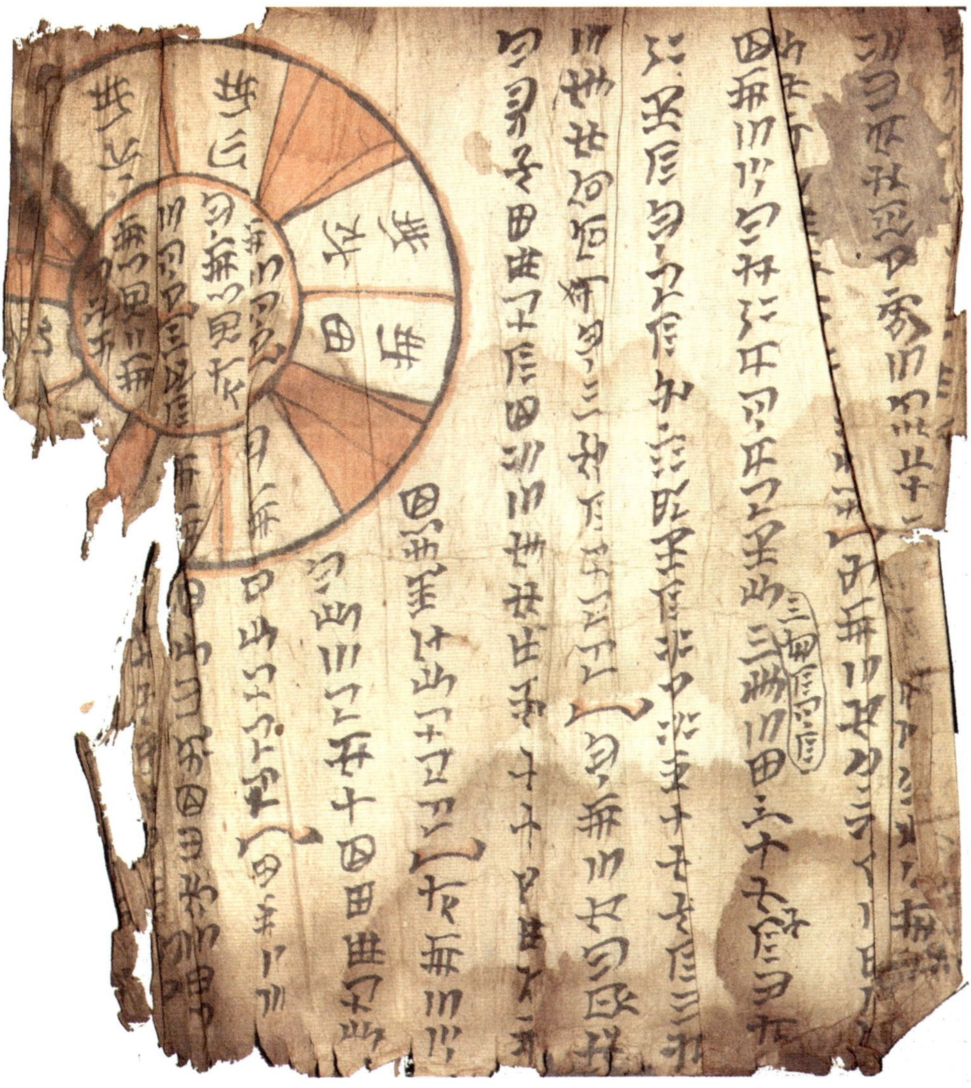

《占卜预测灾难书》第 60 页

# 五十七、占属相择期书

## 占属相择期书

古彝文；不分卷1册；78页，20000余字；佚名撰；抄本复印件，线订册页装；页面25cm×31.5cm，行格13行19—21字，行序从左到右，字序从上到下；保存完好；馆内编号：F74。

## 内容提要

《占属相择期书》是根据属相占算吉凶时日之书，蕴含彝族丰富的天文历算知识，与汉文献中的同类书籍有相通之处，可能是同一文化现象的不同记录。

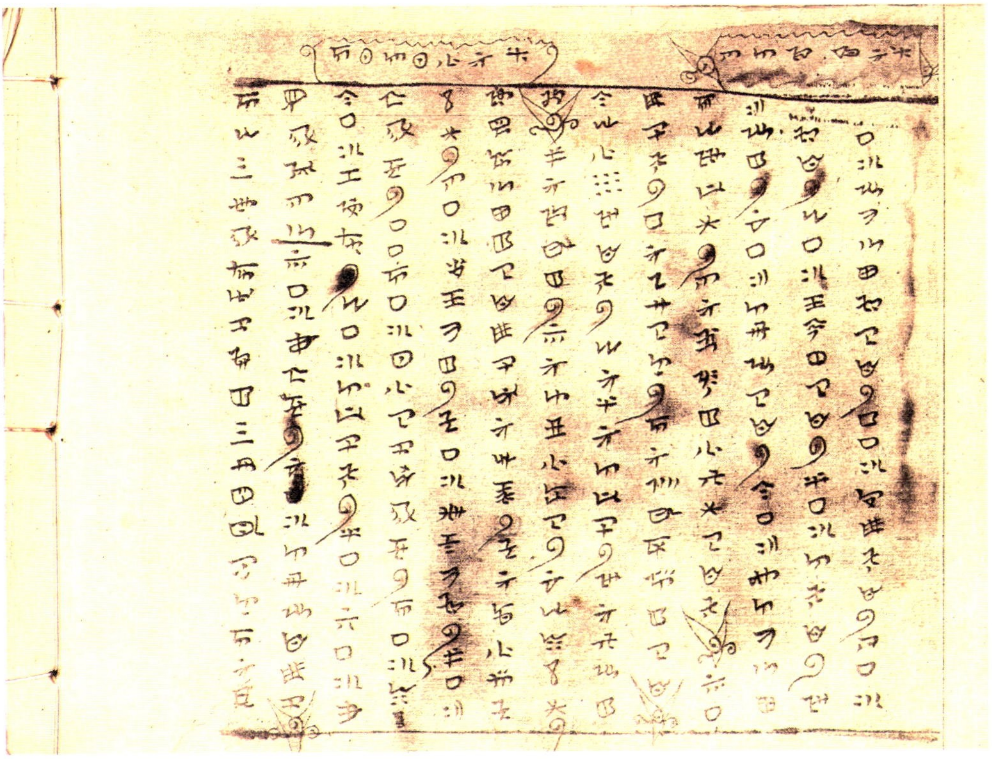

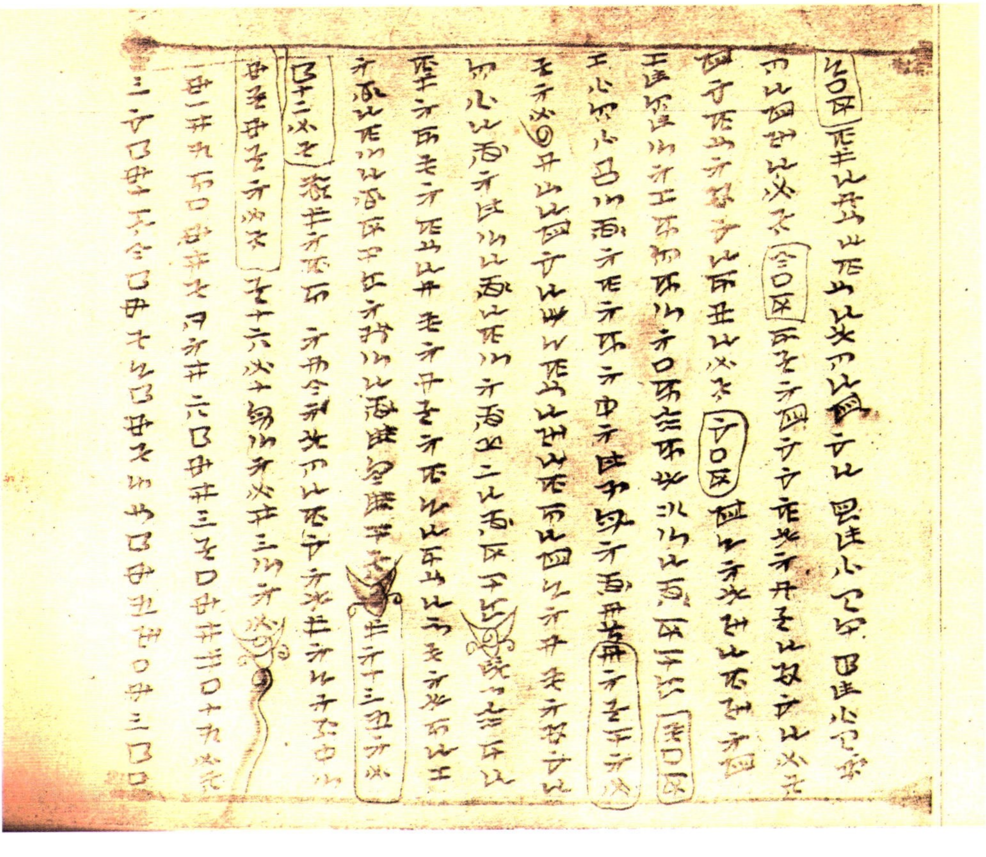

《占属相择期书》第 1 页

《占属相择期书》第 9 页

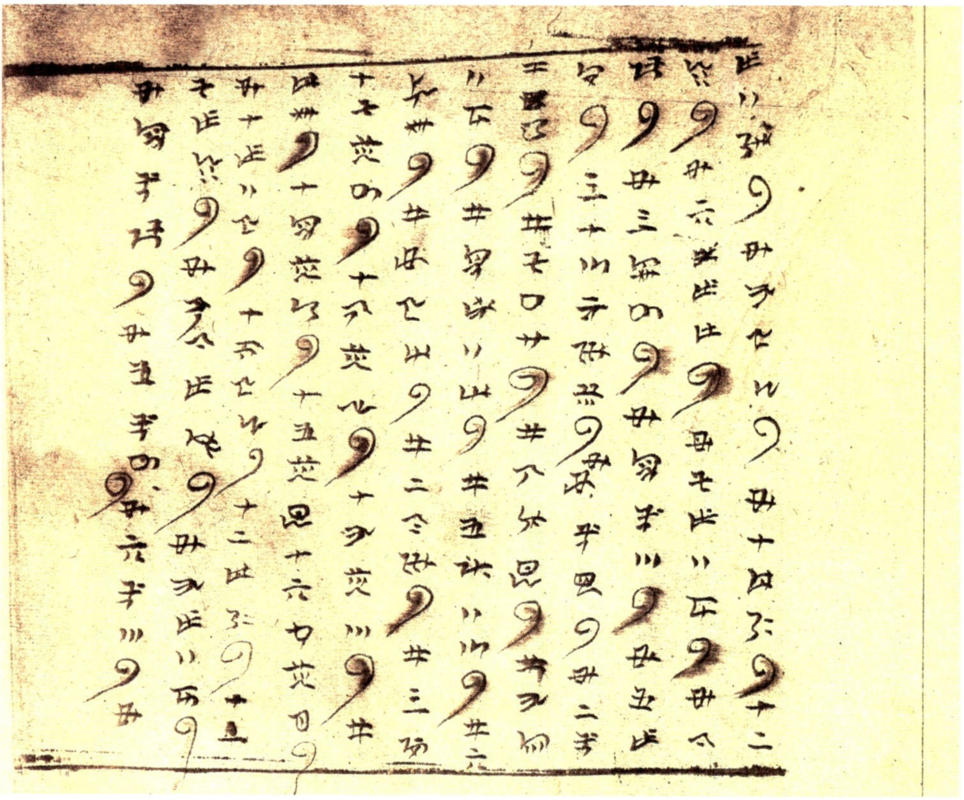

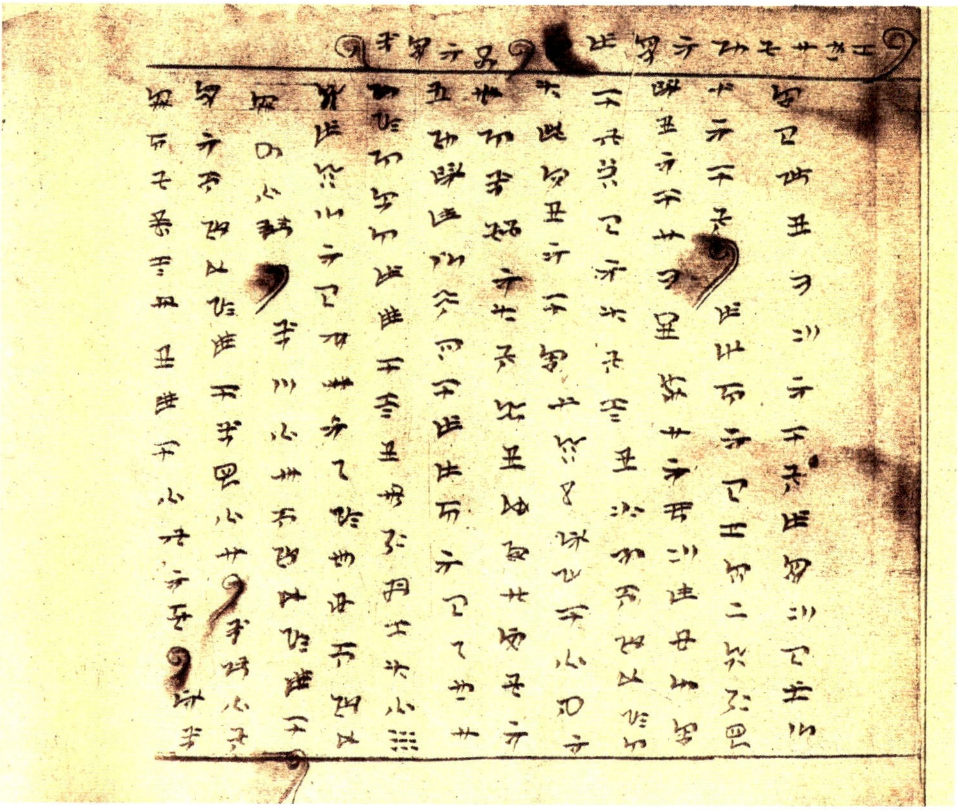

《占属相择期书》第 54 页
《占属相择期书》第 63 页

# 五十八、占算经

## 占算经

古彝文；不分卷1册；11页，5700余字；佚名撰；旧抄本，线订卷轴装；页面30cm×54cm，行格25行18—24字，行序从上到下，字序从右到左；有残损，未修复；馆内编号：ZG2—1。

## 内容提要

《占算经》主要流传于四川大凉山地区，是彝族毕摩综合性的占算预测书，内容包括算命、择日、星占、解梦、解鸦语、邪兆卜等，基本收录了所有占算方法及其具体内容，蕴含着丰富的天文历算知识。

该文献内容与汉文献中的秦简《日书》等非常类似。

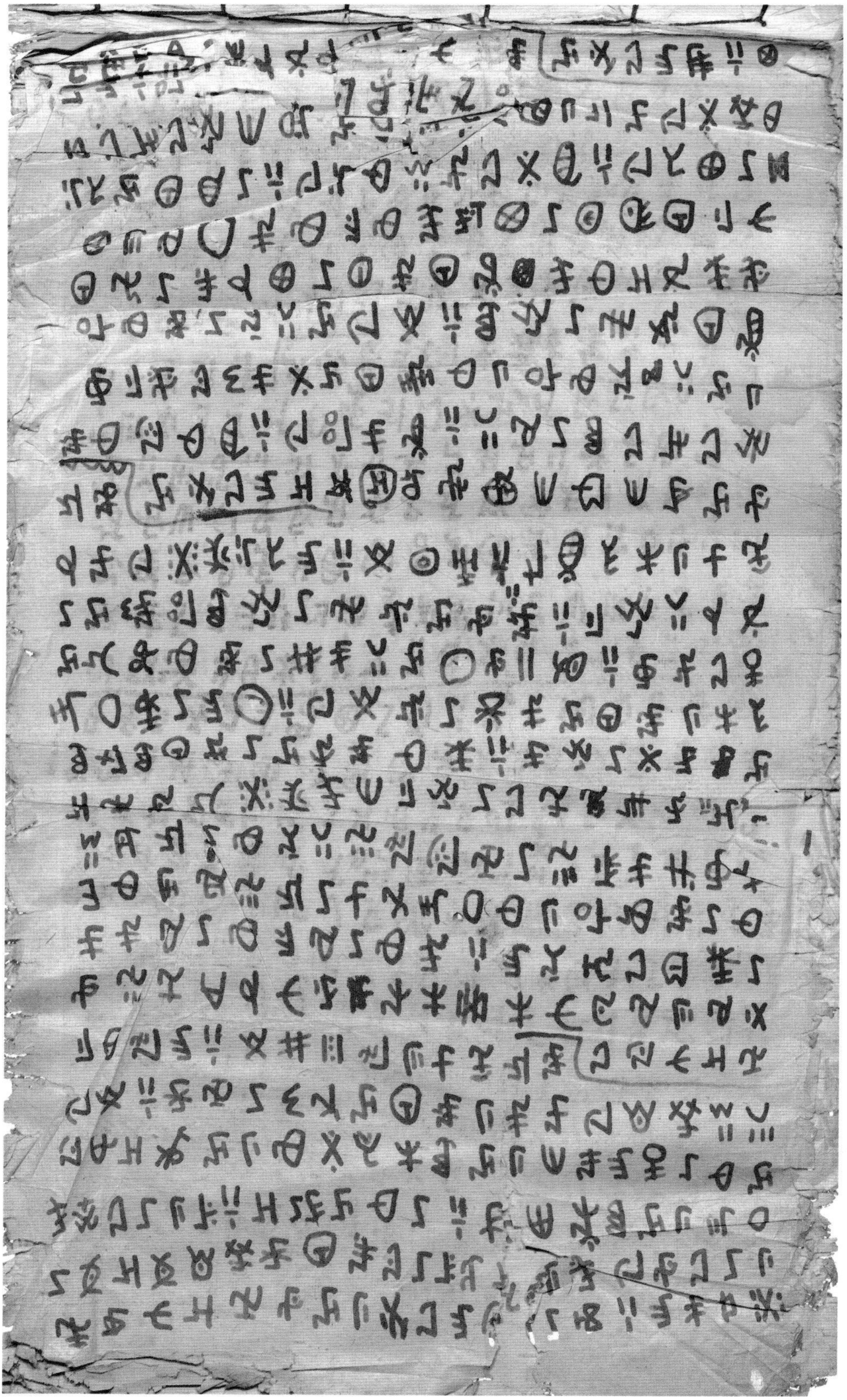

《占算经》第 1 页

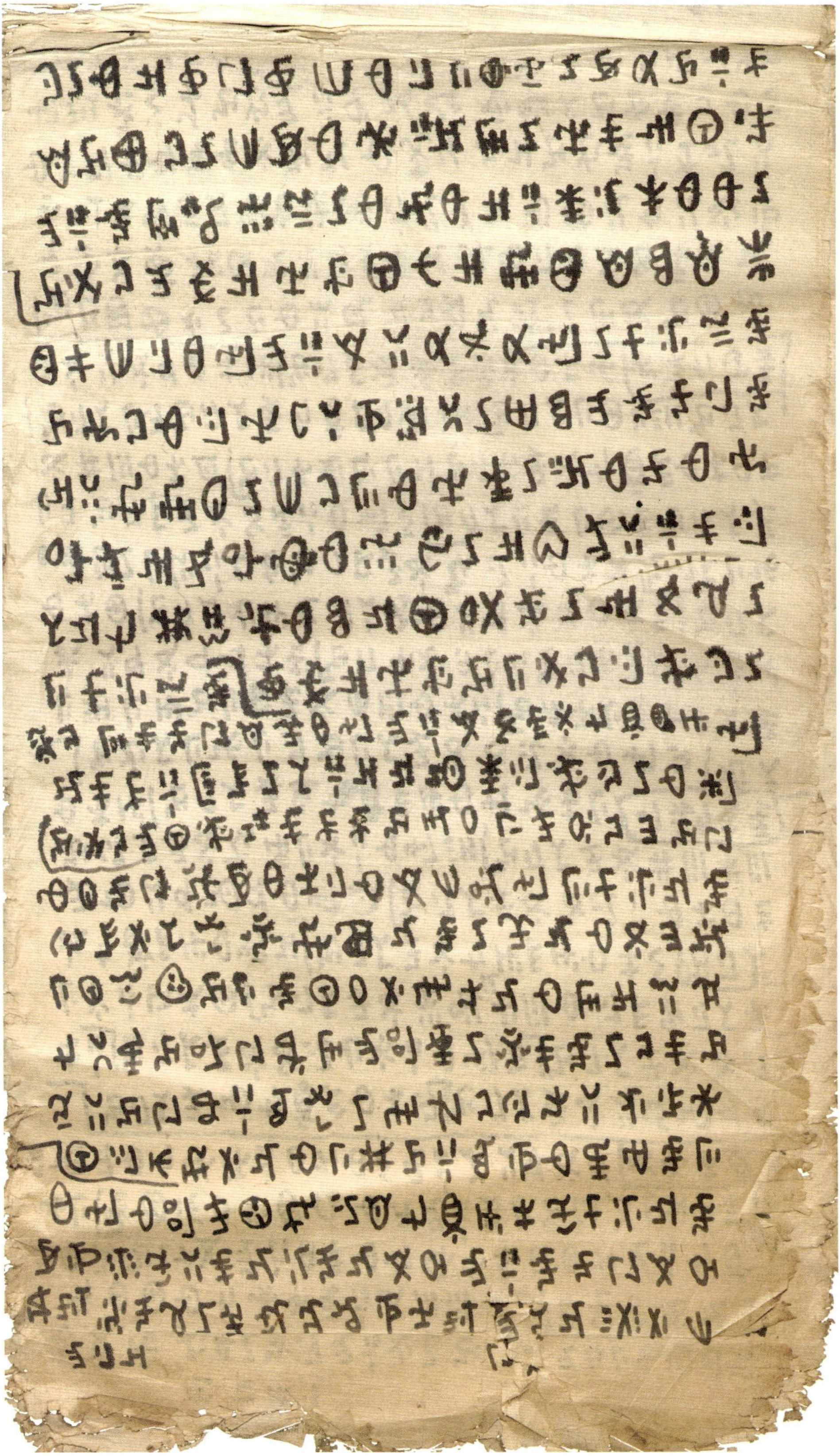

《占算经》第 7 页

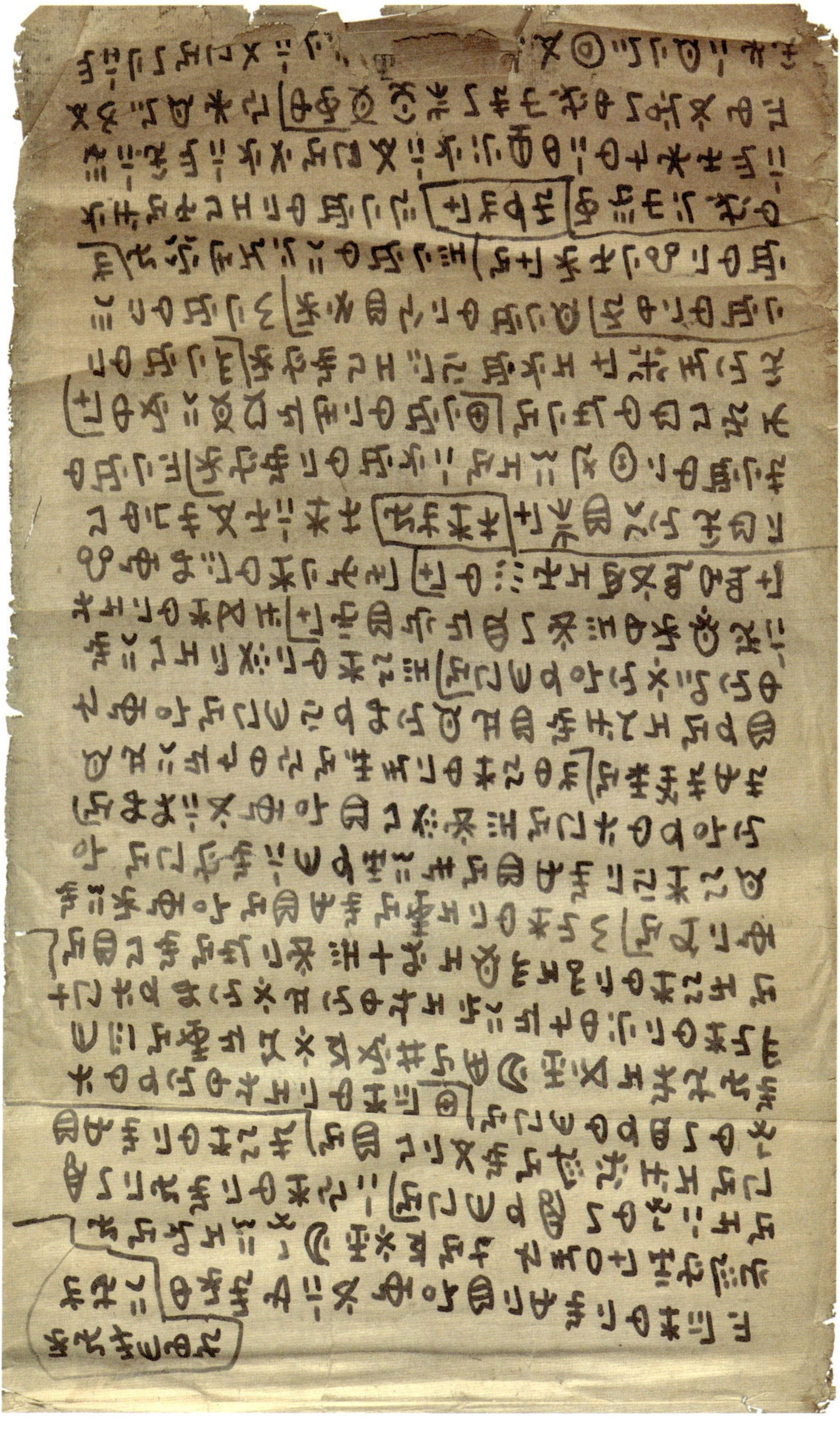

《占算经》第 9 页

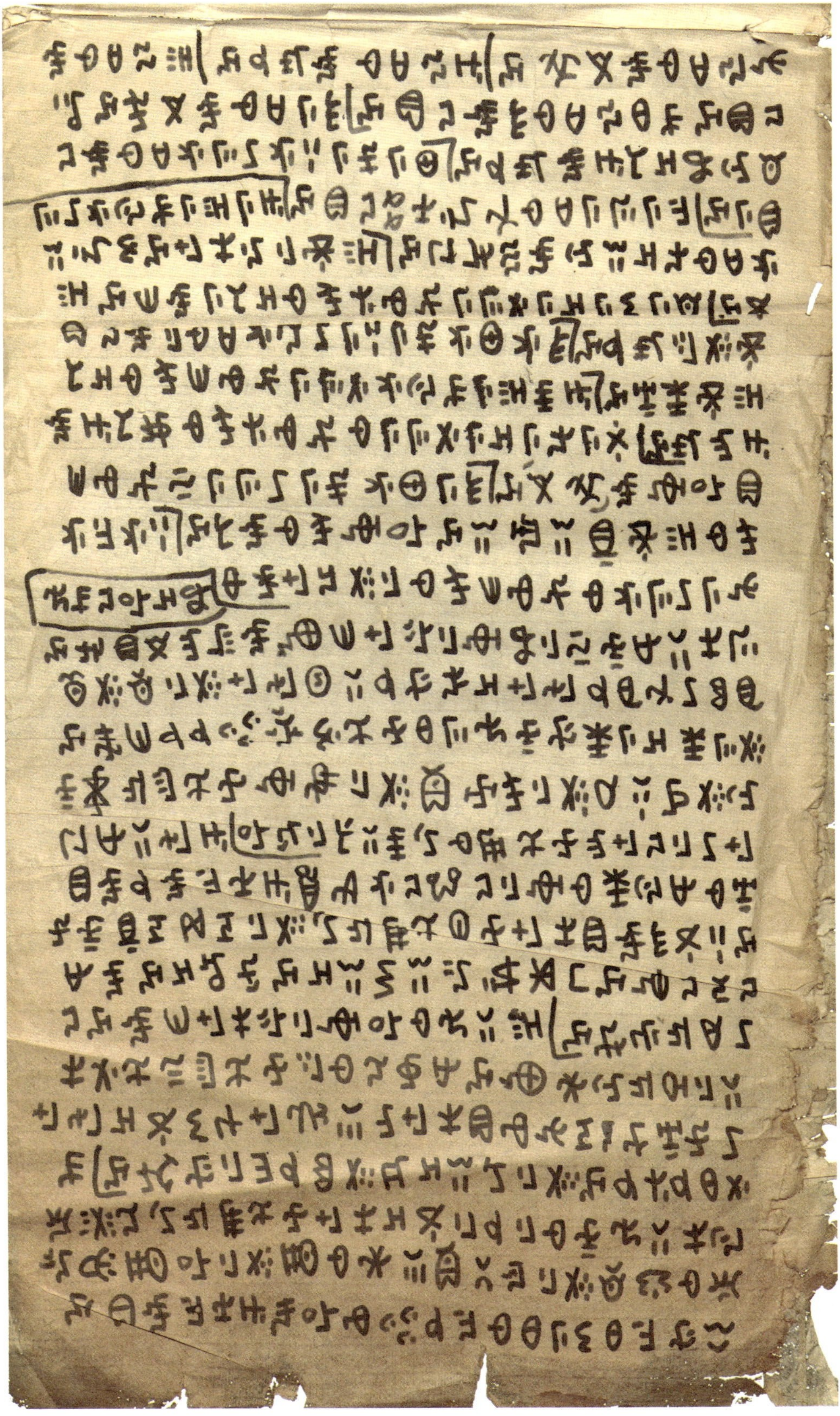

《占算经》第 10 页

# 五十九、招魂辞

## 招魂辞

古彝文；不分卷1册；26页，约6100字；佚名撰；旧抄本，线订册页装；页面22.5cm×29cm，行格14行15—18字，行序从上到下，字序从右到左；有残损，未修复；馆内编号：151—35。

## 内容提要

《招魂辞》主要流传于大小凉山彝族聚居区，是招魂仪式上使用的经书，与《楚辞·招魂》有诸多相似之处。

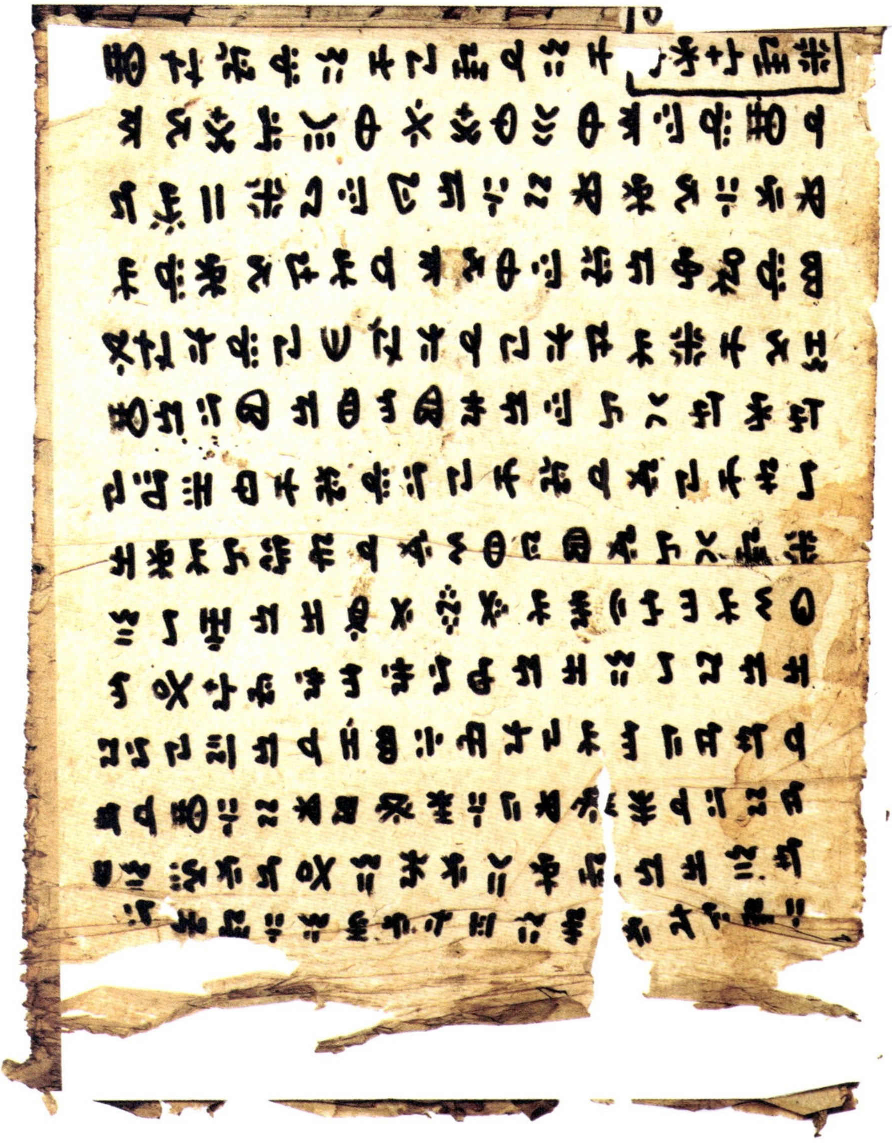

《招魂辞》第 1 页

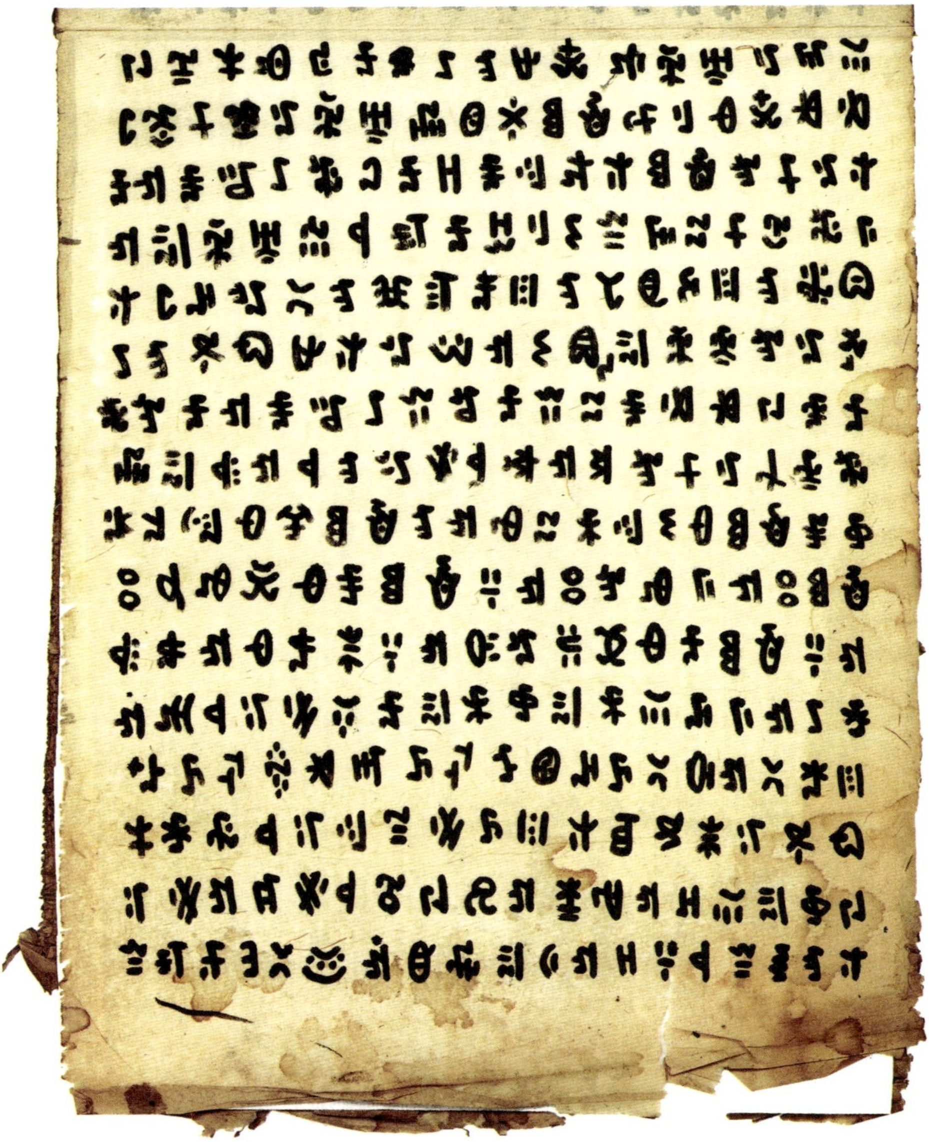

《招魂辞》第 19 页

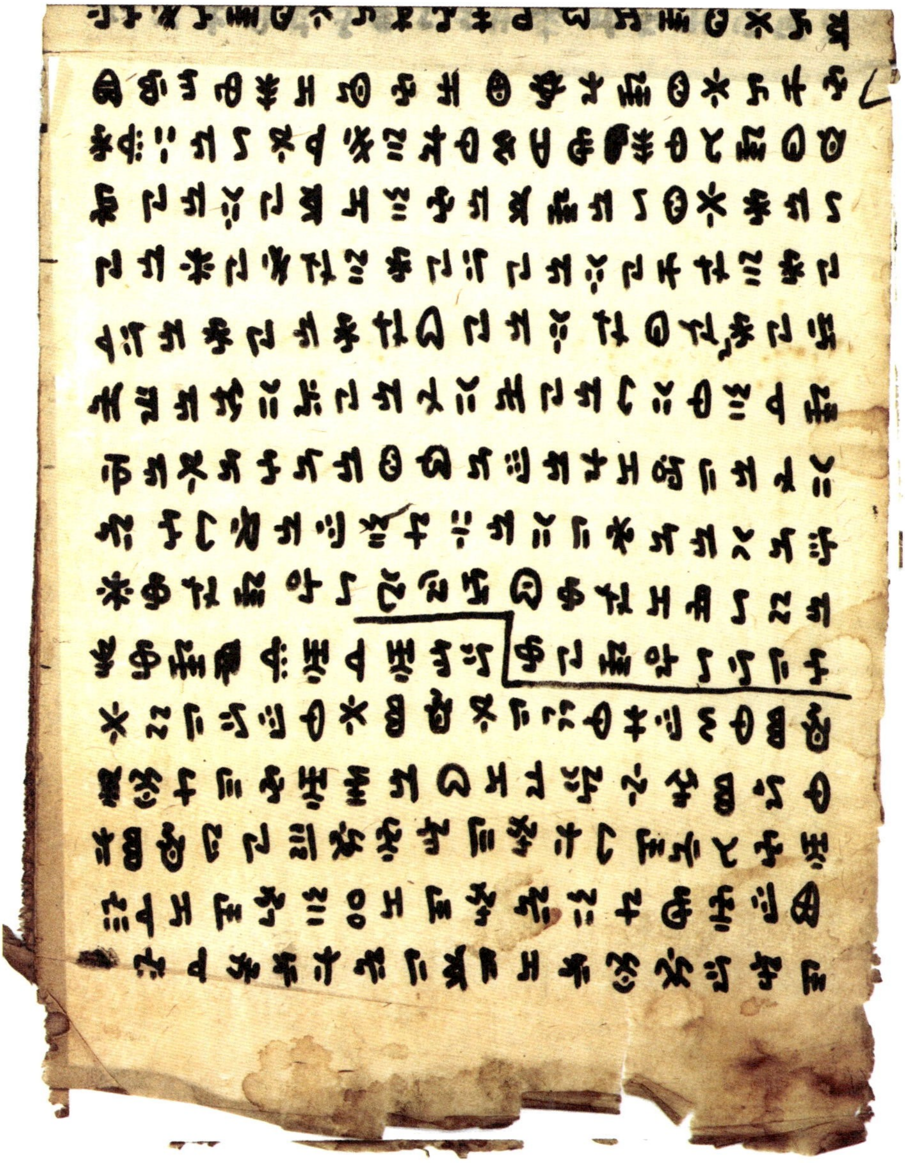

《招魂辞》第 21 页

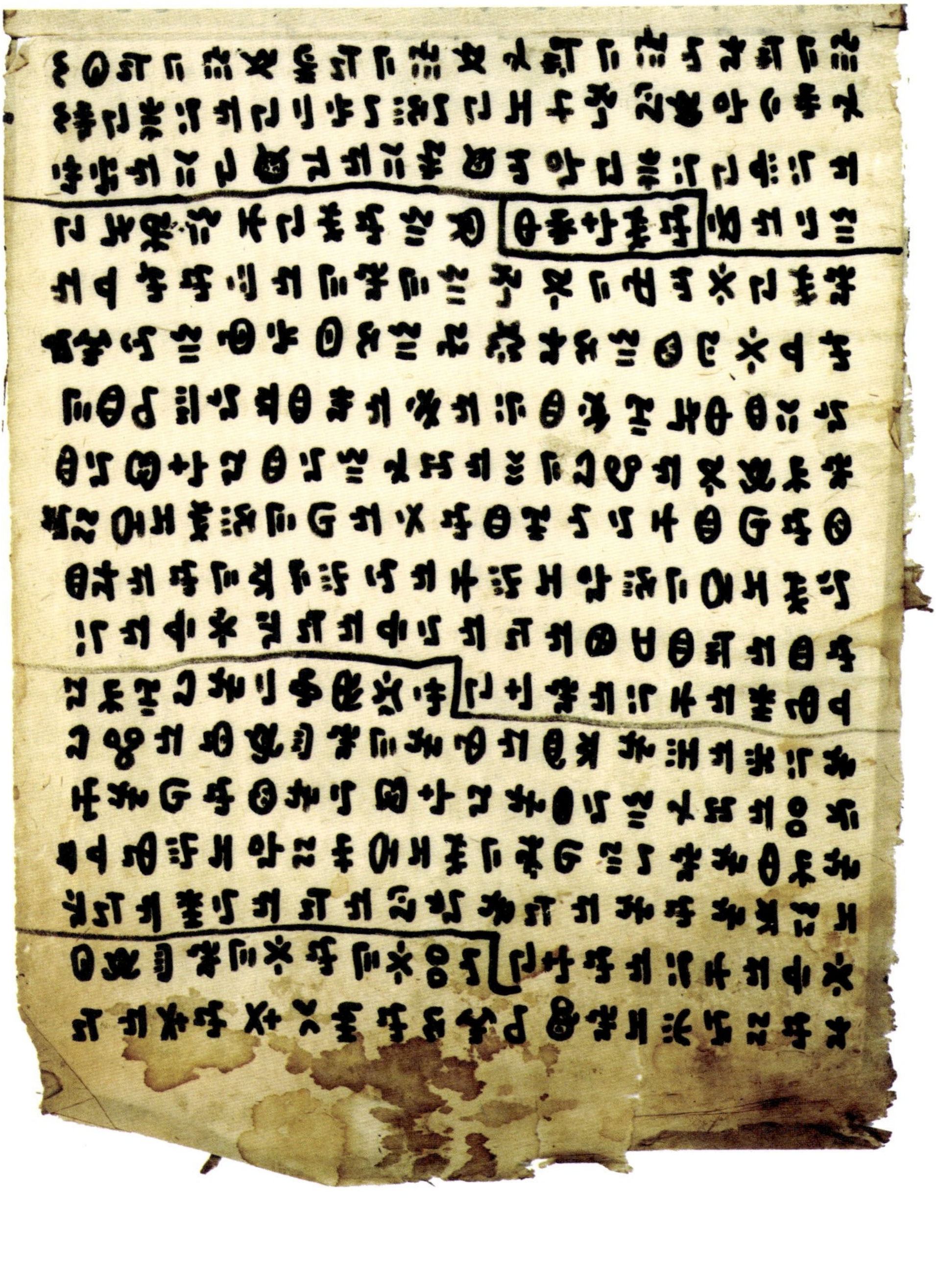

《招魂辞》第 23 页

# 六十、招请群神经

招请群神经

古彝文；不分卷1册；30页，11000余字；佚名撰；旧抄本，线订册页装；页面6.6cm×49cm，行格23行11—17字，行序从上到下，字序从右到左；保存较好；馆内编号：218—1。

内容提要

《招请群神经》主要流传于大小凉山彝族聚居区，是在咒鬼等仪式上使用的经文。其内容主要是招请群神前来助法咒敌驱鬼。道文化中也有类似的经典和文献。

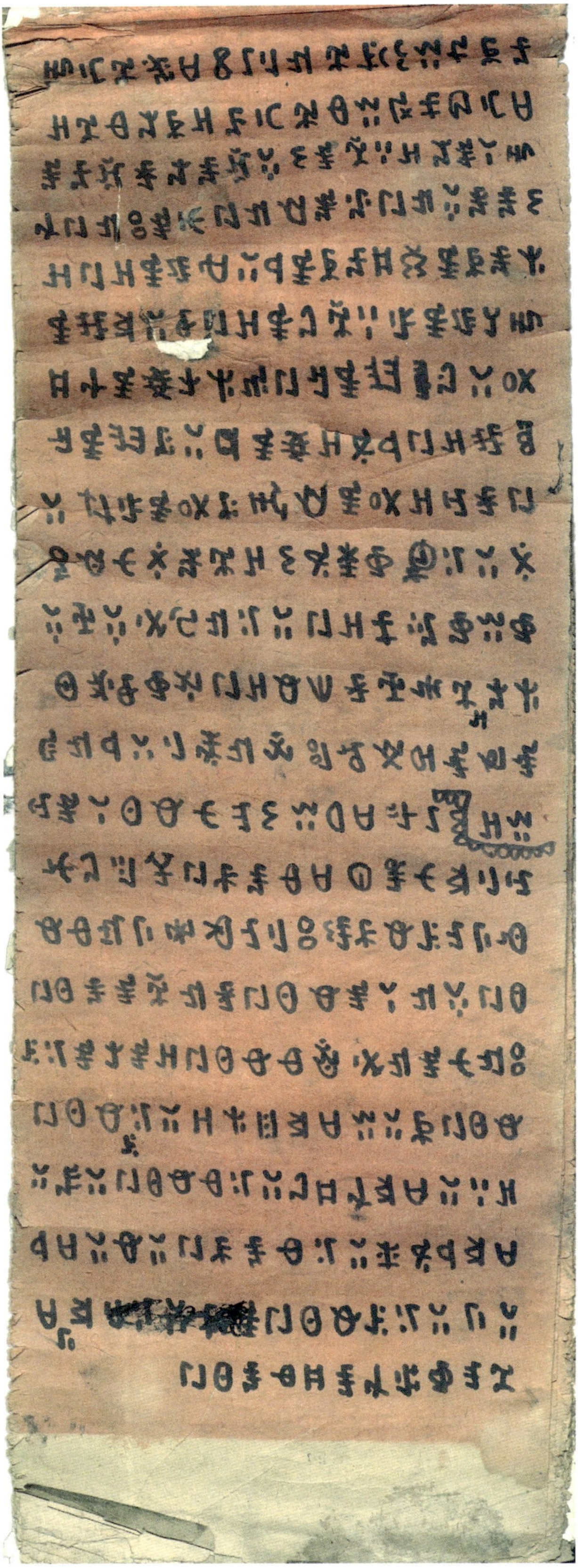

《招请群神经》第 3 页

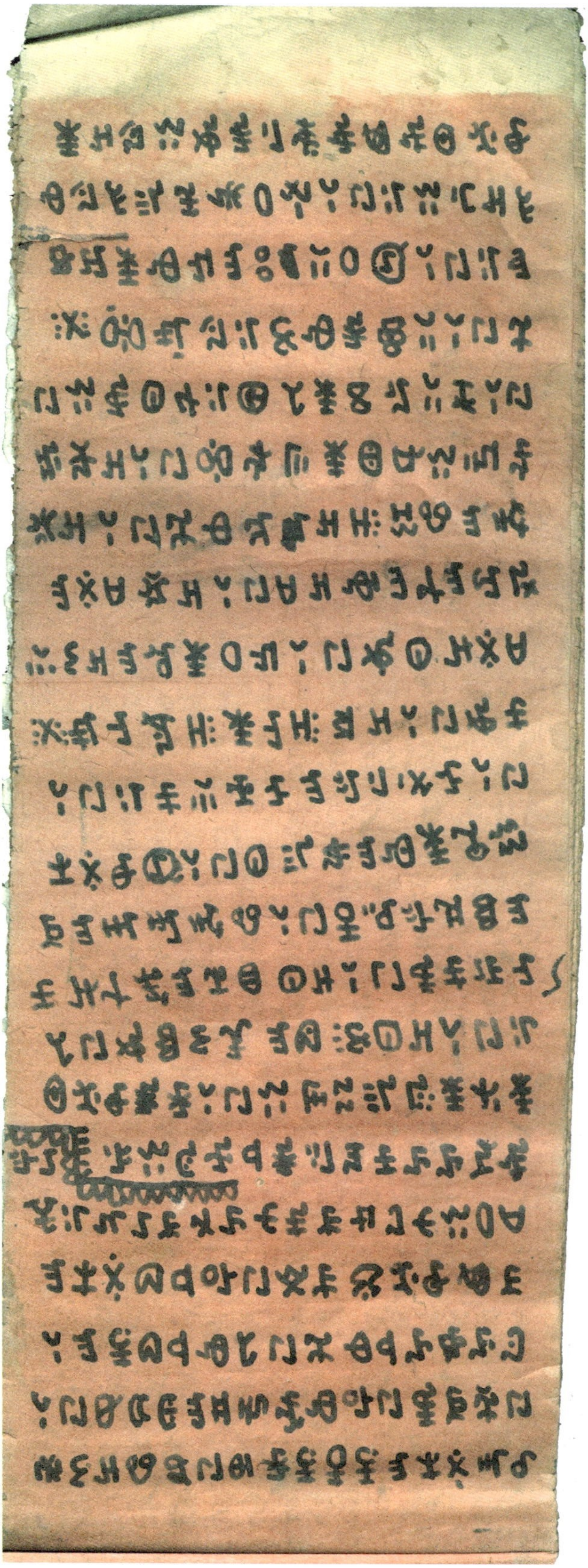

《招请群神经》第 14 页

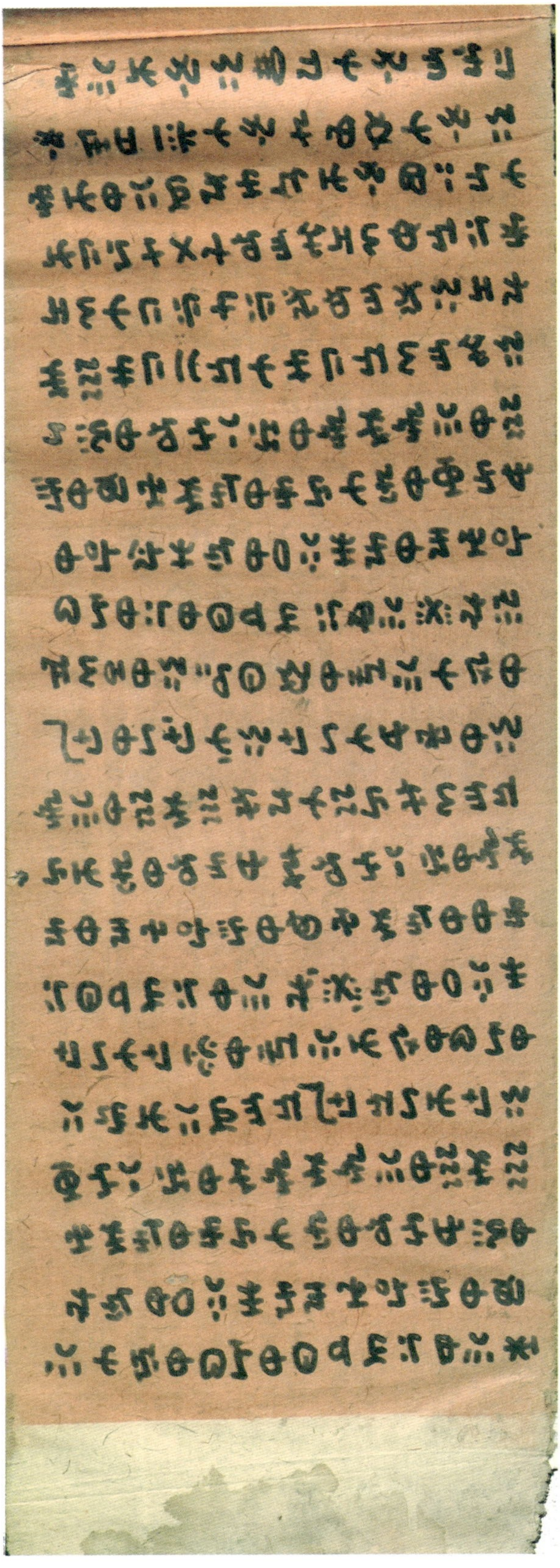

《招请群神经》第 27 页

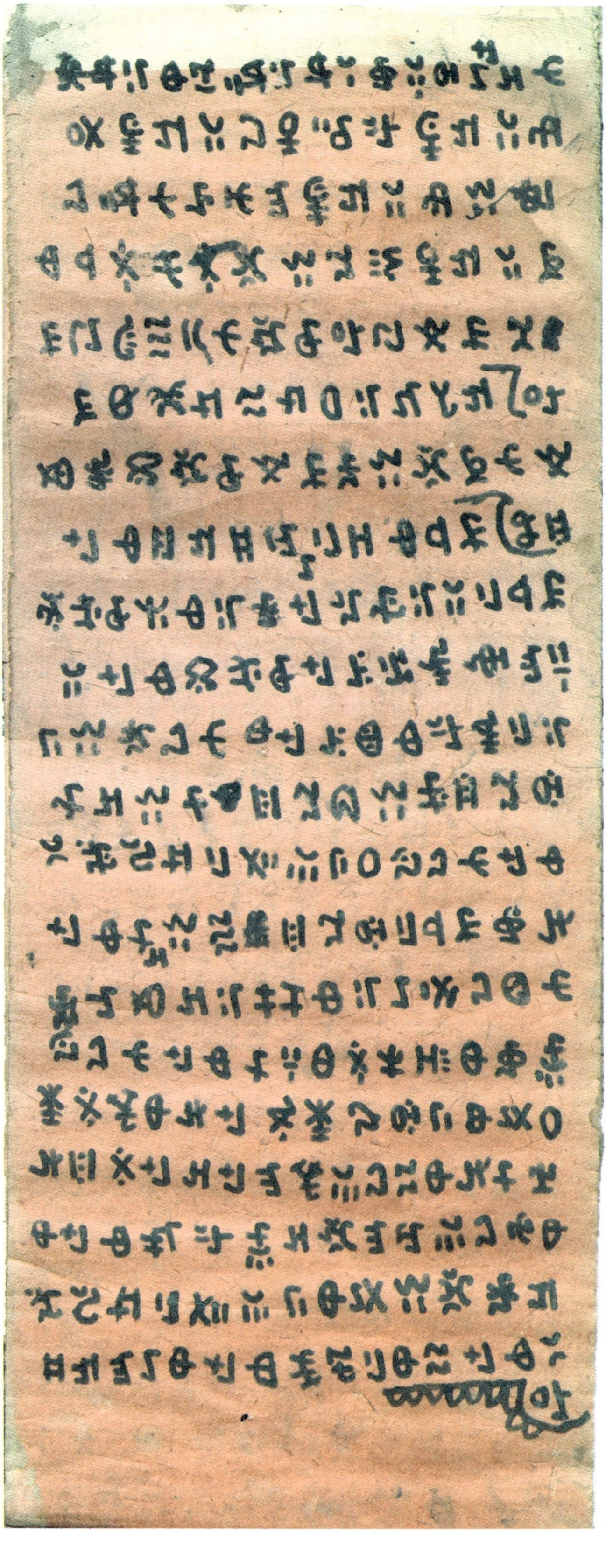

《招请群神经》第 30 页

# 六十一、蒸疗辞

蒸疗辞

古彝文；不分卷1册；12页，1000余字；佚名撰；抄本复印件，线订卷轴装；页面21cm×29cm，行格10行10—12字，行序从上到下，字序从右到左；保存较好；馆内编号：362—1。

内容提要

《蒸疗辞》是凉山彝族人民在用蒸汽治疗疾病时念诵的咒语，用以治疗身体疾病。治疗时，病人坐在甑里，置于各种草药煮成的开水上方，由于甑里蒸汽温度很高，易致人烫伤，据说念诵这本咒经，可防蒸汽和开水造成的伤害。

该书有关民族医药的记录对于研究中华医药文化具有一定的参考价值。

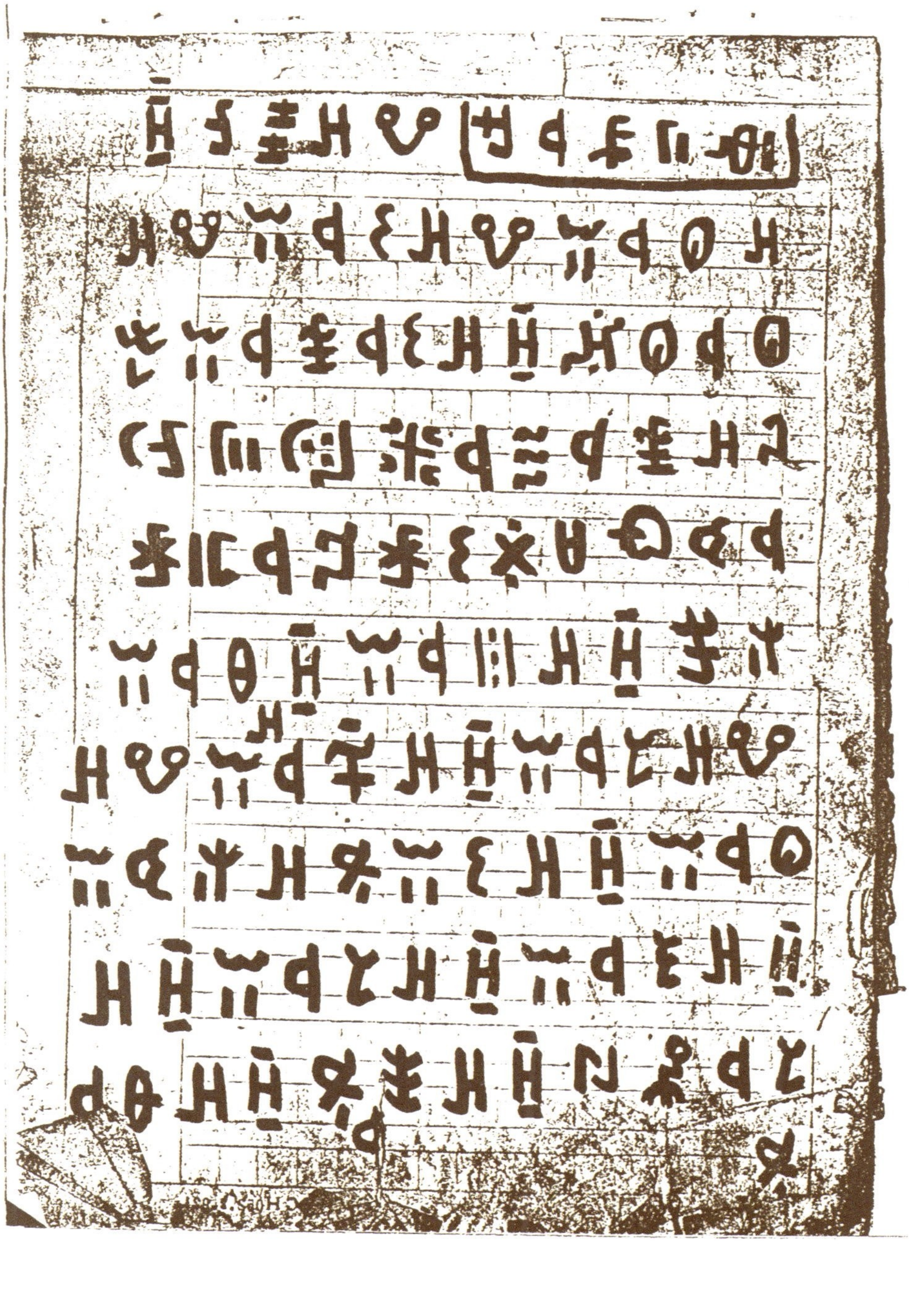

《蒸疗辞》第 1 页

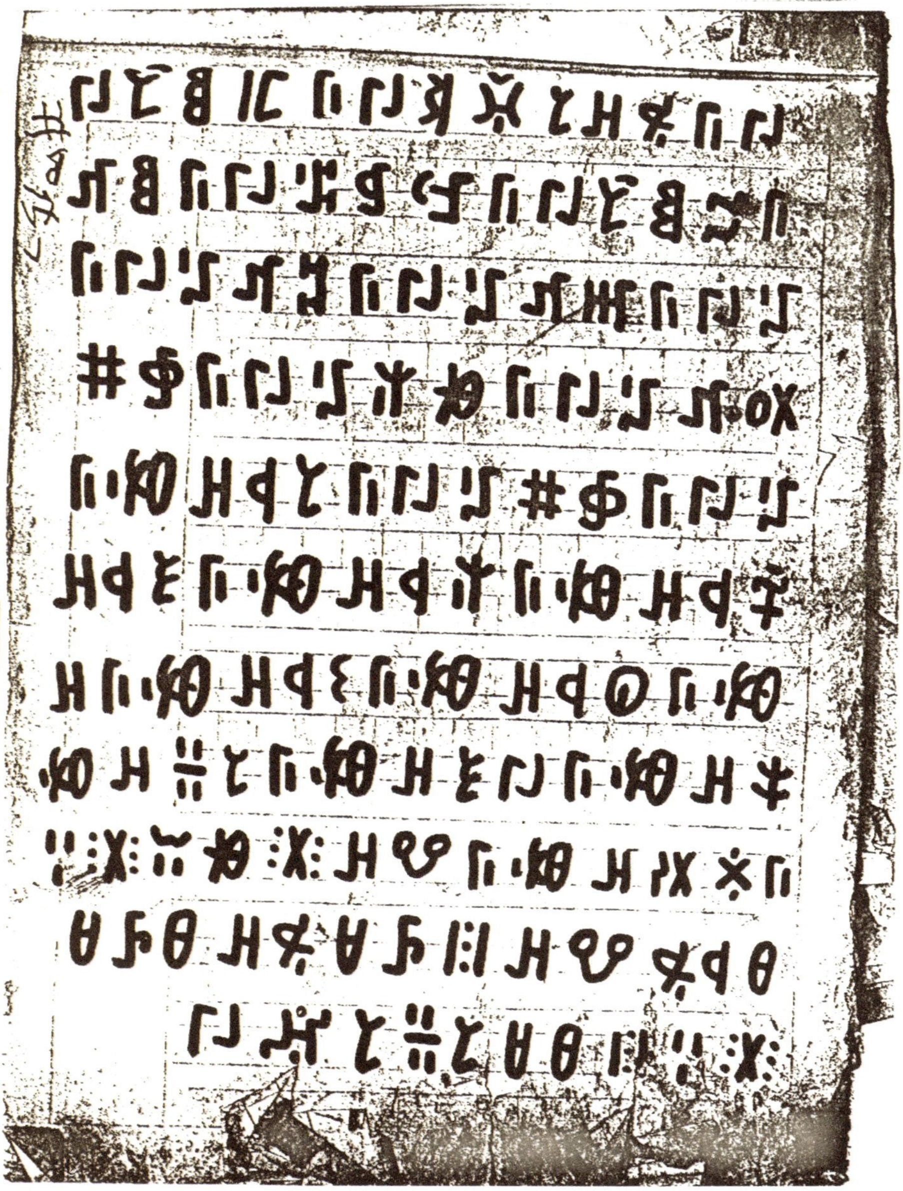

《蒸疗辞》第 7 页

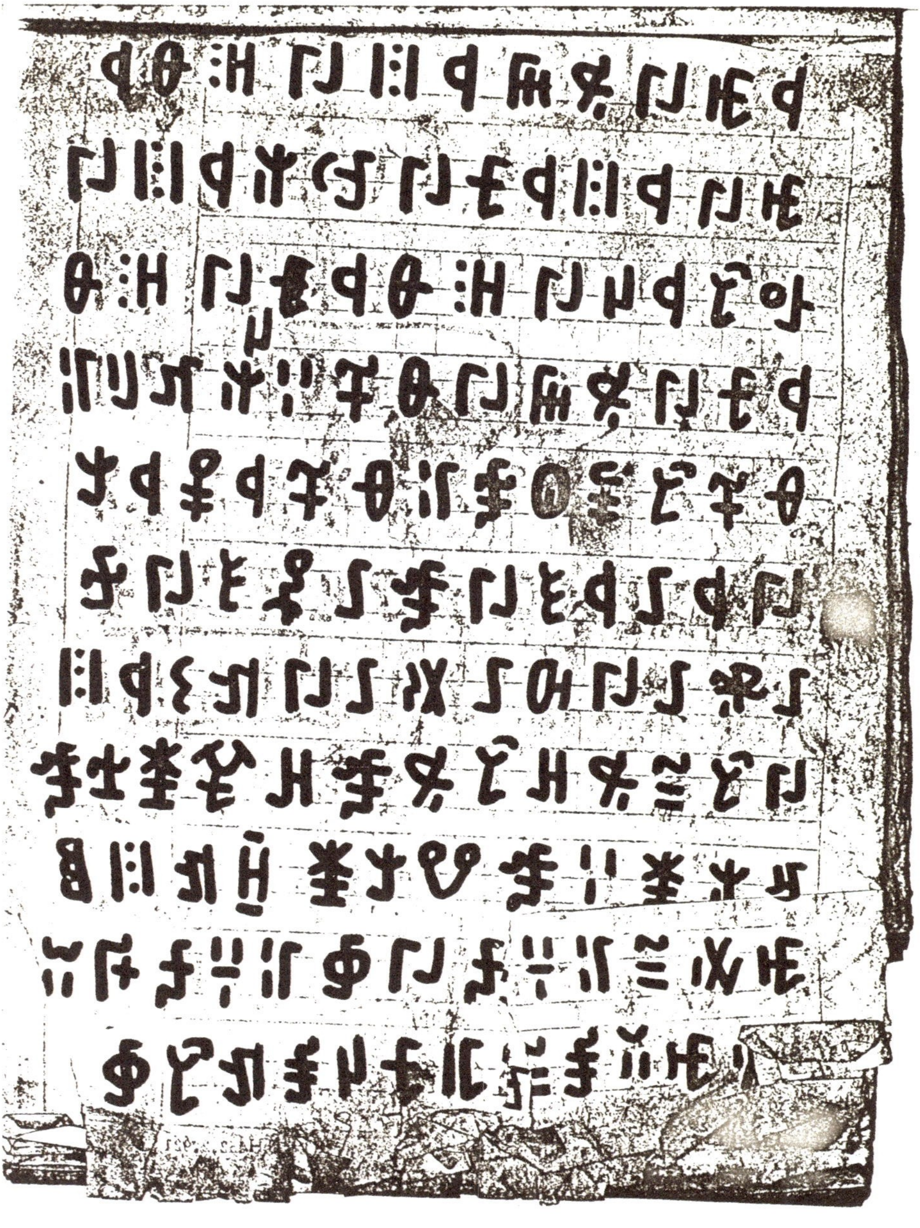

《蒸疗辞》第 9 页

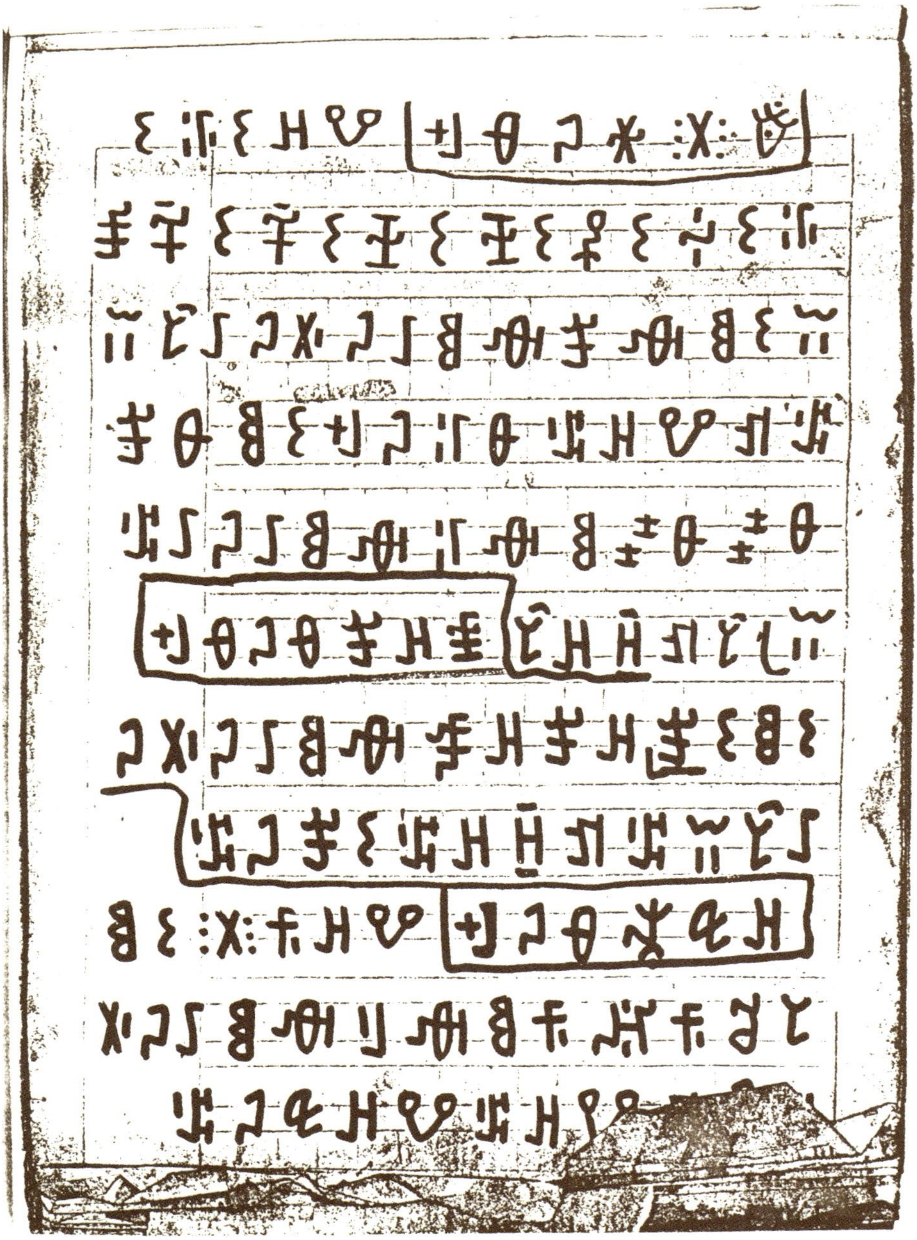

《蒸疗辞》第 11 页

# 六十二、支嘎阿鲁传

## 支嘎阿鲁传

古彝文；不分卷1册；11页，2200余字；佚名撰；抄本复印件，线订册页装；页面21cm×29.5cm，行格10行25字，行序从左到右，字序从上到下；保存较好；馆内编号：F116。

## 内容提要

《支嘎阿鲁传》主要记述彝族英雄人物支嘎阿鲁从出生到成长的历程及其所建立的丰功伟绩，其中最大的功绩是射掉多余的日月，拯救了宇宙万物，这一故事也是中国古代神话的重要内容之一。

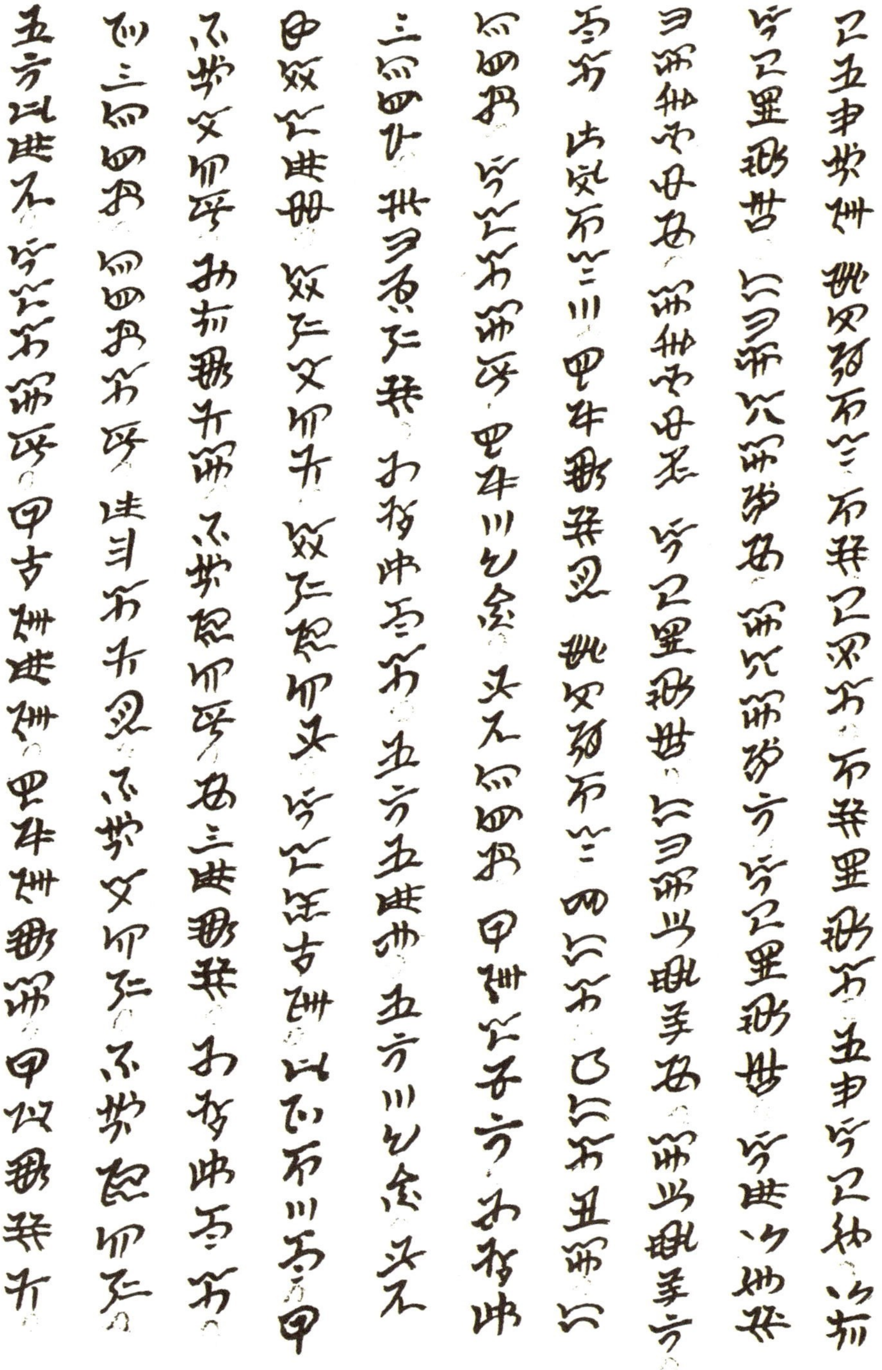

《支嘎阿鲁传》第 2 页

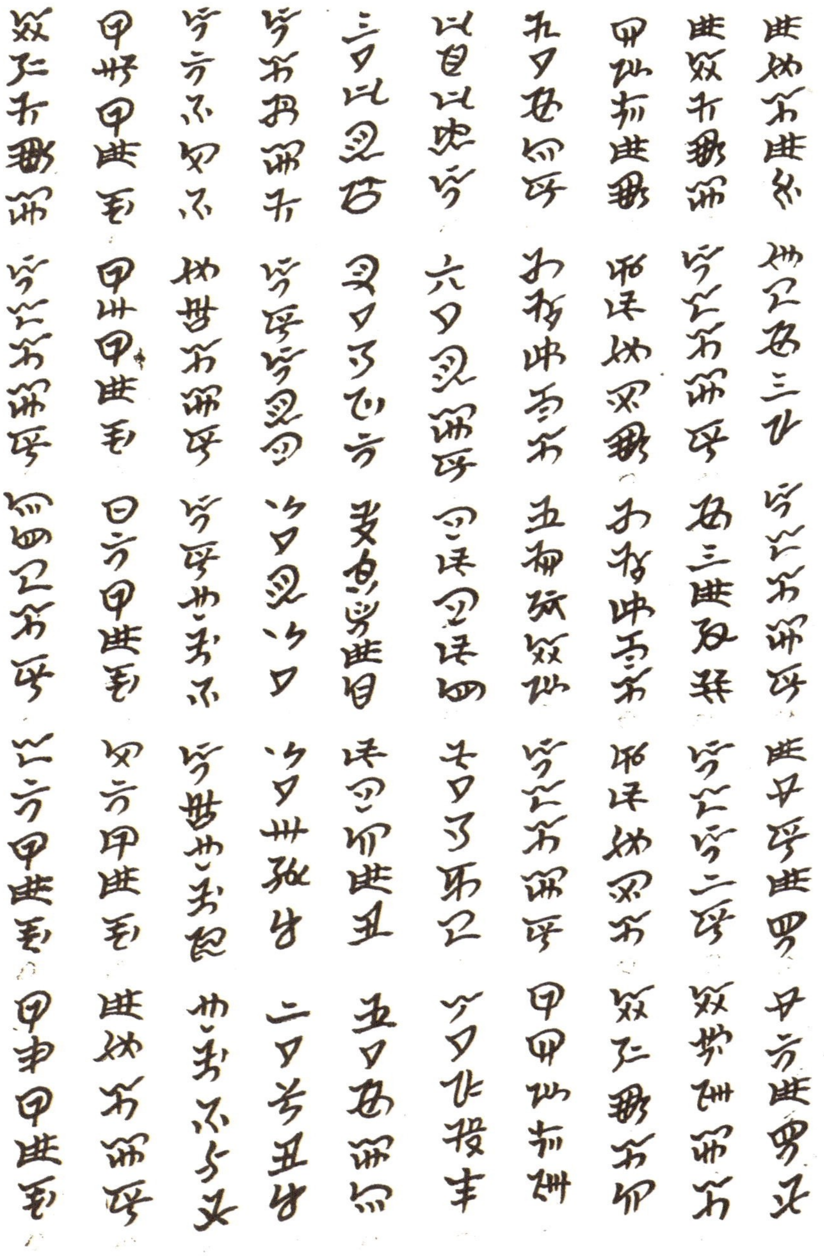

《支嘎阿鲁传》第 5 页

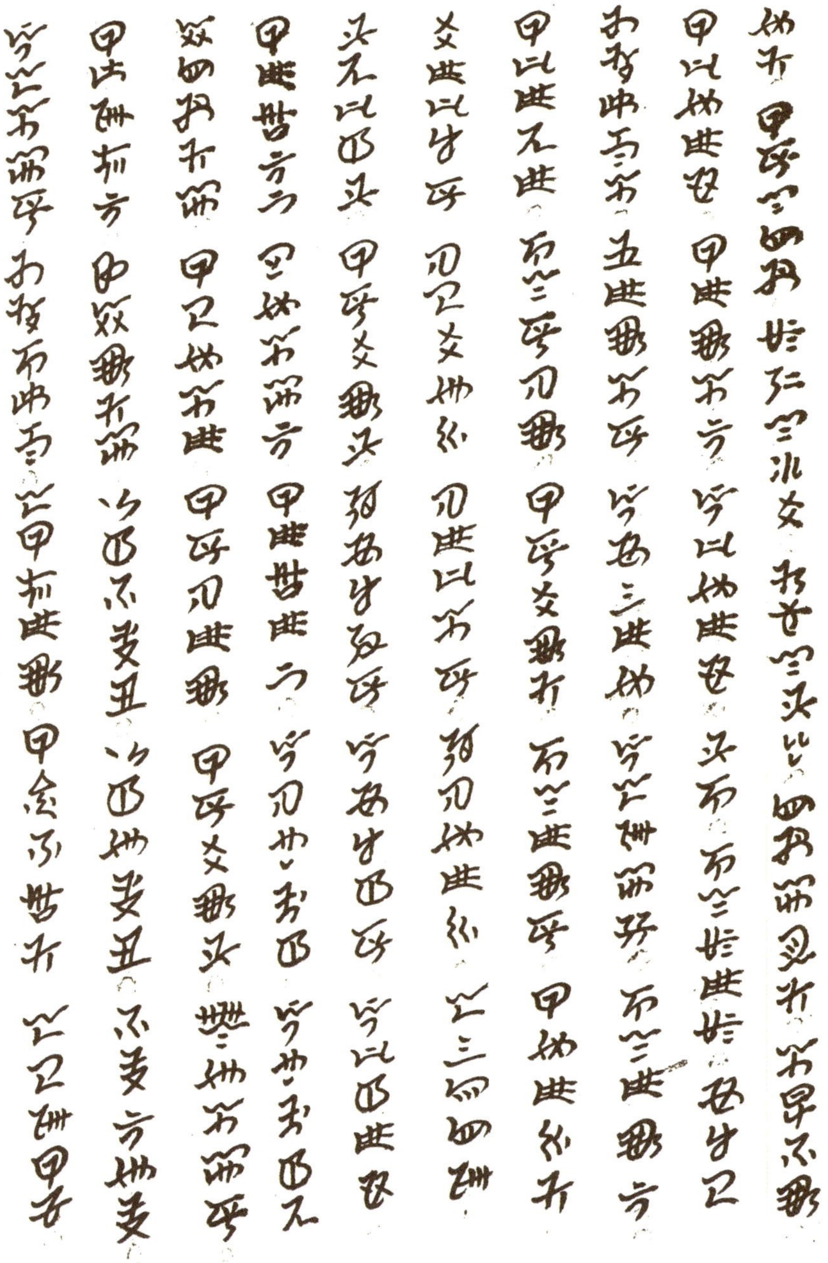

《支嘎阿鲁传》第 7 页

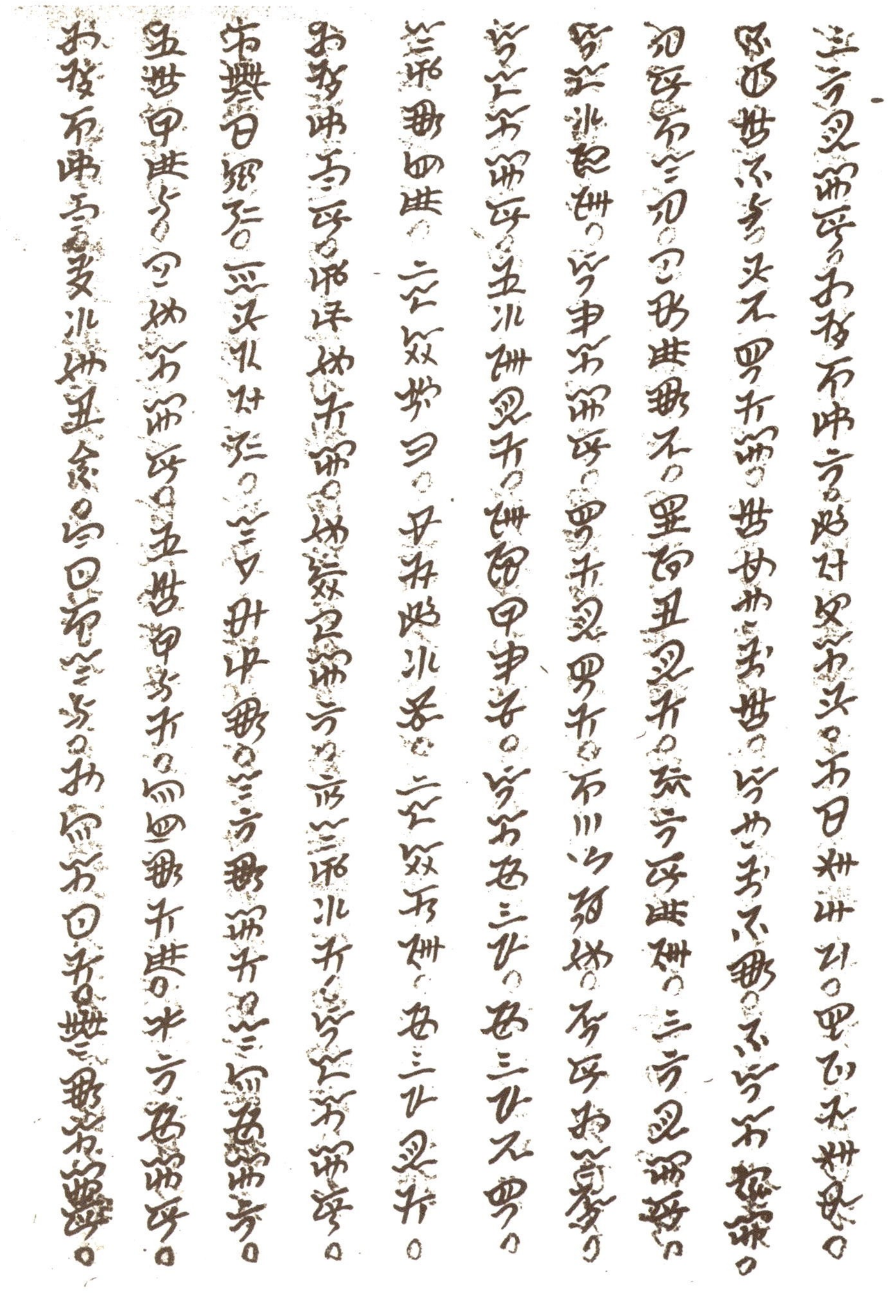

《支嘎阿鲁传》第 8 页

# 六十三、支格阿龙图

## 支格阿龙图

古彝文；不分卷1册；11页，4600余字；佚名撰；旧抄本，线订卷轴装；页面30.6cm×58cm，行格23行20—26字，行序从上到下，字序从右到左；有破损，未修复；馆内编号：353—3。

## 内容提要

《支格阿龙图》主要流传于四川凉山彝族聚居区，书中画有彝族英雄支格阿龙和凤凰、孔雀、巴哈等神兽猛禽，意在借助这些神兽和支格阿龙的神力预防疾病和鬼怪侵扰。

支格阿龙，作为彝族神话传说中的创世英雄，是一位英俊潇洒、心地善良、智勇双全、爱憎分明、神力无比、能战胜一切的神话英雄人物，是彝族人民心中最崇敬的祖先。

在彝语中，“龙”即为大鹰神龙。此外，在几千年的流传过程中，支格阿龙的名字因受方言的影响在各地有不同称谓。在贵州地区有“支嘎阿鲁”“戈阿楼”两种称谓；云南地区有“支格阿龙”“支格阿鲁”和“阿鲁举惹”等称谓；四川地区则有“支格阿鲁”和“金支格阿鲁”两种称谓。

传说中，拥有神奇力量的支格阿龙，骑着一匹由神鹰变成的飞马“斯木都典”，勇闯天牢，救出了自己的母亲。一路上，他专门为民除害，消灭妖魔鬼怪，征服毒蛇猛兽，驯服雷公闪电。他用神弓仙箭射落了五个太阳和六个月亮，仅留下一日一月，从此，人们过上了幸福美好的生活。

支格阿龙神话故事与盘古开天辟地和后羿射日有异曲同工之妙，另外，仡佬族、布依族等也有类似神话传说，只是主人公名字略有差异。这些几乎相同的神话叙事是我国各民族交往交流交融的有力证明。

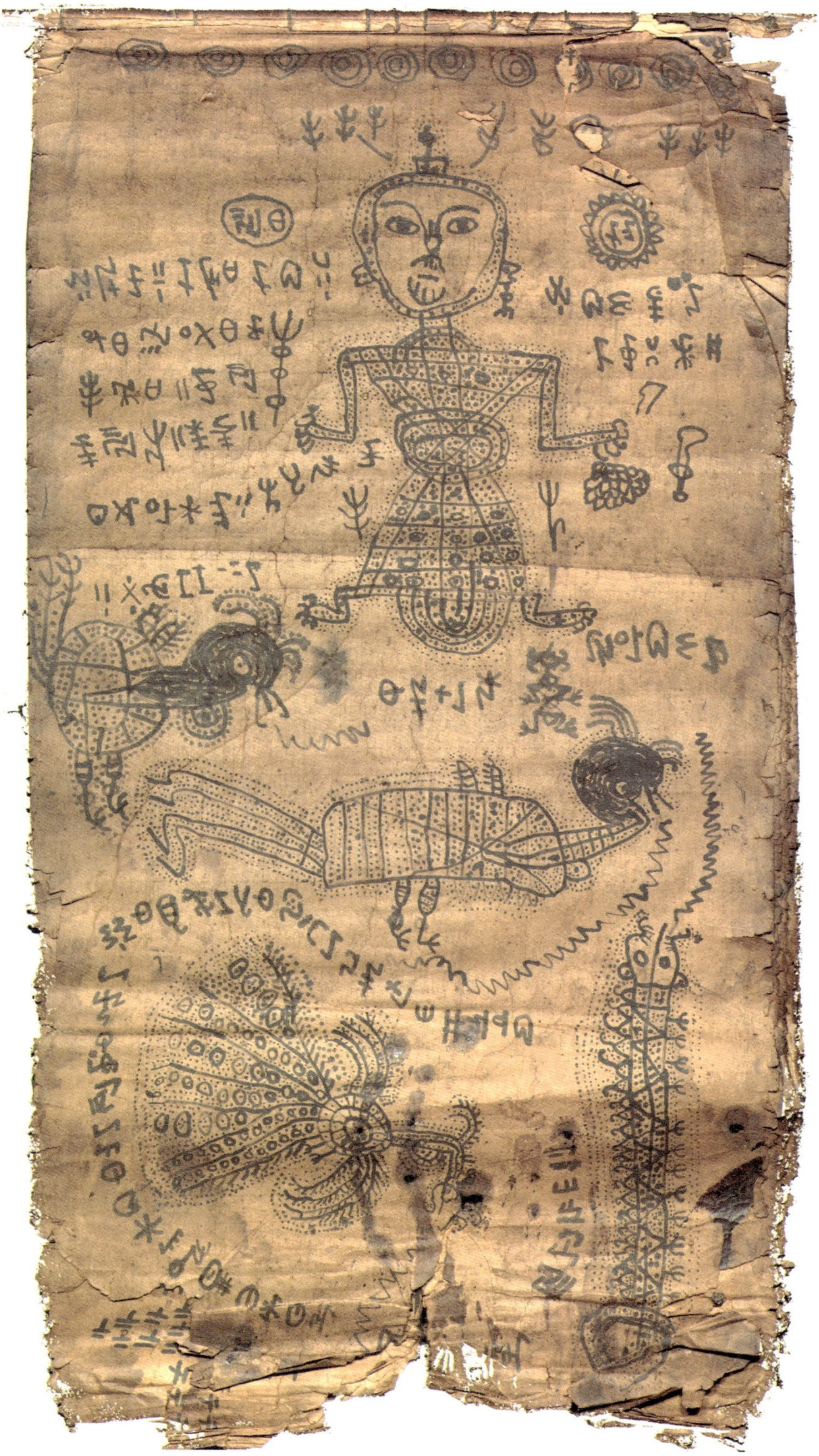

《支格阿龙图》第 1 页

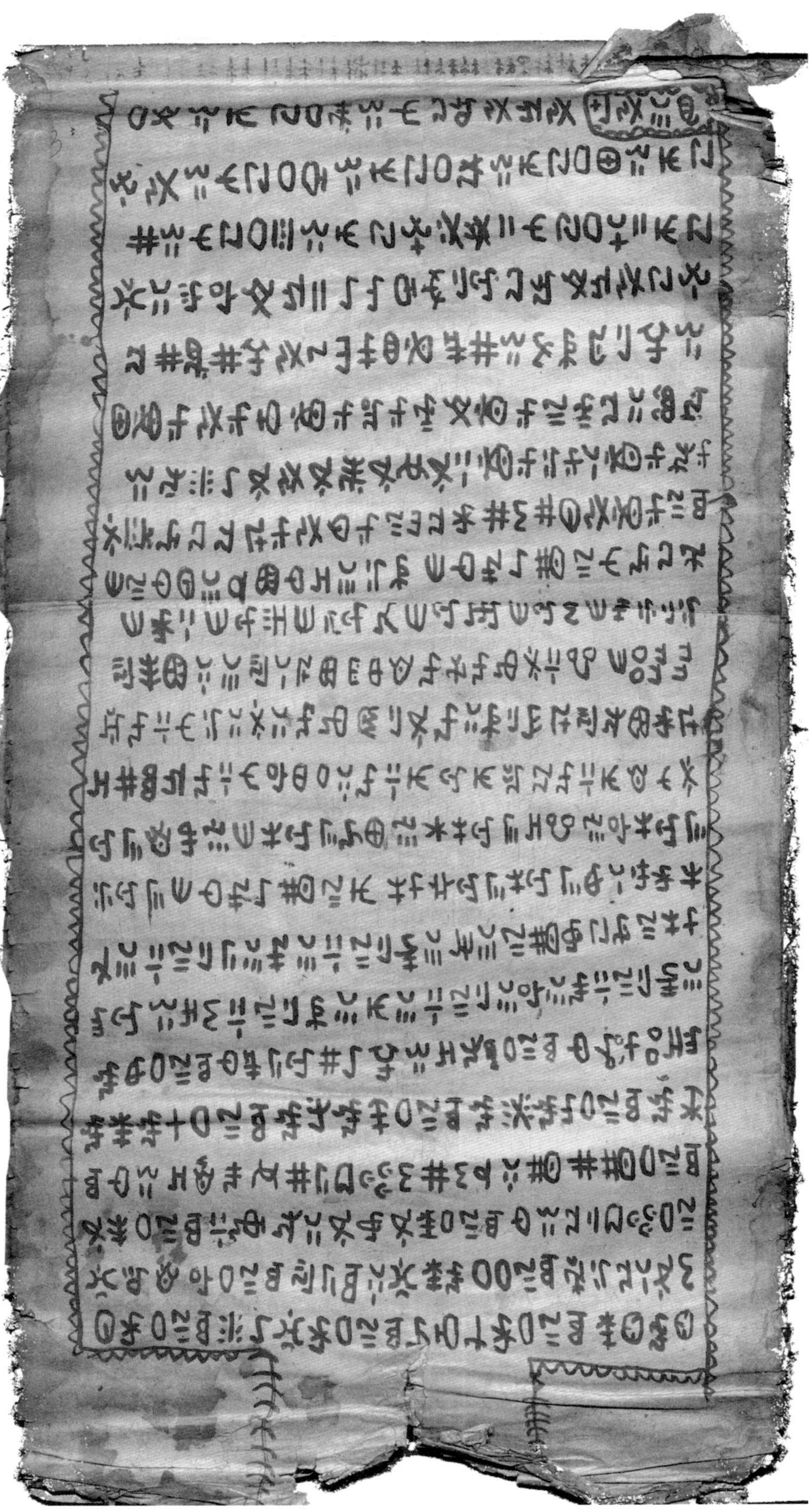

《支格阿龙图》第 4 页

《支格阿龙图》第 5 页

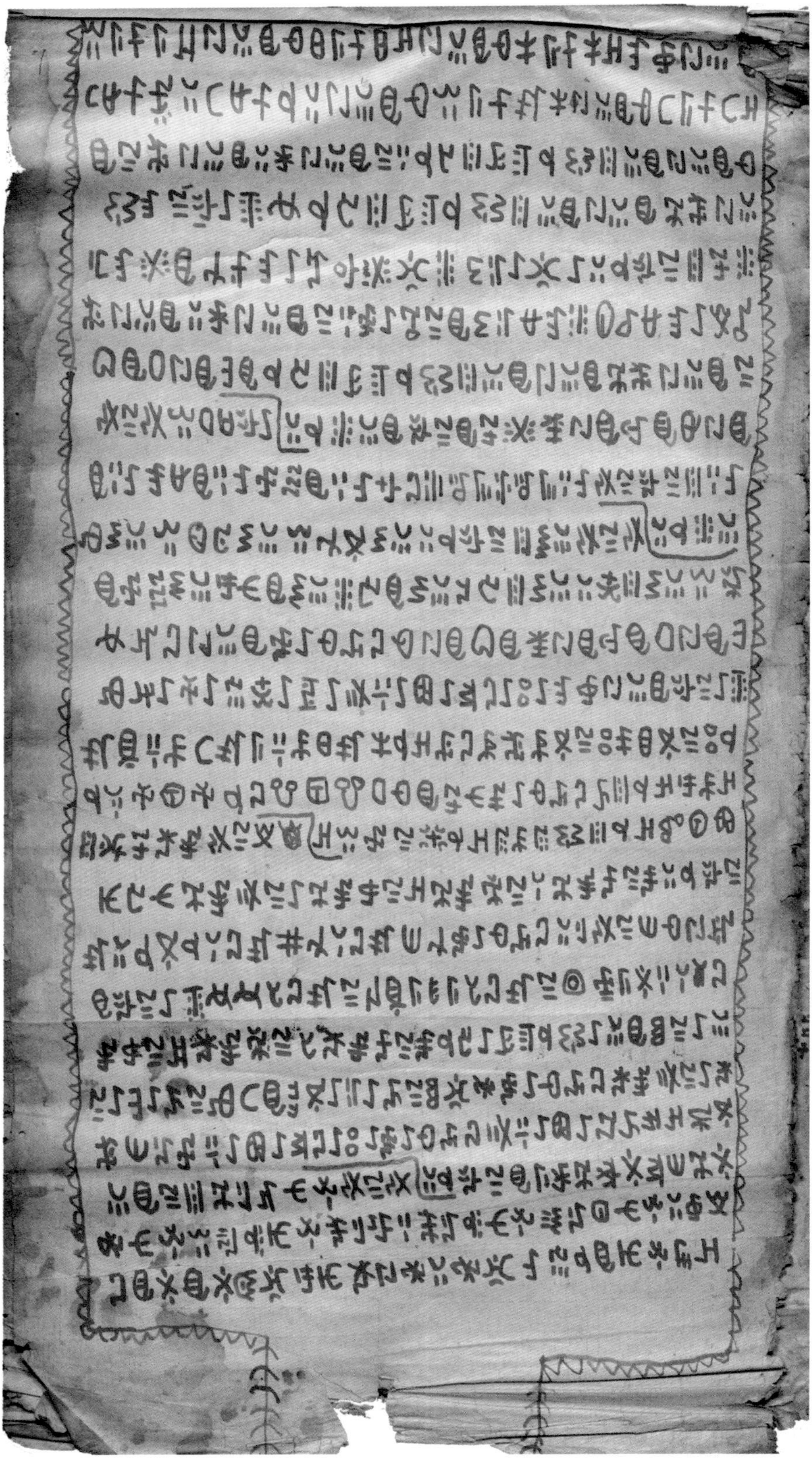

《支格阿龙图》第 8 页

# 六十四、指路经

## 指路经

古彝文；不分卷1册；12页，2500余字；佚名撰；新抄本，线订册页装；页面25.5cm×37cm，行格17行15字，行序从上到下，字序从右到左；保存完好；馆内编号：104—8。

## 内容提要

《指路经》是彝族毕摩为亡者灵魂指“路”的书，一般在两个场合诵读：一是葬礼，二是“送灵”仪式。所谓“路”，即是故者灵魂在毕摩的指引下顺利回归自己祖先发祥地与祖先灵魂团聚之路，“这条路也是亡人祖先从最早居住地辗转迁徙到亡人现时居住地的逆行路线”[①]。

《指路经》内容包括：讲述世间万事万物都有从产生到消亡的过程，人的生死也是自然规律的体现；讲述各种社会道德规范，颂扬亡者生前的勤劳、勇敢以及为人处世的美德；讲述后人对逝者的关切，强调生者为死者尽到了责任并将永远深切怀念他（她），让逝者灵魂安息，顺从毕摩的指引回归祖居地与祖先团聚；祈愿逝者亡灵庇佑后世子孙人畜兴旺、吉祥如意。

各地彝族虽然在语言文字、风俗习惯、服饰文化等方面存在一定差异，“但各地的《指路经》内容和形式却保持着高度一致，均反映出各地松散迁徙和‘六祖分支’迁徙历史，

① 沙马拉毅：《中国彝族文学史》，第1版，214页，北京，民族出版社，2022。

句式以五言为主，使用修辞丰富，念诵朗朗上口”[①]，是彝族先民万物有灵思想和祖先崇拜信仰的具体反映。

不仅彝族，我国西南很多少数民族都有“指路”的习俗，包括藏族、哈尼族、苗族、普米族、景颇族、拉祜族、基诺族、德昂族等，“指路”的基本涵义都是“指引亡灵回归远祖发祥地”。

“中华民族以刻苦耐劳著称于世，同时也是酷爱自由、坚强不屈、坚忍不拔、奋斗不息的民族。中国民族精神的形成与牢记族源、以史为根的理念有密切关系。”[②]我国西南各少数民族的“指路”现象，深刻反映了这一思想和理念。

① 李海燕：《彝族〈指路经〉解读》，载《今日民族》，2015（3），26-28页。
② 东旻：《西南少数民族指路现象及其文化内涵》，载《贵州民族学院学报》（哲学社会科学版），2010（1），7-11页。

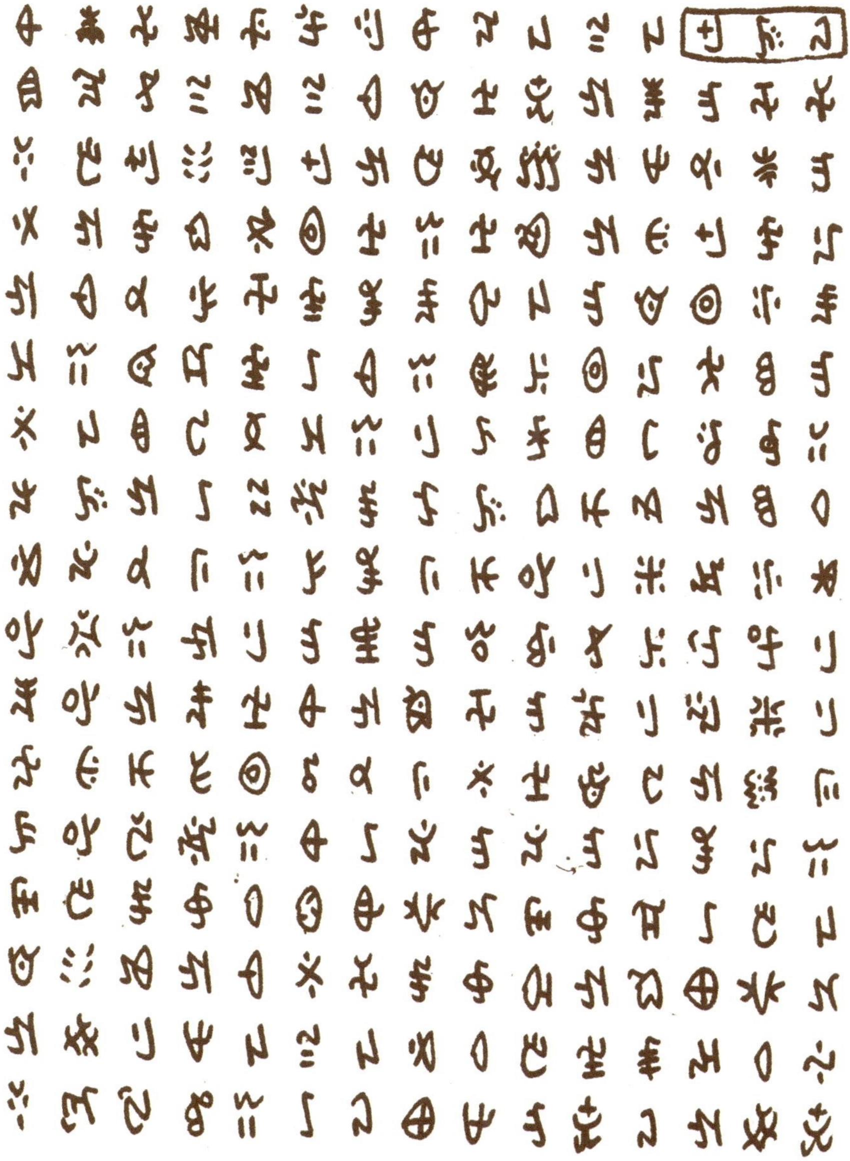

《指路经》第 1 页

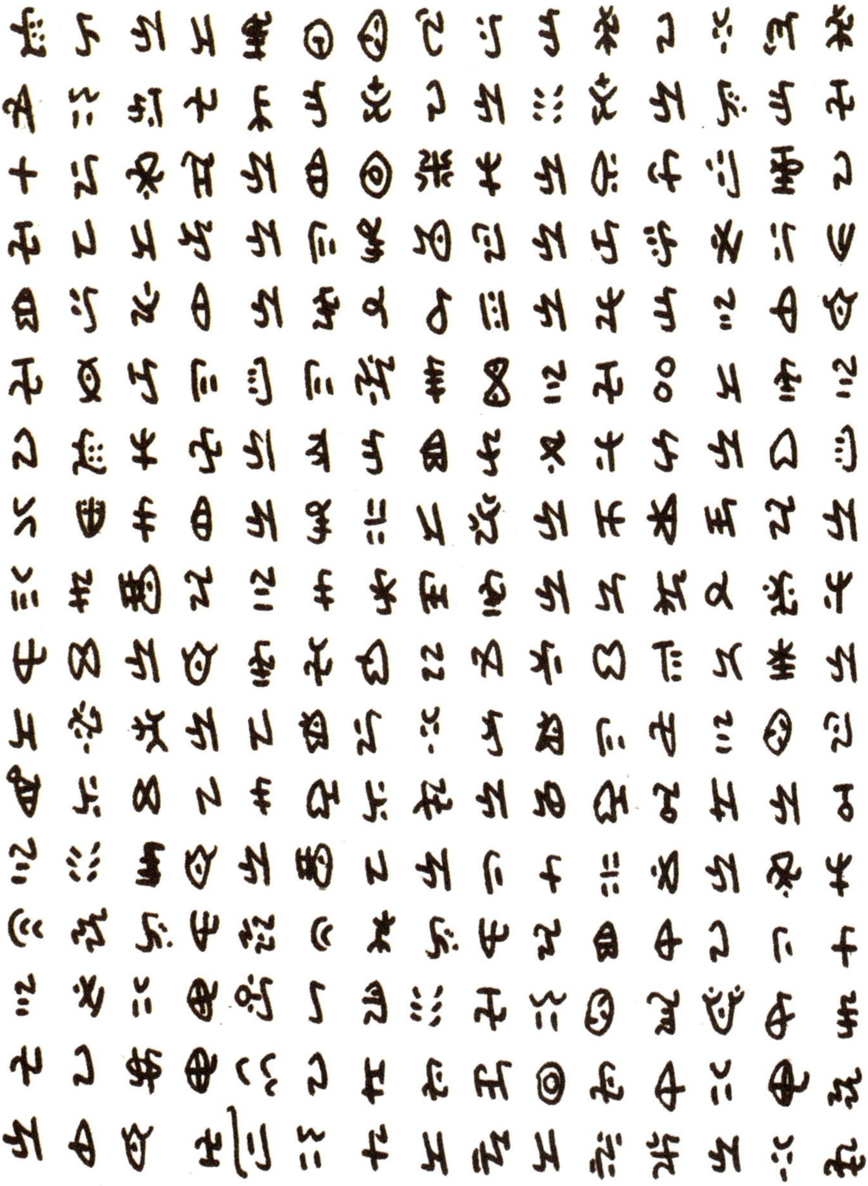

《指路经》第 2 页

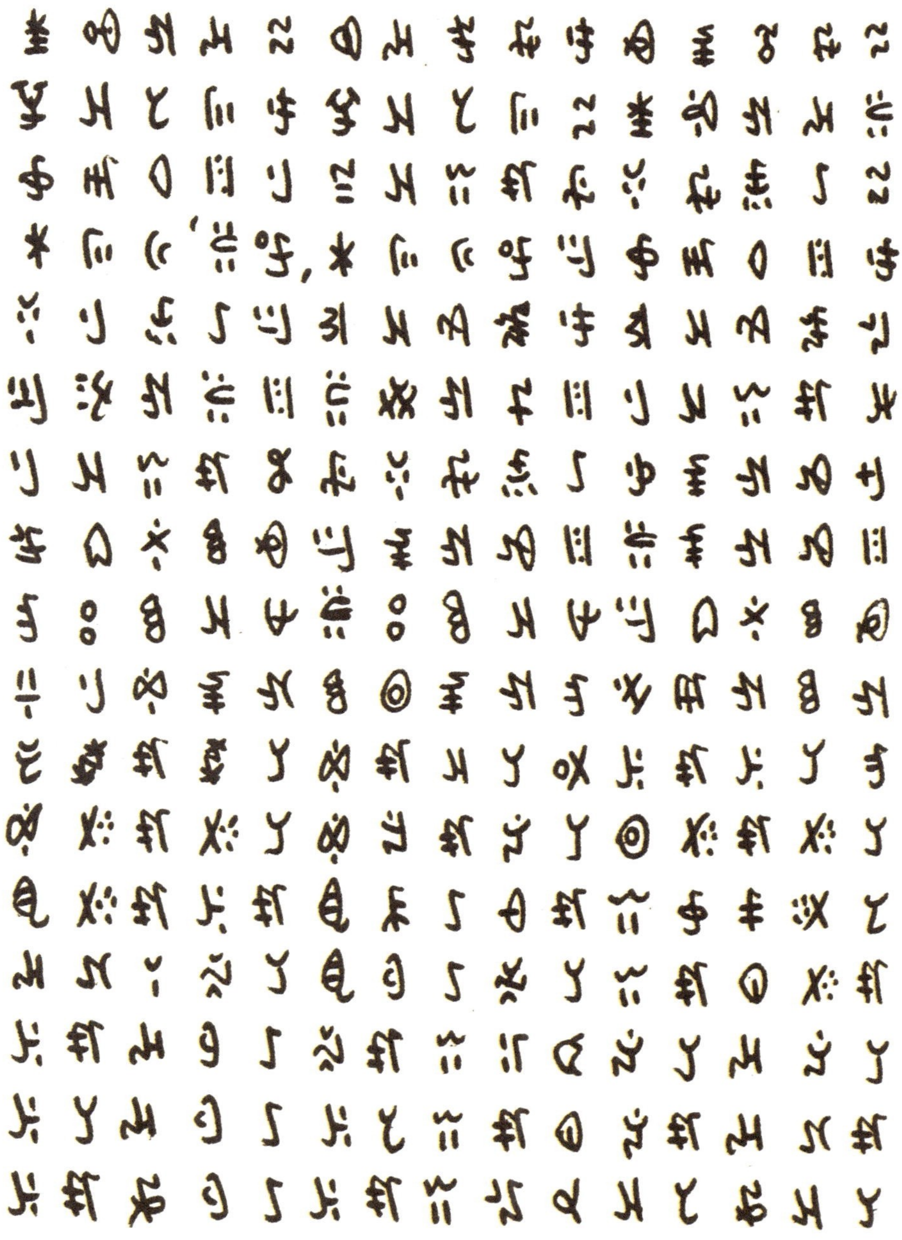

《指路经》第 8 页

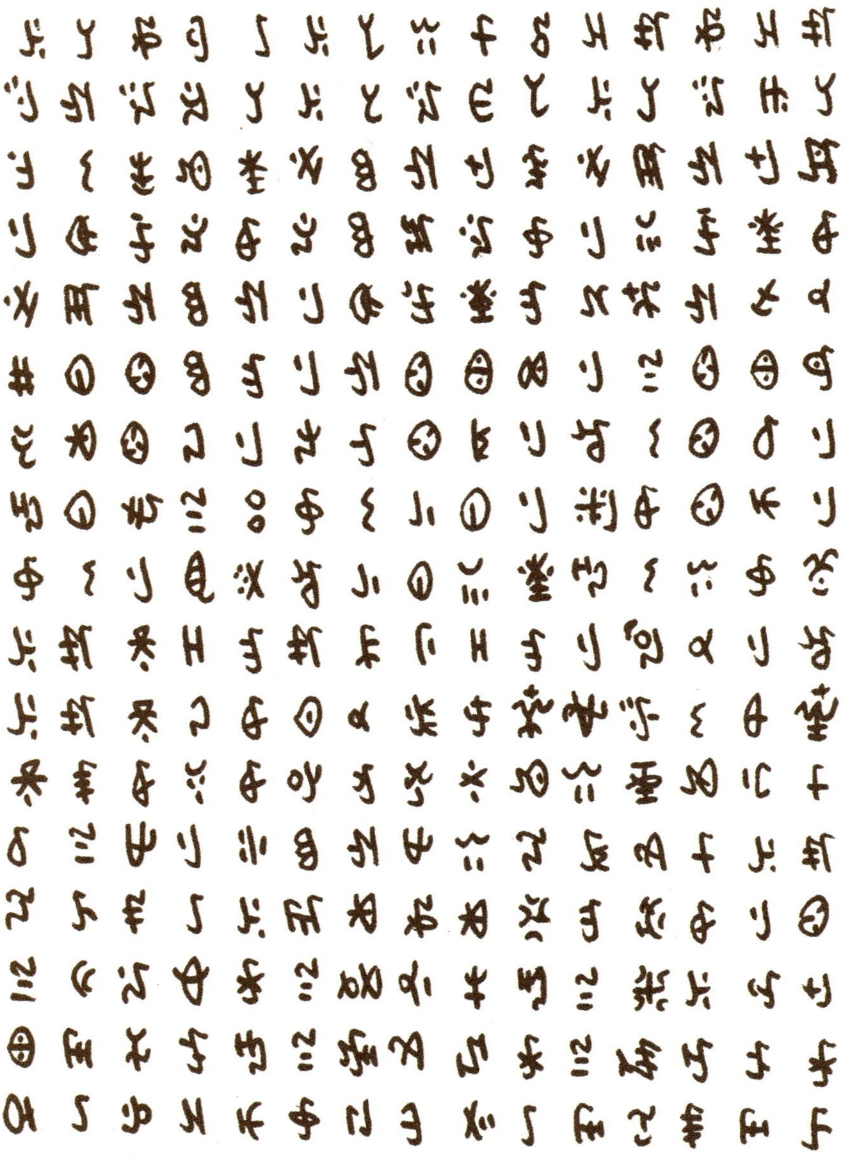

《指路经》第 9 页

# 六十五、智禄扎苏

## 智禄扎苏

古彝文；不分卷1册；49页，17000余字；佚名撰；旧抄本，线订册页装；页面23cm×47cm，行格10行21—40字，行序从左到右，字序从上到下；残损修复，保存完好；馆内编号：G4—4。

## 内容提要

《智禄扎苏》主要流传于贵州彝族聚居区，其内容主要是通过分析个人的生辰八字来推算其一生的财运、健康、吉凶等。与汉文献中的阴阳八卦、占卜、历算等密切相关。

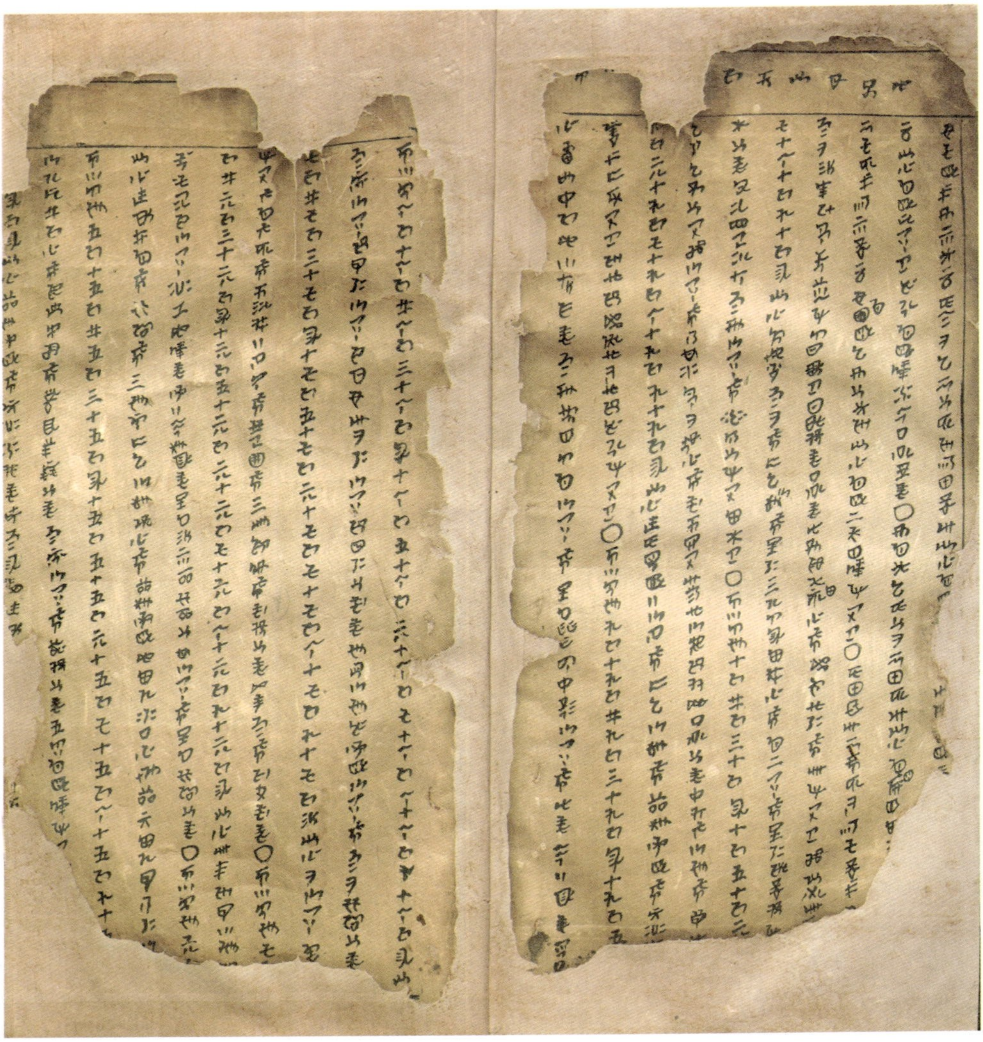

《智禄扎苏》第 1、2 页

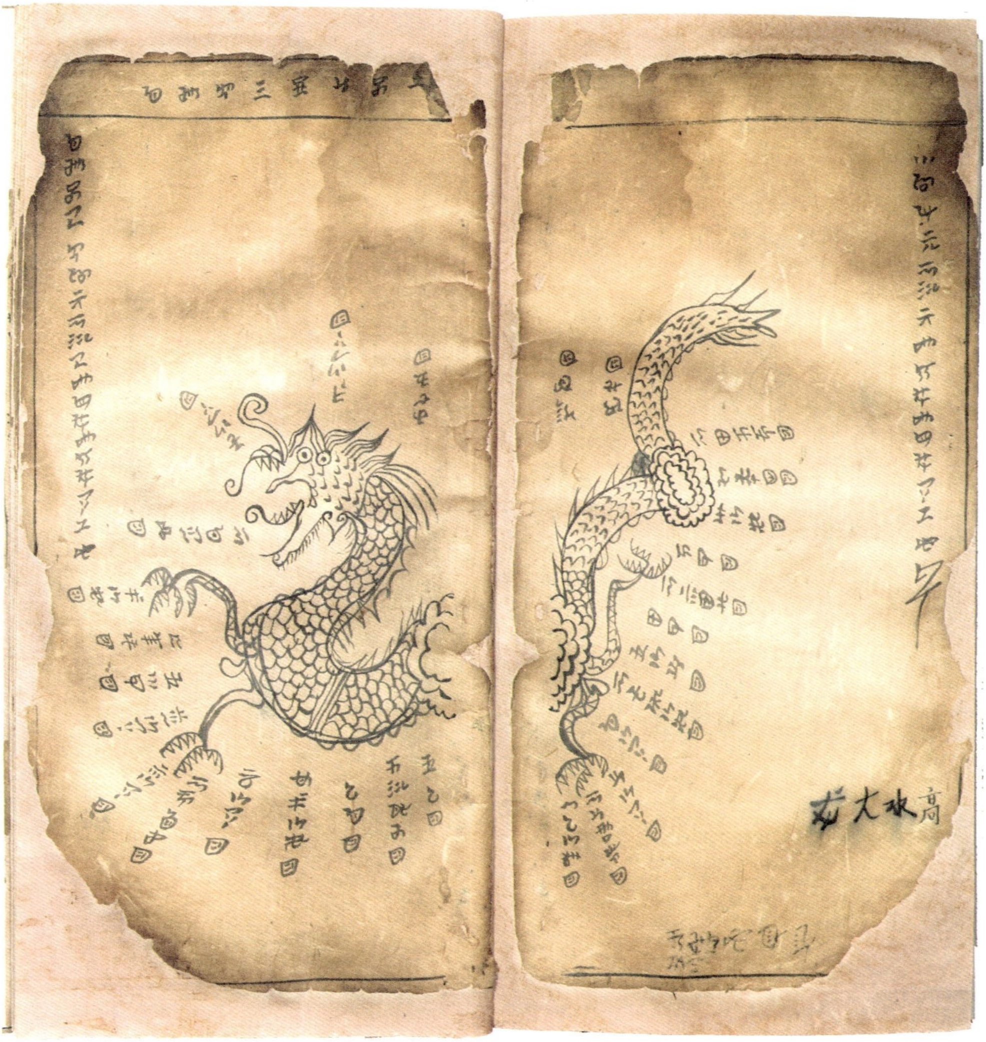

《智禄扎苏》第 11、12 页

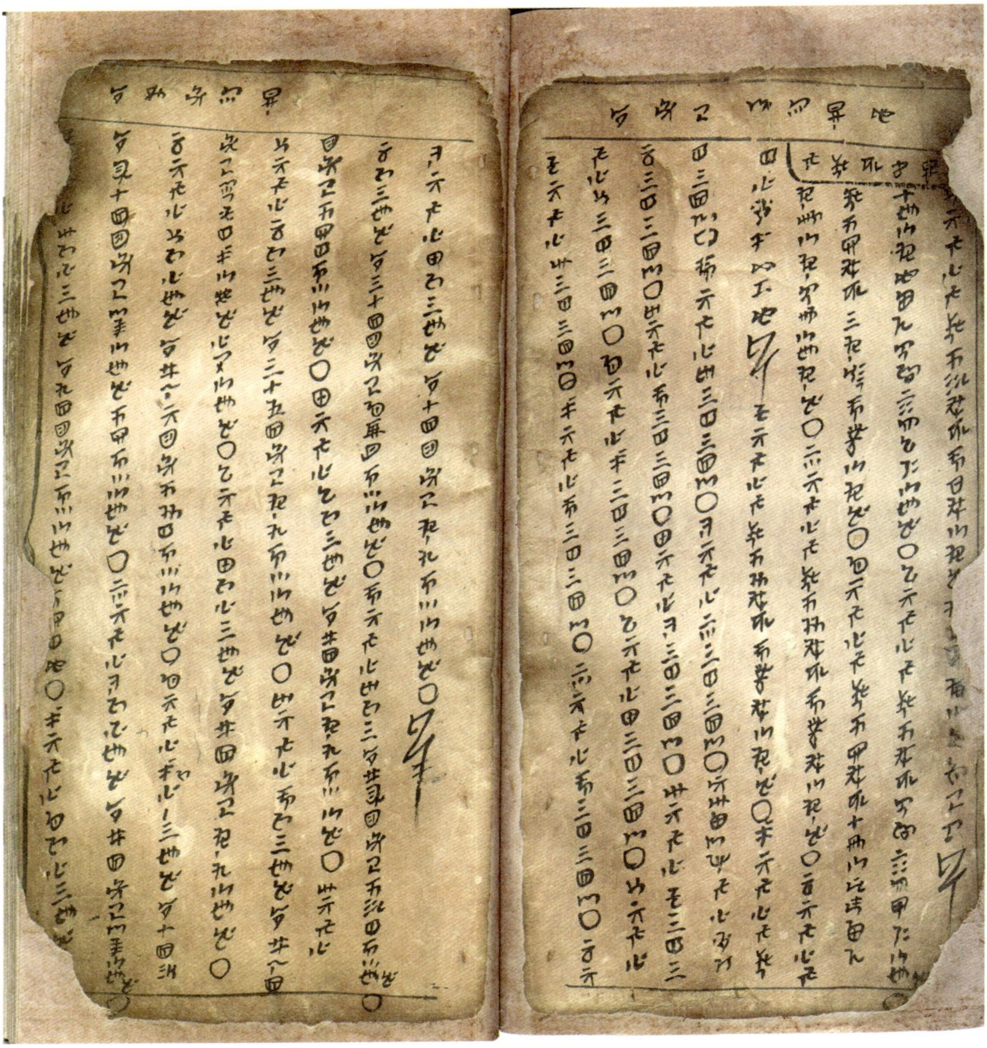

《智禄扎苏》第 25、26 页

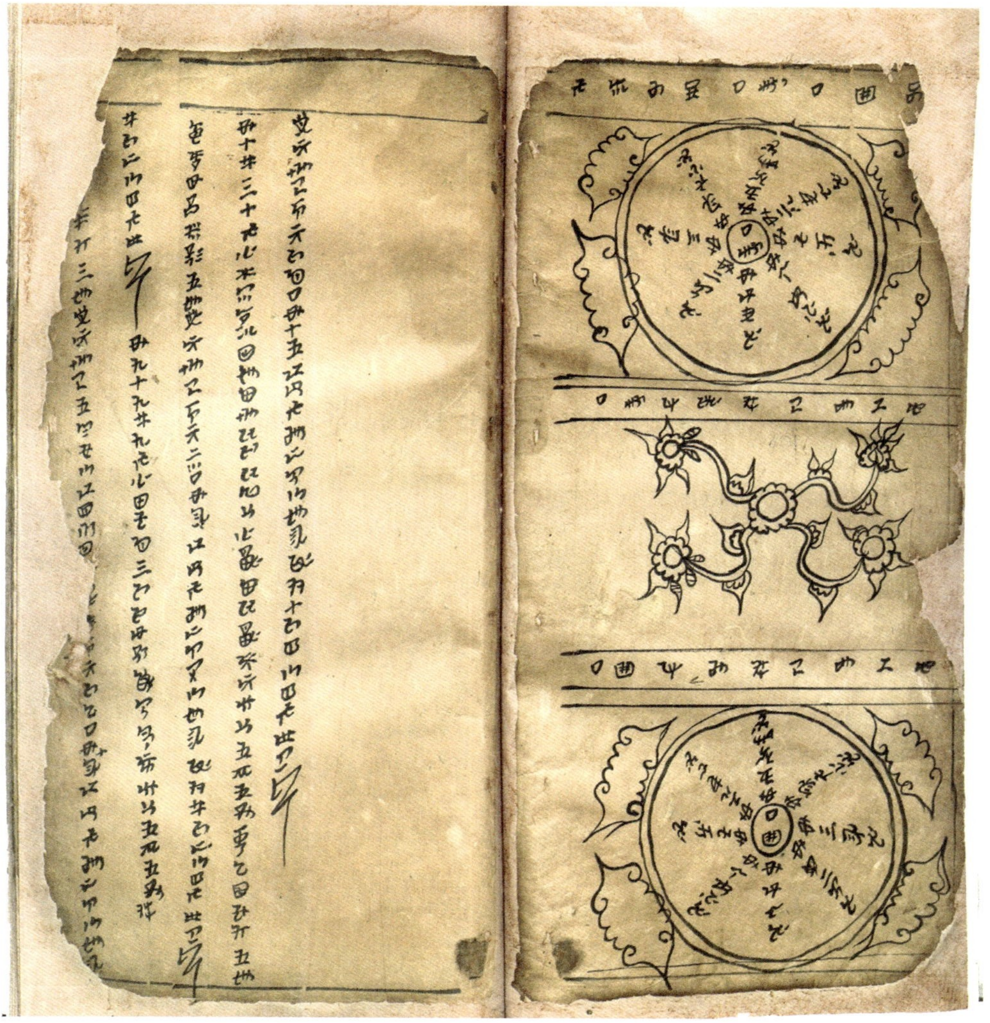

《智禄扎苏》第 39、40 页

# 六十六、纵犬

## 纵犬

古彝文；不分卷1册；16页，约3500字；佚名撰；新抄本，线订卷轴装；页面26cm×37cm，行格17行15字，行序从上到下，字序从右到左；保存较好；馆内编号：221—3。

## 内容提要

《纵犬》是一部记载古人狩猎方面的经书，主要流传于大小凉山彝族聚居区。

该书详细记载了“嘎木斯惹”家狩猎时的细节，如：准备犬食，系上犬带，带犬上山，纵犬于山上、林中、崖边、莽原、丛林，找到獐子踪迹后，猎犬如何追兽，追到何处捕上獐子等，同时描述了各种猎犬的习性特征和本能。

这是一部记载凉山彝族及周边各部落狩猎习俗的经籍，不仅是我国南方山地民族与自然和谐共生的见证，更是他们勇敢征服自然、开拓生存空间的生动写照。

《纵犬》第 1 页

《纵犬》第 3 页

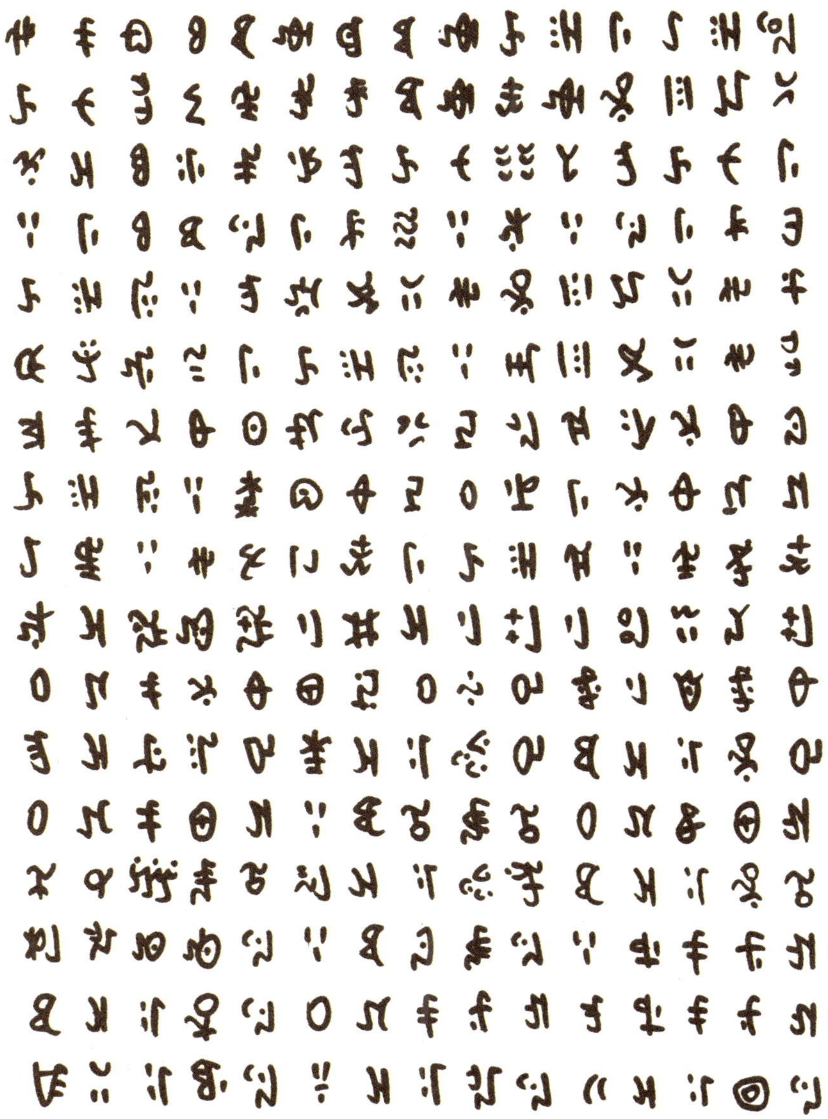

《纵犬》第 9 页

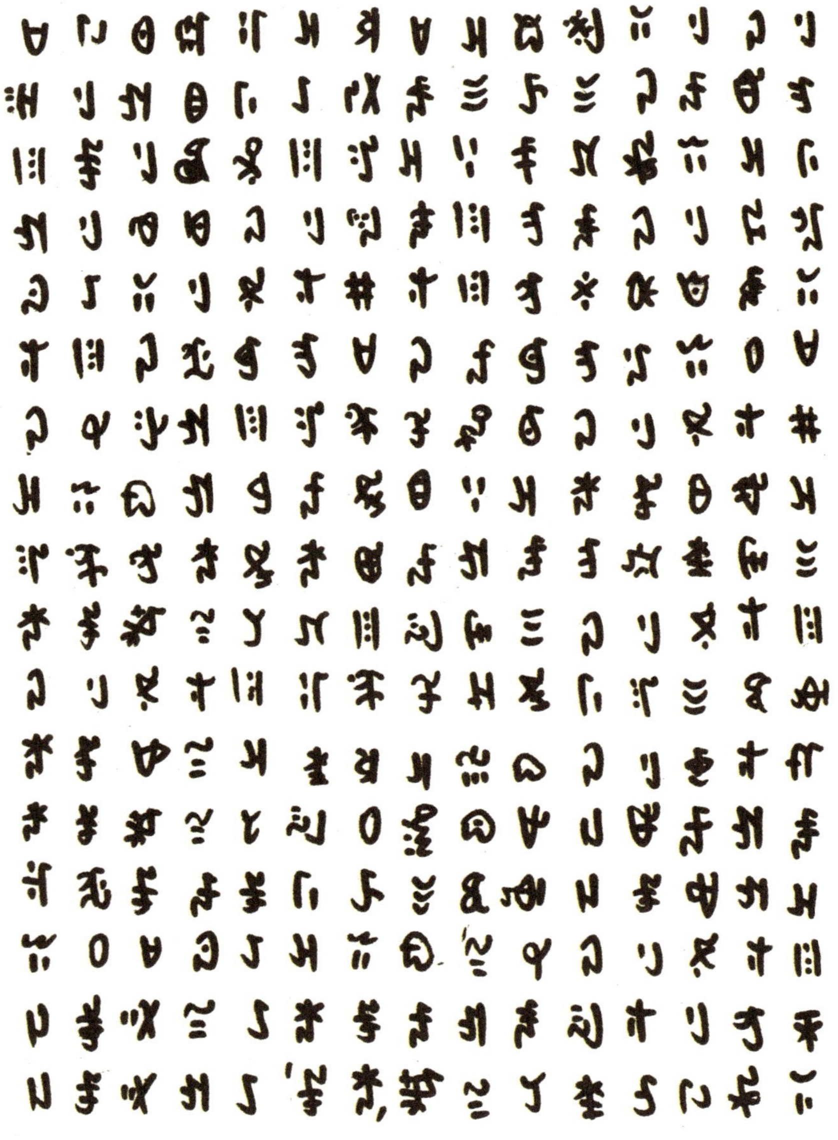

《纵犬》第 13 页

# 六十七、祖妣变化经

## 祖妣变化经

古彝文；不分卷1册；4页，约900字；佚名撰；新抄本，线订册页装；页面26.5cm×37cm，行格19行21—23字，行序从上到下，字序从右到左；保存完好；馆内编号：112—4。

## 内容提要

《祖妣变化经》主要流传于大小凉山彝族聚居区，是在祭祖仪式上使用的经典。

该经书以自然界的变化为喻，祈愿祖妣化为纯洁、高贵的金银之身。其内容与先秦时期中原地区的祖先信仰礼俗有许多共通之处。

《祖妣变化经》第 1 页

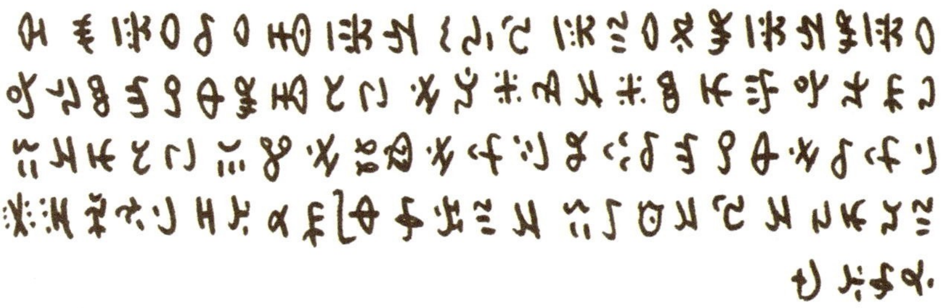

《祖妣变化经》第 2 页

# 六十八、祖灵聚地

## 祖灵聚地

古彝文；不分卷1册；7页，约1200字；佚名撰；新抄本，线订卷轴装；页面约26cm×37.5cm，行格17行15字，行序从上到下，字序从右到左；保存较好；馆内编号：73—1。

## 内容提要

《祖灵聚地》主要流传于大小凉山彝族聚居区，是一部在祭祖仪式上使用的经书。

该书主要讲述彝族举行祭祖仪式后要把灵筒送到祖灵箐洞即祖先灵筒集中安放之处去。各个家族各支系都需明确知晓自家祖灵筒聚集之地，所以在祭祖场上诵读此经书。其不仅记录了古代彝人各支系的居住地及各自祖灵筒集中安放之地，还记载了尼能、实索、苟蔼、笃慕、邛补时代将祖灵牌集聚在一处的情况。此外，还记叙了曲捏支系各家支祖灵集聚地和部分古侯支系祖灵集聚地。该书对研究彝族历史和地理分布有重要的价值，其所载内容与中原宗祠制度文化有诸多相似之处。

《祖灵聚地》第 1 页

《祖灵聚地》第 2 页

《祖灵聚地》第 3 页

《祖灵聚地》第 4 页

# 参考文献

一、著作

[1] 冯元蔚．勒俄特依．第 1 版．成都：四川民族出版社，1986.

[2] 《彝族传世经典》编委会．勒俄特依．第 1 版．成都：四川民族出版社，2016.

[3] 李尼波，沙马吉哈．勒俄 · 玛牧特依释读．第 1 版．成都：四川民族出版社，1999.

[4] 吉木日哈．《玛牧特依》释义解读．第 1 版．成都：四川民族出版社，2016.

[5] 《彝族传世经典》编委会．玛牧特依．第 1 版．成都：四川民族出版社，2016.

[6] 张纯德，朱琚元，白兴发．彝文古籍与西南边疆历史．第 1 版．北京：社会科学文献出版社，2013.

[7] 曲木铁西，吉木阿龙，杰觉伊泓，等．吉木家支世传彝文文献文字初步研究．第 1 版．北京：民族出版社，2009.

[8] 沙马拉毅．中国彝族文学史．第 1 版．北京：民族出版社，2022.

二、论文

[1] 摩瑟磁火．从神解到药解：彝文医药经籍《此木都其》的文本历史与凉山彝族医疗思想的变革．民族学刊，2022（10）：73－81.

[2] 蔡富莲．凉山彝族毕摩文献《奴图》与彝族对麻风病的认识．宗教学研究，2015（3）：187－194.

[3] 张德华．凉山彝族的祭祖与占卜．西南民族大学学报（人文社会科学版），2015（3）：47－52.

[4] 段吉福，刘英．儒学与彝族哲学文化关系的历史发展．民族学刊，2022（2）：105－117.

[5] 李家鑫，白兴发．彝族古籍文献《彝家兵法》军事思想探析．贵州工程应用技术学院学报，2021（4）：63—68.

[6] 易谋远．彝族的民族再生始祖笃慕之族属为昆夷试析．中央民族大学学报（社会科学版），1999（4）：44—50.

[7] 李海燕．彝族《指路经》解读．今日民族，2015（3）：26—28.

[8] 东旻．西南少数民族指路现象及其文化内涵．贵州民族学院学报（哲学社会科学版），2010（1）：7—11.

**图书在版编目（CIP）数据**

中华民族“共同性”“融合性”相关彝文古籍编目图录 / 金骋，摩瑟磁火编著 . -- 北京：民族出版社，2024. 10. -- ISBN 978-7-105-17396-9

Ⅰ . Z838-64

中国国家版本馆 CIP 数据核字第 2024CD9853 号

中华民族“共同性”“融合性”相关彝文古籍编目图录

策划编辑：罗　焰
责任编辑：向　征
装帧设计：翟跃飞
出版发行：民族出版社
网　　址：www.mzpub.com
地　　址：北京市东城区和平里北街 14 号
邮政编码：100013
印　　刷：北京盛通印刷股份有限公司
版　　次：2024 年 11 月第 1 版
印　　次：2024 年 11 月第 1 次印刷
开　　本：850 毫米 ×1168 毫米　1 / 16
印　　张：21
字　　数：300 千字
书　　号：ISBN 978-7-105-17396-9 / Z · 1574 ( 汉 257)
定　　价：168.00 元